KB101952

진순신 이야기 중국사 3

제3권

진순신 이야기 중국사

후한·삼국 시대·오호십육국·위진남북조 ▶ 군웅과 패자

• 진순신 지음 | 이수경 옮김 •

살림

차례

1부 _ 동란의 군상

2부 _ 세계 제국으로

일러두기
1. 원서 본문은 경어체이지만 평어체로 바꿔 번역했고, 인용문의 행간 처리는 원서에 따랐다.
2. 외래어 표기는 국립국어원의 표기법을 준용했으나, 중국 인명과 지명은 모두 한자 음으로
   처리했다. 중국인 이외의 외국인 인명이나 지명은 원서를 참조하되 원어를 덧붙였으며, '소련'
   과 소련 소속 국가의 경우 원서 출간 당시의 지명을 따랐다.

동란의 군상

왕조 부흥

유적과 호족의 결탁

벼슬을 한다면 집금오(執金吾)요,

아내를 얻는다면 음려화(陰麗華)라.

후한(後漢) 왕조를 창시한 광무제(光武帝) 유수(劉秀)가 한 말이다.

집금오란 수도의 치안 유지를 담당하는 관리로서 오늘날 경찰청장에
해당하는 관직이다. 직책상 사람들을 압도해야 하므로 화려한 옷차림에
시내를 순찰할 때는 말 탄 부하를 많이 거느렸다. 그 모습이 너무도 멋져
보여 젊은 날의 유수는 그 자리를 동경했다.

음려화는 남양군(南陽郡) 신야현(新野縣)의 호족인 음씨(陰氏)의 딸로
절세미인이었다. 유수는 화려한 관직을 동경하고 아름다운 여인을 아내
로 맞고 싶어 하는 평범한 청년에 지나지 않았다.

무사태평한 시대였다면 지방 호족의 자제로서 열심히 책을 읽고 연줄

을 대서 벼슬길에 올라 출세가도를 달렸을지도 모른다. 일이 잘 풀리면 희망대로 집금오에 임명될 가능성도 있었을 것이다. 어쨌든 유수는 키가 헌칠하고 미목이 수려했다. 위엄을 중시하는 자리인 만큼 사람을 뽑을 때는 용모도 고려했을 터이다.

유수는 염원대로 미인인 음려화를 아내로 맞이했다. 그리고 지위는 집금오를 훨씬 뛰어넘어 황제가 되었다.

시대의 파도에 떠밀려간 사람도 있었지만, 그는 파도를 잘 골라 탔다. 그 자신도 미처 생각지 못한 일이었다.

처지가 그와 비슷한 사람은 전국 어디에나 있었다. 유수는 전한(前漢) 경제(景帝)의 아들인 장사왕(長沙王) 유발(劉發)의 먼 후손이라고 하는데, 한나라 황실과 그 정도 연고가 있는 자는 아마 수천에 이를 것이다.

당시 지방 호족은 일종의 영주(領主) 같은 존재였다. 옛 무덤에서 출토된 그들의 주거 모형이나 화상전(畫像磚)의 그림을 보면, 높다란 담으로 둘러쳐진 호족의 저택은 마치 요새 같은 느낌을 준다. 도대체 그들은 누구로부터 자신들을 지키려 했던 것일까?

호족은 대지주였으며 그 지방의 상공업과 금융업의 독점자이기도 했다.

소지주인 농민은 어느 새 토지를 잃어 버렸다. 농사를 망친 해에는 지방 호족에게 높은 이자를 주고 돈을 빌려야 했다. 그리고 빌린 돈을 갚지 못하면 담보로 잡힌 땅을 포기했다. 토지는 일부 호족에게 집중되었고, 땅을 잃은 농민은 고용살이를 했다. 농노(農奴)와 비슷한 처지의 사람도 있었다. 그나마 토지에 의지해서 살아갈 수 있는 사람은 행복한 축에 속했다. 고향을 떠나 유민(流民)이 되는 사람도 적지 않았다. 유민은 살기 위해 무리를 지어 각지에 유적단(流賊團)을 만들었다. 요새처럼 지은 호족의 저택은 그런 유적단의 습격을 막기 위한 것이었다.

담을 높이는 것만으로는 안심할 수 없었는지 호족들은 사병을 길렀다. 이것이 바로 부곡(部曲)이다.

부곡에 관한 설은 다양하다. 원래는 무장집단의 크기를 나타내는 영(營), 부(部), 곡(曲), 둔(屯) 같은 말 중에서 부와 곡을 골라 합쳐서 만든 말이다. 관병(官兵)과 사병(私兵)을 가리지 않고 모두 부곡이라 불렀는데, 언제부터인가 사병만을 가리키게 되었다. 더구나 부곡은 양민이 아니었다. 여기에서 말하는 '양민(良民)'이란 선량하다는 뜻이 아니라 자유민을 가리킨다. 그러므로 양민이 아니라는 말은 비자유민이란 뜻이다. 결국 그들은 노예와 다를 바 없다.

그들은 빚을 갚지 못해서 육체노동을 제공하는 일이 많았다. 아니면 남의 집에서 더부살이를 하면서 밥을 얻어먹고 그에 상당하는 노동을 제공했다. 그런 뜻에서도 그들은 자유민이 아니었다. 호족의 사병 가운데는 그런 처지의 사람이 허다했다. 당나라 시대가 되면 '부곡'은 법률용어로 노비보다는 신분이 높지만 자유가 없는 사람들을 의미하게 된다.

유적과 부곡은 크게 다르지 않았다. 비슷한 처지의 패거리가 둘로 갈려서 유적이 호족을 위협하면 부곡이 그것을 막았다. 하지만 실제로 싸우는 두 무리는 비슷한 신세였다.

호족은 남양(南陽)의 유씨처럼 각지에 봉해진 왕과 열후(列侯)의 먼 후손, 그리고 그 연고자인 경우가 많았다. 그들은 지방의 실력자이면서 동시에 중앙정부의 요직에 관료를 내보내는 모체이기도 했다.

유적은 말할 나위도 없이 반체제파였고, 지방 호족은 체제파였다. 유적과 호족은 처한 상황이 다른 만큼 서로 대립하는 관계였다. 그런데 왕망(王莽)의 시대에 그전까지 대립하던 두 세력이 손을 잡는 뜻밖의 사태가 일어났다.

호족이 반체제로 돌아섰기 때문이었다. 호족이라면 원래 체질적으로 체제파이어야 한다. 굳이 원해서 반체제가 되는 일은 없다. 궁지에 몰려서 그렇게 되었을 뿐이다.

호족을 궁지로 내몬 사람은 왕망이었다. 정권을 잡은 왕망은 복고주의 사상에 입각해서 모든 것을 과거 주(周)나라 때로 되돌리려 했다. 그러면서도 복고의 이상을 현실에 맞게 조정하는 일은 거의 하지 않았다. 현실 무시라고 해야 좋을 정도였다.

애초에 주나라 제도라고 전해온 것들은 유학자들이 이상화한 것이 많았다. 예를 들면 정전법(井田法) 같은 것도 실제로 얼마나 실행되었는지 의문이었다. 그것을 현실에서 부활하려고 했기 때문에 큰 혼란이 일어났다.

천하의 모든 경지는 '왕의 땅(王田)'이라는 사고방식은 토지국유화 사상과 다를 바 없었다. 광적으로 개명(改名)을 좋아했던 왕망은 노비라는 말을 '사속(私屬)'이라는 말로 고쳤다. 이름만 바꾼 것이라면 그래도 괜찮은데, 그는 왕전과 사속의 매매를 법률로 금지시켰다.

노비와 토지. 이것은 호족의 경제적 기반이었다. 그것의 실질적인 소유를 금한 조치는 호족의 존재를 부정하는 것과 같았다. 호족이 반발한 것은 말할 나위도 없다.

호족들의 극심한 반대에 부딪힌 왕망은 결국 토지매매 금지조치를 거두지 않을 수 없었다.

화폐제도 개혁은 사람들을 불안에 빠뜨리고 국가경제를 혼란하게 만들었다. 이상을 좇아 공(功)을 서두른 나머지, 급격하게 개혁하고자 했기 때문에 곳곳에서 모순이 생겨났다. 예를 들면 소전(小錢)을 녹여서 대전을 주조하는 것만으로도 큰 이익을 낼 수 있었다. 개인적으로 돈을 찍어내는 자가 잇따라 나타났음은 말할 나위도 없다. 왕망은 이런 위반자를 엄벌로 단속했다.

벌이 지나치게 가혹해지면, 위법자들은 무법세계로 도망치기 마련이다. 그들을 받아들인 유적단의 세력이 급격히 커졌다.

왕망이 실시한 소금과 철의 전매와 무이자나 저리 융자는 호족의 기득권을 침해하는 일이었다. 호족은 상공업자이며 동시에 금융업자이기도 했다. 왕망이 이를 국영화하려 했으니, 호족이 불만을 품은 것도 당연했다.

일부 소수 호족이 토지를 장악하는 분위기는 전한 말부터 두드러져, 그들의 토지소유를 제한하는 '한전법(限田法)'이라는 정책도 고려되었으나 제대로 시행하지 못했다. 전한 정부는 호족의 색채가 강했기 때문에 호족의 이익에 반하는 정책이 성공할 리 없었다.

왕망은 사회개혁에 도전했다. 이상은 참으로 훌륭했다. 그의 개혁이 성공했다면 호족은 불만일지라도 일반 서민의 삶은 편해졌을 것이다. 하지만 개혁이 너무 급격하고 엉성했기 때문에 오히려 사람들의 생활을 힘들게 하는 결과를 낳았다.

조령모개(朝令暮改)라고 해도 좋을 만큼 정부의 법령은 걸핏하면 바뀌었다. 게다가 어느 법령이나 빠져나갈 구멍투성이었다. 사는 게 힘들면 법망을 빠져나가고 싶은 마음이 드는 법이다. 하지만 그 너머에 기다리고 있는 것은 가차 없는 엄벌뿐이었다. 때로는 법이 개정되어 그전까지 죄가 아니던 일이 죄가 되는 일조차 있었다. 이래서는 어떻게 해야 좋을

지 사람들은 갈피를 잡을 수 없다.

이런 이유로 왕망은 구제하려던 사람들에게조차 불만을 품게 했다. 자포자기한 사람들은 유적단에 가담했다.

정부를 향한 호족들의 반감은 더욱 커져만 갔다. 차라리 한(漢)나라 때가 나았다는 생각을 하게 되면서 전체적으로 '왕망을 쓰러뜨리고 한 왕조를 부활시키자'는 기운이 높아졌다.

유적단 쪽에서는 이미 왕망 타도의 전의(戰意)가 왕성했고, 호족 쪽에서도 마침내 왕망을 무너뜨려야 한다는 결의를 다지기 시작했다.

왕망 타도라는 공통된 목적 아래 유적과 호족이 연합하게 되었다. 뜻밖의 결탁이었다. 하지만 실제로 전투에 나선 쪽은 유적 단원과 호족의 부곡(部曲)이라는, 앞에서 이야기했듯이 서로 비슷한 처지에 있는 사람들이었다. 말단에서는 의외성이 약해진다.

왕망을 무너뜨린 곤양 전투

강릉(江陵, 형주) 부근에서 장강(長江)과 만나는 저장하(沮漳河)는 그 상류가 저수(沮水)와 장수(漳水)로 나뉜다. 이 두 물길이 만나는 지점 가까운 곳에 녹림산(綠林山)이라는 산이 있다. 신시(新市) 사람인 왕광(王匡)이 가난한 유민을 모아서 숨어든 곳이 이 산이다.

후세에 비적(匪賊, 무장하고 떼지어 다니며 사람을 해치는 도적)을 '녹림'이라는 별명으로 부르는 것은 여기에서 유래한다. 처음에는 수백 명이었던 유민이 순식간에 늘어 최고 전성기에는 5만 명에 달했다. 자리 잡을 곳만 있으면 유민은 얼마든지 모여들었다. 이로써 일반 백성들이 무서운 속도로 유민으로 전락했다는 사실을 알 수 있다.

녹림군은 정부군 2만 명을 운두(雲杜)라는 곳에서 격파해 막대한 군수품을 빼앗을 정도의 위력을 보여 주었다. 하지만 이 전승이 있은 이듬해(22)에 녹림군의 수는 절반으로 줄었다.

녹림군을 괴롭힌 것은 정부군의 토벌이 아니라 고약한 돌림병이었다. 산속의 임시 숙소는 위생상태가 불량했다. 돌림병으로 절반이나 되는 동료를 잃은 녹림군은 그 땅을 떠나는 것 말고는 살아날 방도가 없었다. 녹림군은 둘로 갈라져서 활로를 개척하고자 했다.

녹림군 간부인 왕상(王常), 성단(成丹) 등은 병사를 이끌고 서쪽을 향해 남군(南郡)으로 들어갔다. 이들이 '하강병(下江兵)'이라 불리던 부대다. 한편 왕광, 왕봉(王鳳), 마무(馬武) 등은 북상해서 남양으로 들어갔으며, 이들은 '신시병(新市兵)'이라 불렸다.

남양은 호족의 세력이 강한 곳이었다. 돌림병에 쫓긴 녹림군 신시병이 이곳으로 들어온 것을 계기로 유적과 호족이 만나게 되었다.

남양의 호족 대표는 유씨였다. 한나라 무제의 서형(庶兄)인 유발(劉發)은 장사왕(長沙王)으로 옹립되었다. 그의 아들 중 유용(劉庸)이 아버지의 왕위를 이어받고, 나머지 다섯 아들은 각각 열후가 되었다. 다섯 열후 가운데 유매(劉買)가 용릉후(舂陵候)가 되었다. 용릉은 호남의 비습한 땅으로 살기에 적합하지 않았다. 그래서 손자인 유인(劉仁) 시대에 호수(戶數)가 줄어도 좋으니 좀 더 북쪽으로 이주하게 해 달라고 탄원하여, 남양군 백수향(白水鄉)으로 영지를 옮겼다. 영지를 옮긴 뒤에도 계속 용릉후라 칭했으며, 이윽고 유인의 아들 창(敞)의 시대가 되었다. 왕망은 열후를 폐했으나, 남양 유씨의 정통이라고 하면 이 유창을 말한다. 유창의 사촌인 유장(劉長)의 아들 중에 현(玄)이라는 인물이 있었는데, 협객을 좋아하고 법을 어기는 바람에 평림(平林)으로 피난했다. 유적들은 처음에 이 유현을 추대했다.

평림에는 진목(陳牧)과 요담(廖湛)이 이끄는 유적단이 있었는데 이를 평림병이라 불렀다. 그리고 그들은 녹림에서 갈라져 나온 왕광의 신시병과 연합했다. 평림과 신시의 두 유적단이 손을 잡자 그들을 통솔할 대두목이 필요했다. 한나라 왕조의 부흥을 바라는 목소리가 높았던 만큼, 한나라 왕조와 연고가 있는 유현이 간판으로서는 제격이라고 여겼다.

"아내를 맞는다면 음려화"라고 말했던 유수는 남양 유씨의 본거지인 용릉, 다시 말해 백수향에 있었다.

당주인 유창이 보기에 유현은 아버지 형제 쪽 사람이지만, 유수는 할아버지 쪽 사람이었다. 따라서 유현보다 조금 먼 관계다. 하지만 당시와 같은 혼란기에는 혈통이 멀고 가깝고보다 통솔력이 있느냐 없느냐가 더 중요한 문제였다. 유창에게는 유지(劉祉)라는 대를 이을 자식이 있어, 오히려 이쪽이 직계에 해당했다. 하지만 남양 유씨를 비롯해 이 지방 호족들 사이에서는 유수 형제의 인기가 높았다. 어쩌면 재능뿐만 아니라 근방의 유력한 여러 호족들과 널리 인척 관계를 맺었다는 점도 인기가 높은 이유 중 하나였을 것이다.

유수의 형 유연(劉縯)도 뛰어난 인물이었다. 형제의 어머니는 호양(湖陽)의 대호족인 번중(樊重)의 딸이었다. 번씨는 재산가로 이름이 높았다. 유수의 누이 중 하나는 신야현(新野縣)의 명문인 등신(鄧晨)에게 시집갔고, 그 동생은 완현(宛縣)이 유력자인 이통(李通)의 아내가 되었다. 또 숙모의 시집인 신야현의 내씨(來氏)는 전한 왕조에 문무 고관을 배출한 가문이었다. 인척관계 외에도 다른 유력한 호족들과 교제하면서 인연을 맺었다. 이들 호족은 모두 왕망의 정치에 불만을 품고 예전의 한나라로 돌아가기를 바랐다.

남양의 호족들은 유연과 유수 형제를 추대해 왕망을 타도할 군대를 일으키려고 했다. 그러나 호족의 부곡(部曲)만으로는 병력이 부족했기 때문에 평림으로 사자를 보내 유적 무리와 손을 잡았다.

이제 유적이라는 명칭은 어울리지 않았다. 그보다는 농민반란군(農民反亂軍)이라고 불러야 했다. 거기에 호족군이 가세했기 때문이다.

평림에서는 이미 유현을 추대했다. 그리고 평림·신시 연합군과 호족군이 합쳤어도 우두머리로는 역시 유현이 추대되었다. 유현을 움직이는 편이 쉬웠기 때문이다. 너무 뛰어난 인물을 우두머리로 세우면 가진 재산이나 땅을 빼앗길 위험이 있기 때문에 유연과 유수는 꺼렸던 것 같다.

유현은 갱시장군(更始將軍)이라고 칭하고 이윽고 황제로 추대되었다. 연호를 '갱시'로 정했는데, 이때가 서기 23년의 일이다.

이들 반란군과는 별도로 여모(呂母)가 아들의 원수를 갚기 위해 모은 무리를 '적미(赤眉)'라 칭하고, 번숭(樊崇)의 지도 아래 동쪽에서 반(反) 왕망 군사 작전을 전개했다.

왕망은 태사(太師)인 경상(景尙)과 갱시장군인 왕당(王黨)을 파견해 진압하려고 했으나 오히려 패배를 당했다. 서쪽에서는 앞에서 이야기했듯이 유현을 갱시장군이라 칭했다. 칭호는 같지만 한쪽은 반란군, 다른 한쪽은 왕망 정부군이었다.

왕망은 지황(地皇) 3년(22)에 태사인 왕광을 파견했다. 앞에서 이야기한 태사 경상은 번숭에게 살해되었다. 녹림군에도 왕광이라는 지도자가 있었는데 왕망의 태사인 왕광과는 당연히 이름만 같은 다른 사람이다. 왕망은 또 염단(廉丹)을 갱시장군으로 임명해 동쪽으로 보냈다.

정부군과 헷갈리지 않도록 반란군이 눈썹을 빨갛게 칠한 것은 이때부터다. 이것은 반란군과 정부군의 복장이 비슷했다는 사실을 말해 준다. 당시 일반 사람들은,

> 차라리 적미를 만나더라도 태사(의 군)는 만나지 마라. 태사는 그나마 나은 편이지만 갱시(의 군)는 나를 죽일 것이다.

라고 말했다. 왕망이 파견한 정부군은 주민들에게 공포의 대상이었다. 특히 갱시장군 염단의 군대는 닥치는 대로 살육을 저질렀다. 그에 비해 적미군은 규율이 잡혀 있었다.

적미군이 민중 출신이어서 같은 민중에게 심하게 굴지 않았다는 말은 그다지 설득력이 없다. 왜냐하면 정부군의 병졸들 역시 민중 출신이라는 점에서는 같은 처지였다.

그렇다고 적미군이 처음부터 혁명의 이상에 불탔기 때문도 아니다. 여모가 사사로운 원한을 풀기 위해 끌어 모은 협객과 건달들이 그 중추세력이었기 때문이다.

적미군이 뛰어났다기보다는 정부군이 형편없었다는 것이 참모습이다.

어중이떠중이 모아 놓은 적미군이 적어도 초기에는 강한 단결력을 보였던 것은 어쩌면 공통된 민간신앙으로 묶였기 때문인지도 모른다. 성양경왕사(城陽景王祠)를 받든 신앙이 그것이라는 설도 있다. 중국 역대 반란 세력에는 어떤 형태로든 종교가 한몫했다. 세력이 커질수록 공동의 유대

(紐帶)를 형성하는 뭔가로 묶여 있지 않으면 뿔뿔이 흩어지기 쉽다.

종교라고 해도 이 무렵은 미신적인 요소가 상당히 강했다.

왕망이 병의 원인을 밝히기 위해 생체를 해부하라고 명령한 일이 있다. 신조차 두려워하지 않는 합리주의자처럼 보이는 인물이었으나, 반면 미신에 사로잡혔던 이야기도 많이 전한다. 예를 들면 왕망은 한나라를 찬탈했으나 한나라 고조(高祖)의 신령이 노할 것을 두려워해 고조 사당의 문과 창을 도끼로 때려 부수고 도탕(桃湯, 복숭아에 마귀를 쫓는 힘이 있다고 믿음)을 뿌렸다고 한다.

어떤 신앙(아니면 공통된 신념)으로 묶여 있었는지는 모르지만, 적미군은 강한 단결로 왕망군을 격퇴하고 염단을 죽였다.

적미군은 이 무렵 10만 대군으로 불어났다. 이렇게 큰 세력이 되리라고는 적미의 간부들조차 상상하지 못했다. 동란 때는 이기는 쪽으로 사람이 모이는 법이다. 적미군으로서는 이러한 대군사를 먹여 살리는 일만으로도 벅찼다.

유현이 황제로 추대된 곳은 육수(淯水) 부근인 남양군 안이었다. 여기에서 북상해 곤양(昆陽)을 거쳐 낙양에 이르고, 그곳에서 다시 서쪽으로 장안을 함락해야 비로소 중원의 주인이 될 수 있다. 하남(河南) 남쪽에서의 즉위는 너무 이른 감이 있었다. 군(軍) 안에서도 그런 소리가 나왔다.

유수의 형인 유연은 회의에서 즉위 반대를 주장했다.

남양에도 동쪽의 적미군이 대활약한다는 소식이 전해졌다. 지금 여기서 황제를 세우면 적미군도 지지 않고 한나라의 황제를 세울 것이므로, 왕망을 패망시키기 전에 한(漢)나라 동지들끼리 내전을 벌일 위험이 있다는 것이 그 이유였다.

황제라고 칭하기보다는 우선 왕이라 칭하고 호령하면 된다. 이것이 유연의 의견이었다. 만일 적미군이 세운 황제가 현자라면 그를 따르면 될 것이고, 적미군이 황제를 세우지 않는다면 왕망을 제거한 뒤에 적미를 귀순시키고 나서 즉위해도 늦지 않는다는 생각이었다.

그런데 신시병의 간부인 장앙(張卬)이 칼을 뽑아 들고 즉위를 강행했기 때문에 마침내 유현이 갱시제(更始帝)가 되었다.

유연의 반대론 중에서 주목할 만한 점은 적미군이 세운 황제가 만일 현자라면 그를 따라도 좋다는 사고다.

고조(高祖)가 건국한 이래 200년이라는 시간이 흐르는 동안 한나라 왕실의 종족(宗族)은 엄청난 수로 늘었고, 그중에는 좀 더 뛰어난 인물이 있을지도 모른다. 그것을 기다리는 마음이 유연의 주장에 담겨 있었다. 나아가 이를 뒤집어 말하면 유현을 대단한 인물이 아니라고 생각했다고도 해석할 수 있다. 유연이 시기상조론을 부르짖자, 그에 찬성하는 사람이 많았다는 기록은 그것을 방증(傍證)한다 할 수 있겠다.

남양의 호족과 농민반란군이 연합한 세력은 깃발을 올리자마자 자신들이 천하의 정권을 잡을 수 있을 것이라 생각했다. 왕망의 태도만으로도 그 정권이 곧 붕괴하리라는 것은 누구나 예측할 수 있었다. 왕망이 하층 농민에서부터 호족에 이르는 모든 사람들을 적으로 만든 이상 그 정권은 오래 갈 리 없었다.

정권이 눈앞에서 어른거리면 주위 사람들의 마음이 바뀌기 마련이다. 녹림산에 있을 때는 오직 먹는 일에만 몰두했던 농민반란군 간부도 남양으로 나온 뒤로는 장밋빛 미래에 눈이 어둡기 시작했다.

왕망의 인기 하락은 '한 왕조 부흥'을 압도적인 여론으로 만들어 버렸다. 그 때문에 어떻게든 한나라 왕실과 관계있는 인물을 황제로 추대해야 했다. 농민반란군은 녹림계든 적미계든 따지지 않고 자신들 중에서 황제가 나와야 한다고 처음부터 분명히 했다. 그 대신 가능한 무능한 인물을 추대하려고 했다.

앞에서 이야기했듯이 호족들 사이에서는 유연을 추대하자는 의견이 우세했다. 또, 녹림계에서도 하강병(下江兵)의 우두머리인 왕상(王常)은 유연을 세우려고 했다고 한다. 강한 지도력을 가진 인물 아래서 평화롭게 살고 싶은 사람도 있었지만 처음부터 힘을 휘둘러보고 싶은 사람도 있었던 것이다. 농민반란군 사이에서도 각자 생각이 미묘하게 달랐다.

유현의 즉위는 신시·평림계 간부의 적극적인 후원으로 실현되었다. 적극적이라는 말은 야심이 있다는 말로도 바꿀 수 있다. 그들은 자신들의 뜻대로 움직이는 꼭두각시 황제가 필요했던 것이다.

적미군의 간부들은 나중에 갱시제 유현의 깃발 아래로 모여들었지만 이 정권의 분위기에 실망했다. 머지않아 적미군은 갱시제 진영에서 떨어져 나왔다. 그곳에서 권력투쟁의 썩은 내를 맡은 것이다. 그런 일에 휘말리기보다는 자신들 독자로 움직이는 편이 낫다고 생각했다.

왕망은 갱시제 군대의 북상을 저지하기 위해 대군을 파견했다. 『한서(漢書)』의 「왕망전」에 묘사된 이때의 동원 모습은 왕망의 성격을 고스란히 말해 준다.

총사령관으로는 대사공(大司空, 전한의 어사대부에 상당한다)인 왕읍(王邑)을 임명했다. 왕읍은 왕망의 사촌동생이다. 백만 대군을 동원하고 이를 '호아오위병(虎牙伍威兵)'이라 불렀다. 이 대군에는 병법 63가(家)의 술(術)을 잘하는 자를 더해 각각 도서와 기구를 주었다. 병법의 방식에 따라 특수한 도구도 썼을 것이다. 또 엄청나게 진기한 보물과 맹수까지 데려갔다.

> 요부(饒富, 넉넉함)를 보임으로써 산동(山東, 함곡관 동쪽을 말함)을
> 겁주고자 했다.

가는 도중에 그것을 과시해서 보는 이로 하여금 공포심을 주려고 했다. 이것은 당시 어느 쪽에 가담할지 결단을 내리지 못하는 사람들이 많았다는 의미다. 왕망 정권도 그런대로 괜찮다고 생각하게 함으로써 자기 편은 들지 않아도, 적어도 반란군에 가담하는 것은 막는 효과를 노렸다.

왕읍이 낙양에 이르렀을 때는 42만이라는 대군이 모였다.

> 나머지는 오는 중이었고 그 줄이 끊이지 않았다. 수레, 갑옷, 무사
> 와 병마의 헌걸찬 기세는 옛 출병 이래 일찍이 그 유례를 찾아볼 수
> 없었다.

왕망은 오로지 위엄을 보이는 데만 주력했다.

백만 대군 따위는 필요하지 않았다. 소수일지라도 정예부대라면 어중이 떠중이 대군보다 훨씬 도움이 된다. 하지만 왕망은 겉치레에만 열중했다.

이 대군을 동원하기 직전에 왕망은 사씨(史氏)의 딸을 황후로 들였다. 왕망의 아내가 2년 전에 죽었기 때문이다. 황제 왕망은 자신이 아직 건재하다는 사실을 만천하에 알려야 했다. 이미 만으로 68세였지만 정정한 모습을 보여주고 싶었다. 사람들이 '왕망의 여명도 얼마 남지 않았다'는 생각을 하게 되면 왕망에게 협력해야 할지 주저할 것이다. 신(新) 왕조는

왕망이 있어야만 의미가 있었다.

　　곧 그의 수발(須髮)을 물들이고 …….

라고 『한서』에 기록되어 있다. 머리카락과 수염을 검게 물들였던 것이다. 원래 마른데다 빈상(貧相)인 왕망은 자신의 용모에 열등감을 가졌다고 한다. 그래서 다양한 궁리를 짜내서 위엄 있어 보이게 했다.

　외모를 꾸미는 것은 왕망의 버릇이었다. 하나에서 열까지 늘어놓고 "어떠냐, 놀랍지?"라며 허세를 부리는 성격이었다. 병법 63가(家)의 술을 터득한 자를 총동원해서 종군시킨 처사는 우습기 짝이 없는 짓이었다. 병법에는 당연히 다양한 유파가 있다. 하지만 그 우열을 따지지 않고 모조리 채용했기 때문에 실제로 전쟁에 나갔을 때 63파의 참모 고문이 갑론을박하느라 수습이 안 된다는 것은 불을 보듯 뻔했다.

　백만 대군이라 큰소리 쳤지만 실제로는 40만가량이었다. 하지만 그것도 대군은 대군이다. 군량 문제 하나만 해도 어마어마한 일이었고, 명령 계통 따위도 분명 혼란스러웠을 것이다. 그들은 먼저 곤양성(昆陽城)을 포위했다. 곤양에는 유수가 있었다. 유수는 13기병(騎兵)을 거느리고 남문으로 탈출해 성 밖에서 병사를 모아 역으로 포위군을 공격해서 큰 승리를 거두었다.

　왕망군에는 어쨌든 63파의 병법가들이 있었기 때문에 의견이 백출했다. 곤양은 작은 성으로 1만도 못되는 갱시군 병사가 지키고 있었다. 작은 성 치고는 수비병이 많았다. 공격하기 어려웠을 뿐만 아니라 이 성을 함락해도 대세에는 별 영향을 줄 것 같지 않았다. 반란군의 총수인 갱시제 유현은 이곳이 아닌 완성(宛城)에 있었다. 곤양은 이대로 두고 완성을 공격해야 한다, 아니다, 일단 포위한 이상 함락시키지 않으면 체면이 서지 않는다, 황제(왕망)에게 꾸중 듣는다 등 작전회의에서는 갖가지 의견이 쏟아졌다.

총사령관인 왕읍의 주장대로 곤양성을 공격하기로 했지만, 공격법을 놓고도 이런저런 논의가 끊이지 않았다. 『손자병법』에,

위사(圍師, 포위군)는 반드시 궐(闕)한다.

고 나와 있다. 적을 공격할 때 완전 포위를 피하고 한쪽으로 도망갈 길을 열어 두면 포위당한 쪽은 탈출을 생각하게 되어 싸우겠다는 의지가 무디어진다는 뜻이다. 왕망의 장군 중 한 사람인 엄우(嚴尤)는 『손자병법』에 따라 도망갈 길을 열어 둘 것을 주장했다. 곤양성을 탈출한 갱시군의 장병들은 갱시제가 있는 완성으로 도망갈 것이다, 그렇게 되면 완성의 갱시군 본부를 패닉 상태에 빠뜨릴 수 있다고 설득했다.

하지만 왕읍은 끝까지 완전포위를 주장했다. 완승하고 싶었다. 『손자병법』의 '위사필궐(圍師必闕)'은 대등한 전쟁일 때 통하는 소리고, 이 전투는 왕망군이 압도적으로 우세하기 때문에 그럴 필요가 없다고 잘라 말했다. 적을 전멸했다는 수훈이 왕읍의 눈앞에 아른거렸다.

그동안 성 밖으로 나간 유수는 3천 병사를 모아 포위군의 왕읍의 본진을 강습했다.

유수는 신중한 인물이었다. 하지만 사실 결단을 내리기까지는 신중하지만 일단 결단을 내리고 나면 용감무쌍했다. 사람들은 그의 주의 깊은

성격만 알았지 결단을 내린 뒤의 행동은 거의 보지 못했다.

3천 병사 선두에 서서 포위군을 급습하는 유수를 본 갱시군 장병들은 '저 신중한 유수가 맨 먼저 돌진하는 걸 보니 성 밖에서 엄청난 원병을 모았나 보다'라고 생각했다. 그래서 용기백배해서 성문을 열고 출격했다.

왕읍이 지휘하는 대군은 대군이라는 이유로 쉽게 움직일 수 없었다. 게다가 명령도 제대로 전달되지 않았다. 겨우 1만여 기병의 갱시군에게 본진을 유린당한 왕읍의 대군은 뿔뿔이 흩어져 달아나 버렸다. 때마침 천둥소리와 함께 쏟아진 큰 비로 하천이 범람해 물에 빠져 죽은 자만 1만 명에 이르는 참상을 겪었다.

이 곤양 전투가 천하를 가르는 운명의 전투가 되었다.

유리한 쪽에 붙으려고 형세를 관망하던 자가 많았다는 사실은 앞에서 이미 이야기했다. 그래서 왕망은 진기한 보물 따위를 과시했던 것이다. 곤양 전투를 치른 유수는 왕망의 대군이 종이호랑이에 지나지 않는다는 것을 실증했다.

각지의 유력자들은 이제 슬슬 제 색깔을 분명히 해야 할 때가 왔다. 언제까지나 형세를 관망하다가는 천하의 대세가 결정되었을 때 비협력자로 간주될 위험이 있었다. 지금까지의 권익을 몰수당할 뿐만 아니라 자칫하면 처벌을 받을지도 몰랐다.

곤양 전투가 방아쇠가 되어 각지에서 왕망에 반대하는 움직임이 활발해졌다. 왕망이 백만이라 칭한 대군은 각지에서 모인 자들이었는데, 곤양 전투에서 패하자 제각각 자기 고향으로 도망치듯 돌아갔다. 그리고 그들의 입을 통해 왕망 군대가 패했다는 사실이 전국에 알려졌다. 반(反) 왕망 진영의 선전 대원이 해야 할 일을 그들이 도맡아 한 셈이었다.

왕망도 각지에 선전대원을 파견해,

　　유백승(劉伯升, 갱시제 유현을 말함) 등이 대살육했다.

고 말을 바꾸어 퍼뜨렸다. 하지만 실제로 전투에 참가했던 장병들이 사실을 이야기했기 때문에 왕망은 선전전에도 지고 말았다. 유백승의 살육보다 왕망이 평제(平帝)를 독살했다는 소문이 더 널리 퍼졌고, 사람들은 그 말을 더 굳게 믿었다. 일찍이 왕망은 중신들을 왕로당(王路堂)에 모아놓고 자기가 병석에 누운 평제를 대신하고 싶다고 바랐던 문서를 꺼내보이며 우는 장면을 연출한 적이 있다. 그런 문서가 연극이었다는 것쯤은 누구나 알았다. 가신(家臣)에게까지 눈물로 호소하는 전술을 써야 했으니 말기 증상이라 아니할 수 없다.

천하의 인심을 저버린 갱시제

승부는 끝났다. 전국 곳곳에서 왕망에 반대하는 군사 행동이 일어났고, 왕망이 임명한 지방장관이 하나둘씩 살해되었다.

하지만 갱시군 내에도 큰 위기가 닥쳤다. 갱시제 유현이 유수의 형 유연을 죽인 것이다. 무능할 뿐만 아니라 인망까지 없던 유현은 이대로 가다가는 유연에게 자리를 빼앗길지도 모른다는 위기감을 느꼈다.

유연의 부장(部將)인 유직(劉稷)은 유현이 즉위하는 것에 반대했으며, 갱시제기 그를 장군으로 임명했을 때도 그것을 거부했다. 이미 즉위한 황제의 명령을 어겼으므로 유직은 역신(逆臣)이었다. 갱시제는 심복과 모의해서 유직을 체포해 처형했다. 유연은 자신의 부하와 관련된 일인지라 변호에 나섰다가 같은 죄로 몰려 그날로 처형되었다.

반 왕망 진영은 여기에서 분열의 위기에 직면했다. 하지만 이 위기는 유수의 은인자중(隱忍自重)으로 모면할 수 있었다. 예상치 못한 형의 죽음에 유수는 속이 부글부글 끓었겠지만 겉으로는 전혀 내색하지 않았다.

형의 상(喪)에도 참석하지 않았다. 역적 취급을 당했으므로 복상(服喪)했다는 것만으로도 처형될 위험이 있었다.

과연 갱시제 유현도 곤양 전투에서 수훈을 세운 유수에게는 트집을 잡을 수가 없었다. 유수를 파로대장군(破虜大將軍)에 임명하고 무신후(武信侯)에 봉했다.

장안의 황제 왕망은 이제 착란상태에 빠졌다. 최발(崔發)이라는 자의 수상쩍은 말을 듣고 군신을 이끌고 남교(南郊)에서 하늘을 우러러 목 놓아 통곡했다.

예로부터 나라에 큰 재앙이 있으면 곡(哭)을 하여 그것을 눌렀다고 합니다. 마땅히 하늘에 고하여 구제를 청하소서.

최발의 말을 듣고 통곡 대회가 열렸다. 우는 모습이 심히 비통한 자는 서민이라 해도 낭(郎)으로 등용했다. 낭은 200석의 숙위관(宿衛官)이다. 이때문에 낭의 수가 5천 명으로 늘었으니 확실히 제정신이 아닌 것만은 틀림없었다.

갱시제는 왕광(王匡)에게 낙양을 공격하라 명하고 장안 방면으로는 신도건(申屠建)과 이송(李松) 등을 파견했다. 가는 길에 참가자들은 더욱 늘었다. 우광(于匡)이나 등엽(鄧曄) 같은 사람들이 서쪽 정벌군에 가담했다. 그 지방 사람들이 많아 지리에 밝았기 때문에 장안까지 단숨에 나아갔다.

왕망에 반대하는 세력은 눈덩이처럼 불어났고, 등엽의 부하가 된 왕헌(王憲)이라는 자가 첫 번째로 장안에 발을 디뎠다. 새로 참가한 군에 다시금 새로 참가한 부대가 결국 장안에 맨 먼저 돌입해서 왕망을 죽였다.

왕헌은 홍농현(弘農縣)의 연(掾)이라는 속리(俗吏)였다. 그에게는 반 왕망 혁명전쟁에 가담한다는 의식이 전혀 없었다. 단지 약탈집단에 가입한다는 정도였다. 장안에 돌입한 뒤 그의 부대는 약탈과 폭행을 자행했다. 후궁에는 미녀가 많았다. 먼저 차지한 자가 임자라는 생각에 장병들은 궁녀들을 자신의 것으로 만들었다.

왕망을 죽인 사람은 상(商)나라 사람인 두오(杜嗚)라는 자였고, 목을 친 자는 공빈취(公賓就)였다. 왕헌은 자신을 한(漢)나라의 대장군이라 칭하고 약탈한 옷을 걸치고 거마(車馬)를 함부로 썼다. 그 거마에는 황제기가 걸려 있었다.

이윽고 갱시제가 파견한 진짜 장군인 신도건과 이송이 장안에 입성했다. 그들은 왕헌을 체포해서 목을 베었다. 왕망의 인수(印綬)를 얻었으나 그것을 자기 것으로 삼은 것, 궁녀를 빼앗고 천자의 깃발을 단 것 등이 대죄가 되었다. 왕헌은 도적단에 들어가서 약탈하는 것과 별반 다르지 않다고 생각했다. 이런 일로 죽는다는 건 아무리 생각해도 이해가 가지 않았다.

낙양도 함락되었다. 공격한 쪽은 갱시군의 대간부인 왕광이었고, 지킨 쪽은 왕망의 태사인 왕광이었다. 왕광이 왕광을 생포해서 죽인 셈이었다.

갱시제 유현은 일단 낙양에 들어갔다가 곧바로 장안으로 향했다. 상속해야 할 유산이 장안에 있었기 때문이다.

권세의 자리에 앉거나 아니면 그것에 가까워지면 일종의 자기부패작용이 일어난다. 그때까지의 긴장상태가 오래 계속될수록 반동은 커지기 마련이다.

장안에서 갱시제는 정신적 타락의 표본 같은 존재가 되어 사람들을 실망시켰다. 그를 옹립했던 신시와 평림의 반란세력도 차츰 변질되었다. 먼저 입성한 왕헌을 처분한 것은 잘한 일이었지만, 나중에 장안에 들어온 본대도 왕헌과 비슷한 짓을 했다.

유수는 이때 갱시제로부터 하북을 평정하라는 명령을 받았다. 갱시제는 유산을 상속하기 위해 낙양에서 서쪽의 장안으로 향했는데, 유수는 반대로 군대를 이끌고 동북으로 향했다. 갱시제 정권의 중심에서 벗어난 것은 유수에게 행운이었다.

갱시제는 유수의 형을 죽였기 때문에 그를 보기가 거북했을 것이다. 유수로서도 갱시제 정권 안에 있으면 의심의 눈길을 받을 것이고, 따라서 언제 숙청될지 늘 긴장하며 지내야 할 터였다. 차라리 갱시제한테서 멀리 떨어지면 우선 숙청의 위험이 없을 뿐만 아니라 독자적으로도 세력을 확대할 수 있었다.

하북에서는 한단(邯鄲) 출신의 왕랑(王郎)이라는 자가 지방정권을 수립했다. 지방정권이라고는 해도 하북에서 요동에 이르는 광대한 지역을 지배했다. 그 지방 호족들도 남양 호족인 갱시제 정권 밑으로 들어가는 것을 달가워하지 않았다.

왕랑은 복자(卜者), 다시 말해 점쟁이였다. 이 남자는 자신을 한나라 성제(成帝)의 아들이라고 칭했다. 어머니는 성제의 구자(謳者, 가수)로 신분이 낮았다. 따라서 자식을 낳았을 때 황후 조씨(趙氏)가 해코지할까 두려워 다른 사람의 아들과 바꿨고, 덕분에 자신이 무사할 수 있었다고 사칭(詐稱)했다. 성제의 숨은 자식이 있다는 소문은 오래전부터 있었다. 십 수년 전에도 '성제의 아들'이라며 나타났다가 왕망에게 살해당한 인물도 있었다.

이 왕랑을 받든 사람이 한나라 황족이었던 유원(劉元)의 아들 유림(劉林)이다. 유원은 조왕(趙王) 유팽조(劉彭祖, 경제(景帝)의 다섯 번째 아들)의 자손으로 조왕의 분가(分家)라 할 수 있는 평간왕(平干王)을 계승했으나 폭군이었다. 제멋대로 노비를 죽였고 그의 협박으로 자살한 하인이 16명에 이르렀는데, 탄핵을 당해 영지를 잃었다. 따라서 그의 아들 유림은 왕위에 오를 수 없었다. 그는 하북, 하남 땅에서 협객의 무리로 이름을 떨치고 왕랑을 천자로 세웠다.

그 밖에도 광양왕(廣陽王) 유가(劉嘉, 무제의 5대손)의 아들 유접(劉接), 진정왕(眞正王) 유양(劉楊, 경제의 막내아들 유순(劉舜)의 6대손) 같은 황족이 왕랑을 옹립했다. 여러 후왕이 황족이라면 그 분가의 열후는 준황족에 지나지 않는다. 갱시제가 된 유현은 준황족인 용릉후(春陵侯)의 또 다른 방계 인물이었다. 하북뿐만 아니라 전국의 여러 후왕이 그 지배하에 들어가는 것을 달가워하지 않았다는 사실을 알 수 있다.

하북의 황족들이 왕랑이라는 점쟁이를 천자로 내세운 배경은 무엇일까? 왕랑이 성제의 친아들이라는 소문이 신빙성이 컸을 가능성이 있다. 또 하북의 황족들이 서로 견제하느라 누구를 세우든 지장이 있으므로 타협안으로써 왕랑을 세웠는지도 모른다.

황족간에 싹튼 미묘한 대립을 유수는 놓치지 않았다. 유수는 효기장군(驍騎將軍) 유식(劉植)을 파견하여 진정왕 유양을 설득했다. 유양은 10여 만의 무리를 모아서 왕랑 정권에 붙어 있었다. 유양의 누이동생은 이 지방 대호족인 곽창(郭昌)에게 시집갔다. 이와 같은 결합은 당시 어디서든 쉽게 볼 수 있었다. 곽창은 이미 죽었지만, 아내는 곽주(郭主)라고 불리며 그 지방에서 존경받았다. 그 딸은 성통(聖通)이라 불렸는데, 진정왕 유장의 조카딸이었다. 유수는 이 곽성통을 아내로 맞이했다. 이로써 유수는 진정왕을 중심으로 한 하북 호족집단의 일부를 자기편으로 만들었다. 진정왕을 중심으로 한 호족 집단은 왕랑에서 떨어져 나와 그 군대집단이 유수의 군대에 흡수되어 버렸다.

유수는 진정(眞正, 오늘날 하북성 정정)을 발판으로 근처의 군현을 잇따라 공격해 세력을 넓혔다. 형세가 좋아지자 유수쪽에 가담하는 사람들도 많아졌다.

갱시 2년(24) 5월, 유수는 마침내 한단(邯鄲)을 함락하고 패주하는 왕랑을 쫓아가 목을 베었다. 곤양전에서 승리한 지 겨우 1년 만에 유수는 다시 쾌승했다.

유수는 한단에서 엄청나게 많은 문서를 손에 넣었으나, 그것을 한 글자도 잃지 않고 부하 앞에서 불태워 버렸다. 지금까지 왕랑과의 관계가 만천하에 드러날 것을 두려워하던 지방 호족과 관리들은 증거물이 불태워지자 안도했다. 이것 하나만으로도 유수가 예사롭지 않은 정치가였다는 것을 짐작할 수 있다.

장안의 갱시제는 이 공적을 치하해 유수를 소왕(蕭王)에 봉하고 군대를 해산해서 장안으로 돌아오라고 명했다. 그러나 유수는 '하북이 아직 평정되지 않았다'는 이유로 귀경을 거절했다.

유수는 그 시점에서 장안의 갱시제로부터 떨어져 자립할 결심을 했다.

장안의 갱시제 정치는 너무도 문란했다. 밤낮으로 연회만 열었다. 우대사마(右大司馬) 조맹(趙萌)의 딸을 아내로 맞아 이를 총애하고, 정치는 모두 조맹에게 맡겼다. 조맹은 방종한 인물로 제멋대로 사람을 죽였다. 조맹의 죄를 고한 자가 있으면 갱시제는 그 자리에서 목을 베었기 때문에 뜻있는 사람들은 절망에 빠졌다.

오래 가지 못한 군주는 그 뒤를 이은 왕조의 기록에 필요 이상으로 나쁘게 남는다. 하지만 갱시제는 정말이지 어리석은 임금이었다. 후한 왕조도 갱시제와 마찬가지로 한나라 용릉후 출신이었다. 혈통이 같은 군주를 일부러 나쁘게 기록할 리는 없다. 아마 『후한서』에 기록된 갱시제의 사적(事跡)은 거의 사실이라고 보아도 좋을 것이다. 한 왕조의 부흥을 애타게 기다리던 천하의 인심을 배반했기 때문에 그랬을 것이다.

추첨으로 추대된 소년 천자

이쯤에서 적미군으로 눈을 돌려보자.

이 농민군은 고향인 산동으로 돌아가고 싶어 했다. 하지만 세력이 수십만에 이르면 병사 개개의 의견과는 별도로 집단으로서의 의사가 생겨나는 법이다. 병사들은 귀향을 바랐다. 하지만 적미군이 고향 방면, 그러니까 동쪽으로 향하면 아마 군단은 구름처럼 흩어져 버리고 이슬처럼 사라져 버릴 것이다. 집으로 가고 싶은 마음은 화살과도 같아서, 고향이 가까워질수록 그들은 멋대로 집으로 가려고 대열이고 뭐고 아줌에도 없어질 터였다.

적미군은 고향과는 반대 방향, 즉 서쪽으로 향하기로 군단의 의사를 결정했다. 장안을 목표로 삼았다. 장안에서 타락한 갱시제는 인심을 잃고 있었다. 그 소문이 적미군의 귀에도 전해졌다. 인심을 잃은 집단과 싸운 경험이 있는 적미군은 갱시제를 공격하는 일에 자신감을 가졌다. 하지만 서쪽으로 가려면 병사 개개인을 설득해야만 했다. 가장 설득력 있는 것은 서쪽으로 가면 장안에 산더미 같은 보물이 기다리고 있다는 구체적인 이야기였다. 번숭(樊崇), 봉안(逢安), 서선(徐宣), 사록(謝祿), 양음(楊音) 같은 지도자가 30만 대군을 이끌고 장안을 향해 길을 떠났다.

갱시제는 토난장군(討難將軍) 소무(蘇茂)를 보내 그들을 막으려 했으나, 소무는 대패하고 말았다. 다시 승상인 이송을 보냈으나 이 역시 모향(務鄕)이라는 곳에서 3만여 전사자를 내고 패퇴했다.

그때까지만 해도 적미군에게는 강력한 정신적 지주가 없었다. 군대 안에 제(齊, 산동)의 무당이 있어 언제나 북을 치고 춤을 추며 성양경왕(城陽景王)에게 제사를 지냈다. 단결의 중심이라면 이 신앙이었을 것이다. 성양경왕이란 한나라 고조의 손자뻘 되는 유장(劉章)을 말한다. 형인 유양(劉襄)이 제왕이고 그는 주허후(朱虛侯)였지만, 여씨(呂氏)를 주멸(誅滅)할 때, 선두에 서서 여산(呂産)의 목을 친 공으로 성양왕에 봉해졌다. 눈부신 공을 세운 사람이어서 산동에서는 그를 신으로 모셨고 사람들에게 복을 내려주는 존재로 여겼다. 말하자면 민간신앙쯤 되는 존재였다. 성양경왕의 뜻은 무당을 통해 사람들에게 전해졌다.

200년 전에 죽은 전쟁 영웅신의 영혼보다 살아 있는 인간을 상징으로 삼는 쪽이 사람들을 더욱 단결하게 한다. 그런 이유로 적미군은 성양경왕의 먼 후손을 찾아내 그를 천자로 세우고자 했다. 이것은 적미군이 유적

(流賊)의 성격을 버리고 왕조를 지향하는 집단으로 전환했다는 의미다.

성양경왕의 먼 후손은 70여 명이나 되었다. 그중에서 가장 정통에 가까운 사람이 무(茂), 분자(盆子), 효(孝) 이렇게 세 사람이었다. 성은 말할 나위도 없이 모두 유씨였다. 단지 상징일 뿐이므로 누가 천자가 되든 상관없었다. 그래서 추첨으로 정하기로 했다. 고대에 군대를 이끄는 천자를 '상장군'이라 칭했으므로, 상장군이라고 쓴 패 하나와 아무것도 적지 않은 패 두 개를 통 안에 넣은 다음 나이순으로 세 사람에게 패를 고르게 했다. 종이가 발명된 것은 그로부터 70년쯤 뒤의 일이므로 아마 나무패였을 것이다. 가장 마지막으로 고른 열다섯 살 유분자(劉盆子)가 상장군이라고 쓴 패를 뽑았다.

유분자는 식후(式侯) 유맹(劉萌)의 아들로 무(茂)는 그의 형이었다. 식(式)은 산동 태산군(泰山郡)에 있는 땅으로 초원(初元) 원년(기원전 48)에 성양왕 유순(劉順, 경왕 5대손)의 아들 유헌(劉憲)이 그곳의 열후였다. 유헌의 아들인 패(覇), 그리고 패의 동생인 맹(萌)으로 후위(侯位)가 이어졌으나, 왕망 시대가 되면서 다른 한 왕조의 열후와 마찬가지로 폐해졌다. 분자는 아버지가 후위를 잃은 뒤에 낳은 아들이다. 더구나 유년시절 적미군이 식을 공격했을 때 연행되어 군에서 잡무를 보았기 때문에 글도 몰랐다. 우교졸사(右校卒史, 100석의 관리) 밑에서 양치기를 하던 사람이 갑자기 천자가 되어 적미군의 수많은 장군이 모두 신하를 칭하며 예를 갖추었기 때문에 분자는 완전히 겁을 집어먹었다.

분자는 그때 나이 15세였다. 피발(被髮, 산발한 머리), 도선(徒跣, 맨발), 폐의(弊衣, 누더기옷), 자한(赭汗, 땀으로 피부가 빨개짐)에 여러 사람이 절하는 것을 보고 겁에 질려 울상을 지었다.

『후한서』「유분자전」은 당시 그의 모습을 위와 같이 서술하고 있다.

적미군은 이처럼 한나라의 준황족 소년을 옹립함으로써 '왕조 부흥'을 선언했다.

적미군이 소년천자를 세운 것은 갱시 3년(15) 6월의 일인데, 같은 달 유수도 호현(鄗縣)의 남쪽에서 단을 만들고 제위에 올랐다. 연호를 '건무(建武)'라 고치고 이해를 원년으로 삼았다.

사실 이해 정월에 방망(方望)과 궁림(弓林)이라는 자가 정안공(定安公)인 유영(劉嬰)을 천자로 세우고 사람 수천을 모았으나, 갱시제가 파견한 승상 이송에게 격파되었다. 유영은 선제(宣帝)의 고손자로 평제가 죽은 뒤 두 살이라는 어린 나이에 후계자로 정해졌지만, 왕망이 한나라를 찬탈하자 정안공으로 강등되었다. 그 유영이 이제 21세가 된 것이다.

평제가 14세에 죽은 뒤, 왕망은 자기가 쉽게 일할 수 있도록 어린 후계자를 세웠다. 유영은 말하자면 왕망에게 선택받은 것이었는데 한때는 한나라의 후계자로 정해진 인물이었다. 잊어 버렸어야 할 유영까지 등장한 것으로 보아, 한 왕조의 부흥은 사람들의 공통된 바람이었다는 것을 알 수 있다.

이해 4월에 사천(四川)의 군벌 공손술(公孫述)이 제위에 올랐다. 성도(成都)라는 땅에서 일어났기 때문에 국호를 '성(成)'으로 정했다. 이것은 한 왕조의 부흥이 아니라 새로운 왕조의 창건이었다.

역사를 활용할 줄 아는 광무제

사람들은 '질서'를 바랐다. 당시 사람들이 알던 질서 바른 사회는 바로 한 왕조였다.

그렇게도 질서를 갈망했던 것으로 당시 사회가 얼마나 무질서했는지 짐작할 수 있다.

장안은 절망의 도시였다. 새로운 질서를 세우는 데 실패한 왕망이 국가를 누더기로 만들어 버린 것이다. 환호성으로 맞이했던 갱시제도 부족한 통치능력을 드러냄으로써 사람들을 실망시켰다. 그곳에 적미군이 어린 황제 유분자를 추대해서 공격해 온 것이다.

적미군이 장안에 입성한 것은 그해 9월이었다. 갱시제는 홀로 말을 타고 탈출했고, 갱시제의 고관 장군들은 모두 적미군에게 투항했다. 하지만 탈출했던 갱시제도 마침내 장안으로 돌아와 적미군에게 항복하고 장사왕(長沙王)에 봉해졌다.

하지만 적미군 역시 갱시 정권과 마찬가지로 통치능력이 부족했다. 상황은 갱시 정권 때보다 더욱 나빠졌다. 적미 정권은 갱시 정권의 무위무능으로 황폐해진 장안을 부흥하기보다 수탈할 생각을 했다. 산동의 고향으로 돌아가고자 했던 병사들이 이곳까지 온 것은 장안에 보물이 있다는 사탕발림에 넘어갔기 때문이었다. 하지만 장안에는 빼앗을 만한 보물이 거의 없었다. 보물은커녕 먹을거리조차 없었다.

이듬해 정월, 장안 성내의 식량이 바닥났다. 적미군이 3개월 동안 모조리 먹어치운 것이다. 지프지기한 농민군은 궁전이든 민가든 닥치는 대로 불을 놓고 모두 서쪽으로 떠났다. 먹기 위한 약탈 행군이었다.

갱시제는 그전에 사록(謝祿)의 손에 목 졸려 죽었다. 적미군의 방법이 너무도 잔인해서 사람들이 갱시제를 동정하기 시작했기 때문에 일단 죽여 버려야 이제 다시 추대할 사람이 없을 것이라고 생각한 것이다. 이것은 곧 자멸이었다.

적미군은 폭주집단이 되어서 서쪽으로 향했는데, 그곳에는 외효(隗囂)라는 자가 자리를 잡고 있었다. 굶주림과 추위로 기진맥진한 적미군은 외효의 군대에 격파되어 또 다시 동쪽으로 패주했다. 수많은 병사가 죽었는데 대부분 얼어 죽었다.

남은 병사들은 다시 장안으로 돌아왔지만 땅 위에는 이미 남은 것이 없었다.

> 이때 삼보(三輔, 장안에 근접한 지역)에 굶주린 사람들이 서로 잡아
> 먹어, 성곽은 텅 비고 백골이 들판을 뒤덮었다.

이런 참상이었다. 지상에는 남은 것이 하나도 없었기 때문에 그들은 한의 역대 여러 능을 도굴했다. 부장된 보물은 손에 넣었지만 먹을거리는 없었다. 그들은 동쪽으로 돌아가는 수밖에 없었다. 궤멸상태라고 하나 그 수는 아직 20만이나 되었다.

도중에서 적미군의 귀향을 기다리던 사람이 제위에 오른 유수였다. 바로 후한을 창시한 광무제다.

앞에서도 이야기했듯이 광무제는 왕랑을 멸망시킨 뒤 갱시제의 명령을 어기고 장안으로 돌아가지 않았다. 하북이 아직 평정되지 않았다는 것이 그 이유였다. 단지 핑계만은 아니었다. 사실 하북에는 가는 곳마다

유적 집단이 들끓었다.

동마(銅馬), 대동(大彤), 고호(高湖), 중련(重連), 철경(鐵脛), 대창(大槍), 우래(尤來), 상강(上江), 청독(靑犢), 오교(伍校), 단향(檀鄕), 오번(伍幡), 오루(伍樓), 부평(富平), 획색(獲索)……

이상은 유적단의 명칭이다. 지명을 붙인 집단도 있고 별명으로 부른 집단도 있다. 전부 합치면 수백만이 넘었다고 한다.

이 중에서 가장 큰 집단은 동마군이었다. 광무제는 그들을 포양(蒲陽)이라는 곳에서 크게 물리쳤다.

> 모조리 격파하여 이를 항복시켰다. 그 우두머리를 봉하여 열후로
> 삼았다.

라고 『후한서』 「광무제기」에 기록되어 있다.

왕랑과 싸웠을 때는 참수 수천 급(級)이라든지 그 성을 함락하고 왕랑을 주살했다는 표현처럼 철저하게 박멸했다. 왕랑군은 호족연합군이었는데, 왕랑을 황제라 칭했다. 그에 반해 유적 집단은 밥줄이 끊겨 폭동을 일으켰고, 적미를 제외하고는 스스로 정권을 수립할 의사도 없었다. 그 때문일까, 광무제는 이들 군대에게는 관대했다. 그도 그럴 것이 유적군을 흡수하면 광무제의 병력이 그만큼 커지기 때문이다. 그는 순식간에 수십만의 군대를 거느리게 된다.

> 그러므로 관서(關西, 함곡관 서쪽)에서는 광무제를 가리켜 동마제
> (銅馬帝)라 불렀다.

이것도 『후한서』의 기술이다. 그의 휘하에 동마군 병사가 많았기 때문에 그에게 '동마제'라는 별명이 붙게 되었다.

이런 군대를 이끌고 광무제는 패주해서 달아나는 적미군을 붙잡았다. 적미군 10여만이 의양(宜陽)에서 광무제에게 항복했다. '적미제'인 유분자도 용서를 받아 광무제의 숙부 조왕 유량(劉良)의 가신이 되었다. 훗날 유분자는 실명하는데 형양(滎陽)에 땅을 받아 평생을 불편함 없이 살았다. 적미군의 간부인 서선과 양음도 고향으로 돌아가 평온하게 여생을 보냈다.

이렇게 말하면 광무제가 이상적인 명군인 것처럼 들리겠지만, 관대하게 보이는 반면 엄격한 면도 있었다. 적미군이나 동마군처럼 정권에 그다지 집념이 없는 상대에게는 관대했지만, 왕랑처럼 정권을 꿈꾸는 집단에게는 가차 없는 탄압을 가했다.

광무제가 왕랑을 압도할 수 있었던 것은 진정왕 유양을 자기편으로 끌어들였기 때문이다. 유양과 연합하기 위해서 그는 유양의 조카딸인 곽씨를 아내로 맞았다. 그가 신야(新野)의 절세가인인 음려화(陰麗華)를 아내로 맞이한 것은 곽씨를 아내로 맞아들이기 바로 전해다. 당시는 중혼죄 같은 것이 문제가 되지 않았고 윤리관도 지금과 달랐다. 하지만 제위에 오른 이듬해 광무제는 아내인 곽씨의 외숙 유양을 모반을 꾀했다는 죄목으로 처형했다.

후한의 정사인 『후한서』는 당연히 광무제에게 유리하게 기록했다. 거기에 모반이라 적혀 있는데 주살의 이유로 이보다 나은 것은 없다. 한 왕조 부흥이라는 점에서 보면 준황족이나 그 방계인 광무제 유수보다 황족인 진정왕 유양 쪽이 훨씬 한나라 황실 혈통에 가깝다. 더구나 광무제로서는 '이 사람 덕분에 천하를 얻었다'는 일종의 빚 같은 것을 느꼈을 것이다. 만일 그가 사라져 준다면 광무제도 마음이 편했을 터였다.

적미군의 간부 중에서도 번숭(樊崇)과 봉안(逢安)은 일단 용서했다가 나중에 '모반'이라는 죄목으로 처형했다. 어쩌면 두 사람 모두 광무제에게 위험한 인물이었을지도 모른다.

천하를 얻는 일이 결코 아름답기만 한 것은 아니다.

왕망정권을 무너뜨린 것은 농민군의 궐기였지만, 그들은 자신들의 정권을 만들지 못했다. 사람들은 질서를 바랐으나, 그들은 그것을 주지 못했다. 그들은 통치하기 위해 조직을 짜야 한다는 것을 몰랐다. 조직을 만들기 위해서는 기율(紀律)을 확립해야 한다. 하지만 그들은 그러지 못했다. 그 마지막 모습이 강도 집단이었던 것은 어쩌면 당연하다고 해야 하지 않을까?

광무제는 자신의 군대를 엄한 규율로 정리하는 한편 관용을 베풀어 인재와 병력을 늘렸다. 광무제 집단과 적미군의 차이는 뭐니 뭐니 해도 '지식'이었다. 광무제는 낙양의 태학에서 공부한 인물이다.『군국책(軍國策)』과『사기(史記)』를 읽었으니 역사에서 배웠을 터이다.『손자』를 읽고 알게 된 모략을 활용하기도 했다. 적미군 간부 중에서 글을 읽을 줄 아는 사람은 옥리(獄吏)라는 구실아치였던 서선(徐宣) 오직 한 사람뿐이었다.

적미군을 자기 세력 아래 둔 뒤, 남은 일은 농(隴, 감숙)의 외효와 촉(蜀, 사천)의 공순술이라는 두 지방정권을 제압하는 일이었다.

건무 8년(32)에 광무제는 농을 공략하고 있던 부장(部將) 잠팽(岑彭)에게 편지를 보내 다음과 같이 말했다.

……사람은 만족함을 몰라 고민한다. 이제 농을 평정하니 다시
　촉을 바라보게 된다. 한 번 군대를 동원할 때마다 그로 인해 머리가
　희어진다…….

　농을 얻으면 촉을 바라본다는 고사성어는 여기에서 나온 말이다. 이 편지는 『후한서』 「잠팽전」에서 인용한 것인데, 광무제는 이 편지에서 원정군을 보낼 때마다 자신의 머리카락이 하얗게 샌다고 적었다. 이 말에는 원정군의 노고를 생각하며 자신도 고민한다는 뜻이 포함되어 있다. 또 일면 인간의 욕망은 끝이 없어서 농을 평정해도 또 촉까지 갖고 싶어진다고, 자신도 일개 인간으로서 번뇌를 가졌다고 고백하고 있다.

　잠팽은 완성(宛城)에서 항복한 왕망의 관리였다. 하지만 광무제는 그를 중용했고, 그도 광무제의 기대에 보답했다.

　건무 9년에 외효는 병사하고, 이듬해 그 아들인 외순(隗恂)이 항복함으로써 농의 평정 문제는 해결되었다.

　건무 12년(36)에 공손술마저 패사(敗死)해 촉(蜀)도 한의 판도 안으로 들어왔다. 잠팽은 그 전해에 촉의 자객 손에 암살되었다. 마지막까지 광무제에게 충성을 다했는데, 그는 앞에서 인용한 편지에서 볼 수 있듯이 군주의 인간미에 감격했다.

　광무제는 그처럼 자신을 표현할 줄 알았다. 이것은 적미군 간부들은 할 수 없는 일이었다. 그 대신 광무제에게는 별다른 일화가 없다. 적어도 한나라 고조에 비하면 눈에 띄게 빈약하다. 광무제는 근엄하고 솔직한 인물이었다. 창업 인물은 대개 고조처럼 거칠고 파격적인 경우가 많지만, 광무제는 그렇지 않았다.

우리는 광무제가 시작한 왕조를 후한이라고도 부르고 동한이라고도 부른다. 전한과 후한은 시대를 기준으로 부르는 명칭이고, 서한과 동한은 수도의 위치를 기준으로 부르는 명칭이다. 전한의 수도는 장안이고, 후한은 그보다 좀 더 동쪽인 낙양이었다. 오늘날 중국에서는 전한, 후한보다 서한, 동한이라는 표현을 더 많이 쓴다. 10세기 중반에 당나라가 멸망하고, 오대(伍代)라는 단명 왕조가 계속되던 시대에 겨우 4년 동안이었지만, '후한'을 칭했던 왕조가 있었다. 그것과 구별하기 위해 광무제가 세운 후한을 동한이라고 부른다. 다만, 동서로 나누어 부르면 분열국가로 혼동하기 쉽다는 결점이 있다. 서한과 동한 모두 중국 전체를 지배한 당당한 왕조였다.

전후, 동서, 남북 같은 표현을 왕조명에 붙이는 것은 사실 후세 사람들이 편하자고 그렇게 했을 뿐이다. 광무제가 창건한 후한(동한)이라는 왕조도 당시에는 그저 '한'이라고 불렀다. 단지 후세 역사가가 아무리 생각해도 다른 왕권이기 때문에 둘을 구별하기 위해 그렇게 가려 부른 것뿐이다.

회색 시대

광무제의 내정 개혁

 …… 황성 안 궁실은 광명하고, 굴정(闕庭, 궁문과 궁정)은 신려(神
麗)한데 ……

『양도부(兩都賦)』는 이런 미사여구로 낙양을 극찬한다.

양도란 서쪽의 장안과 동쪽의 낙양을 말한다. 이 두 대도시를 비교한
유려한 문장이 『양도부』이고, 작자는 『한서』의 저자이기도 한 후한의 반
고(班固 32~92)다. 그 밖에 같은 주제로 장형(張衡 78~139)이 『이경부(二京
賦)』라는 문장을 썼다.

두 작품 모두 장안과 낙양을 비교해서 낙양 쪽 손을 든다. 후한 사람
이 쓴 글인 만큼 팔이 안으로 굽었을 테지만, 양도를 비교하면서 어김없
이 장안은 화려하고 낙양은 질박하다고 결론짓는다. 이것은 두 도시의
비교론이자 동시에 전한과 후한 두 왕조의 성격을 비교한 글이기도 하다.

낙양을 수도로 정한 광무제는 건무 2년(26)에 그곳에 고묘(高廟)를 세웠다. 한나라 고조 유방(劉邦)을 모시는 사당을 지었다는 것은 한 왕조(漢王朝) 부흥을 분명히 선언한 것이기도 했다.

기본적으로는 전한의 여러 제도를 계승했지만 완전히 똑같지는 않았다. 무엇보다 수도를 장안에서 낙양으로 옮겼다. 남양 출신인 광무제는 자신의 고향과 가까운 낙양이 좀 더 친근했던 것이다. 광무제 통치 집단을 운대(雲臺) 28장(將), 또는 32장(將), 365공신(功臣)이라고 부르는데, 그중에서 남양출신자가 차지하는 비율이 매우 높아 남양정권이라 해도 좋을 정도였다. 따라서 여차하면 남양과 쉽게 연락할 수 있는 낙양이 마음 든든했던 건 말할 나위도 없다.

장안이 적미군의 손에 불타고 초토화된 것은 광무제가 낙양으로 수도를 정하고 그곳에 고묘를 세운 것과 거의 동시였다. 장안이 아수라장이 되었다는 소식은 아직 낙양에 전해지지 않았는지도 모른다. 후한이 수도를 낙양으로 정한 것은 장안이 황폐해져서 황제가 머물 곳이 없어졌기 때문은 아니었다.

왕망의 제도를 폐지하고 전한(前漢)의 제도로 돌아갔으나 단지 기계적으로 돌아간 것은 아니었다. 광무제는 대대적으로 행정을 정비했다. 관청 수를 줄이고 정원도 삭감했다.

유학을 공부한 서생 출신인 광무제는 역사에서 배운다는 자세로 폐해를 가져왔다고 생각한 제도는 과감히 뜯어 고쳤다.

그중 하나가 군사제도다. 전한의 군사제도는 이른바 국민개병제도(國民皆兵制度)였다. 지방 농민은 적당한 나이가 되면 군(郡)이 병사가 되어 훈련을 받았다. 군의 군(軍)수뇌는 군도위(郡都尉)였다. 이 직책을 폐지하고

징병제도도 없앴다.

왕망 말기에 농민군 궐기가 그렇게까지 맹렬했던 것은 각지에 군사훈련을 받은 퇴역병사가 있었기 때문이라고 생각했다. 군사훈련 경험자가 전국에 흩어져 있는 것이 위험하다는 사실을 광무제는 몸소 참여한 전란에서 실감했는지도 모른다.

광무제의 행정 간소화 작업은 비용 절감만을 노리지는 않았다. 그가 진정으로 노린 것은 황제의 독재권 확립이었다. 관료 기구가 복잡하면 황제의 권한이 한정될 수밖에 없다. 그렇게 되면 국정 전반을 파악하기 어렵다. 기구를 간소화하면 황제의 눈은 세세한 부분까지 미치게 된다.

군사제도도 지방의 군병(郡兵)만 폐지한 것이 아니다. 건국 원훈인 장군들의 부하도 황제 직속 군단에 편입했다. 오직 황제만이 군대를 움직일 수 있게 했다.

광무제 재위 33년 중에서 전반은 국내를 평정하기 위한 전쟁이 적지 않았다. 하지만 후반은 오직 백성이 편히 지낼 수 있게 마음을 쏟았다. 한나라 고조가 난폭하게 창업한 뒤 문제(文帝)와 경제(景帝)에 휴식기가 필요했다는 것을 광무제는 역사책을 통해 이해하고, 배워야 할 점은 배웠던 것이 아닐까?

시초에 황제는 병마지간에 있음이 오랜지라 무사(武事)를 마다했다. 또한 천하가 피모(疲耗, 피로하고 소모함)함을 알고, 기꺼이 어깨의 짐을 덜어 주고자 생각했다. 농과 촉을 평정한 뒤 긴급한 일이 아니면 일찍이 또다시 군려(軍旅)의 일을 말하지 않았다.

『후한서』에 광무제를 위와 같이 쓰고 있다.

광무제에게 다행스러웠던 것은 그가 다스린 시대는 전한 시대의 강적이었던 흉노가 남북으로 분열되어 더는 두려워해야 할 존재가 아니라는 점이었다. 만일 북방의 흉노가 묵돌선우(冒頓單于) 시대처럼 강성했다면, 광무제도 재위 후반을 한가롭게 휴식기로 보낼 수는 없었을 것이다.

내정문제에서 특히 눈에 띄는 점은 노예해방 조서를 자주 발표했다는 사실이다. 또 노약자나 빈곤한 자에게 늘 식량을 특별 배급했다. 광무제는 농민군과 어깨를 나란히 하고 싸운 경험을 통해 그들이 가진 놀라운 힘을 잘 알고 있었다.

노예이거나 노예상태에 있는 자, 지독한 가난 때문에 절망한 자, 극도의 압박을 받은 자들이 죽음도 두려워하지 않고 일어섰던 것이다. 광무제는 그것을 보았다. 자신의 왕조를 멸망시킬 자가 있다면 바로 그런 자들이다. 광무제는 일찍이 적미와 녹림군에 가담했던 자들이 다시 나오지 않게 여러 가지 조치를 생각했다.

그때까지는 노예의 주인이 노예를 죽였을 때, 그것이 '양민'(일반 백성)이 아니고 자신의 소유물이라는 이유로 보통보다 죄가 가벼웠다. 그러나 건무(建武) 11년(35) 2월에,

　　천지의 성(性), 사람을 귀하다고 한다. 노비를 죽이는 자는 죄를 경감하지 못한다.

라는 조서를 냈다. 같은 해 6월에는,

> 감히 노비를 구작(灸灼)하면 법률에 따라 죄를 묻는다. 구작당한
> 자는 면하여 서인(庶人)으로 한다.

는 조서를 발표했다. 구작이란 뜸을 뜨는 것인데, 물론 병을 낫게 하기 위해서가 아니라 징벌하기 위해서다. 아니면 소나 말에 낙인을 찍듯 소유권을 명시하기 위해서였는지도 모른다. 그런 짓을 하면 노예 주인은 법률에 따라 처벌을 받고 구작당한 노예는 그 일로 노예 신분에서 벗어나 서인(자유인)이 될 수 있다.

같은 해 10월, 노비가 사람을 쏘거나 다치게 했을 때, 그때까지는 일률적으로 사형하여 시체를 길거리에 버렸으나, 그 법률을 폐지한다는 조서를 발표했다.

> 농(隴, 감숙)과 촉(蜀, 사천) 사람으로 약탈당해 노비가 된 자로서 스
> 스로 고소한 자와 옥관(獄官)이 아직 보고하지 않은 자는 모두 면하
> 여 서인으로 한다.

는 조서를 발표했다. 나아가 이듬해인 12년 3월에는,

> 익주(益州)의 백성으로서 8년 이내 약탈당해 노비가 된 자는 모두
> 면하여 서인으로 한다. 아니면 의탁(依託)해서 남의 하처(下妻, 첩)가
> 된 자로서 떠나기를 바라는 자는 원하는 대로 그것을 허락한다. 감히
> 구류하는 자는 청주(青州)와 서주(徐州)에 준해서 사람을 약탈하는
> 법에 따라 이를 처리한다.

이어서 14년에는,

> 익주(益州)와 양주(凉州)의 노비는 8년 이내 스스로 소재지 관아에
> 송사할 수 있는 자는 일체 면하여 서인으로 한다. 매자(賣者, 노예주)는
> 값을 받을 수 없다.

는 조서를 발표했다.

광무제의 잇따른 노비해방 조서를 일일이 여기에 소개한 것은 중국의
가장 뛰어난 편년사라는 사마광의 『자치통감』은 이에 관해 한 줄도 언
급하지 않았기 때문이다. 북송의 사마광은 구법파(舊法派)의 대학자지만,
광무제가 실시한 노비해방의 역사적인 의의를 그다지 높이 평가하지 않
았다.

왕망 시대는 엄벌주의로 번잡한 법률을 강요해 죄에 따라서는 노예
신분으로 전락한 사람이 많았다. 또 왕망 말기부터 후한 초기에 걸쳐서
도 전란이나 기아로 처자를 파는 일도 적지 않았다.

한 왕조가 부흥하면 좋은 시절이 온다는 것을 광무제는 노예 해방령
으로 사람들에게 구체적으로 보여 줌으로써 해방과 휴식 분위기가 전국
에 미치게 했다. 그와 동시에 궁지에 몰린 사람이 최후에 폭발하는 엄청
난 에너지의 파괴력을 잘 알았기 때문에 그것을 서서히 분출시킨다는 의
도도 있었다고 생각된다.

그러나 모든 것을 광무제의 정치적인 계산으로 해석하는 것도 옳지
않다고 생각된다. 낙양의 태학에서 『상서』 같은 것을 배운 청년 유수의
유학자적인 이상주의도 그의 왕조 정책에 반영되어 있었다.

소프트하게 천하를 다스리다

서생 유수는 마음속에 심한 분노심을 품고 있었다. 왕망의 권세가 차츰 강해지다 마침내 전한 왕조를 뛰어넘었을 때, 그에 저항한 의인이 별로 없었던 것은 무슨 까닭일까? 한나라의 조정대신과 요인(要人)들은 모두 권력 있는 자에게 순종했다. 왕망의 비위나 맞추는 대신도 적지 않았다.

도의(道義)의 퇴폐라고밖에 말할 수 없다. 국가의 관료에게 가장 필요한 것은 정치지식도 아니요 사무능력도 아니라는 것을 유수는 통감했다. 강렬한 도의심이야말로 국정에 종사하는 사람에게 빼놓을 수 없는 요소다.

이 시대에는 아직 과거제도가 없었으나, 그 근원적인 형태라고 할 수 있는 제도가 존재했다. 이를 '선거(選擧)'라고 불렀는데, 덕목마다 인재를 추천하는 방식이다. 그 덕목에는 '현량방정(賢良方正)' '직언' '명경(明經)' '유도(有道)' '무재(茂才)' '효렴(孝廉)' 등이 있었다. 추천자는 군(郡)의 태수(太守)나 국상(國相) 그리고 중앙 대관이다. 이 가운데 후한 시대에 가장 중요시한 것이 '효렴'과였다. 효행하며 청렴하다는 것은 광무제 유수가 가장 바랐던 기개(氣槪) 있는 사〔士, 사인(士人), 학문과 수양을 쌓은 지식인-옮긴이〕였다.

효렴과에 추천된다는 것은 장래를 보장받는 일이므로 관료 지망생들은 이를 노렸다.

추천자의 책임은 막중했다. 단순히 연고만으로 적당히 추천할 수는 없는 노릇이었다. 장관이 그 지방에서 명성이 높고 청렴결백하다고 정평이 난 인물을 추천하지 않으면 직무태만이거나 부정 혐의를 받을 우려조차 있었다.

효행과 청렴의 기풍은 전국으로 퍼져 나갔다. 그중에는 사이비 효렴도 있었을 것이다. 출세하고 싶어서 효렴을 가장하려고 재산을 아낌없이 날려 금전에 욕심이 없는 사람처럼 보이려는 자도 나타났다.

어떤 제도든 장점과 단점이 있기 마련이다. 효렴을 연기하는 자가 나타나도 효렴을 중시하는 풍조는 시대정신을 심층까지 그 일색으로 물들였다. 유교는 전한 때 이미 국교로 자리 잡았는데, 후한 때는 그것이 더욱 확대되어 예교지상(禮敎至上) 사회가 되었다.

기개 있는 사인은 많이 나왔으나 그들도 예교라는 틀 속에 갇혀 있었다. 근엄하나 야생적인 힘이 부족해 재미가 없었다. 분방한 인물이 나오기 힘든 세상이었다.

견실하지만 침체되었다는 표현이 맞을 것이다. 이런 세상은 움직임이 적다. 이것이 광무제가 바라던 바였을 것이다.

광무제의 정치적 기반인 전국 각지의 호족도 매우 보수적이어서 큰 변혁은 좋아하지 않았다. 얄궂게도 광무제가 계획한 변혁이 그의 출신계층에게 부정당한 일도 있었다.

토지겸병(土地兼倂, 남의 땅을 강제로 빼앗아 자신의 토지를 넓히는 것-옮긴이)이 진행되고 있어서 광무제는 토지소유를 제한하려고 했지만, 이것은 노예해방처럼 잘 되지 않았다. 대토지 소유자인 호족의 저항이 컸기 때문이다.

건무 15년(38)에 광무제는 경작지와 호적을 조사하라고 명령했다. 토지와 호적 실태 파악이 정치의 기반인 것은 말할 나위도 없다. 하지만 호족들은 그와 같은 강제조사를 당하고 있지만은 않았다. 광대한 토지를 겸병했기에 그 실태가 알려지면 조세가 무거워진다. 그들은 경지면적을 줄여서 신고했다. 호족과 지방장관은 서로 깊이 결탁했기 때문에 부정신고를 끝까지 밀고 나가려고 했다.

경지와 호적의 강제조사로 곤란해진 사람은 대지주와 호족만이 아니었다. 그때까지 전혀 신고하지 않던 농민도 있었다. 동란으로 떠돌이 신세가 되어 주인 없는 땅을 멋대로 경작하던 사람도 있었다. 그들은 조사를 당하면 세금을 내야 했다.

농민 반란이 도처에서 일어났다. 그들의 배후에는 아마 일부 지주도 있었을 것이다. 청주(靑州), 서주(徐州), 유주(幽州), 기주(冀州)에서 일어난 반란이 가장 심했다. 이들 지방은 왕망 말기에 농민반란의 중심지기도 했다. 일찍이 그 반란의 파도를 타고 지금의 지위를 얻은 광무제는 그들을 진압하는 방법도 잘 알고 있었다.

반란자라도 상대를 고발하면 죄를 용서해주었다. 또 반란자 5명이 반란자 1명을 죽이면 그 5명은 전부 무죄가 되게 했다. 이것은 반란군의 내부분열을 꾀하는 방법이었다. 지방 관리에게는 관할지역 내에서 반란이 일어나도 그 책임을 묻지 않는다는 방침을 정했다. 왕망 말기에 지방 관리에게 책임을 묻자 궁지에 몰린 그들이 반란군에 투항한 예가 있었던 것이다. 지방관에게 죄를 묻는 것은 반란자를 은닉하는 경우로 한정했다.

반란자의 큰 불만 중 하나는 불공정하다는 점이었다. 호족과 같은 유력자들은 지방장관과 손잡고 부정으로 신고해 세금을 속이는데, 자신들에게만 너무 엄격하게 군다는 것이었다.

광무제는 그 불만을 해소해 주기 위해 부정신고와 관련 있는 고관 10수 명을 처벌했다.

대사도(大司徒)인 구양흡(歐陽歙)이 그중 한 사람이었다. 대사도라고 하면 삼공(三公)의 한 사람으로 전한 시대의 승상(丞相)에 해당한다. 전한의 삼공이라 하면 승상, 어사대부(御史大夫), 태위(太尉)를 말하는데, 후한 초기의 명칭은 대사도, 대사공(大司空), 대사마(大司馬)였다. 그러다가 건무 27년(51)에 대사도와 대사공은 '대(大)'자가 사라지고 대사마는 태위로 돌아갔다.

고관의 최고 자리에 있던 구양흡이 감옥에 가게 된 것은 여남군(汝南郡) 태수 시절 경지측량을 부정으로 보고하여 1천여만 전(錢)을 착복한 죄 때문이었다. 구양흡의 집은 8대에 걸쳐 박사(博士)였고, 『상서(尚書, 書經)』를 가르쳐 온 집안이었다. 그를 위해 탄원한 제자가 1천 명을 넘었고, 그중에는 대신 죽겠다고 지원한 젊은이도 있었다. 하지만 광무제는 용서하지 않았다. 구양흡은 결국 옥사했다.

하남윤(河南尹, 낙양의 장관) 장급(張伋)을 비롯해 여러 군의 태수가 투옥되어 죽었다.

반란은 진압되었다. 광무제는 교묘한 방법으로 일을 매듭지었다. 하지만 더는 강제로 경지를 조사하지 않았다.

노예 해방으로는 반란이 일어나지 않았다. 노예는 신분상의 문제인 만큼 법률적으로 노예에서 벗어났다고 해도 사실상의 노예는 얼마든지 있었다. 노예주도 반란을 일으킬 만큼 궁지에 몰리지는 않았다.

이에 반해 토지문제는 좀 더 심각했다. 더구나 왕조의 기반이 되는 계층과 관련이 있었다. 광무제도 토지문제는 그대로 방치해 둘 생각이었다.

반란이 진압된 이듬해인 광무 17년(41)에 광무제는 두 번이나 고향으로 돌아갔다. 낙양에서 가까우니 금방 갈 수 있었다. 남양군의 용릉(春

陵)은 이미 장릉(章陵)으로 이름을 바꾸었다. 일족이 재회하여 연회를 베풀고 오랜만에 즐겼다.

이때 친척인 나이든 여인들이 다음과 같은 말을 주고받았다고 전한다.

> 문숙(文叔, 광무제의 별명)은 어렸을 때 조심스러워서 남과 관곡(款曲, 허물없이 사귀는 것)하지 않았다. 그저 유(柔)하기만 했는데, 지금도 여전히 똑같구나.

광무제는 호쾌한 척하며 다른 사람과 속마음을 터놓고 지내는 일 따위는 할 수 없었다. 남과 사귈지라도 오로지 수동적인 자세만을 취했다. 그런 사람이 용케도 황제가 될 수 있었다고, 아주머니들은 감탄도 하고 이상하게도 생각했던 것이다. 광무제는 이 말을 듣고 크게 웃으며,

> 나는 천하를 다스리는데도 역시 유(柔)의 도(道)로써 이를 행합니다.

라고 말했다는 기록을 『후한서』에서 볼 수 있다.

유의 도란 온후하고 거스르지 않는다는 뜻이다. 소년시절의 광무제는 친구와 사귈 때도 하고 싶은 말을 함부로 하지 않았다. 온후하게 남의 말을 웃으면서 듣는 성격이었다. 일족의 여인들의 눈에는 그런 모습이 투쟁심이 강하지 않은 소년으로 비쳤던 것이다. 그런 사람이 황제가 되었으니, 그녀들은 얼마나 놀랐을까.

광무제는 그 말에 자신은 정치를 하는데도 어렸을 때처럼 무리하지 않으려고 조심한다고 대답했다.

무리하지 않으려 한다고 말했을 때, 그의 머릿속에는 경지 강제조사가 떠올랐는지도 모른다. 그 일은 무리해서 강행했기 때문에 거센 저항을 받았고, 반란이 일어나는 소동으로까지 번졌던 것이다. 용릉을 찾은 것은 그 소동 이듬해의 일이었으므로, 반성하는 그의 마음이 말로 표현된 것이었으리라.

호족의 이익에 반하는 정책은 대세를 거스르는 일이므로 이제부터는 하지 않겠으니 이제 여러분은 안심하시오, 라는 속뜻이 담긴 말인지도 모른다.

근대 역사가 중에는 이때 광무제가 한 말이 호족에게 완전히 굴복한 발언이라고 해석하는 사람도 있다. 하지만 그전에 일족의 여인들의 말이 있어, 그것이 광무제의 성격을 간결하게 형용한다는 점이 흥미롭다.

그것은 광무제의 성격뿐만 아니라 후한 왕조의 성격을 보여주는 말이기도 하다.

삼공(三公)의 명칭을 언급하면서 대사도와 대사공의 '대'자를 없앴다고 했는데, 그 이유는 아주 먼 옛날에는 관명(官名)이 사도나 사공으로 원래 대(大)자를 붙이지 않았기 때문이라고 했다. 하지만 과장을 좋아하지 않았던 광무제가 '대'자에 거부감을 가졌던 것도 개칭하게 된 한 가지 원인이었을지도 모른다.

회색빛 수도 낙양

그렇다면 후한은 대제국이 아니었는가 하면 결코 그렇지 않다. 흉노가 분열한 것도 도움이 되기는 했지만 전한의 전성기와 거의 같은 판도를 지배했다. 역시 대제국이라 불러야 할 왕조다.

단지 왕망 말기의 전란은 이 나라에 큰 상처를 남겼고 인구도 크게 줄었다.

『한서』「지리지(地理志)」에는 평제(平帝) 원시(元始) 2년(2)의 호수(戶數)와 인구가 기록되어 있다. 당나라 안사고(顏師古)의 기록에 따르면, 전한은 원시 연간 호구(戶口)가 가장 번성했던 시기다. 그에 따르면, 호수는 1천 223만 남짓, 인구는 5천 959만 남짓이다. 후한의 석학 복무기(伏無忌)는 박학다식하다고 이름난 인물로『복후고금주(伏侯古今注)』등을 저술했는데, 그에 따르면, 후한에서는 황제가 죽을 때마다 호수와 인구를 조사했다고 한다. 광무제가 죽은 건무 중원 2년(57)에는 전국의 호수가 427만 남짓, 인구는 2천 100만 남짓이라고 기록되어 있다.

55년 전인 전한 평제 원시 2년의 숫자에 비해 호수도 인구도 3분의 1 정도밖에 안 된다. 그나마 광무제가 그의 재위 기간 절반을 백성의 휴식에 뜻을 둔 결과다. 그가 천하를 통일한 시점에서는 이보다 훨씬 적었을 것이다. 악정과 전란은 백성의 목숨을 벌레 취급한다.

질제(質帝)가 죽은 본초(本初) 원년(146)에는 호수가 934만 남짓, 인구는 4천 756만 남짓이 되었다. 광무제가 죽은 뒤 90년이라는 세월이 흘렀지만, 아직도 144년 전 전한의 최고 전성기만큼은 회복하지 못했다.

후한이 이어받은 영토는 대제국의 영토이었으나 내용은 몹시 한심했다. 경지 면적을 놓고 말한다면, 『한서』「지리지」에는 827만 경(頃, 약 100아르에 해당-옮긴이)으로 나온다. 광무제가 죽었을 때의 경지 면적 기록은 남아 있지 않지만, 말할 것도 없이 참담했을 것이다. 복무기에 따르면, 질제 본초 원년의 경지면적은 683만 경이므로 역시 144년 전 수준에 도달하지 못했다.

낙양은 장안보다 질박하다고 『양도부』를 지은 반고가 말했다. 낙양은 후한의 상징이다. 후한은 질박할 수밖에 없었다. 예를 들면 후한에서는 전한 무제(武帝) 때처럼 눈부신 시대를 찾아볼 수 없다. 낙양 편을 들었던 『양도부』의 저자와 같은 사람이라면, 전한이 황금이라면 후한은 그 을린 은이라고 표현하고 싶을 것이다. 실제로는 선명한 백도 아니고 흑도 아닌, 회색이라고나 불러야 할 시대였다.

전한에서 말 도둑은 사형에 처했다. 말은 중요한 병기이기도 했기 때문이다. 그에 비해 소도둑은 보통 절도죄로 처벌받았다. 그런데 후한에서는 소도둑도 사형에 처했을 뿐만 아니라 자기 소라 할지라도 그것을 죽인 자까지 사형에 처하도록 규정하였다.

군사도 중요하지만 농업도 그 이상으로 중시했기 때문이다. 인구와 경지면적은 말할 것도 없이 깊은 상관관계가 있다. 경작지를 늘리는 것은 곧 국력을 증강하는 일이었다. 그러므로 경작에 크게 이바지하는 소는 철저히 보호해야 했다. 『후한서』에는 소의 돌림병이 유행한 것을 기사로 기록했다. 전한에도 소의 돌림병은 유행했을 터이나 사서에 기록할 정도의 사건으로 인정하지는 않았다.

사는데 급급해서 화려하게 치장하는 생활은 꿈에도 생각할 수 없었다. 후한은 그다지 눈에 띄지 않는 회색 시대라고 말했는데, 그전에 대파괴 시대가 있었던 것을 생각하면 후한은 선방했다고 봐야 한다.

앞에서 인용한 『양도부』에는 후한이 세워지기 전에 벌어진 파괴로 황폐해신 보습을 나음과 같이 묘사하고 있다.

옛적에 왕망이 역(逆)을 이루어 한조(漢祚, 한의 황위) 중간쯤이 빠지고, 천인(天人)이 주살하여, 6합(六合, 상하, 좌우, 전후 세계를 말함)이 상멸했다. 시란(時亂)에 백성은 거의 죽고 귀신도 민절(泯絕, 망하여 끊어짐)하고, 산골짜기에는 완구(完柩, 온당하게 죽은 자의 관)가 없으며, 촌락에는 남은 민가가 없고, 벌판은 인육으로 뒤덮이고, 강과 계곡은 사람의 피가 흐르니, 진항(秦項, 진나라와 항우)의 재난도 이에 절반도 미치지 못했다. 서계(書契, 문자의 시작) 이래 일찍이 이에 비할 기록이 없다.

기록이 시작된 이래 이러한 엄청난 파괴는 없었다는 말이다. 광무제는 '천제(天帝)의 뜻을 이은 군주'가 되어 백성을 자양(滋養)하고 국토를 회복했다고 절찬하고 있다.

후한 시대를 생각할 때, 우리는 역시 천하 대란을 겪은 뒤라는 사실을 늘 염두에 두어야 한다. 상처를 겪고 난 시기였다. 그렇다면 광무제는 왜 베트남에 출병했을까, 하는 것이 문제가 된다.

당시 베트남 북부에는 전한 시대부터 교지(交趾), 구진(九眞), 일남(日南) 같은 군(郡)이 여럿 설치되어 있었다. 따라서 광무제가 이 땅에 원정군을 파견한 것은 결코 외정(外征)이 아니었다. 교지군에서 징측(徵側)과 징이(徵貳) 자매가 반란을 일으켰기 때문에 광무제는 한나라 영토를 보전하기 위해 출병했다. 징측과 징이 두 사람은 아마 그 지방의 여수장이었던 것 같다. 원정군을 파견함으로써 지방에서 일어난 민족자립운동을 중앙에서 탄압한 형태가 되었다. 『한서』에 따르면, 예의 평제 원시 2년(2) 현재, 교지군의 인구는 74만 6천가량, 구진군은 16만 6천가량, 일남군은 6만 9천가량이었다. 참고로 한반도에 설치한 낙랑군은 인구 40만 6천여 명이었다. 오늘날 중국 남부의 중심인 광주(廣州)는 당시 남해(南海)군에 속했는데, 군 전체의 인구가 겨우 9만 4천여 명에 지나지 않았다.

교지군의 인구는 수도 장안에 있던 경조(京兆, 도성 구역)보다 약간 많았다. 결코 변경의 과소지대가 아니었다. 후한으로서는 매우 중요한 지방이었다. 명장 마원(馬援)을 파견해서 반란을 평정하고 자매를 붙잡아 목을 벤 것은 건무 19년(43)의 일이다. 두 자매는 지금도 베트남 민족의 영웅으로 추앙받고 있다. 대규모 반란은 평정되었지만, 이 지방은 그 후에도 소규모 반란이 끊이지 않았다.

동쪽 한반도의 낙랑군에는 후한 초기에 왕조(王調)라는 자가 자립했지만 곧바로 평정되었다. 광무제의 토벌군이 당도하기 전에 그곳 사람들이 왕조를 공격하여 멸망시켰다. 왕조는 한족(漢族)으로 보이며, 그의 자립운동은 민족투쟁의 형태를 띠지 않았기 때문에 쉽게 좌절됐다고 생각된다. 원정군 사령관은 왕준(王遵)이라는 인물인데, 낙랑군의 태수가 되었다. 이는 건무 6년(30)의 일로 왕조의 반란과 관련된 사람들은 곧바로 사면되었다.

싸게 먹히는 회유책

전한 이후의 군현(郡縣) 중에서 남쪽 변두리인 교지는 크게 어지러운 반면, 동쪽 변두리인 낙랑군이 비교적 조용했던 것은 낙랑군에 한족 이주자가 많았기 때문이다.

조용했던 것은 후한이 문제 있는 지역을 포기했기 때문이기도 하다. 전한 시대에는 서해에서 동해에 걸쳐 한반도를 지배했으나, 후한 시대에는 영동(嶺東), 다시 말해 반도의 동해 지역은 지배를 단념해 버렸다. 무리하지 않는다는 광무제의 방침에 따른 것이다. 그는 민족적 마찰이 적은 서쪽을 확보하는 것으로 만족했다.

요동(遼東)의 동쪽에 있던 고구려(高句麗)는 후한 초기에는 우호적이어서 건무 8년에 조공사절까지 보내왔다. 왕망 시대에는 고구려가 오랑캐 주제에 고개를 숙일 줄 모른다며 '고구려' 국호의 '고(高)'자를 '하(下)'자로 바꾸어 '하구려'라고 칭했다는 기록이 있다. 정말로 어처구니없는 일이다.

한반도의 영동을 포기한 것은 광무제의 '유의 도'에 따른 것이나, 이 방침은 교지의 반란으로 더욱 강화되었다. 마원을 총사령관으로 한 원정군 파견은 반란군 진압에는 성공했지만 막대한 전쟁 비용을 감당해야 했다. 왕망 말기의 동란으로 피폐해진 국가에는 특히 타격이 컸을 것이다.

제국의 체면을 건 원정이었으나 채산이 맞지 않는다는 것을 깨달았다. 제국의 영광을 다른 방법으로 지킬 수는 없었을까? 여수장인 징측과 징이에게 그녀들의 체면을 세울 수 있는 방법을 강구해 주었더라면 이와 같은 막대한 지출은 피할 수 있었을 것이다.

광무제는 큰 교훈을 얻었다. 회유책은 원정에 비해 싸게 먹히고 효과는 더욱 크다는 사실이었다.

건무 20년(44), 한(韓)나라 염사(廉斯) 사람인 소마체(蘇馬諟)라는 자가 낙랑군에 와서 공물을 바쳤다. 이 일로 광무제는 그를 염사 읍군(邑君)에 봉했다.

인수(印綬)를 주고 작은 선물만 하사하면 되므로 원정 비용에 비해 훨씬 쌌다. 손익 계산만은 아니었겠지만, 광무제의 외교정책은 회유 쪽으로 크게 기울었다.

광무제 중원(中元) 2년(57) 정월, '동쪽 오랑캐(東夷)인 왜(倭)의 노국왕 (奴國王)이 사절을 보내 봉헌하다'라는 기록과 다음달 2월 무술(戊戌)에,

　　　황제가 남궁전전(南宮前殿)에서 죽다.

라는 기록이 『후한서』「광무제 본기」에 나온다.

일본에서 파견한 사절단은 광무제가 죽기 직전에 낙양에 도착했다.

같은 『후한서』「동이전」에는 왜노국(倭奴國)의 사절은 스스로 대부(大夫)라고 칭했다고 기록되어 있다. 사절은 일단 반도의 낙랑군으로 가서, 그곳에서 다시 군 관리인의 안내를 받아 낙양으로 향했다.

　　　광무제는 인수를 하사했다.

라고 기록되어 있다.

일본에서는 에도 시대인 천명(天明) 4년(1784) 시카노지마(志賀島)에서,

　　　한위노국왕(漢委奴國王)

이라는 다섯 글자가 새겨진 금인(金印)이 출토되었다. 이 금인이야말로 『후한서』에서 말하는 광무제가 일본 사절에게 준 것으로 보인다.

소마체는 그저 '읍군(邑君)'에 봉해졌을 뿐이다. 지금으로 치면 촌장쯤 되는데, 일본은 어엿한 '국왕'으로 되어 있다. 낙랑군이 있으면, 가까운 부

근의 정보가 상당히 빨리 들어 왔을 것이다. 낙랑으로 오는 '외국 사람들'을 감정하고 평가하는 일도 군의 수장이 맡은 중요한 업무였을 것이다. 따라서 왜노국이 '국가'라는 명칭에 어울리는 곳이라는 것, 찾아온 사람이 그곳에서 보낸 정식 사절이라는 것 등을 확인했으리라고 생각된다.

위노국(委奴國)은 '왜(倭)의 종(奴) 나라(國)'라고 읽는 설이 유력하지만, '위노국', 즉 이도국(伊都國)이라는 설도 있다. 금인이 출토된 시카노지마 건너편이 이토시마(絲島) 반도이며, 이곳은 고대 이도국의 영역이므로, 이 설도 상당히 설득력을 갖고 있다.

금인 문제는 훗날 히미코(卑彌呼), 야마다이국(邪馬臺國) 등과 함께 일본에서는 예로부터 다양한 연구가 진행되고 있다. 여기에서는 그것을 일일이 다루지 않지만, 이 무렵 일본이 비로소 대륙의 문화를 접하기 시작한 것만은 분명하다.

전한이 한반도에 군현을 설치하고, 그 땅에 한 문화(漢文化)가 침투한 무렵부터 일본은 어떤 형태로든 영향을 받은 것이 틀림없다. 기타큐슈(北九州)와 한반도가 왕래하는 것은 고대에도 그다지 어려운 일이 아니었다. 전한의 전성기에도 반도 남부까지는 지배력이 미치지 못했지만, 정치권력과는 관계없이 문화의 파도는 밀려왔을 것이다.

위노국이 왜의 종(奴)이건 위노이건 지금까지 '국가'로 인정받지 못하던 정권이 후한 정부로부터 인수를 받고 수장은 국왕이 되었다. 이것은 광무제가 펼친 외교 노선인 회유책의 소산이라고도 할 수 있다.

한편, 이 설명에 반대하는 주장도 있다. 중국 주변에 아직 국가의 형태를 갖추지 못한 부족집단이 자신들을 '국가'로 의식하기 시작했다는 것이다.

이것은 정치적인 민족의식이 싹튼 증거라고 바꾸어 말할 수 있다. 베트남의 징측·징이 자매는 후한의 지배에 맞서 반항했다. 그것은 정치적인 민족운동이고 그와 같은 운동이 불타오른 전제로서는 그 지방 사람들의 민족의식 앙양을 빼놓을 수 없다.

무엇이 그들의 민족의식을 싹트게 했을까? 과연 그것은 자연발생적인 것이었을까?

이에 관해서도 여러 가지 답이 있다. 아마 다양한 요인이 복잡하게 얽혀 있을 것이다. 그렇다면 그 요인 중에서 가장 강했던 것은 무엇일까?

정치의식을 다루는 학문으로서의 유학이 주변 여러 민족을 자극했다는 사고를 들 수 있다. 공자가 노린 것은 정치적 인간의 학문이었다. 거기에는 문화지상주의가 있다. 문화의 농담(濃淡)에 따라 화이(華夷)를 구별하는 사상이다. 예악(禮樂)이 있는 것이 '화(華)'이고 예악이 없는 것이 '이(夷)'라 했다. 중요한 것은 혈통이 아니라 예악의 유무였다.

전한의 무제는 유교를 국교로 삼았지만, 유학 그 자체가 보급된 것은 훨씬 뒤의 일이다. 성천자(聖天子)가 되고자 했던 왕망 시대는 국교의 지위를 받은 유학이 겨우 열매를 맺기 시작한 시기다. 더구나 왕망은 대외정책을 유학의 이상에 따라 추진하고자 했다.

예악이 없는 주변 민족이 자신들을 왕이라고 칭하는 것을 왕망은 참을 수가 없었다. 외교정책으로서는 너무나 치졸한 방법이지만 지금까지 우호관계를 유지하던 왕을 후(侯)로 격하시킨 것이다.

고구려왕을 하구려(下句麗) 후(侯)로 격하시킨 것은 실로 우스운 일이었지만, 왕망은 매우 진지했고, 유학의 정신에서 말하면 그렇게 하지 않으면 안 된다고 믿었다.

왕이 후로, 고구려가 하구려로 격하된 쪽에서는 당연히 거센 반발이 일었다. 정치적인 민족의식이 일어나지 않으면 오히려 이상할 정도였다. 더구나 정치를 중시하는 유학이 주변 민족으로 조금씩 흘러들어 가고 있었다.

베트남의 징 자매가 일으킨 반란은 지금까지 만리장성 밖의 새외민족(塞外民族)이 침략을 목적으로 벌인 그것과는 성질이 달랐다. 광무제는 그 사실을 깨달은 것이다.

무리하지 않는다는 정치자세와 더불어 후한의 외교정책이 크게 바뀌었다. 지금까지 왕이 아니었던 바다 건너 위노국의 수장에게까지 '왕'의 인수를 준 것은 이 방침에 따른 것이다.

에도 시대에 출토되어 한바탕 소동을 일으킨 '금인'에는 이와 같은 배경이 담겨 있다. 그렇다고 해서 이것이 일본의 기타큐슈 부족집단에 유교가 들어왔다든지, 정치적인 민족의식이 싹텄다는 뜻은 아니다. 동아시아 전반에 그러한 움직임이 있었고, 후한 정부는 그에 대처하는 원칙을 세웠으며, 일본도 똑같은 원칙으로 대했던 게 아닐까 추측할 뿐이다.

한반도와 베트남은 한 문화와 유교 문화의 영향을 정면으로 받았으나, 위치적으로 볼 때 일본에는 그 영향이 간접적으로 미쳤을 것이다. 이후 일본은 고분 시대(古墳時代)로 들어가는데, 그 거대한 건축물을 낳을 수 있었던 것은 역시 사람들의 힘을 하나로 모은 무엇인가가 있었기 때문이다. 높아진 정치적 민족의식이었을 가능성도 있다.

『후한서』에는 광무제가 죽은 지 15년 뒤인 안제(安帝) 영초(永初) 원년(107)에 왜나라 왕 수승(帥升)이 포로 160명을 바쳤다는 기록이 남아 있다. 간접적이지만 파도는 되풀이해서 동해의 모래밭으로 밀려왔던 것이다.

군신

유교 이념이 녹아든 『후한서』

『사기』, 『한서』, 『후한서』, 『삼국지』…… 등 중국의 정사(正史)는 쉼 없이 쓰였다. 하지만 이것은 시대순으로 나열한 것이고, 집필 시기로 보면 『삼국지』가 『후한서』보다 약간 먼저 쓰였다. 앞에서 인용했듯이 『후한서』에도 왜인에 관한 기록이 있으나, 늘 화제가 되는 것은 『삼국지』에 실린 「위지 왜인전(魏志倭人傳)」이다. 그 이유는 『삼국지』가 먼저 쓰였기 때문이다. 따라서 일본을 처음 기록한 중국 역사서는 『삼국지』인 셈이다.

『후한서』가 그보다 앞선 『사기』나 『한서』와 크게 다른 점은 열전 안에 「화식전」과 「유협전」이 없다는 것이다. 『후한서』를 쓴 범엽(范曄, 398~445)은 남조 동진(東晉)에서 송으로 이어진 시기를 살았던 인물로 후한의 시대정신을 정확히 파악하고 있었다.

후한은 이른바 강경파 유교 시대(强硬派儒敎時代), 예교지상 시대였다. 이러한 시대정신에 비추어서 말한다면 사서에 협객의 전기를 적어서 그

업적을 세상에 알리고 칭찬하는 것은 당치도 않은 일이었다. 또 재산을 불리는 데 뛰어난 사업가도 후한 시대에는 높이 평가하지 않았다.

당시에 협객이나 사업가가 없었던 것은 아니다. 정사에 굳이 그들의 전기를 써서 이름을 남기지 않았을 뿐이다.

『한서』를 쓴 반고(班固)는 후한 사람이다. 그는 『사기』의 양식을 본떠 「화식전」과 「유협전」을 썼지만 그다지 내켜하지 않았다. 앞에서도 이야기했듯이 반고는 사마천이 유협을 다루면서 처사(處士, 학문과 덕이 있으면서 벼슬을 하지 않는 사인)를 멀리하고, 재산을 불린 일을 서술하고 권세와 이익을 중시하고 가난과 천함을 부끄러워한 점을 비난하고 있다. 그럼에도 「유협전」을 쓰지 않을 수 없었던 것은 전한이라는 시대가 임협(任俠)을 빼고서는 이야기할 수 없기 때문이다. 오초칠국(嗚楚七國)의 난이 일어났을 때 토벌에 나선 주아부(周亞夫)는 반란군이 협객인 극맹(劇孟)을 그들 편으로 끌어들이지 않은 것을 알고 반란이 별것 아니라며 기뻐한 일화가 『사기』와 『한서』에 전한다.

후한 사람인 반고는 협객을 싫어했지만, 협객이 이 정도의 힘을 가졌다면 쓰지 않을 수 없었던 것이다.

『후한서』에는 이보다 먼저 쓰인 두 사서에는 없던 「열녀전(烈女傳)」, 「독행전(獨行傳)」, 「일민전(逸民傳)」, 「방술전(方術傳)」이 새롭게 들어 있다. 이것도 후한이라는 시대의 모습을 잘 반영한다. 열녀란 재능 있고 정절한 여성을 의미한다.

독행이란 뛰어난 풍격을 갖추고 뜻을 굽히지 않은 사람을 뜻한다. 범엽도 "그 사람을 위해 전기를 쓸 만큼 역사적으로 중요한 인물은 아니나, 그렇다고 해서 그의 업적이 잊히는 것은 애석한 일이므로 일단 기록한다"고 말했다.

일민이란 은자(隱者)를 말한다. 범엽은 벼슬하지 않고 속세를 떠나 세상의 명예와 이익을 등진 사람들도 역시 기록할 가치가 있다고 판단했다.

방술이란 음양추보(陰陽推步)의 학문(천체의 움직임에 따라 미래를 점치는 학문)으로 의술과 참위(讖緯, 미래를 예언함)에 통달하는 것인데 『후한서』에는 그와 같은 인물 20여 명의 전기가 실려 있다.

광무제는 특히 예언을 믿었다. 낙양의 태학에서 유학을 공부한 그가 참위를 믿는 것은 우스운 일이라고 생각된다. 아마도 그는 운명론자였던 듯하다.

고향의 아주머니들이 그가 황제가 될 줄은 꿈에도 생각하지 못했다며 놀란 이야기는 『후한서』에도 실려 있다. 그 자신도 제위에 오르리라고는 미처 생각하지 못했다. 왕망에게 반기를 들었을 때도 남양 호족 중에서 눈에 띈 사람은 그의 맏형인 유연(劉縯)이었다. 광무제는 막내였다. 유연 밑으로 유중(劉仲)이라는 둘째 형이 있었다. 반란 초기에 둘째인 유중은 전사했다. 그리고 맏형인 유연은 갱시제의 미움을 받아 참수되었다.

정신을 차리고 보니 그는 남양 호족의 희망의 별이 되어 있었다.

이렇게 된 것은 운명이고, 일찍부터 정해진 일이다.

광무제는 그렇게 생각할 수밖에 없었다.

당시, 여러 가지 예언서가 있었다. 『적복부(赤伏符)』라는 예언서에,

왕량주위작현무(王梁主衛作玄武)

라는 뜻을 알 수 없는 말이 적혀 있었다. 참위란 대개 무슨 뜻인지 알 수 없는 말을 이리저리 꿰어 맞추어 해석하는 책이다.

어양(漁陽) 사람으로 야왕(野王) 현에서 현령이 된 왕량(王梁)이라는 인물이 있었다. 야왕현은 위(衛)의 원군(元君)이 복양(濮陽)에서 옮겨온 땅이다. 이로써 앞에서 말한 예언을 풀어 보면,

> 왕량이라는 자가 위, 즉 야왕현의 주인이 되고 현무가 된다.

는 해석이 된다. 현무란 거북 같은 것으로 수신(水神)으로 믿었다. 고대 사공(司空)이라는 관직을 '수토(水土)의 관(官)'이라고 불렀는데, 현무가 된다는 것은 대사공(大司空)의 자리에 오르는 것으로 풀이된다.

예언서에 이렇게 쓰여 있었다는 사실만으로 광무제는 왕량을 대사공에 임명했다. 대사공은 대사도(大司徒) 다음가는 부총리 격의 요직이다.

패(沛) 출신인 환담(桓譚)이라는 자는 광무제가 예언에 따라 일을 결정하려 했을 때, 참(讖)은 경(經)이 아니라고 반대하다 사형에 처할 뻔했다. 환담은 이마에서 피가 날 정도로 머리를 조아리고 절해서 겨우 목숨만은 부지할 수 있었다. 명군으로 이름 높은 광무제에게도 이런 뜻밖의 면이 있었다. 『후한서』에 「방술전」이 있는 것은 참위를 좋아하는 광무제의 취향을 반영한 것이라고 할 수 있다.

사실 유학의 체계 안에도 참위와 비슷한 것이 있다. 『역경』등은 그 대표라고 말할 수 있다. 광무제 무렵에 『공구비경(孔丘秘經)』이라는 서적이 있었는데, 이 책에서 한나라의 제도를 공자가 만들었다고 했다. 한 왕조는 공자가 죽은 뒤 270여 년 뒤에나 세워졌다. 따라서 공자가 한나라

제도를 만들었다는 것도 일종의 예언에 불과했다. 유학생이던 광무제가 참위를 믿었던 것은 반드시 자가당착이라고 단언할 수는 없다.

독재군주로서 권위를 높이기 위해 신비한 힘을 지니고 싶어 했을 수도 있다. 사실 왕망이 그랬다. 자신이 천명을 받은 성천자라는 것을 다양한 예언으로 입증하려고 했다. 하지만 그것은 대부분 그가 날조한 것이다. 광무제도 어쩌면 초인화, 바꾸어 말하면 성화(聖化)를 욕심냈는지도 모른다.

잘생긴 복파 장군 마원

『후한서』에는 실로 많은 인물이 등장한다. 저자인 범엽은 역사적으로는 중요하지 않아도 잊어 버리기에 아까운 인물은 기록한다는 방침을 세웠기 때문에 무리도 아니다. 하지만 등장인물이 너무 많다. 「일민전」에는 10여 명의 은자에 관한 기록이 있는데, 애초에 참된 은자라면 세상에 알려졌을 턱이 없다.

등장인물이 많은 데 비해 뛰어난 인물은 의외로 적다. 창업기에는 눈에 띄게 특출한 인물이 나오는 법인데, 후한을 건국한 원훈 중에는 대개 기억에 남을 인물이 없다. 기억에 남느냐 남지 않느냐는 주관적인 문제이므로 일률적으로 말할 수는 없지만, 나에게는 그렇게 생각되지 않는다.

전한 건국의 공신이라고 하면 장량(張良), 소하(蕭何), 조참(曹參), 번쾌(樊噲), 한신(韓信) 등 거침없이 이름을 몇 사람이라도 손꼽을 수가 있다. 그런데 후한의 경우는 손가락을 꼽을 수 없어 곤란할 정도다.

광무제는 정부를 작게 만들어 독재군주로서 국정을 장악하고자 했다.

관료조직이 방대하면 그것이 불가능하다. 조직이 작으면 그 밑에서 일하는 인간도 작아 보이기 마련이다. 개인 개인으로는 장량, 소화가 눈에 띄지만 어쩐지 특출하지는 않았다. 애초부터 광무제 자신만 해도 그다지 눈에 띄는 인물로 볼 수는 없다.

징 자매를 토벌하러 갔던 마원이 그중 그럭저럭 눈에 띄는 존재다. 이 사람은 격언과 인연이 깊어서 그만큼 우리에게 친근감을 주는지도 모르겠다.

마원은 우부풍군(右扶風郡, 협서성) 출신인데, 사실 집안만 봐서는 출세할 수 없는 처지였다. 전한 시대, 그의 증조부인 마통(馬通)은 열후가 되었으나 그 형인 마하라(馬何羅)가 일으킨 모반에 연좌되어 주살되었다. 모반자가 나온 집안이므로 출세는 상상도 할 수도 없다. 왕망 시대가 되면서 겨우 한나라의 모반자도 새로운 왕조에서 숨 쉬고 살 수 있게 되어, 마원 형제는 각각 2천 석의 고관으로 승진했다.

형을 따라 농서(隴西)로 간 마원은 그 땅의 군벌인 외효(隗囂)에게 중용되어 수덕장군(綏德將軍)이라는 칭호를 받았다. 당시 천하의 형세는 혼돈 그 자체여서 동쪽의 유수(광무제)와 촉(蜀)의 공손술(公孫述)이라는 두 실력자 가운데 어느 쪽으로 붙어야 할지 외효는 갈피를 잡지 못하고 있었다. 그래서 마원을 파견해서 동태를 파악하게 했다.

마원은 공손술과 같은 고향 출신으로 어려서부터 잘 아는 사이였다. 그런데 공손술은 마원을 어마어마한 의장(儀仗)으로 맞이했다. 스스로 황제를 칭하던 공손술은 자신을 찾아온 동향의 죽마고우를 손을 맞잡고 환담하려 하지 않았다. 거드름을 피웠다.

농(隴)으로 돌아온 마원은 외효에게 다음과 같이 보고했다.

자양(子陽, 공손술의 별명)은 우물 안의 개구리일 뿐입니다. 게다가 함부로 자신을 존대합니다. 오로지 동쪽(광무제 유수를 가리킴)에 뜻을 두는 것이 상책입니다.

'우물 안 개구리에게는 바다를 말하지 마라'는 문구는 이미 『장자』에 나와 있어 지식인이라면 누구나 알고 있었다. 고작 촉의 영주가 된 주제에 천자(天子)인 척하는 공손술은 넓은 바다를 모르는 우물 안 개구리와 같아 장래가 없다고 판단했다.

그 후 마원은 광무제를 모셨고, 외효를 토벌할 때는 쌀알로 모형을 만들어 작전을 올렸다. 모형으로 만든 산과 골짜기를 손가락으로 가리키면서 설명했기 때문에 매우 알기 쉬웠던 것은 두말할 필요도 없다. 광무제는 기뻐하며,

적은 내 안중에 있노라.

라고 말했다 전해진다.

교지로 원정 가서 징 자매의 난을 평정한 뒤에도 마원은 변경을 수비하는 장군으로서 전쟁터를 돌며 흙먼지를 뒤집어쓰고 다녔다. 이것은 그가 스스로 원했던 일이며 이때 남긴 말이 유명하다.

남아(男兒)는 마땅히 변야(邊野)에서 죽어야 한다. 말가죽으로 시체를 싸고 귀환해서 땅에 묻히리라. 어찌 뻔뻔스럽게 침상 위에 누워서 아녀자의 손바닥 안에 있겠는가.

처자의 품에 안겨 죽는 임종은 남아가 바라는 바가 아니라고 호언한 것이다.

건무 24년(84)에 무릉오계(武陵伍溪)의 오랑캐가 난을 일으켰을 때, 62세의 무원은 다시 종군을 지원했다. 광무제는 그가 나이가 너무 많아 허락하지 않았는데, 마원은 갑옷을 걸치고 말에 올라 아직도 전쟁터에서 쓸모 있음을 보여 주었다.

정정하구나, 이 노인은!

광무제는 웃으며 그렇게 말하고, 종군을 허락했다.

그런데 이 전쟁이 상당히 힘들었다. 문책사(問責使)로서 파견된 양송(梁松)이라는 인물은 광무제의 사위였다. 양송은 늘 마원과 사이가 좋지 않았고, 더구나 마원을 대신해서 군대를 지휘하게 되어 있었기 때문에 그때까지의 작전을 형편없이 깎아내렸다. 자신이 실패해도 전임자 탓으로 돌리려 했다. 마원은 이때 전쟁터에서 죽었기 때문에 죽은 자는 말이 없는지라 변명조차 할 수 없었다.

마원은 신식후(新息侯)에 봉해졌지만, 양송의 보고를 믿은 광무제는 그 인수를 몰수해버렸다. 내리막길을 걷는 사람에게 차가운 것이 세상이치다. 지난 일까지 들추어내서 죽은 마원을 비방하는 자가 나타났다.

베트남에서 이기고 돌아왔을 때 마원은 수레 한 대 분량의 억이(薏苡, 율무) 씨앗을 가져 왔다. 그는 평소부터 그것을 복용했는데, 율무는 북쪽에서 나는 것보다 남쪽에서 나는 것이 알도 굵고 효능도 뛰어났다. 그래서 옮겨심기 위해서 수레에 신고 왔던 것이다. 그가 죽은 뒤, 수레에 신고 왔던 것은 진주와 무늬가 들어간 코뿔소 가죽이라고 아뢰는 자까지 나타나 광무제의 노여움은 더욱 커졌다. 그 때문에 오랫동안 마원은 장례도 치르지 못했다고 전해진다. 중국에서는 억울한 의심을 받는 것을,

억이의 비방

이라고 말하는데, 이는 이 고사에서 유래한다.

그러나 얼마 안 있어 마원에게 씌워졌던 의혹이 풀리고 양송의 거짓도 들통나 버렸다.

마원은 『후한서』에 '눈썹과 눈(眉目)이 마치 손으로 그린 것 같다'고 형용할 만큼 미남이었다. 그의 딸도 아마 절세의 미인이었을 것이다. 13세에 태자궁에 들어가 황태자가 즉위하자마자 마침내 황후가 되었다. 후한 2대 황제 명제(明帝)의 황후 마씨(馬氏)는 바로 마원의 딸이다.

황제 측근이 득세하는 '작은 정부'

작은 정부로 국정을 운영하려면 자연히 측근 정치라는 형태를 취하게 된다. 광무제의 의사는 군주독재에 있었지만 말할 것도 없이 완전독재는 불가능했고 아무래도 보좌관이 필요했다.

황제가 개인적으로 가깝게 느끼고 믿는 사람이 측근으로서 실제 정치에 나선다. 이 경우 측근은 황족이 아니다. 가깝건 멀건 황족에게는 황위 계승권이 있기 때문에 권력에 가까이 가는 것은 위험하다. 무리하지 않는 것을 신조로 삼은 광무제조차 황족이며 아내의 삼촌이기도 했던 유

양(劉楊)을 숙청했다. 황자는 여러 후왕(侯王)이 되었고, 황족과 공신으로 열후(列侯)가 된 자의 수도 결코 적지 않았다. 하지만 전한 시대와 크게 다른 점은 왕과 열후의 영지가 몹시 작다는 것이다. 후한 때는 정부뿐만 아니라 하나에서 열까지 모든 것이 소형화되었다.

도토리 키재기다. 황제만 두드러졌다. 이런 기구에서는 황제에게 신임받은 측근이 의외로 큰 힘을 갖게 된다. 황제는 단지 조수로 쓸 셈이었지만 어깨를 겨룰 자가 없기 때문에 그렇게 되는 것은 당연하다.

애초에 그 힘은 황제에게서 나온다. 측근은 단지 하인일 뿐 언제나 주인이 해고할 수 있다. 하지만 황제가 주인의 권리를 행사할 수 없는 상태일 때, 구체적으로 말하면 아프다거나 너무 어릴 때는 측근의 힘은 믿을 수 없을 만큼 강해진다.

황족은 측근이 될 자격이 없다고 말했는데, 그렇다면 어떤 사람이 측근이 될 수 있었을까? 첫째는 외척이다. 황후의 친척은 황족과는 성(姓)이 다르기 때문에 물론 황위계승권이 없다. 따라서 황제로서는 안심하고 쓸 수 있었다. 중국에서는 동성끼리 결혼할 수 없었다. 후한의 황실은 유씨이므로 황후는 반드시 유씨 이외의 집안에서 선택했다.

외척 이외에 쓰기 쉬운 또 하나는 황제 가까이 있으면서 일상의 잡무를 맡는 환관이었다. 환관이란 거세되어 남성의 기능을 상실한 사람들을 말한다. 남자 아닌 남자이므로 후궁에도 드나들 수 있었다. 황제에게는 집안의 하인이라 해도 좋을 존재였다. 집안 사정도 잘 알기 때문에 편안한 마음이 되어 마침내 신임하고 만다. 그들은 당연히 자식이 없었다. 보통 고관이라면 가족의 이익을 염두에 두지만, 환관은 가족이 없기 때문에 주인에게 더욱 헌신적으로 봉사할 것이라고 생각했다. 황제는 종종 가족이 있는 대신보다 환관을 더 신용했다.

후한의 궁정정치는 얼마 안 가 외척과 환관이 주역이 되었다. 불행하게도 후한의 황제들은 단명한 사람이 많았고, 따라서 어린 나이에 즉위한 후계자를 대신해 측근이 주도권을 쥐게 된 것이다.

63세에 죽은 초대 광무제가 결국 후한의 황제 가운데 가장 장수했다. 광무제는 30세에 등극해서 재위 기간이 무려 33년에 이른다. 2대인 명제는 아버지와 마찬가지로 30세에 즉위했으나 재위 기간은 18년에 지나지 않았다. 48세에 세상을 떠난 것이다. 단명이라 할 수 있지만 후한의 황제치고는 두 번째로 장수한 왕이었다. 명제 이후로 마흔을 넘긴 황제는 아무도 없었다.

하지만 '황제로서'라는 단서가 붙는다. 13대, 다시 말해 마지막 황제인 헌제(獻帝)는 54세까지 살았는데, 그가 39세 때 황제 자리에서 물러난 것은 후한이 멸망하고 위(魏)로 대체되었기 때문이다. 산양공(山陽公)으로서 오래 살아 그 수명이 초대 광무제 다음으로 길었다.

3대 장제(章帝)는 19세에 즉위했지만, 33세에 세상을 떠났다. 그 뒤 황제 열 명이 즉위했는데, 즉위 시점에서 가장 나이가 많았던 사람은 11대 환제(桓帝)였으며, 그때 나이 15세였다. 5대 상제(殤帝)는 태어난 지 100일만에 즉위했고, 이듬해 죽었다. 9대 충제(沖帝)도 두 살에 즉위해서 이듬해에 요절한 천자였다. 이랬으니 측근, 다시 말해 외척과 환관의 힘이 강해지는 것은 당연했다.

황후와 황태후의 일족인 외척은 황제가 바뀌면 자연히 교체되었으나, 환관 세력은 불변이었다. 그런 의미에서는 환관 쪽이 더욱 섬기신 존재였다.

후한의 황실은 환관의 세력이 너무 강해지면 외척의 세력을 빌려 그것을 약화시키려고 했고, 반대로 외척이 권력을 휘두르면 환관의 힘으로 그것을 억제하려고 했다.

외척과 환관 외에 광무제가 즉위한 이후 배양한 '기개 있는 사인(士人)' 무리가 있었다. 강경파 유교 신봉자인 그들은 흠 있는 환관들이 정치에 나서는 것을 용서할 수 없었다. 기개 있는 사인과 환관의 대립도 격해졌다.

이 삼파의 권력투쟁이 후한 왕조를 뒤흔들어 그 활력을 잃게 했으며, 마침내 멸망으로 치달을 빌미를 제공했다.

광무제가 이상으로 여겼던 작은 정부에도 커다란 허점이 있었다. 군주독재 정체는 군주가 제대로 서 있는 동안에는 잘 돌아가지만 그렇지 않을 때는 혼란에 빠진다.

후한 왕조는 황제의 집이 곧 국가라는 성격이 농후했다. 집안의 혼란이 곧 국가의 혼란으로 이어졌다. 광무제도 당연히 그것을 알고 있었다. 그가 통치했던 시대에도 다음 황제인 명제 시대에도 외척과 환관이 정치의 장에 나서는 것은 억제되었다.

외척의 화

집이 곧 국가라 했으므로 이쯤에서 후한의 창시자인 광무제의 집안 사정을 알아보자.

아내를 맞는다면 절세 미녀 음려화라고 말했던 광무제도 그 이듬해에 하북의 호족을 자기편으로 만들기 위해 진정왕(眞定王) 유양(劉楊)의 조카딸인 곽성통과 결혼했다는 것은 앞에서 이미 이야기했다.

즉위한 뒤 세운 황후는 음려화가 아니라 곽성통이었다. 『후한서』에 따르면, 광무제는 음려화를 황후로 세우고 싶어 했지만, 그녀가 고사했다고 한다. 곽씨가 그때 이미 아이를 낳았기 때문에 음씨가 사양했다는 것이다.

곽씨의 외삼촌 유양은 모반을 꾀했다는 이유로 죽었는데, 그녀가 황후로 세워진 것은 그 뒤의 일이다. 이미 황자를 낳은 곽씨는 외삼촌이 모반했어도 그 지위는 안전했다. 건무 2년(26)의 일로 곽씨가 낳은 강(彊)은 곧바로 황태자가 되었다.

음려화가 아들을 낳은 것은 그보다 2년 뒤인 건무 4년이었다. 이 아들에게는 양(陽)이라는 이름을 지었다.

그해 광무제는 팽총(彭寵)을 친정(親征)하기 위해 원씨(元氏)라는 곳까지 갔다. 오늘날 하북성 석가장시(石家莊市) 남쪽에 있는 원씨현이다. 그러나 복담(伏湛)이 간하는 말을 듣고 낙양으로 돌아왔다. 음려화가 황자를 낳은 것은 원씨현에 있을 때였다. 이는 광무제가 친정에 음씨를 동반했다는 말이 된다. 이로써 광무제가 음려화를 더 많이 사랑했다는 것을 알 수 있다.

여담이지만 이때 광무제에게 간언한 복담의 고손자가 『복후고금주(伏侯古今注)』의 저자인 석학 복무기(伏無忌)다. 그의 기록 덕분에 후한의 호수와 인구 개요를 알 수 있다는 사실을 앞에서 이야기했다. 그리고 복무기의 증손녀가 후한의 마지막 황제인 헌제의 황후 복씨다. 복황후가 조조(曹操)에게 살해된 것은 『삼국지』에도 나오는 유명한 이야기다.

곽황후는 황제의 총애가 식은 것을 원망함으로써 여자가 마땅히 지켜야 할 도리에서 벗어났다는 이유로 건무 17년(41)에 폐후가 되었고, 대신 음려화가 황후로 세워졌다. 사랑이 식으면 남자를 원망하는 게 당연한 일인데, '황제, 이 일로 진노하다'라고 기록한 것은 남자의 염치없는 행동이라고 말할 수밖에 없다.

건무 17년은 앞에서도 조금 다루었지만, 광무제가 두 번이나 고향인 장릉을 찾은 해이기도 하다. 그리고 집안 아주머니들과 담소하며 유명한 '유의 도'를 말했다는 것도 이미 이야기했다. 아마 두 번에 걸친 귀향은 황후 폐위에 관해 집안사람들에게 양해를 구하기 위해서가 아니었을까. 여기에도 집안이 곧 국가라는 광무제의 사고방식을 엿볼 수 있다.

확실히 광무제도 마음이 편치 않았는지, 이는 예삿일이 아니며 국가의 경사스러운 일도 아니므로 축하해서는 안 된다는 뜻의 조서를 발표했다. 또 곽씨가 낳은 둘째 황자 우익공(右翊公) 유보(劉輔)를 중산왕(中山王)으로 삼았다. 어머니가 격하되었으므로, 그 벌충으로 황자를 공(公)에서 왕(王)으로 승격시켰다. 그 뒤 폐위된 곽황후는 중산왕 태후라고 불렀다.

황태자는 곧바로 바꾸지 않았다. 하지만 2년 뒤 곽씨가 낳은 유강은 황태자 자리를 사퇴했다. 아마 분했을 것이다.

> 위태로운 지위(疑位)에 오래 머무는 것은 위로는 효에 어긋나고, 아
> 래로는 위태(危殆)에 가깝습니다.

라는 질운(郅惲)의 권유를 받고, 그에 따랐다. 음씨가 낳은 유양은 동해왕(東海王)으로 봉해졌으나 황태자의 사퇴로 새로이 황태자가 되었고, 이 기회에 양(陽)이라는 이름을 장(莊)으로 고쳤다. 원래 황태자였던 유강이

대신 동해왕에 봉해졌다.

『춘추』에 '의(義)는 자식을 세우는데 신분이 높은 자식으로 한다'고 운운하는 놀라운 조서(詔書)가 나온다. 신분이 높은 것은 황후이고, 황태자 강의 어머니는 이미 황후가 아니므로 당연히 황후 음씨의 자식을 황태자로 세워야 한다는 이론이다.

신분이 낮아진 동해왕 유강은 광무제가 죽은 다음해 명제(明帝) 영평 원년(58)에 죽었다. 황태자가 즉위하자마자 원래 황태자였던 유강이 죽은 것은 타이밍이 절묘하다는 느낌마저 든다. 그러나 사서에는 명제가 동해왕의 죽음을 슬퍼하며 통곡했다고 실려 있다.

황후와 황태자를 폐위한 뒤에도 광무제는 곽씨와 음씨 일족을 동등하게 대하려고 매우 조심스럽게 신경을 썼다. 곽씨의 남동생인 곽황(郭況)을 대홍려(大鴻臚, 외무부장관)로 발탁했으며, 광무제는 종종 그의 저택을 찾아 연회를 베풀고 금전과 비단을 하사했다. 낙양 시민들은 곽황의 집을 '금혈(金穴)'이라고 불렀다고 전한다.

곽황이 대홍려라면 음황후의 배다른 오라비인 음식(陰識)은 집금오(執金吾, 경찰청장)였다. 젊은 날 광무제가 '벼슬을 한다면……' 하고 동경했던 화려한 자리다. 음식은 집금오 자리에 있었으나, 실제로는 황태자를 가르치는 교육 주임이었다.

음식은 손님과 환담할 때도 결코 국사를 논하지 않으려고 주의했다고 한다.

2대 황제의 후궁은 마원의 딸이었다. 초대 광무제의 황후들은 곽성통이니 음려화니 이름이 전하지만, 마황후의 이름은 알려지지 않았다. 사서에는 단지 '마황후, 휘는 아무개(某)'라고만 기록되어 있다.

명제 때 운대(雲臺)라는 궁전에 건국 공신의 상을 그리게 했다. 국가 원훈의 공적을 언제까지나 잊지 않기 위해서였다. 그곳에 그린 장군 28명을 '운대 28장'이라고 부른다. 그런데 그 안에 당연히 그렸어야 할 인물이 빠졌다. 바로 복파장군(伏波將軍) 마원, 다시 말해 마황후의 아버지다. 마황후는 그것을 신경 써서 가능한 자신의 집안사람들이 요직에 앉지 못하게 했다.

황후 자신이나 음식(陰識)처럼 황후와 매우 가까운 인물이 신중하게 굴어도 말단으로 가면 외척은 역시 특권을 누리려고 했다. 그러나 후기 외척들과 같은 독선적인 행위는 볼 수 없었다.

어느 시대나 권세를 믿고 거만을 떠는 것은 하층 말단에 있는 자들이다.

후기 외척들의 발호에 비하면 초기 외척은 아직 얌전했다. 후한 전성기는 외척들이 얌전했던 시기와 일치한다. 광무제, 명제, 장제 3대까지는 창업 정신이 거의 유지되었다.

3대 황제인 장제(章帝)의 황후는 두씨(竇氏)였다. 전한 문제(文帝) 두황후의 동생이 시조이므로, 한(漢) 제국에서는 명문가라 할 수 있다. 광무제 시대 대사공(大司公)이었던 두융(竇融)이 장제의 황후 두씨의 증조부다. 두융은 왕망의 사마(司馬), 갱시제의 태수, 외효의 중신(重臣), 그리고 광무제에 복속하여 대사공이 되었다. 정권이 바뀌어도 늘 양지바른 곳에 있는 전형적인 호족이었다. 두융의 손자인 두훈(竇勳)은 일찍이 황태자였다가 동해왕으로 격하된 유강의 딸과 결혼했다. 장제의 황후 두씨는 그 두훈의 딸이므로 처음부터 황실과 인연이 깊었다고 할 수 있다.

장제는 33세의 나이로 죽고 열 살인 화제(和帝)가 왕위에 올랐다. 화제는 두황후가 낳은 아들이 아니었다. 생모는 양씨(梁氏)지만 두황후가 자기 자식처럼 길렀다. 양씨는 아이를 낳고 얼마 뒤에 죽었다. 화제의 나이가 너무 어렸기 때문에 황태후인 두씨의 힘이 강해진 것은 당연한 일이었다.

외척의 화는 이때부터 시작되었다. 이 이야기는 뒤에서 다루기로 하고 여기에서는 후한 시대 전기에 눈길을 끄는 인물을 소개한다.

송홍의 조강지처

후한 후기에 외척으로서 세력을 떨친 등씨(鄧氏)와 양씨(梁氏)는 모두 후한을 건국한 원훈들의 자손이다. 장제의 황후 두씨도 그렇다. 호족 정권으로서 이는 당연한 일이었다.

4대 황제 화제의 황후 등씨는 남양의 호족으로 광무제와 함께 공부했던 등우(鄧禹)의 손녀다.

왕망을 타도하기 위해 일어난 남양 호족이 녹림군의 여러 장수들과 더불어 갱시제 유현을 추대했지만, 등우는 아무리 권유해도 그 정권에 참여하려 하지 않았다. 그러다 광무제 유수가 하북 평정에 나섰다는 사실을 알고 일부러 그의 뒤를 따랐다. 학생 시절에 유수를 만나 비범한 인물이라고 존경하고 사귀었기 때문이다.

오랜만에 학우를 만나 기쁜 광무제가 어떤 관직을 바라냐고 묻자, 등우는 "바라지 않는다"고 대답했다. 광무제가 그러면 무슨 일로 왔느냐고 거듭 묻자, 다음과 같이 대답했다.

다만 명공(당신)의 위덕(威德)이 사해(四海)에 떨치기를 바랄 따름

이오. 우(禹)는 그 척촌(尺寸, 작은 공)을 다해 공명을 죽백(竹帛)에 드리
울 뿐이오.

종이가 없던 시대이므로 기록은 죽간(竹簡)이나 견백(絹帛)에 했을 것
이다. 따라서 '죽백'이란 기록을 뜻한다. 관직이나 위계훈등(位階勳等, 공적
있는 사람을 포상하기 위해 주는 지위와 훈장)을 원하는 것이 아니라 역사에 자
신의 공명을 남기고자 한다는 말이었다.

그날 이후 등우는 광무제의 젊은 막우(幕友)로서 정책, 인사, 작전 등
모든 일의 의논 상대가 되었다. 광무제는 그를 고밀후(高密侯)에 봉하고
고밀(高密), 창안(昌安), 이안(夷安), 순우(淳于)의 4현을 영지로 주었다. 후한
의 열후는 전한의 열후에 비해 영지가 작았으나, 고밀후 등우가 받은 영
지는 아마 신하인 열후들 중에서 가장 컸을 것이다. 다만 등우가 죽은
뒤, 그의 영지는 세 아들이 나누어 가졌다. 장남인 등진(鄧震)이 고밀을
받았음은 말할 나위도 없다.

등진의 아들 등건(鄧乾)은 명제의 딸 심수공주(沁水公主)를 아내로 맞
았다.

8대 황제 순제(順帝)의 황후 양씨 역시 건국 원훈인 양통(梁統)의 고손
녀다.

양통은 외효(隗囂)를 정벌했을 때, 두융과 함께 공을 세우고 고산후(高
山侯)에 봉해졌다. 양통의 아들인 양송(梁松)은 광무제의 큰딸 무음장공
주(舞陰長公主)를 아내로 맞았다. 이 양송이 마황후의 아버지 마원을 헐
뜯었다는 사실은 이미 앞에서 이야기했다. 양송의 동생인 양송(梁竦)의
딸이 화제의 생모다. 하지만 두(竇)태후가 화제를 양자로 삼고 생모인 양

씨는 배척하여 그녀는 일찍 죽었다.

원훈의 집안은 이처럼 황실과 혼인관계를 맺었다. 가령 화제의 황후인 등씨는 등우의 손녀지만, 그녀의 어머니는 광무제 황후 음려화와 사촌 지간이었다. 외척은 다른 외척과도 혈연관계였던 것이다.

광무제는 누이인 호양공주(湖陽公主)가 남편을 여의고 과부가 되었을 때 조정대신 가운데 누군가와 재혼시키려고 했다. 넌지시 대신들을 평하며 누이의 의견을 묻자, 그녀는 "송공(宋公)의 위용과 덕성은 군신도 따를 자가 없구나"라고 말했다. 송공은 장안 출신으로 대사공을 지낸 송홍(宋弘)을 말한다. 그래서 광무제는 누이를 위해 팔을 걷어붙이고 누이를 병풍 뒤에 앉혀 두고 송홍을 불러 말했다.

속담에 이르기를 귀(貴)해지면 친구를 바꾸고, 부(富)해지면 아내를 바꾼다 하였소. 그것이 인정(人情)이 아니겠소?

대사공이 되고 열후가 되었으니 아내를 바꾸면 어떠냐, 그것이 인정이 아니냐는 뜻이었다. 이에 송홍은 다음과 같이 대답했다.

신이 듣건대, 빈천의 벗은 잊어서는 안 되고, 조강의 처는 당(堂)에서 내려가게 해선 안 되는 줄 아옵니다.

가난한 시절의 친구는 잊어서는 안 되며, 밀기울과 쌀겨만 먹고 고생을 함께한 아내는 집에서 내쫓아서는 안 된다는 말이었다.

광무제는 병풍 뒤에 있는 누이를 향해,

도저히 안 되겠습니다. 단념하는 수밖에요.

라고 말했다.

함께 오래 산 마누라를 흔히 '조강지처'라고 일컫는데, 이는 송홍의 일화에서 유래한 것이다. 예교 시대였던 후한에서 송홍 같은 사람은 요컨대 시대의 모범생이라 할 수 있겠다.

반고와 채륜

예교를 중시했던 이 시대에는 교육도 왕성했다. 수도인 낙양에 태학이 설치되었고, 군국(郡國)에도 각각 학교가 세워졌다. 그 밖에 사학도 있었고 특히 유학 연구가 활기를 띠었다.

유가 경전의 이동(異同) 교정과 해석을 통일하기 위해 이를 국가사업으로 삼아 큰 회의를 열었다. 장제 건초(建初) 4년(79)에 궁중의 백호관(白虎觀)이라는 곳에서 열린 유학자 회의는 특히 유명하다. 이 회의의 성과를 모아 엮은 사람이 반고이고, 이 책을 『백호통의(白虎通義)』, 간단히 『백호통』이라고 부른다.

반고는 『한서』를 저술한 사람으로 후한 전기 최고의 문장가다. 건무 8년(32)에 태어나 어린 시절부터 글솜씨가 뛰어났다. 그가 지은 『양도부』는 앞에서도 인용했다. 그의 아버지 반표(班彪)도 문장이 뛰어났는데, 반고의 『한서』는 아버지의 뜻을 받들어 쓴 것이다. 그런데 그도 일부 미완성으로 남긴 채 죽었기 때문에 누이동생인 반소(班昭)가 이를 보완했다고 한다. 『한서』는 반씨 가문의 업적이라고 해야 할 것이다.

이렇듯 반씨 집안은 문학이 뛰어난 집안인 것 같지만, 『한서』 권말에 있는 서전(敍傳)에 따르면 그렇지도 않다.

반씨의 선조는 초나라 영윤(令尹, 재상에 상당한다) 자문(子文)의 손자로 초나라가 멸망했을 때, 진·대(晉·代, 산서성 북부) 지방으로 이주해 스스로 반(班)씨를 칭했다 한다. 시황제 말년에 반일(班壹)은 말, 소, 양 수천 마리를 길러서 그 지방의 호족이 되었다. 반일의 아들인 반유(班孺)는 협객의 무리였으며, 그 아들인 반장(班長)은 상곡군(上谷郡)의 태수에까지 올랐고, 장의 아들 회(回)는 수재(秀才)에 급제했으며, 회의 아들 황(況)은 효렴(孝廉)에 급제했다. 이 서전에 따르면, 반씨는 오히려 무(武)에서 문(文)으로 옮겨갔다고 생각할 수 있다. 한 집안에 협객과 유생이 동거하고 있었다고도 볼 수 있다.

반고의 동생인 반초가 서역에서 자신의 무용을 떨친 것은 이 집안에 흐르는 협객의 피가 분출한 것이다. 반초는 서역을 이야기할 때 다루기로 한다.

반고의 누이동생 반소는 궁중 여성들을 가르치는 스승이었다. 그녀는 조세숙(曹世叔)이라는 자와 혼인했으나 남편이 먼저 세상을 떠나, 궁중에서는 그녀를 조대가(曹大家)라고 불렀다. 당시 내궁에서는 학문과 문학을 즐기는 분위기가 무르익어, 명제의 마황후는 『춘추』, 『초사』, 『주관(周官)』, 『동중서서(董仲舒書)』 같은 책을 애독했다고 전한다. 또 화제(和帝)의 등황후는 나이 일곱 살에 사서(史書)를 잘 알았으며, 순제의 양황후는 나이 아홉에 『논어』에 정통했고 『시경』에도 밝았다는 기록이 『한서』에 전한다.

명제 시대에 반고와 함께 궁중 도서를 관리한 고규(賈逵)는 전한의 대학자이며 굴원(屈原)을 애도하는 부(賦)로 유명한 고의(賈誼)의 9대손이다. 『좌씨전』을 잘 알았다고 한다. 다만 동료인 반고의 저술은 전해지지만, 고규의 저술은 일찍이 소실된 것이 안타깝다.

고규의 제자인 허신(許愼)도 잊어서는 안 될 학자다. 오경무쌍(伍經無 雙)이라고 할 만큼 책도 많이 읽었고 기억력도 뛰어난 인물로 그가 남긴 『설문해자(說文解字)』는 문자에 관한 학문의 불멸의 금자탑이라고 해도 좋을 정도다. 이 책 덕분에 후세 학자들이 얼마나 큰 혜택을 받았는지는 이루 헤아릴 수 없을 정도다.

허신의 『설문해자』는 화제 영원(永元) 2년에 완성되었다. 이해는 서력 으로 환산하면 정확히 100년에 해당한다. 이 무렵 세계 문화사에서 특필 해야 할 사건이 일어났다. 바로 종이가 발명된 것이다.

『후한서』에 따르면, 환관인 채륜(蔡倫)이 수피(樹皮, 나무껍질), 마두(麻 頭, 마의 자투리), 폐포(敝布, 넝마), 어망(魚網) 따위를 재료로 종이를 만들 어 화제에게 진상한 것이 원흥(元興) 원년(105)의 일이다. 그때까지는 죽 간이나 목간에다 글씨를 썼고, 중요한 문서는 비단에 써서 등우처럼 '공 명을 죽간에 드리우다'라고 형용했던 것이다. 이런 방법은 성가시기도 했 고 값도 비쌌다. 종이는 다루기도 편하고 값도 싸서 학문과 지식의 보급 에 크게 공헌했다. 그전까지는 소달구지 한 대로 실어 날라야 했던 책 한 권을 사람 혼자서 들고 갈 수 있게 된 것이다. 일설에 따르면, 그전에 도 종이와 비슷한 것이 있었지만 채륜이 고안한 것이 가장 훌륭했다고 한다.

채륜은 환관이면서 때로는 학자여서 칙명으로 유학자들을 모아 유교 경전 교정회의를 주재했다. 그리고 식읍(食邑) 300호의 용정후(龍亭侯)에 봉해졌다.

종이가 발명되기 전에 나온 허신의 『설문해자』에도 '종이(紙)'라는 글자가 있기는 하다. 이것이 실사(糸)변인 점으로 미루어 일종의 섬유성 물건이었던 것 같다. 채륜이 발명한 것의 형상이 그것과 닮았다고 해서 사람들은 채륜의 종이를 '채후지(蔡侯紙)'라고 불렀고, 마침내 '종이 지(紙)' 한 글자로 나타내게 되었다. 이것은 종이의 보급이 얼마나 빨랐는지를 말해 준다.

반고의 『양도부』에 비해 『이경부』를 지은 장형(張衡)은 문인이면서 동시에 과학자이기도 했다. 혼천의(渾天儀, 지구의)와 후풍지동의(侯風地動儀, 지진계) 따위를 만들었는데 매우 정교했다고 한다.

서역

서역의 평화를 깨뜨린 왕망

실크로드를 여행하다 보면 가끔 한나라 시대의 유적을 만날 수 있다.

가령 고차현(庫車縣, 쿠차현) 성에서 북쪽으로 17킬로미터쯤 떨어진 곳에 높이 20미터의 흙 탑이 있는데, 이는 전한의 봉화대였다고 한다.

고차는 『한서』와 『후한서』에서는 구자(龜玆)라고 나오며, 예부터 서역의 중요한 나라였다. 서역을 경영하기 위해 전한이 설치한 서역도호부(西域都護府)는 오루성(烏壘城)에 있었으며, 이곳은 오늘날 고차현성 동쪽으로 약 100킬로미터 떨어진 윤대현(輪臺縣)에 해당한다.

'도호(都護)'라는 말은 '모든 것(都)을 지킨다(護)'는 뜻이다. 서역의 북도와 남도를 총괄한다고 의식했던 것이다.

전한은 서역을 수비하기 위해 둔전병제(屯田兵制)를 채용했다. 둔전병단의 사령관이 무기교위(戊己校尉)다. 이는 무교위와 기교위를 합쳐서 부르는 관직 이름인데, 그 유래에 관한 정설은 없다. 무(戊)와 기(己)는 십간(十

干)의 한가운데이므로 서역의 중심이라는 뜻에서 이와 같은 이름을 붙였다는 설이 가장 설득력 있다.

광대한 사막에 오아시스가 뜨문뜨문 있기 때문에 수비 병력도 분산된다. 봉화대는 무슨 일이 생겼을 때 각지에 흩어져 있는 병사를 소집하기 위해 필요했다.

전한 시대 서역 관리는 대 흉노 정책을 떼어 놓고는 생각할 수 없었다. 한나라에서 서역은 비단이 서쪽으로 가는 길이며, 동시에 명마가 동쪽으로 오는 길이었다. 또 곤륜(崑崙)의 옥(玉)이 오가는 교역로이기도 했다. 허나 그 이상으로 흉노와 각축을 벌이는 땅이었다. 교역의 성망으로 나라가 금방 망하는 일은 없지만, 흉노와의 전쟁은 결과에 따라서는 당장에라도 망국으로 이어졌다. 그런 의미에서 서역 경영은 곧 흉노 대책이라고 말해도 지나치지 않았다.

한나라가 서역도호를 파견했듯 흉노도 서역에 동복도위(僮僕都尉)를 파견했다. 동복이란 노예를 말한다. 흉노는 서역 주민을 노예로 보고 착취의 대상으로 생각해 세금도 징수했다.

한은 서역 여러 나라로부터 세금을 징수하는 일은 없었으나, 한나라 사절이나 군대에 식량을 제공하고 일이 있을 때는 종군한다는 의무를 부과했다. 주둔하는 한나라 군대는 전졸(田卒), 다시 말해 평상시에는 농사를 짓는 둔전병이었으므로, 현지 주민에게 부과된 식량공급 의무는 그다지 가혹하지 않았다.

서역 나라들은 한나라와 흉노의 이중지배 아래서 늘 숨죽이며 살았다. 한나라가 강해지면 한나라 쪽으로 붙고, 흉노가 강해지면 흉노 쪽에 붙는 것이 이 지역 정권의 숙명이었다.

오늘날 이 지방 주민은 터키계 위구르족이 가장 많으나 한나라 시대에는 그렇지 않았다. 당나라가 서역을 포기한 것은 8세기 말이고, 그 뒤 티베트 세력이 들어왔으며, 9세기 중반에는 키르기스족에 쫓긴 위구르 15부족이 민족대이동이라는 형태로 이 지방으로 눈사태처럼 들이닥쳤다.

고차에서 출토된 사형(斜形) 브라흐미(Brāhmi) 문자로 쓴 언어를 토하라어(Takhara語, 토카라어라고도 한다)라고 부른다. 이 고대 언어 연구로 이 지방에서는 인도 유럽 어족의 언어를 사용했다는 사실을 알 수 있다.

인도 유럽 어족은 크게 켄툼(Centum) 어군과 사템(Satem) 어군으로 나뉜다. 인도어와 이란어는 사템 어군에 속하고, 그리스어, 라틴어, 게르만어는 켄툼 어군에 속한다. 뜻밖에도 서역의 언어였던 토하라어가 켄툼 어군의 언어라는 것이 밝혀졌다.

한나라 시대의 서역에는 여러 민족이 살았지만 천산남로의 중심부에는 그리스, 라틴계에 가까운 민족이 살았던 것이 분명하다. 적어도 고대 구자국은 아리아계 민족의 나라였다는 것만은 틀림없다.

이 고대 구자국은 전한 시대부터 한나라와 가까운 사이였다. 천산북로에는 한나라와 친했던 오손(烏孫)이라는 나라가 있어, 오손공주(烏孫公主)라고 부르던 한나라 황녀가 그곳으로 시집갔다.

또 오손국에는 흉노에서 들어온 왕족 여자도 있었다.

구자왕 강빈(絳賓)은 오손공주의 딸을 아내로 맞이해 장안을 방문해서 1년 남짓 머물렀다. 귀국한 뒤에는 궁실, 의장, 음악, 예법, 의복 등 한나라의 모든 제도를 도입해 서역의 다른 나라 사람들에게,

당나귀이면서 당나귀가 아니요, 말이면서 말이 아니요, 구자왕 같

은 사람은 이른바 노새로다.

라는 비방을 받았다는 이야기가 『한서』에 기록되어 있을 정도이다.

한과 흉노는 사투를 거듭했으나, 전한 말기에는 흉노의 내분으로 긴장이 완화되었다. 선제(宣帝) 신작(神爵) 2년(기원전 60)에 흉노의 일축왕(日逐王)이 한나라에 항복하는 커다란 사건이 있었고, 이듬해 처음으로 서역도호가 파견되었다.

흉노의 쇠퇴로 전한의 서역 경영은 편안해졌다. 일축왕이 항복하면서부터 전한이 멸망하기까지 70년이라는 기간 동안 서역은 평온했다.

서역의 평화를 깨뜨린 것은 왕망이었다.

흉노의 착취보다 한의 지배를 받는 쪽이 낫다는 것은 서역 주민에게 그저 정도의 문제였다. 세금은 징수하지 않았지만, 왕래하는 한나라 사절을 접대하는 일은 작은 오아시스 국가에게 상당한 부담이었다. 한나라의 둔전병도 그다지 질이 좋지 않았다. 그들은 형을 면제받은 '죄인'이었다. 유죄선고를 받아도 변경을 개간하거나 전쟁에 종군하겠다고 하면 사면 받는 규정이 있었다. 그들이때로는 심한 짓을 저질렀다.

지배받는다는 것은 정도의 차만 있을 뿐, 착취와 매한가지였다. 가장 이상적인 상태는 진정한 자립이었다. 그러나 지리적인 조건으로 볼 때, 서역 오아시스의 약소국이 완전한 독립을 지키는 것은 무리였다. 한나라에 복종하든지 흉노에 복종하든지 둘 중 하나였다. 제3의 방법도 있었는데, 그것은 최악의 경우로 한과 흉노 양쪽에 복종하는 이른바 '양속(兩屬)'의 상태뿐이었다.

왕망의 서역정책은 서역 여러 나라를 흉노에 몰아 주는 꼴이었다. 왕망이 무엇보다 형식을 중시했다는 것은 이미 여러 번 말했다. 천명을 받아 성천자(聖天子)로서 천하에 군림한다는 원칙을 세웠기 때문에 그만큼 위의(威儀)를 성대하게 갖추어야 했다. 하지만 그것이 너무 지나쳤다.

시건국(始建國) 원년(9)에 왕망은 오위장(伍威將) 자리에 있던 왕기(王奇) 등 12명을 각지에 파견해서 한의 인수를 회수하고 대신 새로운 왕조의 인수를 나누어 주게 했다. 오위장은 국내뿐만 아니라 외국으로도 나갔다.

서역 여러 나라는 한나라로부터 왕(王)의 인수를 받았다. 왕망의 사자는 그것을 회수하고, 이번에는 후(侯)의 인수를 주었다. 왕에서 후로 격하되자 서역 여러 나라가 불만을 품은 것은 당연했다. 게다가 초형식주의자인 왕망은 사자인 오위장을 화려하게 꾸몄다. 천문(天文)을 그린 건문거(乾文車)라는 화려한 수레를 타고 부사(副使)인 오수(伍帥)를 거느렸으며 수행원도 아주 많았다. 이 사자를 맞으려면 그에 상응하는 접대를 해야했다. 서역 여러 나라는 왕망의 오위장을 영접하느라 국고가 기울어질 지경이었다.

이듬해 왕망은 견풍(甄風)이라는 자기의 심복을 우백(右伯)에 임명해 서역에 파견했다. 이 소식을 듣고 서역 나라들은 동요했다. 오위장을 맞느라 국고가 거의 바닥났다는데, 이번에는 오위장보다 지위가 더 높은 광신공(廣新公) 견풍이 온다는 것이다. 당연히 저번보다 더 성대하게 접대해야 했다.

차사후(車師後) 국왕 수치리(須置離)는 이래서는 견딜 수 없다고 생각하고, 흉노의 땅으로 망명하고자 했다. 거국적으로 야반도주를 하려고 했으니 어지간한 결심이었던 것이다. 투루판 분지의 교하성(交河城)에 있던 무기교위 조호(刁護)가 그 사실을 알고, 수치리를 소환해서 서역도호인 단흠(但欽)에게 보냈다. 단흠은 아주 시원스럽게 수치리의 목을 베어 버렸다. 그 때문에 수치리의 형 고란지(孤蘭支)는 차사후국 사람 2천여 명과 가축을 이끌고 흉노로 도망쳤다.

이렇게 해서 서역의 이반이 시작되었다.

당시 흉노는 전한과 우호관계를 유지하고 있었다. 그런데 왕망이 그 관계까지 깨뜨려 버렸다.

'흉노선우새(匈奴單于璽)' 인수를 회수한 왕망은 대신 신흉노선우장(新匈奴單于章)이라는 인(印)을 주었다. 전한은 흉노를 대등한 나라로 간주했다. 따라서 그 인문(印文)에는 한(漢)이라는 글자가 들어 있지 않았다. 단지 흉노만 있었다. 또 황제의 인은 새(璽)이며, 이 글자는 황제의 인(印) 외에는 쓸 수 없었다. 흉노선우의 인을 새라고 한 것은 황제와 똑같은 지위를 인정한다는 뜻이었다.

그런데 왕망은 흉노 앞에 '신(新)'이라는 글자를 넣었다. 왕망이 시작한 왕조의 국호가 신이었던 것이다. 그렇다면 흉노는 신의 신하가 된다. 더구나 '새(璽)'가 아니라 '장(章)'이라는 글자를 사용했다. 왕망으로서는 오랑캐답게 분수나 알라고 말할 작정이었다. 그렇지만 흉노가 화를 내는 것은 너무나 당연했다.

그런 참에 고란지가 차사후국을 들고 망명해 왔다. 흉노는 그들을 받아들였다. 망명을 허락한다는 것은 왕망 따위는 신경 쓰지 않겠다는 표현이기도 했다.

북흉노 정벌

서역에서 왕망 정권의 평판은 너무나 나빴다. 전한 시대부터 서역에 있던 한족이 동요한 것은 당연했다. 오랫동안 이곳에 살았기 때문에 그들은 서역의 공기를 잘 알고 있었다. 어쩌면 그 무렵 왕망보다 흉노 쪽이 낫다는 분위기가 서역에 퍼져 있었음이 틀림없다.

무기교위의 참모인 진양(陳良), 종대(終帶), 한현(韓玄), 임상(任商)과 같은 사람들은 교위(校尉, 궁성의 방비를 맡은 무관)인 조호를 죽이고, 남녀 2천여 명과 함께 흉노로 망명했다. 그들을 '폐한대장군(廢漢大將軍)'이라 불렀다. 폐위된 한 왕조의 장군으로서 왕망의 신하인 교위를 참수했다는 명분을 내세웠다.

이렇게 해서 서역은 왕망 정권에서 떨어져 나갔다. 왕망이 버렸다고 해도 좋을 것이다. 버렸다는 말은 흉노의 손에 넘겨준 것과 다를 바 없다.

서역 여러 나라 중에서도 흉노와 가장 가까웠던 언기국(焉耆國, 카르샤르)이 왕망 이반의 선두에 섰다. 왕망이 임명한 서역도호 단흠을 죽여 흉노에 동조하는 선물로 삼았다. 이것이 시건국 5년(13)의 일이다. 왕망은 곧바로 토벌군을 보내지 못하고 3년 뒤인 천봉(天鳳) 3년(16)에야 겨우 원정군을 파견했다. 새로이 오위장(伍威將)에 왕준(王駿), 서역도호에 이숭(李崇), 무기교위에 곽흠(郭欽)을 임명하고 원정군 사령관을 겸하게 했다.

언기는 항복하겠다고 속이는 한편 군사를 모아 항전을 준비했다. 온 나라의 장정을 동원해 매복하고 오위장 왕준의 군대를 기다리고 있었다. 왕준은 구자와 사차(莎車, 야르칸드) 같은 서역 나라의 병사를 거느렸지만, 그들은 복병을 만나자 차례로 배반했고 마침내 왕준은 패사했다.

무기교위 곽흠은 다른 길로 언기국을 침공했다. 장정들이 동원된 탓에 나라 안에는 노인과 아녀자만 남아 있었다. 곽흠은 그들을 죽이고 돌아갔다.

서역도호 이숭은 남은 병사를 모아 중국과 가장 가까운 나라였던 구자로 들어가 그곳에서 나오지 않았다.

이숭은 남은 병사를 모아 돌아와서 구자를 지켰다. 수년 뒤에 망(莽)은 죽고, 숭(崇)도 마침내 죽어, 서역은 이로써 단절되었다.

『한서』「서역전」은 위와 같은 문장으로 끝을 맺고 있다. 수년이라고 되어 있지만, 왕망이 죽은 것은 이 원정이 있은 지 7년 뒤의 일이다.

흉노의 세력권에 들어간 서역제국은 결코 행복하지 않았다. 유목 국가에서는 약탈과 착취를 정당한 행위로 간주한다. 경쟁상대가 없기 때문에 흉노는 가차 없이 서역제국을 착취했다. 서역 주민은 일찍이 한의 서역도호 아래서 누렸던 평화로운 시대를 새삼 그리워했다.

흉노의 가렴주구를 서역제국이 그저 참고만 있지는 않았다. 거센 저항운동도 벌였다. 어쨌든 흉노도 예전의 화려했던 전성기의 흉노가 아니었다. 지배하는 나라에게 처음부터 저항을 단념하게 만들 만큼의 힘은 없었다. 흉노의 본거지에서 멀리 떨어진 나라일수록 강하게 반항했다.

중국 본토에서 대란이 일어나고 광무제가 후한 왕조를 수립하자 서역 여러 나라가 후한에 접근한 것은 당연한 일이었다. 그중에서도 흉노에서 멀리 떨어진 사차국이 가장 열심히 후한과의 관계회복을 바랐다.

흉노의 염세중각(斂稅重刻)으로 (서역의) 여러 나라가 목숨을 부지하지 못했다. 건무(25~26) 중에 모두 사절을 파견하여 내속을 구하고, 도호(都護)를 청하였다.

이것은 『후한서』 「서역전」에 나오는 한 구절이다.

서역도호 부활을 바라는 목소리는 높았지만, 광무제는 무리하지 않았다. 광무제 초기에는 농, 촉, 교지, 오계만(伍溪蠻) 등 국내를 평정하느라 바빠서 서역을 돌볼 여유가 없었다. 광무제에게 등을 돌린 팽총(彭寵)과 노방(盧芳) 뒤에 흉노가 버티고 서서 이것저것 지원했지만, 그래도 광무제는 흉노와의 화친을 제일로 생각했다.

흉노의 처지에서 말한다면 중국 본토에 강력한 정권이 생기는 것은 바람직하지 않았다. 전한 무제 때 잇따른 원정으로 힘들었던 과거를 흉노는 잊지 않았다. 적당히 분열하는 편이 도움이 된다. 흉노가 나라를 통일하려는 광무제에 반대하는 세력을 지원한 것은 국익을 위한 당연한 조치라고 할 수 있었다.

그러나 형세는 후한 쪽에 유리하게 돌아갔다.

중국 본토의 처지에서 말한다면 반대로 새외(塞外, 만리장성 북쪽, 오늘날 내몽골자치구 중부와 서부일대-옮긴이)에 강력한 통일 정권이 생기는 것은 바람직하지 않았다. 묵돌선우(冒頓單于)가 이끄는 흉노대제국은 갓 성립한 전한을 크게 괴롭혔다.

후한에는 흉노가 분열하는 편이 유리했다. 일찍이 분열했던 흉노가 광무제 재위 후반에 다시 분열했다. 후한에는 더할 나위 없이 좋은 일이었다.

흉노의 효선우(孝單于)인 여(輿)는 조카인 일축왕(日逐王) 비(比)에게 영토의 남쪽 변두리와 오환(烏桓) 땅을 다스리게 했다. 그리고 선우(單于) 자리를 아들에게 물려주기 위해 아우인 지아사(智牙師)를 죽여 버렸다. 지아사는 흉노로 시집온 왕소군(王昭君)이 낳은 자식이었다.

일축왕 비(比)는 달갑지 않았다. 그는 선대 선우인 오주류(烏珠留)의 장자였다. 오주류와 효선우의 관계에서 볼 때, 선우 자리는 아들이 아니라 동생에게 물려준 것이 된다. 그렇다면 효선우도 동생인 지아사에게 선우 자리를 물려줘야 하는데, 오히려 동생을 죽여 버린 것이다. 아들에게 물려주는 것이 옳다면, 일축왕은 자신이 선대 선우의 장자이므로 정통한 계승자라고 생각했다.

지아사가 죽자 일축왕은 자립하기로 결심했다. 그는 조부(祖父)의 호한사(呼韓邪)라는 칭호를 사용했다. 그의 조부 호한사 선우는 한과 친해서 왕소군을 아내로 맞이할 정도였다. 일축왕이 그 이름을 답습한 것은 후한에 의지해 숙부인 효선우쪽 선우에 대항하려고 생각했기 때문이다. 그 무렵 효선우가 죽고, 그의 아들 포노(蒲奴)가 선우 자리에 올랐다. 호한사 정권을 남흉노, 포노 정권을 북흉노라 부른다.

남흉노는 북흉노와 패권을 다투었으므로 당연히 후한과는 우호관계를 유지했다. 서역제국을 지배권에 두고 가렴주구를 했던 쪽은 북흉노였다. 그러나 북흉노도 말하자면 한쪽 날개로 비행하는 것과 같아서 서역에 그다지 강력한 지배권을 행사하지는 못했다.

서역에서는 한의 세력이 후퇴하고, 그 뒤 북흉노의 그다지 강하지 않은 지배와 지방적인 수패권국의 지배가 서로 뒤얽힌 개운하지 않은 상태가 계속되었다. 최초로 소패권국이 된 것이 사차(莎車)였고, 이어서 구자

(龜玆)가 뒤를 이었다. 사차와 구자는 근방의 오아시스 국가에서 세금을 받았는데 그 일부를 북흉노가 가로챘다.

후한은 북흉노와 패권을 다투는 상대인 남흉노의 배후 세력인만큼 북흉노와는 적대관계였다. 따라서 북흉노는 후한의 국경을 종종 침략했다. 국경의 안전을 위해서라도 후한은 언젠가는 북흉노와 싸워야만 했다.

후한이 서역으로 원정군을 보내기로 결의한 것은 2대 황제인 명제 영평(永平) 16년(73)부터다. 중국 본토와 65년 동안 단절했던 서역에 다시금 한이 모습을 드러냈다.

『한서』를 지은 반고의 동생 반초(班超)가 서역으로 출정한 것이 이해다. 후한은 다음해에 서역도호와 무기교위를 부활했다.

북흉노를 토벌할 원정군은 여러 갈래로 나뉘어서 북쪽 변두리인 삭북(朔北)과 서역으로 출발했으며, 서역원정군 사령관은 두고(竇固)였다. 반초는 가사마(假司馬)라는 중견장교 지위로 두고의 군대에 속했다. 그는 먼저 결사대 장사 36명을 이끌고 선선(鄯善)에 사절로 가서 큰 공을 세웠다.

> 호랑이 굴에 들어가지 않으면 호랑이 새끼를 얻지 못한다.

는 유명한 속담은 이때 반초가 부하들의 분발을 촉구하기 위해서 했던 말에서 유래한다.

선선국은 원래 누란(樓蘭)으로 남도(南道)와 북도(北道)의 갈림길에 해당하는 교통의 요지였다. 반초가 장사 36명을 이끌고 한의 사절로 당도했을 때, 선선왕은 이들을 극진히 대접했다. 그러나 얼마 안 가 대우가 눈에 띄게 나빠졌다.

반초에게는 짚이는 데가 있었다. 선선은 북흉노에게도 복속되어 있었다. 갑자기 냉대하게 된 것은 북흉노의 사절, 즉 징세하는 관리 같은 자가 왔기 때문이었다. 북흉노 사절의 숙소를 알아낸 반초는 연회를 열고 부하에게 그들을 습격하라고 설득했다. 상대는 인원이 많지만 야간에 습격을 감행하면 이쪽의 수가 적다는 것을 모르니, 상대를 혼란에 빠뜨려 이길 수 있을 것 같았다. 위험을 무릅쓰지 않으면 큰 공을 세울 수 없다.

장사 36명은 반초의 격려에 힘입어 북흉노 사절의 숙소를 습격해 불을 지르고 몇 배나 되는 적을 쓰러뜨렸다.

선선국은 겁에 질려 한나라에 항복했다.

30년이나 머문 서역도호 반초

그 후 반초가 우전(于闐, 호탄), 소륵(疏勒, 카쉬가르)을 평정함으로써 서역 남도가 모두 한의 세력권에 들어갔다.

영평 18년(75)에 명제가 죽었다. 그때 나이 48세였다. 18세인 황태자가 즉위하고 국상을 거행했다. 이때문에 서역으로 구원군을 보내는 것이 어려워졌다. 마침 그 무렵 서역의 한나라 군사는 고전을 치르고 있었다.

북흉노는 차사국과 연합하여 유중성(柳中城)에 있는 한나라 무기교위를 포위했다. 구자와 언기는 서역도호인 진목(陳睦)을 공격해 죽여 버렸다. 기교위 관총(關寵)은 전사하고 무교위 경공(耿恭)만 구출되었다.

3대 황제 장제는 서역에 소극정책을 취하여 소륵에 있는 반초에게도 귀환명령을 내렸다. 반초는 명령에 따라 소륵을 떠났다. 한나라가 손을 떼면 북흉노의 후원을 받은 구자가 다시 소륵을 멸망시킬 것이 틀림없었다. 그렇게 되면 한나라에 협력했던 사람들이 숙청될 터였다. 반초가 떠난 뒤, 친한파인 소륵의 대신 중에는 비관하여 자살한 자까지 있었다. 그리고 예상대로 구자는 다시 소륵을 점령했다.

반초는 소륵을 떠나 남도를 따라 귀국길에 올랐다. 우전까지 왔을 때 왕후 이하 사람들이 반초가 탄 말의 다리를 붙잡고,

한나라 사절에 의지함이 부모와 같았습니다. 진정으로 떠나시면
안 됩니다.

라며 목 놓아 울었다.

반초는 이때 서역에 머무르기로 결심했다. 그는 서둘러 소륵으로 돌아갔다. 과연 소륵은 이미 구자의 지배하에 있었다. 반초는 구자파를 숙청하고 소륵을 되찾았다.

중앙정부의 명령을 어긴 이 반초의 행동이 그러나 사실은 정답이었다. 서역에 강한 영향력을 가진 북흉노가 이 무렵부터 차츰 약해졌던 것이다. 눈앞의 적인 남흉노와 항쟁하는 데 지쳤을 뿐만 아니라, 선비(鮮卑)나 정령(丁零) 같은 북방 새외 부족들이 점차 강해져서 북흉노를 압박하기 시작했다. 북흉노는 여전히 서역을 돌볼 여력이 없었다.

북흉노의 배경이 없어지면 서역의 소패권국인 구자의 처지도 흔들릴 수밖에 없었다. 구자는 화제(和帝) 영원 3년(91)에 한나라에 항복했다. 한은 이해에 반초를 서역도호로 임명하고 구자에 도호부를 설치했다. 반초가 한나라를 떠난 지 18년이라는 세월이 흘렀다.

지금도 고차현성 근처에 구사의 옛 성터가 남아 있다. 200킬로미터 성

도 흙을 쌓아올린 성벽 터가 이어지는데 그 높이가 3미터에서 7미터쯤 된다. 이곳이 후한이 서역을 경영한 근거지다. 친한 정권이었던 구자가 어느새 북흉노의 힘을 등에 업고 서역의 소패권국이 되어, 후한에 대항한 것은 하나도 이상할 것이 없다. 또 그것을 비난할 수도 없다. 친한이든 친흉노든 그 나라가 살아남기 위해 선택한 자세다. 비난할 수 있다면 선택을 잘못했다는 점뿐일 것이다.

서역도호가 된 반초는 전임 서역도호인 진목의 복수전을 준비했다. 진목이 언기군에게 살해된 뒤 16년 동안 서역도호가 설치되지 않았다.

영원 6년(94), 반초는 구자, 선선을 포함한 8개국의 병력 7만 여를 모아서 언기 토벌에 나섰다. 언기왕은 참수되었고 그 머리는 낙양으로 보내졌다. 역사를 읽을 때, 이와 같은 처참한 복수전을 대할 때마다 마음이 울적해진다. 언기는 후한의 서역도호를 공격해서 죽였다. 그 복수로 후한의 군대가 언기왕을 죽이는 것까지는 그래도 이해한다. 하지만 복수전은 죄 없는 백성까지 끌어들인다. 대약탈이 일어나 후한군이 벤 목이 5천여 급(級), 생구(生口, 포로로 잡아 노예로 삼은 자)로 생포한 자가 1만 5천여 명이었다고 기록한다. 『후한서』「서역전」에 언기의 인구가 5만 2천이라고 하니, 이 한 맺힌 전쟁이 얼마나 피비린내 나는 것이었는지 짐작할 수 있다.

반초는 원맹(元孟)이라는 자를 언기왕으로 세웠다. 서역제국은 어디나 친한파와 친흉노파가 있어, 그때그때 정치 정세에 따라 우두머리를 바꿀 수 있었는지도 모른다.

(반)초가 언기에 머문 지 반년, 이를 위로하고 달랬다 여기에서 서역 50여 개국이 모조리 인질을 바치고 내속하였다.

고『후한서』「반고전」에 기록되어 있다.

영원 9년(97)에 정원후(定遠侯)가 된 반초는 부하인 감영(甘英)을 대진(大秦)과 조지(條支)에 파견하기로 했다. 대진은 로마이고 조지는 시리아 지방일 것이다.

그러나 감영은 목적지에 도착하지 못했다. 안식(安息, 오늘날 아프가니스탄에서 이란에 걸친 지방을 말함) 서쪽으로 가서 바다를 건너려고 할 때, 뱃사람에게,

바다는 광대하여 왕래하는 자가 선풍을 만나면 3개월이면 건널 수 있지만, 만일 역풍을 만나면 다시 2년이 걸리는 자도 있습니다. 그러므로 바다에 들어가려는 자는 3년치 식량을 준비해야 합니다.

라는 말을 듣고 그 이상 가는 것을 단념했다.

한나라와 로마가 직접 교역하는 길이 열리면 중계지의 이익이 줄어들게 되므로 감영의 도항을 방해하기 위해 뱃사람이 일부러 협박했는지도 모른다.

이 무렵 로마에서는 도미티아누스가 암살되고 네로가 즉위했으며 이어서 트라야누스가 황제가 되는 시기였다. 이는 로마 제국의 전성기에 해당한다.

『후한서』에 대진국왕이 사자를 보내 봉헌했다는 기술이 나오는 것은 환제(桓帝) 연희(延熹) 9년(166)이므로 감영의 로마행이 좌절되고 69년 뒤의 일이다.

삼통삼절을 오간 실크로드

감영의 로마행을 저지한 뱃사공은 감영을 협박하기 위해,

> 바다에서 자주 사토연모(思土戀慕)하여 빈번히 사망하는 자도 있습
> 니다.

라는 말도 했다. '사토'란 땅을 생각한다. 다시 말해 향수병에 걸리는 것
을 말한다. 오랜 항해로 노이로제에 걸려 죽는 자도 적지 않으니 그만두
라고 충고한 것이다.

반초는 3년은커녕 서역이라는 바다에 31년이나 머물렀다.

> 나이 들어 땅을 생각하다.

라는 기록이 『후한서』 「반초전」에 나온다.

영원 12년(100)에 반초는 낙양의 조정에 귀국을 탄원했다.

> 신은 감히 주천군(酒泉郡)에 이르기를 바라지 않습니다. 다만 살아
> 서 옥문관(玉門關)에 들어가기를 바랄 따름입니다.

주천군은 약 30년 전 큰 뜻을 품은 반초가 장군 두고(竇固)의 부장으
로서 서역을 향해 출발한 곳이다. 거기까지 가기를 바라지는 않지만, 적
어도 살아 있는 동안에 한나라 땅 입구인 옥문관에는 들어가고 싶다는

말이다. 눈물이 날 만큼 안타까운 이야기다.

　반초의 누이동생인 반소는 앞에서 이야기했듯이 궁중에서 궁녀들을 교육하는 일을 했는데, 그녀도 탄원서를 냈다.

　그것이 받아들여져서 반초는 영원 14년(102) 8월에 낙양으로 돌아왔으나, 다음달 9월에 세상을 떠났다. 그때 나이 71세였다.

　귀경에 즈음해서 후임 서역도호인 임상(任尙)이 조언을 청했을 때, 반초는 '물이 맑으면 물고기가 없다'는 『공자가어(孔子家語)』를 인용해, 사소한 잘못에는 관대하고 대강을 파악하고 있으면 그것으로 족하다고 타일렀다. 반고가 떠난 뒤, 임상은 친구에게 "반초에게는 기묘한 꾀가 있을 줄 알았는데 지극히 평범한 말만 해줬다"고 말했다 한다.

　반초는 후임인 임상이 너무도 엄격하고 더구나 성급한 것을 걱정했던 것이다. 애초에 기책을 바라는 마음가짐이 좋지 않았다. 반초의 생각대로 임상은 서역에서 민심을 장악하는 데 실패했다. 서역은 다시 어지러워졌고 임상은 소륵에 포위되었다. 구원에 나선 양근(梁懂)이 도착하기 전에 임상은 간신히 자력으로 포위망을 풀어 체면을 유지했으나, 낙양의 궁정은 그를 소환하고 후임으로 단희(段禧)를 임명했다. 연평 원년(106)의 일이다.

　이듬해 후한 정부는 서역도호 직책을 폐지했다. 단희는 구자에서 버티고 있었으나, 낙양에서 공문이 도착하지 않았다.

　　서역은 멀리 떨어져 있어 배반도 잦다. 이사둔전(吏士屯田), 그 지출
　이 멈추지 않았다.

폐지한다 해도 그대로 방치해둘 수는 없었다. 기도위(騎都尉)인 왕홍(王弘)에게 대군을 주어 도호 이하 요인들을 보호해서 돌아오게 했다.

후한이 손을 떼자 당연히 북흉노의 세력이 서역으로 들어왔다. 아무리 힘이 약하다고 해도 상대가 없으니 선반에서 굴러 떨어진 떡을 줍지 않을 수 없었다. 다만, 당시 북흉노의 힘으로는 서역의 북부, 천산(天山)의 남북로로 진출하는 것이 고작이었다. 서역 남도에는 대월지(大月氏)의 힘이 차츰 침투하고 있었다.

서역 적극론은 세 번 나왔다. 그러나 도호(총독)를 둘 정도로 진행되지는 않았고, 돈황에 서역부교위(西域副校尉)를 주재시키고, 서역에 서역장사(西域長史)를 파견하자는 소규모 진출론이 전부였다.

반초의 막내아들인 반용(班勇)이 서역장사로서 투루판 분지로 나간 것은 연광(延光) 2년(123)의 일이다. 영건(永建) 원년(126)에는 차사국을 평정한 여세를 몰아 북흉노의 호연왕(呼衍王)을 격퇴했다.

이때도 역시 서역제국 중에서 언기만 항복하지 않았다. 얄궂게도 언기왕은 반용의 아버지 반초가 전(前) 왕을 참수하고 대신 세운 원맹(元孟)이었다. 친한파라고 생각해서 원맹을 세웠을 것이다. 그런 원맹이 또다시 서역제국 가운데 마지막 반한국(反漢國)으로서 저항했다. 결국 원맹은 친한파도 반한파도 아니었던 것이다. 그는 단지 조국 언기의 국익을 으뜸으로 생각하는 언기파였다.

후한의 언기 공격은 남도와 북도 양쪽에서 진행되었다. 서역장사인 반용은 남도에서, 돈황 태수인 장랑(張朗)은 북도에서 공격했다. 장랑은 지은 죄가 있어서 시형될 뻔했는데 전쟁에서 공을 세워 죄를 갚겠다고 지원한 종군이었다. 죽느냐 사느냐의 목숨이 달린 만큼 장랑은 필사적이었다. 그는 나는 듯 언기로 향했다. 겁에 질린 언기왕은 사자를 보내 항복했다.

장랑은 이 공으로 처형을 면했지만, 때를 놓친 남도의 반용은 그 죄로 투옥되었다. 그러나 곧 석방되었다. 언기왕 원맹도 자신의 아들을 인질로 보낸 것만으로 사면되었다.

하지만 이 작전이 있은 뒤, 후한의 힘은 계속해서 서역에 미치지 못했다. 숨이 찼던 것이다.

이런 상태에서 후한의 서역 정책은 일관되지 못했다. 역사가들은 이를 '삼통삼절(三通三絶)'이라 부른다. 세 번 통하고 세 번 끊겼다는 뜻이다. 물론 이 '통'과 '절' 모두 후한의 처지에서 본 것이다.

서역제국은 후한과 '끊긴' 상태일 때는 북흉노, 월지(月氏)와 '통'한 상태였다. 실크로드 전체를 교역로로 보았을 때, 그것이 끊긴 시기는 아주 짧았다. 그와 같이 광대한 지역에서는 5만이나 10만 대군의 전쟁도 대수롭지 않은 모래폭풍에 지나지 않는다. 동서에 걸친 만만치 않은 대상(隊商)들은 그동안 잠시 대피하는 정도였다.

한나라의 비단은 이 길을 따라 서쪽으로 건너갔고, 서쪽의 유리와 로마의 금화는 이 길을 따라 동쪽으로 운반되었다. 이와 같은 물자뿐만 아니라 사람들의 왕래로 그 사람이 지닌 사고방식과 신앙도 함께 전해졌다.

실크로드 서쪽의 중요국가였던 대월지는 적어도 이 시대에는 불교국가였다. 한나라는 그 땅을 대월지라고 불렀지만, 원래 국호는 쿠샨(Kushan)이다. 한자로 '귀상(貴霜)'이라고 쓴다. 대월지에 속했던 한 군주가 대월지를 대신하였을 것이라 생각하므로, 엄밀히 말하면 대월지라는 명칭에는 문제가 있다. 『후한서』「서역전」에는 호수(戶數)가 10만, 인구 40만이며 천축(天竺)을 멸망시켜 부강해졌다는 기록은 있으나, 이 나라의 불교에 관해서는 언급하지 않는다. 『후한서』에는 이 나라의 왕인 구취극(丘就郤)과 염고진(閻膏珍)이라는 이름이 나온다. 구취극은 쿠줄라 카드피세스(Kujūla Kadphises) 왕을 말한다. 출토된 화폐에서 그 이름을 볼 수 있다.

호법(護法)의 왕자로 불전에 종종 등장하는 카니시카(迦貳色迦) 왕은 쿠샨 왕국의 제3대 왕이라고 하는데, 『후한서』에 나온 두 왕과는 가계가 다른 제2왕조의 3대라는 설이 있다. 불교는 카니시카 시대가 되면서 갑자기 들어온 것이 아니라 그 이전부터 이 나라에 상당히 널리 퍼져 있었다고 봐야 한다.

카니시카 왕은 수수께끼 같은 제왕이다. 불전에는 자주 나오지만 중국 사서에는 그 이름이 전혀 나타나지 않는다. 또 이 왕이 즉위한 연대도 기원전 80년이라는 설에서부터 서기 278년이라는 설까지 무려 350년이라는 시차가 있다. 가장 유력한 것은 서기 140년대라는 설이다. 그러고 보면 후한이 서역과 관계를 끊은 시기에 중국의 사서에 그의 이름이 나타나지 않는 것도 이해가 간다. 또 카니시카 왕 시대에 쿠샨 국은 수도를 오늘날 아프가니스탄에서 파키스탄의 페샤와르 근처로 옮겼기 때문에 중국에서 보면 더욱 먼 나라가 되었다.

『삼국지』의 배송지(裵松之) 주(註)에는 『위략(魏略)』을 인용해서 전한의 애제(哀帝) 원수(元壽) 원년(기원전 2)에 박사제자 경로(景盧)라는 자가 대월지 왕의 사자인 이존(伊存)에게 『부도경(浮屠經, 佛陀經)』을 구전으로 전해받았다고 한다.

전문(全文)은 없어졌으나, 『위략』은 신빙성이 높은 사서이므로, 이것을 바탕으로 불교가 중국에 전해진 최초의 기록이라고 생각해도 좋을 것이다.

전한이 멸망하기 직전의 일이다. 불교를 전한 사람이 대월지의 사자였다는 사실로도 카니시카 왕 이전의 쿠샨 왕국에 불교가 보급되어 있었음을 추측할 수 있다.

서역은 불법(佛法)의 길이기도 했다.

두씨의 일생과 환관의 그림자

외척이 설쳐대는 세상

전한(前漢)은 외척인 왕망의 손에 멸망되었다. 따라서 그 뒤를 이은 후한(後漢)이 외척에 신경을 곤두세운 것은 당연한 일이었다.

앞차가 넘어지면 뒤차가 조심하는 법이므로, 후한 초기에는 신중하게 대처한 덕에 외척이 일으킨 큰 사건이 없었다.

2대 명제(明帝)가 죽었을 때, 명제의 황후인 마씨(馬氏)의 형제가 서둘러 입궁하려고 했다. 북궁(北宮)의 위사령(衛士令)인 양인(楊仁)이라는 인물이 창으로 무장하고 삼엄하게 문을 지켰는데 외척에게도 거리낌이 없었다.

마씨 형제는 장제(章帝)에게 양인의 일을 비방했으나, 장제는 오히려 양인을 현령으로 발탁했다는 이야기도 있다.

광무제의 딸인 관도공주(館陶公主)는 한광(韓光)이라는 자에게 시집갔는데, 오빠인 명제에게 자기 아들을 낭중(郎中) 자리에 앉혀 달라고 부탁했다. 하지만 명제는 그것을 거절하고 그 대신 천만전(千萬錢)을 하사했다. 외척은 가능한 요직에 앉히지 않으려고 배려한 것이다.

명제는 상서(尙書, 관직명) 염장(閻章)이라는 자의 두 누이동생을 귀인으로 총애했다. 염장은 구전(舊典)에 능통한 유능한 관료로 본래라면 중직으로 승진할 인물이었으나 명제는 끝내 그를 기용하지 않았다.

장제는 즉위한 초기에 어머니인 마태후의 형제에게 작위를 수여하고 후(侯)에 봉하려고 했다. 하지만 마태후가 이를 허락하지 않았다. 마침 가뭄이 들어 세간에서는 "외척을 열후에 봉하지 않았기 때문"이라는 소문이 떠돌았다. 관리들 중에도 "구전(舊典)을 따르면 어떠하겠습니까?"라고 진언하는 자도 있었다. 구전이란 전한의 제도로 외척은 은택(恩澤)으로써 열후에 봉하는 것이 관례였다. 그러나 마태후는 "그런 말을 하는 자는 모두 내게 아첨하는 것"이라며 듣지 않았다. 능력 있는 자에게 외척이라는 자리는 오히려 승진에 방해가 되었다. 물론 외척으로서의 특권도 있었다. 관리는 외척을 함부로 대하지 못했기 때문에 가령 외척이 사람을 죽이더라도 처형되지 않는 특권은 있었다.

외척이 횡포를 부렸다고 말할 정도가 된 것은 3대 장제가 죽고 화제(和帝)가 어린 나이로 즉위하면서부터다. 두(竇)태후는 화제의 생모가 아니었다. 이는 화제의 아버지인 장제가 마태후가 낳은 아들이 아닌 것과 같다. 생모가 아니어도 아버지의 정실, 다시 말해 황후는 어머니가 된다. 장제의 생모인 고(賈)부인은 화제가 즉위했을 때, 아직 건재했으나 장제는 마태후의 눈치를 봐서 고부인과는 일정한 거리를 두었다.

친자식이 아니었으므로 황태후는 그를 허수아비로 여기고 친정 식구들을 등용할 마음이 들었는지도 모른다. 그때까지 3대에 걸쳐서는 외척이 조용히 근신하고 있었으므로, 두씨 일족의 독선적 행위는 더욱 눈에 띄었다.

두태후의 아버지인 두훈(竇勳)은 건국의 원훈인 두융(竇融)의 손자이나 죄를 지어 옥사했다. 아무래도 두씨 집안은 문제가 너무 많았다.

두훈의 어머니는 황녀였고, 두훈 자신은 동해왕 유강(劉疆, 광무제의 장남. 원래의 황태자)의 딸 비양공주(沘陽公主)를 아내로 맞았다. 반초의 상관으로 서역원정 사령관을 지낸 두고(竇固)는 두훈의 육촌이고, 그의 아내는 광무제의 딸인 열양공주(涅陽公主)였다.

두훈의 아버지 두목(竇穆)은 두융의 장남인데, 이 사람도 문제가 있는 인물이었다. 지방호족으로서 그 세력을 키우기 위해 근처 여러 호족과 인척관계를 맺었다. 육안(六安)이라는 땅을 자신의 세력권으로 만들려고 육안후(六安侯) 유우(劉盱)에게 자기 딸을 시집보내려고 했다. 그러나 유우에게는 이미 아내가 있었다. 두목은 음(陰)태후의 명령이라고 속이고 유우를 아내와 이혼시키려고 했다. 유우의 아내는 이 사실을 낙양의 조정에 상서했다. 명제가 크게 노하여 두목을 비롯한 두씨 일족의 관직을 박탈하고, 70대 중반에 접어든 원훈 두융을 제외한 다른 자들을 낙양에서 멀리 추방했다. 이것은 일종의 경고였고 두목 등이 고향인 섬서(陝西)를 향해 가던 중 함곡관 부근까지 이르렀을 때, 낙양으로 돌아와도 좋다는 조서가 도착했다.

하지만 낙양으로 돌아온 뒤에도 두목은 그다지 반성하는 기미가 없었다. 명제는 알자(謁者)에게 명하여 두씨 집안을 감호하게 했다. 알자란 낭중령(郞中令)에 속한 관리로 황제에게 보고하는 일을 맡았다. 봉록은 600석이었으나 황제와 직접 말할 수 있는 관리였다. 일종의 밀정이며 황제 직속 스파이라는 임무를 띠었다. 두씨 일가에 배속된 알자는 한우(韓紆)라는 인물이었다.

알자인 한우는 두목 부자가 원망하는 말을 하여 신하로서 예를 저버렸다는 사실을 명제에게 보고했다. 그래서 명제는 두목 등을 고향으로 내려 보내기로 했다. 다만, 두목의 아들인 두훈은 동해왕 딸의 남편인 점을 고려해서 낙양에 머물 수 있도록 허락했다.

얼마 안 있어 두목은 뇌물죄로 붙잡혀 옥사했다. 그 아들인 두훈도 낙양에서 체포되어 투옥되었다가 옥중에서 죽었다.

그 두훈의 딸이 황태후가 되어서 권력을 장악했다. 아버지와 할아버지를 옥중에서 잃었기 때문에 그녀는 권력이 얼마나 무시무시한지 잘 알았다. 어쩌면 그것을 행사하는 쾌감을 동경했을지도 모른다. 장재가 재위하는 동안에는 '외척은 근신하라'는 건국 방침이 아직 살아 있어 두황후는 권력을 휘두를 수 없었다. 장제의 죽음으로 그녀는 제약에서 해방되었다.

열 살이라는 나이 어린 화제를 대신해 두태후는 '임조(臨朝)'했다. 다시 말해 섭정이다. 두태후의 오빠인 두헌(竇憲)은 시중(侍中)으로서 기밀을 관장했다. 조정에서 나가는 지령은 모두 두헌의 손을 거치게 된 것이다. 두헌의 아우인 두독(竇篤)은 호분중랑장(虎賁中郎將)이 되고, 그 아우인 경(景)과 괴(瓌)는 중상시(中常侍)가 되었다. 중상시는 궁정에서 숙직하는 관리로 황제의 비서와 같았다.

권세의 자리에 오른 두헌은 가장 먼저 아버지와 할아버지를 고발한 알자 한우에게 복수했다. 한우는 이미 죽고 없었다. 그래서 두헌은 한우의 아들을 참수하고, 그 목을 자신의 아버지 묘에 바쳤다. 한우의 아들은 아비가 한 일과 아무런 관련이 없었다. 하지만 이 시대는 아버지의 모든 행위가 아들에게까지 미쳤다.

명제가 두씨 집안을 경계한 것은 황족의 세 여인이 시집가서 일종의 외척이었기 때문만은 아니었다. 두씨 집안사람들의 자세에도 문제가 있었다고 생각된다.

두헌의 보좌관 중 한 사람인 최인(崔駰)이 두헌에게 편지를 써 경고한 적이 있었다.

> 태어나면서부터 부자인 자는 교만하고, 태어나면서부터 귀한 자는 오만하다. 부귀로 태어난 자로 교만하고 오만하지 않은 자는 일찍이 없었다.

그리고 전한의 외척 20가문 중에서 일족을 보전하고 천수를 다한 집안은 넷밖에 안 된다는 것을 예로 들고 『서경(書經)』의 '유은(有殷, 은나라 왕조)을 거울삼지 않으면 안 된다'는 구절을 인용했다.

그럼에도 두헌은 조금도 근신하는 모습이 없었다. 장제 재위 중에도 명제의 딸인 심수공주(沁水公主)의 원전(園田)을 강제로 제것으로 만들려고 문제를 일으켜 장제를 진노케 했다. 이때는 누이동생인 두태후가 싹싹 빌어서 겨우 용서를 받았다. 그러나 장제는 그 이후 두헌을 중요한 자리에 앉히지 않았다.

두헌이 한우의 아들을 참수한 일에서도 알 수 있듯이 그는 집념이 강한 데다 질투가 매우 심한 인물이었다.

장제의 국상(國喪) 중에 도향후(都鄕侯) 유창(劉暢)이라는 자가 낙양으로 왔다. 광무제의 형 유연의 증손뻘 되는 사람이다. 유연은 갱시제 유현 때문에 죽었으나, 만일 살아 있다면 당연히 후한의 제위에 올랐을 인물이었다. 새로 즉위한 화제의 육촌 되는 황족으로 국상에 참여하는 것은 당연한 일이었다. 약간 불량스러운 데가 있는 인물이었으나, 무슨 이유인지 두태후가 마음에 들어 해서 자주 불러들였다.

두헌의 마음속에는 질투의 불꽃이 활활 타올랐다. 누이동생인 황태후에 의지해서 천하의 권세를 누리려는 참에 당치도 않은 경쟁자가 나타난 것이다. 두헌은 자객을 보내 유창을 죽이고, 그 죄를 유창의 아우인 유강(劉剛)에게 뒤집어씌웠다. 지나치게 잔꾀를 부리는 것도 좋지 않다. 일의 진상은 곧 밝혀졌다.

두태후는 크게 노하여 오빠인 두헌을 유폐해 버렸다. 이때 두헌은 흉노를 토벌해 죄를 갚겠다고 청했다.

장제가 죽은 해 10월, 아직 개원(開元)하지 않았으므로, 장화(章和) 2년(88)의 일이다. 서역에서는 반초가 활약 중이었다.

흉노 토벌은 삼공구경(三公九卿) 사람들 대부분이 반대론을 내놓았다. 무엇보다 양암(諒闇, 황제의 상중) 시기인데다 흉노가 특별히 국경을 침범한 것도 아니었기 때문이다. 허나 흉노는 선비(鮮卑)의 압박을 받아 힘들어했고, 지난해에는 북흉노의 굴란저(屈蘭儲) 등 58부(部) 28만 명이 한나라에 항복했다. 상대가 약할 때 이유 없이 치는 것은 의(義)에 어긋난다는 유교적 반대도 있었다.

군료백성(群僚百姓)이 모두 안 된다고 말합니다. 폐하, 어찌 한 사람
의 계책으로써 만인의 주장을 버리고, 그 말을 우려하지 않습니까?

이것은 시어사(侍御史) 노공(魯恭)이 올린 상서의 한 구절이다. 한 사람의 계책이란 두헌의 진언을 말한다.

하나같이 반대하는 목소리에도 두태후는 그것을 귀담아 듣지 않고, 두헌을 거기장군(車騎將軍)에 임명해 원정을 허락했다. 그녀는 역시 오라비가 공을 세우기 바랐던 것이다. 유창의 일로 화를 냈지만 그래도 역시 남매지간이었다.

서역에서 활약 중인 반초의 형 반고도 이 원정군에 참가했다. 반고는 『한서』를 집필하던 중이었다. 『양도부』를 짓고 『백호통의(白虎通義)』를 정리한 이 문호도 원래는 신분이 몹시 낮았지만, 두헌의 원정군에 참여함으로써 겨우 지위가 높아졌다. 2천 석의 중랑장 대우를 받게 된 것이다. 그러나 나중에 이야기하겠지만, 이 일이 그를 파멸시키는 원인이 되기도 했다.

두헌의 원정은 큰 성공을 거두었다. 상대인 북흉노는 사면초가 상태였기 때문에 후한군의 대승리는 그다지 자랑할 것이 못 되었다. 북흉노 선우의 부대를 계락산(稽落山)에서 대파하고 수급 1만 3천을 얻었다. 81부군중 20여 만이 항복했고, 두헌은 장성(長城)을 떠나 3천여 리 떨어진 연연산(燕然山)에 올라 한 나라의 위덕(威德)과 자신의 공적을 찬양하는 비를 세웠다. 그 비문을 지은 사람이 반고였음은 말할 나위도 없다.

이 전공으로 두헌은 대장군으로 승진했다. 구제도에 따르면, 대장군은 삼공(三公) 아래였으나, 두헌의 취임으로 삼공 위로 올라가게 되었다.

외척 두씨의 횡포는 이제부터 시작이었다. 대장군 아래 장사(長史), 사마(司馬) 등의 보좌역이 있었는데, 그때까지는 봉록 1천 석이었다 그것이 2천 석으로 정해지면서 구경(九卿)과 동급이 되었다.

전한 후반부터 삼공구경의 정부, 즉 외조(外朝)와 외척 등 황제의 측근으로 이루어진 내조(內朝)가 있었다. 내조의 힘이 외조를 압도하면서 결국 왕망의 찬탈을 초래했다.

왕망 공포증이라고도 불러도 좋을 심리 탓에 후한 초기에는 외척을 가능한 정치에서 멀리 물러나게 하여 내조 세력이 생기는 것을 막고 있었다. 그러나 두헌이 대장군이 되고, 각료와 동급인 부하를 거느리는 일종의 막부(幕府)를 열었기 때문에 삼공구경의 외조와 대립하는 정치의 중심이 생겨났다.

역사를 연구해 외척을 숙청한 소년 황제

어린 천자 화제는 위기를 느꼈다. 70년이라는 세월이 흘렀지만, 나라를 빼앗은 외척 왕망의 일이 특히 황족들의 기억에는 아직도 생생했다.

두씨는 차츰 그 지배권을 넓혀갔다. 그전까지는 지방 관리에게 뇌물을 주는 작전이나 결혼정책을 썼다고 앞에서 이야기했다. 그러나 지방 장관을 자기 당파로 채우면 뇌물 따위는 쓸 필요가 없다.

흉노원정으로 두헌은 재미를 톡톡히 봤다. 많은 젊은이가 종군했다. 원정군의 간부도 자기 파(派) 사람들이었으며 다들 전공을 세워 승진하고 요직에 앉았다. 중앙이나 지방을 할 것 없이 결원이 생기면 곧바로 당파 사람을 임명할 수 있었다. 결원이 없어도 강제로 경질시킬 수 있었다. 임명과 파면에 전공보다 나은 구실은 없었다.

두헌은 영원 3년(91)에도 흉노 토벌군을 보내 북선우(北單于)를 패주시켰다.

두씨 부자·형제와 그 당파 중에서 고관이 된 자가 조정에 넘쳐날 지경이었다. 그들의 횡포는 더욱 심해졌다. 가장 심한 것은 두헌의 동생으로 집금오라는 요직에 있던 두경이었다. 부하를 시켜서 다른 사람의 재물을 약탈하고 부인을 유괴했다. 백성을 멋대로 징발하는 것은 일상다반사였다.

건국 방침으로써 광무제 이후 기개(氣槪) 높은 사인을 양성했는데, 그들 중 두씨의 횡포를 규탄하는 사람도 있었다. 삼공 중에서 원안(袁安)이나 임외(任隗) 같은 고관은 두씨가 임명한 관료에게 잘못이 있으면 용서 없이 해임하거나 강등시켰다. 그 대상이 40여 명에 달해 두씨가 크게 원망했으나, 원안이나 임외는 그 고결한 성품으로 세상 사람들의 존경을 받고 있던 터라 어찌할 도리가 없었다.

원안의 비서 주영(周榮)은 그와 같은 탄핵 초안을 작성했다. 두씨 일파인 서기(徐齮)라는 자가 어느 날 "두씨의 한사(悍士, 난폭자)와 자객이 성안에 우글대니 조심하라"고 위협하자, 조영은 "설령 두씨 손에 죽더라도 그것은 내가 바라는 바다"라고 받아쳤다는 이야기도 있다. 그리고 상서복야(尚書僕射) 자리에 있던 악회(樂恢)처럼 아무리 상서를 올려도 반응이 없자 사직하고 귀향해 독을 먹고 죽은 사람도 있었다.

두태후가 섭정으로 군림했기 때문에 화제는 친히 외조의 고관과 이야기할 기회도 없었다. 대신들은 입궁해도 정해진 형식에 따를 뿐이었다. 화제가 마음을 터놓고 이야기할 수 있는 상대라야 신변을 돌봐주는 환관뿐이었다. 환관은 거세의 벌을 받은 사람 외에 자원한 경우도 있었다. 환관이 되기 위해서는 스스로 거세 수술을 받아야 했다. 자원이라고 해도 어렸을 때 거세하는 일이 많았고, 부모나 일족의 의사로 거세를 받았다. 황실뿐만 아니라 지방 호족이나 거상들 사이에도 거세한 남자를 원하는 수요가 있었다. 거세한 아이는 취직할 기회가 많았다.

화제 가까이에 정중(鄭衆)이라는 환관이 있었다. 남양 출신으로 명제 때 황태자를 모시는 환관으로 봉사했고, 장제가 즉위한 뒤에는 소황문(小黃門)에서 중상시(中常侍)로 승진했다. 이것이 환관의 전형적인 출셋길이었다.

> 사람 됨됨이가 근민하고 심기(心機)가 있다.

고 『후한서』의 그의 전기에 실려 있다. 심기가 있다는 말은 의지가 있다는 말이다. 믿음직스러운 인물이었으므로, 화제는 두 일족을 제거하는 일을 정중과 의논했다.

두씨 일당의 주요인물은 먼저 양후(穰侯)인 등첩(鄧疊)과 그의 아우 보병교위(步兵校尉) 등뢰(鄧磊)였다. 사실 이 형제보다 그들의 어머니 원(元)이라는 자가 수완가였다. 두헌의 질투 때문에 죽은 유창도 실은 원의 주선으로 두태후에게 불려간 것이다. 후궁을 휘젓고 다닌 괴녀였던 것 같다. 다음으로 두헌의 사위인 사성교위(射聲校尉) 곽거(郭擧)와 그 아버지 장락소부(長樂少府) 곽황(郭璜) 같은 인물이 있었다.

영원 4년(92) 6월, 이때 화제 나이 열네 살이었다. 그러나 지난해 1월에 관례를 치렀다. 사서에서는 5년 뒤 두태후가 죽었을 때, 화제는 처음으로 자신의 생모가 양씨라는 사실을 알았다고 한다. 겉으로는 그렇게 되어 있으나, 화제는 두태후가 자신의 생모가 아니라는 사실을 좀 더 일찍 깨달았는지도 모른다. 만일 그렇다면 화제는 두씨 일가에게 핏줄이라는 느껌조차 갖지 않았을 것이다. 열네 살 된 화제가 일으킨 역쿠데타는 그렇게 생각하는 편이 자연스럽다.

계획은 환관인 정중이 세웠다. 화제는 전한 시대에 외척을 주멸한 고사를 참고할 생각이었다. 그 내용은 반고의 『한서』 「외척전」에 실려 있다. 종이를 발명하기 직전이므로 「외척전」의 죽간만 해도 상당한 양이었을 테니 몰래 가지고 들어오기는 어려웠을 것이다.

이 무렵 반고는 이미 『한서』의 「외척전」을 썼으나 쓰기만 했을 뿐 아직 부본이 만들어질 정도는 아니었다. 화제는 그것을 입수하고자 했으나 그의 주위에는 없었다. 그래서 화제는 한 살 많은 형 청하왕(淸河王) 유경(劉慶)에게 이를 부탁했다.

유경은 송귀인(宋貴人)이 낳은 아들로 사실 처음 황태자로 세워진 사람은 그였다. 그러나 황후인 두씨는 송귀인을 싫어했던 모양이다. 성격이 맞지 않았는지, 아니면 그녀의 아들이 황태자가 되는 것을 질투했는지 그 이유는 알 수 없다. 여러 가지 책략을 써서 마침내 송귀인을 자살로 몰아넣었다. 황태자 유경도 어머니 일로 폐립되어 청하왕으로 격하되었다.

유경 대신 유조(劉肇), 즉 화제가 두황후의 아들로서 황태자가 되었다. 그러나 한 살 차이인 이 형제는 참으로 사이가 좋아 화제가 즉위한 뒤에도 청하왕 유경은 늘 입궁하여 궁중에서 함께 기거했다. 화제는 이 형에게 「외척전」을 갖다 달라고 부탁했다. 유경은 또 다른 형인 천승왕(千乘王) 유항(劉抗)의 집에서 「외척전」을 손에 넣었다.

유항은 장제가 낳은 여덟 황자 중 장남이었다. 『후한서』에는 여덟 황자 가운데 네 사람만 생모의 이름을 기록한다. 천승왕 유항의 생모 이름은 적혀 있지 않으므로, 미루어 짐작건대 아마 신분이 낮은 사람이었을 것이다. 장자이면서도 황태자가 되지 못한 것은 분명 그 때문이었을 것이다.

「외척전」에는 전한 문제(文帝)가 박소(薄昭)를 죽인 일과 무제(武帝)가 두영(竇嬰)을 주살한 경위, 그 밖에 여러 외척을 퇴치한 일이 적혀 있었다. 화제는 정중에게 그것을 연구하게 했다.

전대의 역사를 교훈으로 삼는다는 후한 왕조의 자세를 여기에서도 엿볼 수 있다. 또 「외척전」을 입수한 경위를 보면 황실의 유씨 형제가 힘을 합해서 외척 두씨에게 맞서려고 한 것을 추측할 수 있다. 유경은 생모가 살해되고 황태자에서 쫓겨난 일로 두씨에게 품은 원한이 뼈에 사무쳤다. 또 청하왕 유경이 주모자였을 가능성도 있다. 화제와 반란 참모인 정중 사이의 연락은 유경이 도맡아 했다.

두씨 숙청은 두헌이 낙양으로 돌아오기를 기다렸다가 시작되었다. 외정(外征) 성공에 맛을 들인 두헌은 걸핏하면 군대를 동원했고, 그 자신도 잠시 양주(涼州)에 머물렀다. 두헌이 없는 동안 두씨를 숙청하면 밖에서 군대를 이끌고 있는 그가 낙양을 공격할 위험이 있었다.

두헌이 개선장군인 양 낙양으로 돌아오자, 화제는 계엄령을 내려 성문을 모두 폐쇄하고 곽황 부자, 등첩 형제 등 두씨 일당을 모조리 체포했다. 그들은 모두 투옥되어 죽었다.

화제는 알자복야(謁者僕射)를 파견하여 두헌의 대장군 인수를 회수했다. 그리고 동시에 관군후(冠軍侯)에 봉했다. 사실 이전에 관군후에 봉했으나 그때는 두헌이 이를 받지 않았다. 열후는 '봉지(封地)로 돌아가라'고 하여 수도에서 쫓겨날 위험이 있었기 때문이다. 두헌을 비롯해 두독, 두경 등 두씨 삼형제는 각자의 봉지로 돌아갈 것을 명령받았는데, 이는 죄인으로서 호송되는 것과 다르지 않았다. 봉지에 도착하자 그들은 궁지에 몰려 자살하지 않을 수 없었다.

두태후의 형제인 만큼 주살이라는 형식은 취하지 않았으나 주살과 다름없었다. 단지 두씨 형제 중에서 학문을 좋아하고 횡폭하게 굴지 않았던 두괴(竇瑰)만은 몸을 온전히 보전할 수 있었다.

두씨 일족의 권세로 관직을 얻은 자는 모두 파직되어 강제로 고향으로 쫓겨갔다. 삼공 가운데 태위(太尉)인 송유(宋由)는 두씨를 위해 일을 꾸몄다는 이유로 파면되어 자살했다. 사서에는 이 무렵에 '자살'이라는 말이 자주 나오는데 궁지에 몰린 죽음이라는 것만은 틀림없다.

딱한 것은 반고였다. 희대의 문호도 두씨 일당으로 간주되었다. 분명 그는 두헌의 원정군에 참여했고 그 전공을 찬양하는 비문을 짓고 승진도 했다. 허나 그것은 글재주를 인정받아 영입된 것이었다. 두헌은 그때 한나라의 대장군이었으므로, 거기에 영입되어 참가한 것은 결코 모반도 뭣도 아니었다.

반고가 두씨 일당 사람이라고 여겨지던 시기, 그의 집 하인이 주인의 권세를 믿고 괘씸한 짓을 했다. 술에 취한 반고의 하인이 낙양령(洛陽令) 충경(种競)이라는 자의 행렬에 행패를 부린 것이다. 충경은 크게 노했으나, 반고의 뒤에 두씨가 버티고 있다는 것을 알았기 때문에 이를 악물고 참았다. 두씨가 실각한 뒤, 충경은 반고를 두씨 일당의 간부라는 이유로 체포했다. 반고는 옥사했다. 그때 나이 61세였다. 동생인 반초는 이때 아직 서역에서 분주하게 활약하고 있었다.

두씨를 망하게 한 가장 큰 수훈자가 환관 정중이었음은 말할 나위도 없다. 이 무렵의 환관은 얌전한 사람들이었다. 정중은 대장추(大長秋)라는 자리에 있었는데, 그 이상은 바라지도 않았다. 대장추는 황후 곁에서 시중드는 관청의 장관으로 전한 시대는 보통 사인을 임명했으나, 후한 시대에는 환관을 임명했다. 봉록 2천 석으로 환관으로서는 최고의 자리였다.

> 정중은 늘 사양함이 많아 받는 것이 적었다. 황제는 이로써 그를
> 현명하다 하고, 언제나 그와 함께 정사를 논했다. 환관의 권력 행사는
> 이로써 시작되었다.

화제가 두씨 일족을 타도하는 데 가장 의지했던 사람이 환관이었다. 후한 시대 환관의 화근은 여기에서부터 시작된 것인데, 처음에 신임을 얻은 환관 정중이 상당히 괜찮은 사람이었다는 것도 화를 키웠다. 가령 정중이 질 나쁜 사람이었다면 황실도 환관에게 일정한 거리를 두었을 것이다. 그 후, 질 나쁜 환관이 나타나도 어쩌면 정중과 같은 훌륭한 인물이 나올지 모른다는 기대를 버리지 않아 그들의 독선적인 행위를 용서하는 한 원인이 되었을 것이다.

또 다른 외척 등태후의 등장

두씨 일족이 숙청되고 5년 뒤, 두태후가 세상을 떠났다. 사서에는 화제가 이때 처음 자신의 생모가 양씨라는 사실을 알았다고 기록한다. 그러나 앞에서 이야기했듯이 화제는 아마 훨씬 일찍부터 알았을 것이다.

이 5년 동안 화제와 황태후 사이에 미묘한 공기가 흘렀다. 피가 섞였더라면 해결할 수 있는 문제가 많았을 것이다. 화제는 그것을 염두에 두고 생모 일은 전혀 모르는 척 가장했을지도 모른다.

영원 9년(97) 윤8월에 두태후가 세상을 떠났다. 화제는 이제 모르는 척할 필요가 없었다. 양씨 사람들이 화제의 죽은 생모 양귀인을 위해 존호(尊號)를 청하는 기록이 역사서에 실려 있는데, 이런 것은 일종의 절차에 지나지 않았다.

박복했던 양귀인은 친자식인 화제에게 공회황후(恭懷皇后)라는 시호를 받았다.

이때 서거한 두태후의 존호를 없애야 하며 선제(先帝)와 합장하는 것도 좋지 않다는 의론이 나왔다. 광무제는 새로 왕조를 열면서 그것이 전한을 계승한다는 점을 분명히 하기 위해 유방(劉邦)을 제사지내는 고묘(高廟)를 세웠는데, 거기에서 여후(呂后)의 위패를 치웠다. 그리고 문제(文帝)의 생모인 박씨(薄氏)를 고황후(高皇后)로서 제사지냄으로써 황제의 생모를 존중했던 것이다. 왕실을 위태롭게 한 점은 여씨나 두씨나 마찬가지이므로 황실의 선조로서 제사지낼 필요가 없다는 생각이었다. 이론적으로는 어떻든 두씨가 망했기 때문에 그것을 대놓고 공격한다는 태도는 좋지 않다. 두태후를 장제와 합장하지 말라고 주장하는 사람들은 두씨 전성시대에 과연 목숨을 내놓고 두씨를 비난했을까?

명나라 말기 사상가인 이탁오(李卓吾, 1527~1602)는 두태후의 존호를 낮춰야 한다고 청한 사람들을 두고,

가증스러운 소인배

라고 평했다. 실로 지당한 말이다.

서역도호 반초가 감영을 로마에 파견하려던 시기는 두태후가 서거한

해와 같았다.

화제는 그 전해에 귀인 음씨를 황후로 세웠다. 초대 광무제의 황후 음려화의 일족이었다.

영원 14년(102), 반초가 31년 만에 서역에서 낙양으로 돌아온 해에 황실에서는 황후 음씨를 향한 화제의 총애가 식고 이번에는 귀인 등씨(鄧氏)를 더욱 깊이 아끼게 되었다. 두씨 타도 때에도 볼 수 있듯이 화제는 자신의 의사를 밀어붙이는 의욕이 강한 인물이었다. 이해에 그는 음씨를 폐하고 등씨를 황후로 세웠다.

3년 뒤에 화제는 죽었다. 재위기간은 18년이었지만 열 살에 즉위했으니, 죽었을 때는 아직 27세로 젊은 나이였다. 화제는 몸에 결함이 있었는지 자식이 태어나도 곧 죽어 버렸다. 자식을 10여 명이나 낳았으나, 아무도 살아남지 못했다. 그래서 만년에는 태어난 아이를 곧바로 민가로 보내 기르게 했다.

화제가 죽자, 등황후는 민가에 맡겼던 황자를 되찾아 그날 밤 즉시 즉위시켰다. 유륭(劉隆)이라는 태어난 지 겨우 100일 남짓 된 아기였다. 그가 바로 상제(殤帝)인데, 이듬해에 곧 죽고 만다.

이때 맞아들인 사람이 화제의 형이며 일찍이 황태자에 책봉된 적 있는 청하왕 유경의 아들 유호(劉祜)였다. 이미 열세 살이었으나, 등황후가 태후로서 섭정하게 되었다.

유호는 8월에 즉위했고, 같은 해 12월에 그의 아버지 청하왕 유경이 서른 안팎의 젊은 나이로 죽고 만다. 어쩐지 의심스러운 죽음인데 청하왕은 자신의 생모인 송귀인 곁에 묻어 달라는 유언을 남겼다고 한다. 어쨌든 일찍이 황태자였던 사람의 자식이 즉위했다.

27세에 죽은 화제에게 10여 명이나 되는 자식이 있었으나, 그 대부분이 아기 때 죽었다는 사실에 고개가 갸웃하게 된다. 당시 위생상태가 아무리 나빴다고 해도 적어도 궁전은 최고의 환경이었을 터이니 말이다. 핏줄 속에 병적 요인이 있지 않았을까 의심스럽다. 의심하자면 명제, 장제, 화제까지 건국 4대 황제가 하나같이 정실황후가 낳은 아들이 아니라는 점도 이상하다.

화제가 죽었을 때, 살아 있던 자식은 생후 100일 된 유륭(상제) 외에 유승(劉勝)이라는 아들이 하나 더 있었다. 더구나 그는 장남이었다. 유승이 즉위하지 않은 것은 '고질(痼疾)'을 앓았기 때문이라고 한다. '고(痼)'란 오랫동안, 그리고 치유될 가망이 없는 질병을 말한다. 소년 유승은 확실히 병이 있었으나, 조정 신하들 중에는,

> 질병은 있었으나 고질은 아니다.

라고 보는 견해도 있었다.

유승을 제쳐두고 생후 100일 된 아기를 즉위시킨 것은 등씨가 황태후로서 섭정하기 쉽기 때문이라는 의심을 받아도 어쩔 도리가 없다.

아기 천자 상제가 두 살에 죽고 청하왕의 아들 유호가 영입되어 안제(安帝)라 불리게 되는데, 사실 이 계승에도 약간 문제가 있었다.

앞에서 이야기했듯이 화제에게는 유승이라는 아들도 있었기 때문이다. 화제의 두 아들 중에서 생후 100일 된 어린 아들이 선택되었지만, 만일 아들이 유승 하나였다면 고질이 있다 해도 즉위시켜야 하는 것이 아니냐는 의견이 있었던 것은 당연하다.

이에 관해 한 번 선택에서 떨어진 유승이 즉위하면 성장한 뒤에 그 일로 등태후를 원망할지 모르니, 어디까지나 고질을 이유로 후보로 거론하지 않았다는 소문도 있었다.

등태후의 그림자가 공중에 크게 드리워져 있었다.

등즐(鄧騭)은 거기장군, 등리(鄧悝)는 성문교위(城門校尉), 등홍(鄧弘)은 호분중랑장(虎賁中郎將), 등창(鄧閶)은 황문랑(黃門郎)에 임명되고, 한꺼번에 열후가 되었다. 등씨 형제는 모두 그것을 사퇴했다고 하나 중국에서는 한 번 사퇴하는 것을 형식이라고 생각한다.

두씨 외척이 마음대로 권력을 휘두르던 시기는 4년으로 끝났지만, 이제 또다시 새로운 외척 세력이 등장했다.

두씨를 타도할 때 활약한 정중은 대장추로서 상당한 인망을 얻었다. 또 이 무렵 종이를 발명한 천재 채륜 등 우수한 환관이 나타났기 때문에 환관 세력도 무시할 수 없었다.

정중은 화제 영원 14년(102)에 1천 500호의 소향후(巢鄕侯)에 봉해졌다. 두씨가 멸망하고 꼬박 10년이 흐른 뒤였다. 10년 전의 공적을 치하한 것이지만 환관이 열후가 된 예는 이것이 처음이었다.

종이를 발명한 채륜이 용정후(龍亭侯)가 된 것은 그로부터 12년 뒤의 일이며 식읍은 200호에 지나지 않았다.

19후의 탄생

권력 싸움에 저항한 사인들

황제를 모살하려다 일이 발각되어 주살(誅殺)되었다. 사서에 이런 내용이 얼마나 자주 되풀이해서 나오는지 지겨울 정도다. 정말로 그런 경우도 있지만 반대로 황제가 신하를 주살할 때 구실로 삼는 경우도 많았다.

화제가 두씨 일족을 타도할 때도 『후한서』에는,

두헌이 몰래 시역(弑逆, 임금을 죽임)을 도모했다.

고 기록하고, 화제가 기선을 제압했다고 되어 있다.

열네 살이 되면서 슬슬 말을 듣지 않게 된 화제를 두씨 일족이 제거하려고 마음먹은 것은 있을 수 있는 일이다. 하지만 화제 쪽은 두헌이 양주(涼州)에서 귀경할 것을 기다리면서 『한서』 「외척전」을 차분히 연구했으니 매우 계획적이었다고 할 수 있다. 두씨 일족이 모반을 꾀했다는 것은 아무래도 구실이었을 가능성이 더 크다.

두씨를 멸족한 후 황실 친정(親政) 시대가 열린 것처럼 보이지만, 사실 화제는 정중을 정점으로 한 환관세력의 보좌를 받고 있었다. 두씨 타도는 과연 열네 살밖에 안 된 화제가 내놓은 의견인지, 아니면 환관이 화제를 부추긴 결과인지 판정을 내리기 어렵다.

후한 후기의 정쟁(政爭)은 외척과 환관의 격렬한 싸움이었다고 전한다. 그것도 환관 쪽이 우세하게 끌어가는 형국이었다. 정중의 등장은 그 전주곡이었다.

이에 외척과 환관 이외의 '사인(士人)'이 저항을 느낀 것은 당연했을 것이다. 유학을 장려하고 기개 있는 사인을 만드는 것이 교육의 목적이었다. 효렴(孝廉)으로 추천받은 자가 관료가 되어 정치를 펼치는 것이 후한 왕조의 이상이었다. 하지만 현상은 이런 이상에서 크게 벗어나 있었다.

후한 후기에 기개 있는 사인들은 장렬하게 저항했다. 안제가 즉위하고 이듬해인 영초 원년(107)에 주장(周章)의 쿠데타 실패는 바로 그 서장이라 할 수 있다.

그해에 주장은 태상(太常)에서 사공(司空)으로 승진했다. 태상은 종묘나 예를 관장하는 관직으로 구경(九卿)의 필두였다. 사공은 전한의 어사대부(御史大夫)로 부총리에 해당한다. 외척이나 환관과 잘 지내면 공을 세우고 명성을 얻어 여생을 편히 보낼 수 있는 자리였다.

그러나 사공인 주장은 현상이 옳지 않다는 신념을 가지고 있었다. 먼저 황위 문제다. 그는 화제가 죽은 뒤 장자인 유승이 즉위해야 한다고 생각했다. 어린 황제가 편리하다는 외척 등씨의 의견에 따라 100일이 갓 지난 유륭이 즉위한 것은 잘못이다. 이 갓난아기가 죽었을 때도 아직 늦지 않았으니 평원왕 유승을 즉위시켜야 했다. 이것도 등태후의 의견에 밀려 뜻을 이루지 못하고 청하왕의 아들 유호가 제위에 올랐다.

이런 일련의 사건들에 불만을 품은 자가 적지 않았다. 이 무렵에는 유승이 결코 '고질'을 가진 소년이 아니라는 것이 널리 알려져 있었다.

주장은 이 부정을 바로잡기 위해 반정을 계획했다. 먼저 궁문을 폐쇄하고, 등씨 형제를 주살했으며, 환관의 우두머리인 등중과 채륜을 숙청할 계획이었다. 그리고 여러 악의 원흉인 등태후를 폐위하고, 안제 유호를 먼 나라의 왕으로 세우고, 평원왕 유승을 불러들여 즉위시키려 했다. 그러나 일이 발각되어 반정은 미수로 끝나고, 주장은 자살해 버렸다. 이것은 '사인(士人)'이 외척과 환관에게 저항한 예였다. 바꾸어 말하면 외조(外朝)가 내조(內朝)를 공격한 것이다. 한편 내조 안에서도 외척과 환관의 대립이 깊어져갔다.

안제의 치세 기간은 사실 정쟁으로 시간을 보내서는 안 되는 시대였다. 되풀이된 가뭄과 홍수로 각지에서 기근이 발생했다. 수도 낙양조차 굶주리는 상태였다. 후한과 우호관계에 있던 남흉노까지도 중국의 혼란을 틈타 국경을 침략했다. 고구려가 한반도의 후한령을 공격하고 선비족도 동북에서 빈번히 활동했다.

그중에서도 서북쪽에 자리한 강족(羌族)의 반란이 가장 심했다. 강족은 티베트계 민족인데 후한 정부의 민족정책 실패도 반란의 큰 원인이었다.

건국 당시 마원이 선령강(先零羌) 부족을 공격해 항복한 자들을 천수(天水), 농서(隴西), 우부풍(右扶風) 등 3군(郡)으로 이주시킨 일이 있다. 이 3군은 감숙 동부에서 섬서 서부에 걸친 지역에 해당한다.

이어서 명제 시대에는 소당강(燒當羌)이라는 부족이 항복하여 그들을 삼보(三輔)의 땅, 다시 말해 장안 근처로 이주시켰다. 이주라고 하면 듣기에는 그럴싸해도 사실은 지방호족에게 노예처럼 혹사당하는 처지였다.

영초 원년(107) 6월, 서역도호 폐지가 결정되어 기도위(騎都尉) 왕홍(王弘)이 군대를 이끌고 도호(都護)인 단희(段禧)를 맞이하러 간 사실은 앞에서 이야기했다. 사실 이때 귀순해서 내지(內地)로 이주해온 강족이 군대에 동원되었다. 서북지방에 있던 강족이 서역의 풍토에 익숙해질 것이라고 생각했기 때문일까? 하지만 강족은 불만이었다. 어쨌든 지금까지 호되게 혹사당했다. 그런데 이번에는 원정에 종군하라는 것이다. 길은 멀고 살아 돌아올 수 있을지도 알 수 없었다. 그들은 주천(酒泉)까지 왔을 때, 반란을 일으키고 뿔뿔이 흩어져 도망갔다.

소당강의 수장 일가인 마노(麻奴) 형제는 주천에서 반란을 일으킨 동족들을 이끌고 국경을 빠져나갔다. 별도로 전령(滇零)과 종강(鍾羌)의 여러 부족은 대충 가지고 있던 무기로 반란을 일으켜 서북쪽 길을 막았다. 그 지방 도현(都縣)의 관리는 전혀 손을 쓰지 못했다.

이듬해 외척의 총수라고도 할 수 있는 등즐(鄧騭)이 5만 대군을 이끌고 토벌하러 갔으나, 무기도 변변히 없는 종강의 반란군에게 기현(冀縣) 서쪽에서 대패를 당했다. 반초에게 기책(奇策)을 물었으나 평범한 조언밖에 듣지 못했다고 불평한 그 임상(任尙)도 전령의 반란군 수만 명에게 처참히 얻어맞고 전사자 8천여 명을 내는 참패를 당했다.

전령은 스스로 천자라 칭하고 중국의 서북을 중앙에서 떼어갔다.

이 강족을 토벌하려면 막대한 비용이 들었다. 그 때문에 후한 정부의 재정은 날로 어려워졌다. 기아와 전쟁으로 궁지에 몰리고 있었다. 그런데도 궁정에서는 권력투쟁이 쉬지 않고 벌어졌다. 태사 서방(徐防)과 사공

윤근(尹勤) 등이 재난, 이변, 구적(寇賊, 나라를 침범하는 외적-옮긴이) 등의 이유로 면직되었다. 면직의 이유는 빈약했으니 그 이면에 권력 투쟁이 있었다는 것을 짐작할 수 있다. 구적이 이유라면 강족 토벌전에서 패한 책임자 거기장군(車騎將軍) 등즐은 해임되어야 마땅하나, 오히려 그는 대장군으로 승진했다.

독 마시고 죽은 채륜

안제의 재위는 18년에 이르렀다. 그중 14년 동안 등태후가 실권을 장악했다.

등태후는 일족을 중용했으나, 요직을 독점하지는 않았다. 유능한 인물도 등용했다. 하희(何熙), 이합(李郃), 양진(楊震), 진선(陳禪) 같은 명신들이 이 시대에 배출되었다.

양진이 동래군(東萊郡) 태수로 있을 때, 그가 일찍이 무재(茂才, 수재를 말함. 광무제 유수의 실명을 피해 후한에서는 무재라고 불렀다)로 추천한 창읍(昌邑)의 현령 왕밀(王密)이 황금 열 근을 들고 한밤중에 찾아온 일이 있었다. 일종의 뇌물이었을 것이다. 양진이 그것을 거절하자 왕밀은,

한밤중이라 아는 자가 없습니다.

라고 말했다. 밤중이니까 아무도 모른다, 괜찮지 않느냐며 황금을 놓고 가려고 했다. 이때 양진은,

> 하늘이 알고 신이 알고, 내가 알고 자네도 안다. 어째서 아는 이가
> 없다고 말하는가.

라며 호되게 꾸짖었다. 왕밀은 부끄러워하며 물러갔다고 한다. 『후한서』
「양진전」에는 위와 같이 기록되어 있으나, 『자치통감』에는 '신'이 '땅'으로
되어 있고, 일반 사람들도 이쪽을 더 많이 알고 있다.

후한은 건국 때부터 호족정권이라는 성격을 띠었다. 이것이 전한과 크
게 다른 점이다. 전한은 가문도 교양도 없던 유방이 쌓은 왕조다. 후한은
적미나 녹림 계통의 농민반란군이 왕망을 무너뜨린 뒤에 그 성과를 호족
연합세력이 가로챘다고도 할 수 있는 정권이다. 후한 시대에 가문과 교양
을 중시하는 기풍이 농후했던 것은 당연하다. 그것은 바꿔 말하면 호족
기질이었다.

외척이라고 해도 결국 호족이다. 외척은 건국 원훈의 가계에서 나왔다.
외척의 존재 자체는 후한이라는 정권에서 이질적이지 않았다.

등태후 역시 등우(鄧禹)의 손녀로 교양이 풍부한 여자였다. 여섯 살에
사서를 읽었고 열두 살에 『시경』과 『논어』에 밝았다. 그녀의 정치는 매우
유교적이었다. 반초의 누이인 조대가(曹大家, 반소)가 후궁 여성들을 교육
한 것도 이 시기다. 등태후는 귀족을 위해 학교를 열었다. 다만, 그곳에서
배우는 학생은 황족과 등씨 일족의 자제로 한정했다. 기근이 들자 몸소
절약해서 구제에 힘썼다고도 한다.

> 음양이 조화롭지 않아, 전쟁이 빈번히 일어난다.

는 이유로 음악과 연극을 중지하고 궁중행사도 간소화한 '선정'이 기록되어 있다. 기록을 좌지우지할 수 있는 지위에 있던 사람인지라 기록을 그대로 믿을 수는 없지만, 유가의 이념에 따라 정치를 펼치려고 한 것만은 분명하다. 그것은 호족 양식의 정치라고 해도 좋다.

등태후도 때로는 약점을 드러냈다. 낭중 두근(杜根)이라는 자가 '황제도 관례를 치렀으니 태후는 정권을 넘겨야 한다'고 상서를 올리자, 그녀는 크게 노하며 두근을 자루에 넣어 죽여 버렸다. 그 죽이는 방법이 실로 잔인했다. 하지만 두근은 죽지 않았다. 죽은 척하고 성 밖으로 옮겨져 구사일생으로 산속 주막으로 도망칠 수 있었다.

등태후는 외척의 실패 예로 두씨 일족을 연구했다. 외척 두씨는 환관 세력을 전혀 고려하지 않은 것이 치명타였다. 화제는 환관 정중을 이용해서 두씨를 타도했다. 그 정보가 두씨 일족에게 전해지지 않았던 것은 환관과의 사이에 연락망이 없었기 때문이었다. 등태후는 그 점을 명심하고 외척과 환관을 병용하는 방법을 썼다.

그렇다 해도 등태후의 섭정은 너무나 길었다. 그녀는 건광(建光) 원년(121)에 세상을 떠났는데, 그때 안제의 나이 이미 스물여덟이었다. 화제는 열네 살에 두씨를 상대로 쿠데타를 꾀했다. 안제는 그것을 생각하면 분했을 것이다. 좋은 나이임에도 언제까지나 장식품에 지나지 않았다.

애초에 안제가 즉위할 수 있었던 것은 그런 형편이었기 때문이다. 등태후는 아기 유륭을 장식물로 택했는데, 그 장식물이 죽었기 때문에 어쩔 수 없이 안제를 내세웠던 것이다. 유교 원칙론자였던 등태후는 가끔 안제의 언동에 불만을 가졌다. 안제는 약간 덕이 모자랐던 모양이다.

『후한서』도 그를 '덕이 높지 않다'고 기록하고 있다. 성인을 좋아하는 등태후의 마음에 들 리 없었다.

명제의 아들로 하간왕(河間王)으로 세워진 유개(劉開)는 당시 황족 중에서 가장 나이가 많았다. 그의 아들인 유익(劉翼)이 낙양에 왔을 때 등태후는 그가 무척 마음에 들었다. 용모와 자태가 단정하고 예의도 바른 인물이었다. 그러나 하간왕의 뒤를 이을 자식은 이미 유정(劉政)으로 정해져 있었다. 등태후는 평원왕의 후계자가 없으므로 유익을 그 자리에 앉히려고 했다. 고질이 있다는 이유로 제위에 오르지 못한 유승이 평원왕에 세워졌으나, 역시 오래 살지 못하고 자식도 낳지 못한 채 죽었다.

평원왕의 자리에 앉게 된 유익은 등태후의 뜻에 따라 그대로 낙양에 머물렀다. 안제는 이 점이 달갑지 않았다. 언제든 자신을 대신할 수 있는 대타가 버티고 있는 것과 다름없었기 때문이다.

낭중 두근을 자루에 넣고 때린 사건으로도 알 수 있듯이 등태후는 지독한 여자였다. 유교의 이념이 머릿속에 꽉 차 있어서 공자와 맹자의 가르침에 어긋나는 언동을 한 자에게는 용서 없이 벌을 내렸다. 앞에서 등태후는 외척과 환관을 병용했다고 말했는데, 벌을 받는 쪽은 대부분 환관이었다. 환관은 노예라는 관념이 아직 등태후의 머릿속에 박혀 있었던 것이다. 등태후에게 벌을 받고 원한을 품은 환관이 적지 않았다.

비슷한 것끼리는 자연스레 모이는 법이다. 불평가들은 곧 동료를 만들었다. 불평가들의 우두머리는 안제였다. 안제를 충동질한 사람은 그의 유모였던 왕성(王聖)이라는 여자였는데, "유익을 평원왕으로 세운 것은 곧 황제를 폐위하려는 포석일지 모른다"는 말로 안제를 부추겼다.

안제는 불안을 느끼면서도 행동으로 옮기지 못했다. 그러는 사이에 등태후가 죽었다. 등태후만 없어지면 안제는 이제 아무도 무서워할 필요가 없었다. 불평분자인 이윤(李閏), 강경(江京) 같은 환관이 안제의 측근이 되어 황제 친정이 시작되었다.

안제 친정이 시작되면서 맨 먼저 한 일은 당연히 등씨 일족을 숙청하는 일이었다. 구실은 평원왕 유익을 제위에 올리려고 음모를 꾸몄다는 것이었다. 환관들은 바쁘게 뛰어다니며 등씨 일족을 무고(誣告)하는 상서를 올렸다.

등즐과 그의 아들 봉(鳳)은 곡기를 끊고 죽었다. 가산은 모두 몰수했고, 종족 가운데 관직에 있는 자는 파면한 뒤 강제로 고향으로 쫓겨났다. 등광종(鄧廣宗), 등충(鄧忠), 등표(鄧豹), 등준(鄧遵), 등창(鄧暢) 등 등씨 일족으로 자살한 자가 잇달았다. 등태후의 죽은 오빠의 아들인 광덕(廣德)과 보덕(甫德)은 유일하게 그들의 어머니가 안제 황후 염씨(閻氏)와 자매지간인 덕분에 낙양에 머무르는 것이 허락되었다.

종이를 발명해 우리의 은인이라고도 해야 할 환관 채륜은 이 정변의 희생자였다.

안제는 아버지 청하왕 유경이 일단 황태자에 세워졌다가 폐위된 경위를 조사했다. 그것은 유경의 어머니인 송귀인이 주술을 썼다는 이유였다. 이 사건을 조사한 사람이 소황문(小黃門) 채륜이었다. 아마 두씨의 절대적인 명령이 있었을 것이다. 채륜은 그것을 사실이라고 보고하였고 그 때문에 송귀인은 자살하지 않을 수 없었다. 건초 7년(82)의 일로, 그 일이 있은 지 43년이나 흐른 뒤였다.

안제는 자신의 조모를 죽음으로 내몰고 아버지를 황태자의 자리에서 끌어내린 사건의 관계자로서 채륜을 용서할 수 없었다. 정위(庭尉, 구경(九卿)의 한 사람으로 형벌을 관장한다) 앞으로 출두하라는 칙명이 내려왔다. 그

칙명을 받자 채륜은 독을 마시고 죽었다.

고대에는 사대부는 벌을 받지 않는다는 사상이 있었다. 서민만 벌을 받을 뿐, 위정자 쪽에 있는 사대부는 그것을 면해야 한다는 생각이다. 이 것은 무슨 짓을 해도 벌을 받지 않는다는 뜻이 아니다. 죄가 있다는 혐 의를 받은 사대부는 그 사실만으로도 자살해서 끝내는 것이 예로부터 내려오는 관례였다.

> 예는 서인(庶人)까지 내려가지 않고, 형(刑)은 대부(大夫)까지 올라
> 가지 않는다.

라는 말이 『예기』에 나온다. 서민은 번잡한 예의 규칙까지 지킬 필요가 없다. 예는 사대부의 것이었다. 그 대신 서민에게는 형벌이라는 것이 가 해졌다. 형벌은 예에 반대되는 것으로 형이 존재하는 곳에 예는 불필요 하며, 예가 존재하는 곳에 형은 불필요하다는 생각이다.

정위 앞으로 출두하라는 칙명은 다시 말해 '자살하라'는 명령이었다.

전한 애제(哀帝) 때, 승상 왕가(王嘉)는 애제가 자신의 동성애인(同性愛 人)인 동현(董賢)의 식읍(食邑)을 늘려 주려는 것에 반대해 노여움을 산 일 이 있다. 애제는 왕가의 죄를 논하여 나라를 어지럽히고 짐의 눈을 어둡 게 하는 부도(不道)를 저질렀다며 정위에게 출두하라고 명령했다. 아마 이 명령을 전달하는 사자가 독약을 지참했을 것이다. 그런데 왕가는 그 것을 마시지 않고 출두해 옥중에서 곡기를 끊고 죽었다.

> 마땅히 도시(都市, 수도의 시장. 그곳이 처형장이기도 했다)에서 형을

받아 많은 사람들에게 보여주겠노라.

이것이 그의 생각이었다. 자신의 의견이 옳은지 그른지 일반 사람에게 문제를 제기하기 위해 형장에서 사람들이 쳐다보는 가운데 처형되기를 바란 것이다.

왕가의 경우는 예외였다. 독약을 권한 정위의 주부(主簿)가,

> 장상(將相)은 이(理)에 변명을 말하지 않습니다. 잇따른 사례가 쌓여서 고사(故事)를 이루었습니다. 군후(君侯)는 책임을 지고 자결함이 마땅합니다.

라고 말했다. 장군이나 재상은 사실이 아니라고 믿어도 변명하지 말고 죽어야 하며, 그렇게 한 사례가 쌓이고 쌓여서 관례가 되었다는 것이다.

채륜은 환관이지만 독을 마시고 사대부로서 죽었다.

권력 찾아 뭉친 환관들

권력을 쥐자마자 이런 식으로 보복을 단행한 안제는 뛰어난 황제라고는 말할 수 없다. 그가 기용한 사람은 일찍이 불평분자였으며 죄다 소인배들뿐이었다. 강경(江京), 이윤(李閏), 번풍(樊豊), 유안(劉安), 진달(陳達) 같은 이류 환관이 안제를 둘러싸고 있었다. 유모 왕성의 딸 백영(伯榮)이때를 만난 듯 뇌물 창구가 되어 막대한 재물을 거둬들였다.

이 백영은 조양후(朝陽侯) 유호(劉護)의 사촌형인 유괴(劉瓌)의 아내가

되었다. 유괴는 작위가 없는 인물이나, 유호가 죽은 뒤 조양후의 뒤를 이어서 열후가 되었다. 유호에게는 친동생인 유위(劉威)가 있었으므로, 후위(侯位)는 당연히 그가 이어받아야 했다. 이때 "하늘이 알고 땅이 알고……"의 그 양진이 상서를 올려 이것은 구제(舊制, 전한의 제도)에 없는 일이며, 경서(經書)의 뜻에도 맞지 않는다고 간하였으나 안제는 듣지 않았다.

아무래도 등태후 섭정 때가 훨씬 공정했던 것 같다.

대사농(大司農, 구경의 하나) 주총(朱寵)은 관을 준비해 놓고 죽을 각오로 등즐(鄧騭)이 죄 없이 화를 당했다고 상서를 올렸다. 안제는 새삼 등씨가 인망이 있었다는 것을 깨닫고 등즐 등을 낙양의 북망산에 다시 묻어주었다.

그래도 민심은 가라앉지 않았다. 환관과 유모의 딸이라는, 사인이 보기에는 천한 자들이때를 만난 듯 날뛰고 있었다. 천하를 다스리는 사람은 효렴 등에 추천받은 교양 있는 사인이 아니면 안 되었다. 그런데 왕후나 삼공구경에 속하는 사람들마저 백영 따위의 여자 앞에서 머리를 조아렸던 것이다.

양진은 태위라는 요직에 있으면서 끊임없이 간언했다. 안제는 듣지 않았지만 황제 측근에 있던 소인배들은 역시 불안했다. 그래서 번풍 등은 양진이 원래 등씨의 추천으로 등용된 인물이며 지금 주상께 분한 마음을 품고 있다고 비방했다. 양진은 태위에서 해임되고 고향으로 돌아가라는 명령을 받았다. 그는 낙양성 서쪽 석양정(夕陽亭)에서 독약을 마셨다.

죽음은 사인에게 이미 정해진 운명이다. 나는 은총을 받아 높은 자리에 있었다. 간신의 교활함이 미워도 주살할 수 없고, 폐녀(嬖女, 천

한 여자)의 경란(傾亂)이 미워도 금할 수가 없으니, 무슨 면목으로 해
와 달을 볼 것인가!

그는 이렇게 외쳤다.

왕성, 강경, 번풍 등은 황태자의 유모와 요리사를 비방해서 그들을 죽
여 버렸다. 어떤 내막이 있었는지는 자세히 알 수 없으나, 틀림없이 진흙
탕 같은 감정의 소용돌이가 궁정에 있었을 것이다. 열 살 된 황태자 유
보(劉保)가 평소 가까이 하던 유모와 요리사의 죽음에 깊은 한숨을 쉬자,
강경과 번풍은 장래가 걱정되었다. 그들은 염태후와 상의해서 있는 일
없는 일 등등을 날조하여 황태자와 그 측근을 중상했다. 그래서 황태자
를 폐하는 것이 논의되었다.

황태자는 물론 염황후가 낳은 자식이 아니었다. 이귀인(李貴人)이 낳은
자식이나 염황후가 이귀인을 죽였다. 황태자가 이 사실을 알면, 염황후도
장래가 안전하지 않았다. 환관과 황후에게도 공통의 이해가 있었다.

황태자를 폐한다고 해도 안제에게 자식은 유보 한사람뿐이었다. 그럼에
도 이 어리석은 황제는 황태자를 폐하여 제음왕(濟陰王)으로 격하시켰다.

이때 태복(太僕)인 내력(內歷)이 목숨을 걸고 반대했다. 후한 후기의 역
사는 진흙탕과 같았으나, 가끔 양진이나 내력 같은 기개 있는 사인이 등
장한 덕에 구제되기도 했다. 내력은 겨우 열 살밖에 안 되는 황태자에게
무슨 책임이 있느냐, 경서에도 열다섯 미만인 자의 과오는 그 자신의 탓
이 아니라고 하지 않느냐며 황태자 폐위에 반대했다. 그리고 자리에 앉
아서 움직이지 않았기 때문에 안제는 그를 파직해 버렸다.

이 폐태자 사건은 연광(延光) 3년(124) 9월에 일어났다. 그리고 이듬해

3월, 안제는 여행 중에 죽었다. 향년 32세였다고 한다.

집금오 자리에 있던 염현(閻顯)과 경(景), 요(耀) 등 염황후의 형제는 상(喪)을 비밀에 부치고 낙양으로 돌아온 뒤 일을 매듭지었다. 염황후는 가능한 오래 섭정하고 싶었기 때문에 황족 중에서 가장 나이 어린 북향후(北鄉侯) 유의(劉懿)를 후계자로 삼았다. 장제(章帝)의 손자뻘 되는 아이였다.

유의는 3월에 즉위했으나, 그해 10월에 죽고 만다. 일단 즉위는 했지만 재위가 너무도 짧아서 『후한서』는 이 소제(少帝)를 위한 제기(帝紀)를 별도로 기록하지 않았다.

아울러 안제가 죽은 직후, 그 측근 소인배들은 금방 내분을 일으켰다. 그것은 거기장군이 된 염현이 모든 권력을 장악하기 위해 반대파를 숙청한다는 형태를 취했다.

엄현에게는 대장군 경보(耿寶)가 가장 눈엣가시 같은 존재였다. 경보의 일당으로서 중상시(中常侍)인 번풍, 호분중랑장(虎賁中郎將)인 사운(謝惲), 시중(侍中)인 주광(周廣) 등이 투옥되어 죽었다. 안제가 죽었으므로, 그 유모인 왕성과 그 딸도 쓸모가 없어졌다. 경보만큼은 역시 죽일 수가 없어서 귀향을 명했으나, 그는 고향으로 가던 길에 자살하고 말았다. 왕성 모녀는 국경 근처 안문(雁門)으로 귀양을 보냈다.

참으로 시시하기 짝이 없는 이 사건은 이제껏 협력하던 황제파와 황후파가 분열하는 현상이었을 것이다.

염현은 거기장군, 염경은 위위(衛尉), 염요는 성문교위(城門校尉), 염안은 집금오에 앉아 염씨 일족은 자기들 생에 찾아온 봄날을 즐기고 있었다. 허나 그것은 실로 짧은 봄에 지나지 않았다.

소제(小帝)가 병상에 눕자 중상시인 손정(孫程)은 재빨리 폐위된 황태자 유보의 가신과 비밀리에 연락을 취했다. 사서에는 그렇게 되어 있으나 소제는 병이 아니었을지 모른다. 손정이 손을 써서 독살했다는 설도 있다. 누가 봐도 소제의 즉위는 엉터리였다. 소제가 죽자 선제(先帝)의 유일한 아들인 유보(劉保)가 즉위하는 것은 당연했다. 유보가 즉위하면, 곤란해지는 쪽은 염씨 일족뿐이었다.

마침내 소제가 죽자 염씨 일족은 또다시 상을 비밀에 부치고, 소제의 후계자를 검토했다. 소제가 후계자를 지목하지 않은 것도 소제 독살설의 강력한 근거다. 소제가 급사한 것이 아니라면 염씨 일족의 혼란을 설명할 수 없다. 그들은 궁문을 굳게 닫고 군사를 배치해 반정에 대비했다.

한편 손정은 자기를 포함해 환관 19명을 모았다. 11월 정사일(丁巳日) 밤, 그들은 궐기했다. 마치 그들의 궐기를 재촉이라도 하듯 그날 밤 낙양에 지진이 있었다고 전한다. 피로 뭉친 19명은 염씨파 환관이 있는 금문(禁門)으로 쳐들어갔다. 환관 대 환관의 싸움이었다.

염씨파 환관 중에 이윤은 동료들 사이에서 인기가 있었다고 한다. 반정파 환관 19명은 금문에서 환관 강경, 유안, 진달 등을 칼로 쳐 죽였으나, 이윤에게는 칼날을 들이대고 자기편으로 들어오라고 협박했다. 이윤은 그것을 승낙했다.

이윤의 권세가 쌓여 성내(省内, 禁中)에서 복종하는 자가 많아……

라고 『후한서』에 설명되어 있다.

그들은 열한 살이 제음왕 유부를 서종(西鐘) 아래에서 맞이해 즉시 즉위시켰다. 염씨 일족의 저항은 허무했다. 염씨 형제는 모두 주살되고, 염태후는 이궁(離宮)에 유폐됨으로써 반정은 순식간에 끝나 버렸다. 그들의 계획이 면밀했던 점도 있지만, 염씨 일족의 평판이 너무 나빠서 다급한 일이 생겼을 때 만조백관(滿朝百官, 조정의 모든 벼슬아치들)의 협력을 얻지 못한 것도 반정이 성공할 수 있었던 큰 이유 중 하나였다.

열후가 된 환관들

이 공적으로 환관 19명은 일제히 열후가 되었다. 그것도 손정은 1만 호, 왕강과 왕국은 9천 호, 황룡은 5천 호로 후한의 열후 치고는 상당히 많은 양이었다. 위맹(魏孟)의 2천 호, 묘광(苗光)의 1천 호가 하한이고, 나머지는 모두 4천 호 이상이었다. 이윤은 반정(反正)에 가담한 형태이기는 했으나 협박받아 참가했으므로, 모의에 관여하지 않았다고 하여 열후가 되지 못했다.

묘광만 1천 석인 것은 장대문(章臺門)에 돌입할 때 혼자만 들어가지 않았기 때문이다. 왕강이 공적을 보고할 때 묘광도 돌입했다고 말했으나, 묘광이 스스로 그렇지 않다고 고백해서 식읍이 줄어든 것이다.

이듬해 정월, 염태후가 죽었다. 유폐된 지 두 달 만이었다. 이것도 독살이 의심된다.

즉위한 유보는 순제(順帝)라 칭했는데, 소제(小帝)까지 포함하면 8대째 황제가 된다. 소제는 제후왕의 예로 장사를 지냈으므로 황제로 꼽지 말아야 할지도 모른다.

폐태자를 반대했던 내력(內歷)과 환언(桓焉)이 부활한 것은 당연했다. 내력은 거기장군이 되었고, 환언은 삼공보다 높은 태부(太傅)가 되었다.

관을 준비해 놓고 등즐의 무죄를 상서했던 주총은 태위에 기용되었다. 폐태자에 반대한 염구홍(閻丘弘)은 이미 고인이 되었기 때문에 그 자식들을 낭중(郎中)에 등용했다.

반용(班勇)과 장랑(張朗)의 선두 다툼으로 서역의 마지막 반한국(反漢國)이던 언기국왕 원맹(元孟)이 항복한 것은 순제가 즉위한 지 3년째인 영건(永建) 2년(127)의 일이었다.

이로써 후한 정권도 겨우 회복되는 듯 보였으나, 사실 안에서는 새로이 어려운 문제를 떠안게 된다.

환관의 힘이 단박에 강해졌다.

두씨 일족 숙청에 그토록 큰 공을 세운 정중조차 그 일이 있은 지 10년 뒤에 열후가 되었으며 식읍은 1천 500호에 지나지 않았다. 이것이 환관 열후 제1호이고, 제2호가 나온 것은 다시 12년이 지난 뒤인 원초(元初) 원년(114)이었다. 제2호는 종이라는 획기적인 대발명을 한 채륜인데, 그는 겨우 300석의 열후였다.

사인으로서도 열후는 어지간한 공적이 없으면 바랄 수 없는 지위였다. 그런데 환관 19명이 한꺼번에 열후가 된 것이다. 더구나 그 우두머리가 1만 호이니 놀라울 따름이다.

앞에서도 이야기했듯이 호족정권인 후한에서 외척은 같은 흐름 속의 존재였다. 그러나 환관은 달랐다. 호족 출신 환관 따위는 애초에 없었다. 후한 정권은 이때부터 이질적인 것을 끌어안았다. 흐름에 어울리지 않는 세력이 들어온 것이다.

환관 세력을 더욱 강하게 만든 것은 순제 양가(陽嘉) 4년(135)에 중관(中官, 환관)이 양자를 들여 작위를 잇는 것을 허락받은 일이다. 거세된 환관은 자식을 낳지 못한다. 아무리 열후가 되어도 세습할 자식이 없으므로 1대로 끝나 버린다. 그런데 양자를 들임으로써 작위를 계승할 수 있게 된 것이다.

후한을 멸망시키고 천하를 빼앗은 위(魏)나라의 조씨(曹氏)는 환관이 양자를 들여서 이어온 집안 출신이었다. 『자치통감』의 주(主)를 작성한 호삼성(胡三省)은 이 양가 4년의 항(項)에 조조(曹操)가 이를 계기로 훗날 마침내 한(漢)의 황위(皇位)를 옮겼다고 기록하고 있다. 위가 후한을 대신하게 된 것은 조조의 아들인 조비(曹丕) 때였으며, 서기 220년에 해당한다. 그러므로 환관이 작위를 세습하는 것을 허가하는 결정이 내려지고 정확히 85년 뒤의 일이다.

세습에 덧붙여서 그때까지 삼공구경과 2천 석의 대관만이 누릴 자격이 있던 관리 추천권을 환관에게도 주게 되었다. 환관이 추천한 관리가 환관을 위해 일한 것은 말할 필요도 없다. 나중에는 환관이 돈으로 산 노예를 관사로 추천해 그들을 지방장관으로 임명하는 일까지 생겼다. 도지사(道知事)쯤 되는 사람이 환관의 노예 출신이라는 말이었으니, 호족 연합에서 탄생한 후한 왕조의 기초에 큰 변질이 생겼다고 할 수 있었다. 노예가 아니더라도 환관에게 아첨하는 인간들이 환관의 추천을 받아 관리가 되었다. 글을 읽고 쓸 줄 아는 사람 중에서 가장 하찮은 무리였을 것이다.

사인들의 노여움이 눈에 보이는 듯하다. 지방 호족들 중에서도 별것 아닌 관리 자리에 앉는 것을 생애 가장 큰 목표로 삼는 사람들이 적지 않았다. 그것을 위해 고생을 무릅쓰고 노력해 왔던 것이다. 그런데 교양도 없고 가문도 내력도 분명치 않은 환관의 추천을 받은 미천한 인간들이 그것도 너무도 쉽게 상당한 지위까지 올라갔다.

공이 없는 소인이 모두 관작(官爵)을 가지고 있었다.

환관 세습이 허용되었을 때, 어사(御史) 장망(張網)이 그에 반대하는 상서를 올렸는데, 그 안에 위와 같은 문구가 있었다. 당시 사인들의 노여움이 이 문구 안에 고스란히 담겨 있는 듯하다.

사인들은 환관에 비하면 외척이 훨씬 낫다고 생각했다. 사인은 호족출신자다. 적어도 지방호족이 가진 분위기 속에서 자란 사람들이라 할 수 있다.

외조(外朝)보다 내조 쪽이 실권을 쥐었다는 것쯤은 누구나 알고 있었다. 내조라고 하면 외척 아니면 환관이다. 둘 중 어느 한쪽을 택한다면 사인들은 망설임 없이 외척을 선택할 것이다.

사인들 사이에 강한 외척이 출현하기를 바라는 목소리가 점차 높아졌다. 날이 갈수록 강해지는 환관의 힘에 제동을 걸 수 있는 것은 외척밖에 없었다.

대장군 양상(梁商)의 딸 양납(梁妠)이 순제의 황후로 책립된 것은 양가(陽嘉) 원년(131)의 일이었다. 그녀의 나이 열일곱이었고, 순제는 열여덟이었다. 양상의 고모는 화제의 생모인 양귀인이었다. 그러나 화제는 두태후의 양자로 자랐기 때문에 양씨는 외척으로서의 권세를 휘두르기는커녕 그녀의 아버지 양송(梁竦)까지 괴문서 사건에 휘말려 주살되었다.

염씨는 명제 시대에 상서(尚書)를 지낸 염장(閻章)의 손녀였다 호족임에는 틀림없지만 원훈이라 할 정도의 집안은 아니었다. 그에 비해 양씨는 건국의 원훈인 양통(梁統)의 고손자였다. 염씨보다 훨씬 유력한 가문이었다.

사인들의 기대가 외척 양씨에게 모아지고 있는 듯한 느낌이었다.

발호장군의 몰락

어린 황제들의 단명 징크스

처음부터 양씨(梁氏)는 환관에게 대항해 그들을 억누를 수 있는 세력으로 기대를 모았다.

그러나 양씨가 하루아침에 외척으로서 권세를 쥘 수는 없었다. 양씨가 황후가 되자 그녀의 아버지 양상(梁商)은 집금오 자리에 앉았다. 그리고 그녀의 오빠인 양익(梁翼)은 양읍후(襄邑侯)에 봉해졌다. 허나 양익은 곧바로 열후의 지위를 사퇴했다.

양익의 사퇴는 상서령(尚書令)인 좌웅(左雄)의 간언에 따른 것이었다. 고조 유방이 건국할 때 유씨가 아니면 왕으로 삼지 않고, 공이 없으면 후(侯)로 삼지 않는다고 선언한 것은 잘 알려져 있다. 황후의 오빠라는 것은 공으로 인정받기 어려웠다. 그러나 좌웅의 간언은 양익보다 순제의 유모인 송아(宋娥)를 노린 것 같다. 순제가 그녀를 산양군(山陽君)으로 봉하려고 했다. 황제의 유모였다는 것이 공이 되는지 아닌지 논의할 여지가 있었다. 다만, 사인들의 머릿속에는 안제가 유모 왕성(王聖)을 야왕군(野王君)에 봉한 뒤 그녀가 딸과 함께 정계를 더럽힌 최근의 악몽이 떠올랐다. 정부 고관도 말을 낮추고 왕성과 그 딸의 콧김을 살펴야 했다. 사인에게는 참기 힘든 일이었다.

좌웅의 의견에 따라 양상은 아들에게 후위(侯位)를 사퇴하라 했지만, 핵심인 송아는 순제가 강제로 산양군에 봉해 버렸다. 그 무렵 지진이 나서 하늘의 경고라는 말도 있었으나 그것으로도 순제의 마음을 움직일 수 없었다.

사람들은 천재지변을 하늘이 정치를 비판하는 징조라고 믿었다. 앞에서 이야기한 좌웅도 간언에서 "지금 청주(淸州)는 굶주려 죽고 아직도 도적이 끊이지 않는다"는 말로 기근과 도적이 기승을 떠는 것도 하늘이 이번 봉작을 비판한다는 사실을 넌지시 암시했다.

송아가 산양군에 봉해진 것은 양가(陽嘉) 2년(133) 5월의 일인데, 6월에 낙양의 선덕정(宣德亭)에서 85장(丈) 길이로 땅이 갈라졌다. 순제는 학자들을 모아 대책을 강구하게 했는데, 이고(李固)는 송아의 봉작에 문제가 있다고 직언했다. 순제도 송아의 봉작을 거두었다. 이고의 진언 중에는 환관 정리와 그 권한을 줄여야 한다는 의견이 포함되었다.

이고는 의랑(議郎)이 되었으나 위의 진언으로 송아와 환관들에게 미움을 사서 참언(讒言)을 입고 죄를 뒤집어썼다. 대사농(大司農) 황상(黃尚) 등이 양상에게 부탁해 겨우 석방될 수 있었다.

이런 식으로 양상은 외척으로서 사인들의 의지가 되었으나, 본인은 극히 겸양(謙讓)했다. 아들의 봉작을 사퇴한 것만으로도 그것을 알 수 있다.

『후한서』에는,

> 성품이 신약(愼弱)하고 위단(威斷)이 없으며 몹시 내수(內豎)에 빠
> 져 지냈다.

고 그를 묘사했다. 내수란 부인과 자식을 말하는 것이니, 가정적이고 소
심한 인물이었던 모양이다. 대장군으로 임명되었으나 병이라 칭하고 1년
이나 집에 틀어박혀 지냈다. 순제는 태상(太常) 환언을 양상의 집으로 보
내 관직을 억지로 떠맡기는 형편이었다. 전한의 위청(衛靑)은 흉노를 토벌
하던 중 군영(軍營) 내에서 대장군으로 임명되었는데, 위청 이후 궁전이
아닌 곳에서 대장군으로 임명된 예는 없었다. 자기 집에서 대장군에 임
명된 예는 이전에도 그리고 이후에도 양상 오직 한 사람뿐이었다.

아들 양기(梁冀)는 아버지의 뒤를 이어 집금오가 되었고, 이어서 하남
윤(河南尹)이 되었다. 그런데 아들은 아버지와 달리 상당한 문제아였다.

> 사람 됨됨이가 연견시목(鳶肩豺目, 솔개같이 벌어진 어깨, 승냥이 같이
> 치켜 올라간 눈), 동정당면(洞精矘眄, 눈은 부릅떴으나 광채가 없는 것), 구
> 음설언(口吟舌言, 말을 더듬고 혀 짧은 소리를 냄), 겨우 쓰고 계산만 할
> 줄 알았다. 젊어서 귀척(貴戚)이 되어 마음 내키는 대로 놀고 스스로
> 방자하게 군다. 성질이 술을 좋아하고……

이것은 『후한서』에 있는 그의 전기 앞부분이다. 겨우 읽고 쓰고 계산
할 줄 아는 정도이고 학문은 싫어하면서 도박은 매우 좋아했다. 온갖 도
박에 능했고 매사냥 같은 운동두 좋아했다.

기(冀)는 관직에 있어서는 폭자(暴恣)하고, 많은 비법(非法)을 저질렀다.

놀 때는 괜찮지만 이런 인물이 관직에 오르면 곤란하다. 틀림없이 제멋대로 사람들을 괴롭혔을 것이다. 아버지한테 자신을 욕한 낙양령 여방(呂放)을 청부 살인한 일도 있었다. 됨됨이는 나빴으나 소심한 아버지와 달리 과감한 결단력 하나만큼은 좋았다.

영화(永和) 6년(141)에 양상이 죽자 양기는 당연하다는 듯 대장군이 되었다.

3년 뒤인 건강(建康) 원년(144)에 순제가 죽고 두 살 된 황태자 유병(劉炳)이 즉위하여 양태후가 섭정하게 되었다.

유병은 충제(沖帝)라고 불렀는데, 그 생모는 우귀인(虞貴人)이었다. 또다시 순제의 황후가 자식을 낳지 못한 것이다. 초대 광무제의 황후만 자식을 낳았고, 그 뒤로 황후가 된 여자들은 어쩐 일인지 죄다 자식을 낳지 못했다.

순제는 서른 살에 죽었다. 후한 황제가 단명한 것도 황후가 불임인 것과 함께 징크스였던 것 같다.

충제 유병도 이듬해 정월에 죽었다. 세 살도 채 되지 않은 나이였다. 재위기간은 단 5개월이었다.

순제의 유모 봉작(封爵)을 포기하게 만든 대쪽 같은 이고(李固)가 삼공의 한 사람으로서 태위에 임명되었다. 이는 양상이 남긴 인재였다. 이고는 이때 후계 황제는 지금까지와는 달리 나이 많은 황족을 선택해야 한다고 주장했다. 어린 황제를 세움으로써 황태후 섭정 아래서 외척들이 권세를 부렸다는 이유였다.

그러나 외척인 양기가 대장군으로 버티고 있었기 때문에 이고의 주장은 받아들여질 리 없었다. 양기가 황태후와 의논해서 결정한 후계자는 발해왕(渤海王) 유홍(劉鴻)의 아들 유찬(劉纘)으로 나이는 여덟 살이었다. 화제가 53년 전 환관 정중의 힘을 빌려 외척 두씨를 몰아냈을 때 참고로 삼았던 문헌 『한서』 「외척전」을 화제에게 빌려준 천승왕(千乘王) 유항이 새 황제 유찬의 증조부였다.

좋은 황통을 배척한 양기

유찬은 질제(質帝)라고 불렸다. 나이는 여덟 살이었으나 양기의 기대와는 달리 총명했다. 양기가 외척의 지위를 이용해서 횡포를 부린다는 사실을 이 나이 어린 황제는 알고 있었다.

어느 날 양기가 입궁했을 때 질제는,

이것이 발호장군(跋扈將軍)이구나.

라고 말했다. 지금은 어리지만 성장하면 그대의 발호를 용납하지 않겠다는 듯한 말투였다. 적어도 양기는 그렇게 느꼈다.

자기에게 위험한 인물이라는 것을 알자 과감한 양기는 서슴없이 질제를 독살해 버렸다. 여방을 죽인 일로도 알 수 있지만 양기는 과감하다기보다 발작적으로 앞뒤를 가리지 않고 하고 싶은 대로 해치우는 성격이었는지도 모른다.

또다시 후계 황제 선택이 시작되었다. 2년도 채 되지 않은 동안에 순제, 충제, 질제, 세 황제가 잇따라 죽었다. 이것은 이상한 일이 아닐 수 없었다. '국조(國祖, 황위) 삼절(三絶)'은 사람들의 마음을 어둡게 했다.

　　나라의 흥쇠(興衰)는 이 일거(一擧)에 있다.

　　태사 이고, 사도 호광(胡廣), 사공 조계(趙戒) 등 삼공은 대장군 양기에게 서한을 보냈는데, 그 안에 위의 문구가 들어 있었다.
　　후계 황제 후보는 둘로 압축되었다.
　　여오후(蠡吾侯) 유지(劉志)　15세
　　청하왕(淸河王) 유산(劉蒜) (나이불명)
　　사실 청하왕 유산은 요전에도 후보로 거론되었다. 나이는 알 수 없지만 그다지 어리지는 않았던 것 같다. 양기가 나이 어린 질제를 선택했으니 말이다.
　　유산은 위엄이 있고 당당하며 거동도 예법에 맞아 전부터 공경(公卿) 등이 마음에 들어 했다.
　　삼공을 비롯해 대홍려(大鴻臚)인 두교(杜喬) 등은 열심히 청하왕을 추천했다.
　　유지는 장제의 증손자다. 용자(容姿)가 단려하여 등태후의 마음에 들어 평원왕(平原王) 후계자가 되어 낙양에 머물렀다가 안제에게 터무니없는 의심을 받았던 유익(劉翼)이 바로 그의 아버지였다.
　　이고가 유산을 강하게 추천한 것은 제왕의 풍격이 있다는 것 외에 선제(질제)와 가장 가깝다는 것도 한 가지 이유였다. 장제에서부터 계보를 따져보면 다음과 같다.

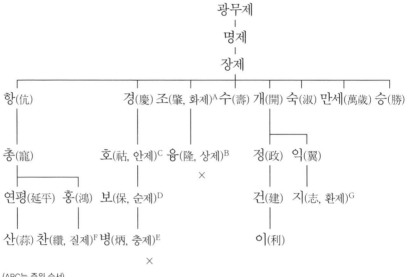

(ABC는 즉위 순서)

양기의 의견이 받아들여져서 결국 유지가 황위를 계승했다. 이 계승에는 문제가 있었다. 그때까지는 황통(皇統)이 끊겨졌을 때는 같은 세대의 황족이 뒤를 이었다. 상제의 뒤를 안제가 이었다. 충제를 끝으로 안제쪽 황통이 끊기자 역시 같은 세대의 질제가 선택된 것이다. 충제와 질제는 장제의 고손자뻘이다. 그런데 유지는 한 세대 위로 장제의 증손자에 해당한다. 역상속(逆相續)은 가능한 피해야 한다는 사고가 유교의 예에 있었다.

왜 순조로웠어야 할 유산의 즉위가 실현되지 못했는지에 관해 『후한서』는 흥미 있는 이야기를 소개하고 있다.

어느 날 중상시(환관) 조등(曹騰)이 유산을 만나러 갔더니, 유산이 무례했다고 한다. 조등이 이 황족에게 어떤 예를 기대했는지는 모른다. 조등은 순제의 신임이 두터운 인물이었다. 환관끼리의 질투심으로 조등을 무고한 자가 있었으나 순제는 오히려 무고한 자를 주살했을 정도였다. 조등은 아무리 황족이라고 해도 궁중에서 핵심 인물인 자신에게 무례하게 굴면 안 된다고 생각했던 것일까?

조등은 양기와도 친분이 있었다. 그래서 유산은 성격이 엄격하고 명쾌하므로 이 사람이 즉위하면 대장군의 신상도 위험할 것이라고 조언했다. 물론 양기도 엄격한 황제가 출현하는 것을 환영하지 않았다. 조등의 조언 때문만은 아니었겠지만 중신회의에서는 억지로 유지를 추천했다. 이고와 두교가 끝까지 의사(議事)를 논하려고 하자 양기는 회의 종료를 선고했다. 국가의 흥쇠는 이 일거(一擧)에 달렸다고 믿었기 때문에 이고는 끝까지 포기하지 않고 서면으로 양기를 설득했다. 양기는 화를 내며 황태후에게 말해 이고를 해임시켰다.

이고를 대신해서 태위가 된 사람은 사도 호광이었다. 이고의 해임은 사인들을 크게 실망시켰다.

　　이고의 해임 이래 조야(朝野, 조정과 백성)는 상심하고 군신은 발을
　치켜들고 섰다.

라고 『후한서』에 나와 있다. 발을 치켜들고 선다는 것은 겁에 질려 바로 서지 못한다는 뜻이다.

조등은 대장추(大長秋, 황후시종장)가 되고 열후도 되었다.

환관끼리의 암투도 격심해졌다. 염씨 타도 반정에 가담했던 환관 19후

중에는 자신들의 공을 믿고 다른 환관이 대두하는 것조차 곱지 않은 시선으로 보는 자도 있었다. 19후 계열이 아닌 환관 가운데 거물인 조등은 자주 공격의 목표가 되었으나, 순제가 그를 감싸주어 오히려 공격한 쪽이 처벌받은 것은 앞에서 이야기한 대로이다.

황룡(黃龍)을 비롯한 19후 가운데 환관 아홉 명은 조등을 무고했다는 이유로 식읍이 4분의 1로 줄어들었다.

조등은 당시 고급 환관의 관례에 따라 양자를 들였다. 그의 양자는 조숭(曹嵩)이라는 사람이었다. 이 조숭의 아들이 바로 삼국지의 영웅인 조조다.

엄격하고 명쾌하다는 청하왕 유산이 어떤 인물이었는지 지금은 알 수 없다. 아니면 이고가 바랐듯이 그가 즉위했다면, '쇠'로 치닫던 후한 제국을 '흥'으로 바꾸었을지도 모른다. 그의 즉위를 저지한 조등의 손자가 후한 왕조라는 거목을 쓰러뜨리는 운명이 되었다.

양기·손수 부부의 엽기 행각

환제(桓帝) 유지의 시대가 되자 후한은 더욱 빠르게 쇠망의 길로 치달았다.

외척 양씨의 횡포는 양상이 죽은 뒤 한층 심해졌다. 양기의 성격에서 우리는 이상한 점을 느낀다. 역사를 남길 자격을 얻은 쪽에서 볼 때, 그는 패자(敗者)가 되었으므로, 평가를 약간 절하해서 『후한서』를 읽어야 할지도 모르겠다

양기는 상당한 공처가였다고 기록하고 있다. 그의 아내는 손수(孫壽)였

는데, 성질이 '겸기(鉗忌)'했다. 겸(鉗)이란 집게처럼 생긴 양철가위를 말하는데, 그것으로 죄듯이 무자비하게 미워하는 것을 겸기라고 한다. 양기가 아내를 무서워한 것도 무리는 아니다.

양기의 아버지 양상은 일찍이 순제에게 우통기(友通期)라는 미인을 바친 적이 있다. 자신의 딸이 황후로 있는 사위에게 미녀를 바친다는 사고가 현대인으로서는 전혀 이해하기 어렵다. 그런데 우통기는 사소한 잘못을 저지르고 궁중에서 쫓겨났다. 양상은 어쩔 수 없이 그녀를 어딘가에 시집보냈는데, 아들인 양익이 그녀를 다시 훔쳐와 성서(城西)에 첩으로 숨겨두었다. 아버지 상중에도 양기는 부지런히 그곳을 드나들었다. 그러다 마침내 그 사실이 아내 손수에게 알려지고 말았다.

손수는 양기가 외출했을 때, 사람을 시켜 우통기를 끌고 와 절발괄면(截髮刮面)하고 매질했다고 한다. 머리카락을 자르고 얼굴의 껍질을 벗겼다고 하니 과연 '겸기'임에 틀림없다. 더구나 황제에게 이 사실을 상서하겠다고 남편을 협박했다. 부모의 상중에 간음하는 것은 대죄였다. 양기는 장모에게 가서 머리를 조아리고 없던 일로 해 달라고 간청했다고 한다. 이와 같은 가정의 은밀한 이야기가 어떻게 널리 알려져 사서에까지 실리게 되었는지 그 출처가 다소 마음에 걸린다.

양기는 일찍이 외척의 겸양을 보여준다는 명목으로 양씨 일족 여럿을 자리에게 물러나게 했다. 그러나 그것은 아내의 친정인 손씨 사람들을 등용하기 위해서였다. 양씨 일족보다 손씨 일족이 좀 더 탐욕스럽고 흉포했다고 한다. 가령 현령이 된 자는 그 현의 부호를 날조 죄로 투옥하고 고문해서 돈을 내면 죄를 씻어 주게 했다.

황실에 외척의 횡포가 있듯 양씨 집안에도 처갓집 식구들의 횡포가 있었다. 지방 호족들의 집안에도 양씨 집안 축소판이 적지 않았다.

관직을 얻으려고 찾아온 사람들이 양기의 저택 앞에 줄을 섰다. 또 선물을 들고 지은 죄를 무마해 달라고 부탁하러 온 사람들로 문전성시를 이루었다. 엄청난 금품과 재물이 양씨 집과 손씨 집으로 들어갔다.

양기가 대저택을 세우자 아내인 손수도 이에 뒤질세라 길 건너편에 저택을 짓고 건축 공사 경쟁을 벌였다고 전한다. 사치스럽기 그지없는 그 저택은 숲과 폭포까지 갖추었으며, 또 각지의 장원도 광대해서 황실의 그것과 거의 다르지 않았다고 전해진다.

낙양의 유행은 양기의 처 손수가 만들어 냈다. 그녀는 다른 사람하고는 다른 기발한 스타일을 좋아했다. 자기과시욕이 몹시 강했던 것이다.

수미(愁眉). 눈썹을 가늘게 곡선으로 그려 근심으로 눈썹을 찌푸린 모양으로 한 것.

제장(啼粧). 눈 밑에 엷게 분을 발라 울고 난 뒤처럼 보이게 한 것.

타마계(墮馬髻). 묶은 머리를 한쪽으로 기울여서 말에서 떨어질 때 머리가 흐트러진 것처럼 보이게 한 것.

절요보(折腰步). 허리를 구부린 것처럼 걷는 것이라 했으나 엉덩이를 좌우로 흔드는 것일 수도 있다.

우치소(齲齒笑). 충치를 앓을 때 짓는 어중간한 웃음.

손수가 만들어 낸 세련된 유행을 추종한 사람들도 많아 낙양의 모든 여자들이 그런 화장법과 머리 모양, 걸음걸이, 웃는 법을 흉내냈다. 그러나 생각해 보면 근심에 잠긴다든지 운다든지 말에서 떨어지고 허리를 구부리고 이를 앓는다는 것은 모두 불길한 일들이어서 미신을 깊이 믿던 당시에는 이를 양씨 멸망의 전조로 보는 사람들도 있었다.

양기에게 밉보여서 목숨을 잃는 사람도 적지 않았다. 오수(嗚樹)라는 사람은 완현(宛縣)의 현령이 되었는데, 그 지방에서 양기의 식객들이 주인의 권세를 믿고 나쁜 짓을 했기 때문에 수십 명을 잡아들여 사형했다. 그 일에 원한을 품은 양기는 나중에 오수를 독살해 버렸다.

지방관장으로 부임한 자는 반드시 양기에게 인사를 하러 가야 했다. 요동 태수인 후맹(侯孟)은 인사하러 가지 않았다가 다른 일을 꼬투리 잡아 처형되었다.

원저(袁著)라는 청년은 양기를 탄핵하는 상소문을 올렸는데, 양기가 그를 내버려둘 리 없었다. 원저는 죽은 척하고 인형을 관에 넣은 다음 그것을 장사지냈다. 그러나 양기는 끈질기게 추적해서 원저를 찾아내 매질하여 죽였다. 원저의 동지였던 호무(胡武)는 일족 60여 명이 살해되었고, 또 다른 동지인 학결(郝絜)은 자살했다.

양기는 동생인 양불의(梁不疑)네 집에 드나드는 사람도 경계했다. 불의는 형과 달리 학문을 좋아하고 사인을 우대했다. 양씨 집안에서 불의가 자신을 대신하게 될까봐 양기는 두려웠다. 그는 불의의 집에 드나드는 사람을 조사했다. 유학자로 유명한 마융(馬融)과 강하(江夏) 태수 전명(田明)은 양불의에게 인사하러 간 사실이 알려져, 다른 일을 구실로 머리카락이 잘리고 매질을 당한 뒤 변방의 땅으로 유배되었다. 두 사람 모두 도중에 자살을 도모했으나, 마융만 목숨을 건졌다.

청하왕 유산을 추천한 이도가 안전할 리 없었음은 말할 나위도 없다. 이도는 자리에서 물러났지만 그것만으로는 끝나지 않았다. 환제가 즉위한 뒤에도 그는 유산을 옹립하려는 음모를 꾀했다는 이유로 투옥되었다. 이에 왕조(王調)와 조승(趙承) 등 수십 명이 이고의 억울함을 호소했고 양태후는 할 수 없이 이고를 석방했다. 그때 낙양의 거리마다 '만세!' 함성이 울렸기 때문에 양기는 적잖이 놀랐다. 이렇게까지 인기 있는 인물은 머지않아 자신에게 큰 해를 가져올 것이라고 생각했다. 결국 양기는 또다시 전과 같은 죄목으로 이고를 붙잡아 주살하고 그 유해를 길거리에 방치했다.

이고의 제자인 곽량(郭亮)과 동반(董班)은 유해가 있는 곳으로 가서 임곡(臨哭, 장의의 형식)하고 그 자리에 앉아 움직이지 않았다. 효수형에 처한 죄인의 유해에 그런 행동을 하는 것은 주살되는 죄에 해당했다. 하지만 두 사람은 그것도 두려워하지 않았다. 이를 가엽게 여긴 양태후는 두 사람을 살려주고 이고의 유해는 고향인 한중(漢中)으로 보내 장사 지내게 했다.

이런 식으로 『후한서』에는 양기의 악덕과 잔학한 행동이 입이 다물어지지 않을 정도로 나열되어 있다. 마침내 양태후는 양기의 횡포를 막는 쪽으로 돌아섰다.

양기의 횡포는 다소 줄여서 평가해야 할지 모르나, 양태후가 그것을 억제했던 것은 확실한 것 같다. 여하튼 양씨는 정권의 자리에 20년이나 앉아 있었다. 두씨, 등씨, 염씨에 비해 훨씬 긴 시간이었다.

『후한서』에 기록될 만큼 심한 짓을 하면서 20년이나 정권을 유지할 수 있었던 것은 이상하다. 어쨌든 후한은 기개 있는 사인을 낳은 정신의 풍토를 가지고 있었다. 양씨 정권은 양기의 억지와 환관 다루기에 성공한 양태후 덕분에 사인들의 불만이 어느 정도 가셔 오랫동안 파국을 피할 수 있었던 것은 아닐까.

외척의 횡포가 차마 볼 수 없을 만큼 심해지면, 궁중의 음지 세력인

환관들이 가만히 있지 않는다. 그것을 조용히 있게 한 것은 양태후의 수완이었다. 『후한서』「황후기」에는,

> 태후는 또다시 환관에게 빠져서, 여럿이 봉총(封寵)되고, 이로써
> 천하가 실망했다.

는 비판이 기록되어 있다. 그러나 환관에게 잘 해준 것이 외척 양씨의 연명책도 되었다.

취업난에 절망한 태학생들

외척과 환관의 분업이 어느 정도 잘 이루어졌다. 각각 상대의 세력권을 존중하게 되었기 때문이다. 중앙정부의 관료나 지방의 군수급 고관은 외척의 세력권으로 하고, 지방 현령급 이하는 환관의 세력권으로 나눈 것이다.

환관은 명분보다 실리를 취했다. 애초에 환관이라는 신분부터가 '명분'이 없다. 지방에서 주민을 착취하려면 주의 자사(刺史)나 군수 같은 고관보다 직접 사람들과 접촉하는 현령 이하가 낫다.

환관에게는 관리 추천권이 있었는데, 그들이 그렇게 훌륭한 인물을 추천할 리는 없었다. 기개 있는 인물이라면 환관이 추천한다고 해도 사퇴했을 것이다. 따라서 환관은 글을 읽고 쓸 줄 알면서도 호족 무리에 낄 수 없는 계층 중에서 환관이 하는 일에 방해되지 않을 인물만 추천했다. 어차피 중앙에서 쓸 만한 재능도 기개도 없는 것이 당연했기 때문에

아무래도 현령 이하가 된다.

양하(良賀)라는 환관은 대장추까지 오른 인물이었다. 순제 때 구경(九卿)에 용맹한 무인을 천거하라는 명령을 받았으나 그 혼자만 추천하지 않았다. 대장추는 구경과 동격인 관직이었다. 황제가 그 이유를 묻자 그는,

신은 시골의 가난한 집안에서 태어나고, 궁전에서 자라 가히 사람
볼 줄 아는 눈이 없고, 또 여태 사인과 같은 부류와 사귈 줄 모릅니다.

라고 대답했다. 그리고 나아가 자신이 천거하는 자는 그 자의 영광이 아니라 치욕일 것이라고도 말했다. 환관 중에도 이와 같은 인물은 있었다.

호족 상류층은 외척이거나 중앙 고관, 유력자의 천거, 아니면 군수의 추천으로 관리가 될 수 있었다. 군수는 추천하는 일이 의무여서 해마다 인구에 비례해서 효렴에 한두 사람 추천해야 했다. 환관은 자기 말을 잘 듣고 자기 대신 착취해서 돈을 벌어 줄 만한 하층 인물을 추천했다. 앞에서 이야기했듯이때로는 돈으로 산 노예를 추천하는 경우조차 있었다.

이렇게 되자 상층과 하층 사이에 긴 중간층인 사인은 관직에 오를 기회를 얻지 못했다. 더구나 인원수로 치면 이 층이 가장 많았다.

당시 낙양의 태학에서 공부하는 학생은 3만을 헤아렸다. 게다가 학교는 낙양뿐만 아니라 각 지방에도 있었다. 인구에 비해 학생 수가 많았던 것이다. 이들 학생은 관료 예비군이었다. 유교 장려라는 명목으로 학교를 세우고 그곳에 각 계층의 청년을 수용했다. 그들에게 관료로서 출세할 수 있다는 희망을 심어주어 불만의 배출구를 만들고자 했는지두 모른다.

처음에는 배출구로서 기능했을지 모르지만, 그 출세길은 너무도 좁아

지다 끝내 막혀 버렸다. 환관의 엉터리 천거로 태학 학생들의 취직자리는 그만큼 줄어들어 지식인들 사이에 절망적인 분위기가 퍼져나갔다.

이고의 후임으로 등용된 호광(胡廣)은 조정자로서의 역할을 맡았다. 환관과도 일이 잘 풀렸고 호족 사대부와도 친밀한 관계를 유지했다. 지나칠 정도로 평형을 잘 잡아서 그가 조정에 있다는 것이 양씨 정권에게 얼마나 큰 도움이 되었는지 모른다.

머지않아 평형이 깨질 날이 왔다.

화평(和平) 원년(150) 2월, 양태후가 죽었다. 그러나 이 일로 양씨가 외척에서 밀려났다는 뜻은 아니다. 양태후의 여동생이 환제의 태후로 있었기 때문에 양씨는 여전히 외척이었다.

양태후가 죽은 직후에 대장군 양기에게 다시 1만 호가 더해져 그의 식읍은 3만 호가 되었다. 이로써 양씨 정권이 부동의 세력이라는 것을 알 수 있다.

양태후가 죽기 한 달 전에 조서를 내려 정치를 황제에게 되돌릴 것을 선언했다. 열아홉이 된 환제도 이제 아이처럼 후견 받는 것을 기분 좋게 생각하지 않았다. 겨우 정권이 황제에게 반환되나 했더니, 그것도 유명무실에 지나지 않았다. 정권의 꼭대기라는 자리에 익숙했던 양기는 그때까지 하던 방식을 바꾸려고 하지 않았다.

태후가 죽은 이듬해 정월 조회 때, 양기가 칼을 찬 채 궁중에 들어왔다. 이를 본 상서(尚書) 장릉(張陵)이 이를 크게 꾸짖고 근위병에게 명하여 칼을 빼앗은 사건이 일어났다. 이 일은 정식으로 정위(廷威)에게 넘겨서 죄를 논한 끝에 1년치 봉록으로 죄를 씻으라는 결정이 내려졌다. 어쩌면 이는 환제의 자그마한 저항이었을 것이다.

영흥(永興) 원년(153)에 기주(冀州, 하북 남부에서 하남 북부에 걸친 땅)에 강이 범람하여 수십만 호가 피해를 입자, 시어사(侍御史) 주목(朱穆)이 기주자사(刺史)로서 그 지방에 부임하게 되었다. 주목은 엄격한 관료로 이름난 인물이었다. 그가 온다는 이야기만 듣고 관직을 떠난 현관이 40여 명에 이르렀다. 기주에는 93현이 있었는데, 절반이나 되는 현 책임자가 엄격한 주목에게 겁을 집어먹고 도망갔다. 아마 이들 현관은 환관의 추천으로 임관된 자들이었을 것이다. 과연 그들은 엄격한 조사 결과 좋지 못한 일을 저지른 것이 밝혀졌다.

이때 주목은 한 환관이 아버지를 장사지내면서 금지된 옥갑(玉匣, 옥으로 만든 상자)을 사용한 사실을 알아내고 묘를 파헤쳐 관을 검사했다. 그 환관은 환제가 아끼던 인물이었던 모양이다. 환제는 금지품을 사용한 것은 불문에 부치고 묘를 파헤쳤다는 이유로 주목을 좌천시켜 버렸다.

이에 분개한 태학 서생 유도(劉陶) 등 수천 명이 궁문까지 몰려와 상서하는 일이 벌어졌다. 결국 주목은 사면되었다. 학생운동의 원형이라 할 수 있는 현상을 여기에서 볼 수 있다. 유도는 이 일로 일약 태학의 유명 인사가 되었다. 2년 뒤에 유도는 다시 한 번 상서했는데, 그것은 주목과 이응(李膺) 같은 청렴한 인물을 중앙으로 불러들여 왕실을 보좌하게 해야 한다는 내용이었다. 문제는 국가에서 가장 중요한 인사를 거론했다는 점이다. 이때는 상서가 받아들여지지 않았다.

양씨 일족을 주멸한 5후

연희(延熹) 2년(159) 7월에 양황후가 죽었다. 언니인 양태후와 오빠인 양기의 권세를 믿고 제멋대로 굴던 여자였다. 질투심이 강해서 자기는 아이를 낳지 않으면서 궁녀 중에서 임신한 자가 있으면 구박해서 죽이기도 했다. 대장군 양기가 뒤에 버티고 있었기 때문에 환제는 어떻게 하지 못했지만, 그녀에 대한 애정은 완전히 식어 버렸다. 양황후의 죽음은 분에 못 이겨 죽은 것에 가까웠다.

양황후가 죽기 1년 전 5월에 일식이 있었다. 그런데 이때 태사령 진수(陳授)가,

> 일식이 일어난 변고의 허물은 대장군 기(冀)에게 있다.

고 말했다. 화가 난 양기는 낙양 현령에게 진수를 체포해서 고문하라고 명령했다. 태사령은 전한 시대에 사마천(司馬遷)이 맡았던 직책으로 기록하는 일과 달력을 관장했다. 일식을 점치는 것도 그가 해야 할 일이었다. 진수는 결국 옥사했다.

> 황제는 이 일로 진노했다.

고 『후한서』 「양기전」에 나온다. 양기는 언제까지나 자기 덕분에 환제가 즉위할 수 있었다고 생각했고, 그런 식으로 자신을 업신여기는 양기에게 환제는 차츰 분노를 느끼기 시작했다.

진수 사건에 이어서 환제를 더욱 진노케 한 사건이 일어났다.

맹녀(猛女) 사건이라고 부르기로 하자. 화제 등황후의 사촌오빠의 아들 중에 등향(鄧香)이라는 인물이 있었는데, 부인인 선(宣)과의 사이에 맹

(猛)이라 부르는 딸을 두었다. 이 딸이 절세미인이었다. 등향은 일찍 죽고, 선은 양기(梁紀)라는 사람과 재혼했다. 양기(梁紀)는 양기(梁冀)의 처인 손수(孫壽)의 외삼촌뻘이었다. 따라서 손수의 어머니 쪽이 양씨 일족이었다는 것을 알 수 있다. 손수는 외숙모 선이 데리고 들어온 딸이 미인인 것을 알고 궁으로 들여 귀인(貴人)으로 만들었다. 맹은 전 남편의 딸이므로 성은 등씨(鄧氏)여야 했다. 그러나 손수는 맹에게 양씨 성을 붙여 주었다. 양씨 일족의 권세를 유지하기 위해서였으므로 황제에게 총애를 받는 맹은 어디까지나 양씨 성이 되어야 했던 것이다.

예상대로 환제는 맹녀를 뜨겁게 사랑했다. 그렇게 되자 맹의 본래 성이 양씨가 아니라 등씨라는 사실은 더욱더 비밀로 해야 했다. 맹의 형부인 병존(邴尊)이라는 자가 맹이 성을 바꾸는 것에 반대한 일이 있는지 양기는 비밀이 탄로 날 위험이 있다며 이 남자를 죽였다. 병존은 의랑(議郞)이라는 관직에 있었다. 그래도 안심하지 못한 양기는 맹의 친정 엄마인 선까지도 죽이려고 계획했다.

양기가 파견한 자객이 선의 집에 들어가려고 이웃집 지붕으로 올라갔는데, 마침 그 집 사람에게 발각되었다. 그 집은 환관 원사(袁赦)의 집이었다. 원사는 큰 북을 울려서 위급을 알렸다. 양기 부부의 표적이 되었음을 눈치 챈 선은 서둘러 궁으로 도망쳐 환제에게 자초지종을 고했다.

환제가 양씨 일족을 토멸하겠다고 결의한 것은 이때부터였다.

준비 기간도 거의 없이 갑자기 일을 일으켰다. 환제의 결단력을 칭찬해야 할지, 아니면 성급했다고 비난해야 할지 의논이 분분한 점이다. 결과론으로 말하면 양씨 투멸은 단숨에 성공했으니, 환제의 과단이 승리했다 할 수 있다.

양씨 일족 쪽에서는 쌓아올린 권세를 너무 믿었던 것 같다. 지나친 횡포로 권세 역학(力學)의 균형이 깨져 환관의 미움을 산 것은 양기도 눈치채고 있었다. 그 때문에 심복인 환관 장운(張惲)이라는 자를 궁중의 환관 숙직실에 보냈다. 환관들 사이에 불온한 움직임이 있으면 지체 없이 양기에게 보고할 수 있는 태세를 갖춘 것이다. 그러나 장운의 숙직은 정식적인 것이 아니었기 때문에 허가 없이 밖에서 들어와 모반을 꾀했다는 이유로 체포되어 양기에게 연락할 틈이 없었다.

그는 모든 일을 자기 혼자만의 생각으로 저질렀다. 그는 허가 없이 환관이 환관 대기소에서 숙직하는 것이 불법이라는 생각은 꿈에도 하지 못했다. 장운에게 양기의 입김이 미쳐 있다는 것은 누구나 아는 일이었다. 양기는 장운을 파견하는 것으로 무언의 압력을 가할 생각이었던 것이다. 허나 예상은 완전히 빗나갔다. 양기를 타도하려면 무엇보다 장운부터 구금해야 한다는 것은 누구나 알 수 있는 정석이었다.

호분(虎賁), 우림(羽林) 등 근위병단과 좌우도후(左右都侯)가 거느린 검극(劍戟) 병사 1천여 명이 양기의 저택을 에워쌌다. 사예교위(司隷校尉, 수도사단장) 장표(張彪)가 지휘를 맡았는데, 계획을 짠 사람은 단초(單超), 좌관(左悺), 서황(徐璜), 구원(具瑗), 당형(唐衡) 같은 환관이었다.

절(節)을 가진 칙사가 양기 대장군의 인수를 회수했다. 일은 그것으로 끝났다. 그날 양기 부부는 자살했다.

양씨와 손씨 일족은 모두 체포되어 노인이든 아이든 모조리 주살된 뒤 거리에 버려졌다. 양불의(梁不疑)는 이미 고인이 된 뒤였다. 양기와 관계가 깊은 공경(公卿), 열교(列校, 각 군단 지휘관), 자사(刺史, 주 장관), 이천석(二千石, 군수와 그 밖의 고관)으로 연좌해서 죽은 자가 수천 명이었다고 한다. 삼공,

즉 태위 호광, 사도 한연(韓繝), 사공 손랑(孫朗)은 양기에게 아부했다는 혐의로 사형에서 한 단계 죄가 감해져 서인으로 떨어졌다. 양씨 일파로 취급되어 면직된 자가 300이 넘었고, 그 때문에 조정은 텅 빌 정도였다. 중신으로서 건재할 수 있었던 사람은 상서령(尙書令) 윤훈(尹勳), 광록훈(光祿勳) 원우(袁盱), 정위(廷尉) 한단의(邯鄲義) 등 세 사람에 지나지 않았다.

윤훈은 이 사건에서 군사를 소집해 부절(符節, 신표)을 궁중으로 회수하는 중요한 일을 담당했다. 부절이란 할부(割符)를 말하는데, 이것이 있으면 군대를 동원할 수 있었다. 그것을 전부 회수했다는 말은 아무도 군대를 움직일 수 없게 되었다는 것을 의미한다.

원우는 절(節)을 가지고 양기의 저택으로 가서 대장군 인수를 회수한 인물이다.

양기에게서 몰수한 재산을 매각했더니 30억여 전이나 되었다고 하는데, 그것은 천하의 조세를 반감할 수 있을 정도로 큰 액수였다.

양씨 주멸은 양황후가 죽은 다음 달에 일어났다. 연희 2년(159) 8월에 앞에서 이야기한 등향의 딸 맹이 곧바로 황후가 되었다.

염씨를 타도할 때는 환관 19후가 활약했지만, 양씨를 주멸할 때는 앞에서 이야기한 다섯 환관이 공로자였다. 이들은 모두 열후가 되었고 세상 사람들은 이들을 5후라 불렀다. 대표격인 손정이 1만 호였다. 게다가 19후는 시퍼런 칼을 휘두르며 싸웠으나, 5후는 그렇지 않았다.

양씨 주멸의 논공행상은 물론 아주 달콤했다.

봉상(封賞)은 절제를 넘었고, 내총(內寵)은 무분별하게 빈번히 이뤄졌다.

라고 전해진다.

5후 외에도 알 수 없는 이유를 갖다 붙여서 열후에 봉해진 환관이 있었다. 후람(侯覽), 유보(劉普), 조충(趙忠) 등이 차례로 열후가 되었다.

백마현(白馬縣)의 현령 이운(李雲)은 이 일에 분개하여 상서를 올렸다가 환제의 분노를 사서 투옥되었다. 상서에는 '지금 벼슬자리는 어수선하고, 소인배는 아첨으로 나가고 있다'는 문구에다 '고조(高祖)가 이를 들으면 잘못되었다고 할 것'이라는 극단적인 표현까지 썼기 때문이었다. 이운은 이 상서문의 부본(副本)을 세 통 만들어 삼공의 부(府)에 각각 보냈다. 홍농군(弘農郡)의 하급 관료인 두중(杜衆)은 이운의 상서에 동감하여 상서했는데,

바라건대, 이운과 같은 날에 죽겠습니다.

라고 적어서, 역시 투옥되었다. 이운과 두중은 함께 옥사했다.

두 사람 모두 고관은 아니었다. 환관이 세력을 얻는데, 가장 거세게 저항한 계급은 하급 관료와 재야 사인, 그리고 학생들이었다. 그들에게 열렸던 길이 점점 좁아진 탓이다.

외척의 몰락으로 환관의 세력권은 지방에서 차츰 중앙으로까지 미치게 되었다.

환관시대가 도래한 것이다.

오손

차사후국

흉노

차사전국

유중성

오루성   언기

구자

소륵

누란

옥문관

사차

선선   돈황

우전

귀상(대월지)

한나라 주요도

큰글자 – 제후, 제족
◎ – 군

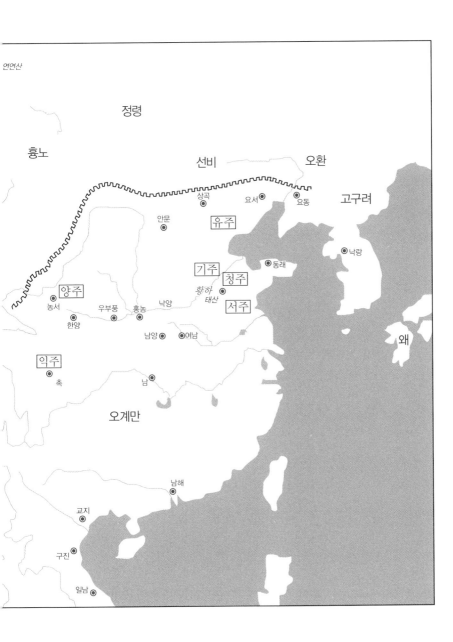

연연산

정령

흉노

선비   오환

상곡   요서   요동   고구려

유주

안문   낙랑

기주   청주   동래

양주   황하   서주

농서   우부풍 홍농   낙양   태산

한양   남양   여남   왜

익주

촉   남

오계만

남해

교지

구진

일남

삼국지 개막

삼국지 시대를 예언한 고염무

양기(梁冀) 일족이 멸망한 뒤, 환제(桓帝)는 8년 동안 재위하고 36세의 나이로 죽었다. 이 8년 동안 외척은 힘을 쓰지 못하고 오로지 환관만 정권을 잡았다. 이에 저항한 사인들이 이 시대의 특징이었다.

양황후가 죽은 다음 달에 곧바로 황후가 된 등황후(鄧皇后) 맹녀도 그 지위를 보전한 것은 겨우 6년에 지나지 않았다. 환제는 유례없이 여자를 좋아해서 낙양의 궁전에는 궁녀가 5, 6천이나 되었다고 한다. 그중에서 환제는 곽(郭)이라는 귀인을 가장 총애했다. 등황후는 그 곽귀인과 싸운 일로 황후 자리에서 쫓겨나 폭실(暴室)로 보내져 그곳에서 죽었다. 폭실이란 궁중 여성의 병원 겸 감옥이다. 등황후가 폐위되어 죽자, 그녀의 숙부인 하남윤(河南尹), 등만세(鄧萬世), 조카인 호분중랑장 등회(鄧會)도 투옥되어 죽었다. 외척으로서 등씨 인맥은 이 정도로 양씨 시대에 비하면 전혀 이야기가 안 될 만큼 빈약했다.

궁녀가 5, 6천이나 되었다는 것은 사실 말도 안 되는 이야기다. 이 시기에 후한 왕조는 그럴 여유를 부릴 때가 아니었다. 이쯤 되면 환제의 양식을 의심하지 않을 수 없다.

횡포를 다한 양기 일족이 주멸된 뒤에도 후한의 상황은 개선되기는커녕 점점 더 악화될 뿐이었다.

강족(羌族)의 반란은 전혀 그칠 기미가 보이지 않았다. 장사(長沙)의 오랑캐가 변방을 침략하고 산동에서는 태산(泰山), 낭야(琅邪)의 유적 집단이 노병(勞丙, ?~161, 농민반란군 우두머리-옮긴이) 무리들에 이끌려 활동을 계속하고 있었다. 무릉만(武陵蠻)도 강릉(江陵)을 침공했다.

강과 오랑캐의 난도 '이를 격파했다' '이를 평정했다' '모두 항복하고 흩어졌다'는 보고가 올라왔고, 사기에도 그렇게 남아 있지만, 과연 정말 그랬는지 의심하지 않을 수 없다. 가령 연희 4년(161)에 선령강(先零羌)과 심씨강(沈氏羌)이 병주(并州)와 양주(凉州)를 침공하여 11월에 중랑장(中郎將) 황보규(皇甫規)가 '이를 격파'했는데, 이듬해 3월에 심씨강이 장액(張掖)과 주천(酒泉)을 침공했다는 기사를 볼 수 있다.

영강(永康) 원년(167) 정월에는 선령강이 삼보(三輔)를 침공해 중랑장 장환(張奐)이 '이도 격파하여 평정'했음에도 11월에 또다시 선령강이 삼보에 모습을 드러냈다. 환제가 죽은 것은 이해 12월이었다.

선비족은 종종 요동(遼東)을 침범했다. 촉군(蜀郡, 사천)의 오랑캐도 배반했다. 사예(司隸, 근기(近畿)), 기주(冀州), 예주(豫州)는 늘 기근으로 허덕였다. 환제가 죽기 전해에는 사예와 예주에서 기근으로 죽은 자가 열에 네다섯은 되었다고 한다. 같은 해 4월에 제음(濟陰), 동(東), 제북(濟北), 평원(平原) 같은 여러 군에서 황하 물이 맑아지는 현상이 일어났다. 탁한 것이 당연한 황하 물이 맑아진 것은 기이한 현상이라 아니할 수 없다. 사실은 지난해 4월에도 황하 물은 맑았다.

황하는 천년에 한 번씩 맑아진다. 성왕(聖君)이 나올 커다란 상서로운 징조이다.

이런 전설이 있는데 『습유기(拾遺記)』에서도 볼 수 있다. 황하가 맑아지는 일은 좀처럼 없고, 그것이 길조라면 고마운 일이다. 당시 사람들은 힘든 세상인 만큼 큰 기대를 걸었다.

천문음양에 능통한 양해(襄楷)라는 인물은 청(淸)은 양이고 탁(濁)은 음이며, 당연히 탁해야 할 황하가 맑아진 것은 음이 양이 되고자 하는 것이라고 해설했다. 구체적으로 말하면, 음인 제후가 양인 황제가 되려는 징조라는 풀이다. 과연 환제는 아들 없이 죽어 해독후(解瀆侯)였던 유광(劉廣)이 뒤를 이어 영제(靈帝)가 되었다. 고염무(顧炎武)는 『일지록(日知錄)』에 이 일을 소개하고 1년 뒤의 일을 예언했다고 한다. 해독후가 영제가 되었다는 예언이라기보다는 삼국지 시대를 예언했다고 말하는 쪽이 이야기가 더 재미있을 것이다. 머지않아 찾아올 삼국지 시대의 영웅들은 멋대로 제후가 되고 그리고 스스로 황제라 칭했으니.

환제 말기에는 사회가 더욱 불안해졌으나 중앙의 책임자 중에는 환관이 많았고 문제를 해결하는 방책도 적당하지 않았다. 궁정에서 권력을 다투는 기술은 뛰어났어도 실제 통치능력은 부족했다.

사인의 대표격이던 외척은 힘을 잃었고, 그만큼 환관은 힘을 얻었다. 염절(廉節, 청렴을 좋아하고 욕심을 이김-옮긴이)이 정치가의 첫째 조건이었던 후한에서 환관의 정계 진출은 앞에서 이야기했듯이 이질적인 것이 첨가된 느낌이었다. 유유히 흐르는 맑은 대하(大河)에 흙탕물이 무서운 기세로 흘러든 것과 같았다.

청류(淸流)의 위기감이 높아진 것은 당연했다.

낙양의 태학에서 공부하는 서생 3만 명이 환관을 공격하는 첨병으로 나섰다. 거기에서 사인의 여론이 형성되었다. 후세처럼 시험으로 관리를 등용하는 제도는 없었다. 관리는 추천받는 것이었다. 추천 기준은 정치 실무도 아니요 학문도 아니었다. '효렴(孝廉)'이라는 명칭으로도 알 수 있듯이 무엇보다 인격을 중시했다. 제2의 왕망이 나타나더라도 그에 굴하지 않는 인물이 정치를 해야 한다는 것이 시조인 광무제가 바라던 바였다.

많은 서생들이 태학에서 학문을 배우는 것은 인격을 높이기 위한 수단이었다. 좀 더 노골적으로 말하면 인격이 높다는 평판을 얻기 위한 것이었다. 모두 다 그렇다고는 할 수 없지만 그런 분위기가 매우 강했다.

혼자 조용히 수양하여 인격을 높인다 해도 관직은 저절로 굴러들어오는 것이 아니었다. 추천받지 못하면 관직에 나갈 수가 없었다. 결국 다른 사람에게 알려지는 것이 첫째였다. 알려지면 추천받을 수 있는 것이다.

다른 사람들에게 가능한 선명하게 기억되기 위해서는 다양한 의미에서 눈에 띄어야 했다. 과장된 행동도 필요했다. 파벌활동이 왕성해진 것도 당연했다.

환제가 즉위한 뒤 감릉군(甘陵郡)에서 소년 시절을 보내던 황제에게 학문을 가르쳤던 주복(周福)이 상서에 발탁되었다. 그런데 같은 감릉군에 또 한 사람 방질(房質)이라는 유명한 인물이 있었는데, 두 사람에게는 각각 문하생이 있었다.

천하의 모범은 방백무(房伯武, 방질의 자)요, 스승이라는 이유로 관
직을 얻은 자는 주중진(周仲進, 주복의 자)이다.

이런 노래가 감릉에서 유행했다고 한다. 이것은 방질의 문하생이 유행
시킨 노래였을 것이다. 이쪽은 천하의 모범이지만 저쪽은 황제의 선생이
라는 이유로 출세했다고 비꼰 것이다.

각지에 이런 파벌이 대립했으나, 사인들이 공통적으로 환관세력에 반
항의식을 가졌던 것만큼은 틀림없다.

등용문과 양상군자

이 시대에 사인들 사이에서 가장 인기가 높았던 사람은 중앙 고관들
중에서는 이응(李膺)과 진번(陳蕃), 지방에서는 진식(陳寔)이었다.

이응과 진번은 모두 효렴 출신으로 환관에 맞설 만한 사인 대표라고
부를 수 있는 인물이었다.

이응은 지방 장관으로 있을 때는 지방의 부패한 관리와 호족을 숙청
했고 한때는 군대를 이끌고 선비족과 싸운 일도 있다. 관직에서 물러난
뒤로는 학문을 닦으며 후진을 양성했다. 하남윤(河南尹)으로 있을 때, 부
정을 저지른 양원군(羊元群)이라는 호족을 조사하려다 오히려 처벌을 받
은 일도 있다. 그것은 양원군이 황제의 측근 환관에게 선물을 바쳤기 때
문이었다. 이응을 변호하는 사람이 많아 결국 구제되어 사예교위(司隷校
尉)로 부활했으나, 부정에 관한 가차 없는 탄핵은 조금도 늦추지 않았다.
유력한 환관 장양(張讓)의 동생인 장삭(張朔)을 사형해서 환관들을 벌벌

떨게 했다.

이때 조정은 날로 어지럽고, 기강은 쇠퇴하였다. 이응 혼자 풍격과 품위를 유지하여, 그의 명성이 스스로 높아졌다. 사인으로서 그의 용접(容接)을 받는 자를 이름하여 등용문이라 하였다.

『후한서』의 그의 전기에 있는 유명한 말이다. 기강이 느즈러졌기 때문에 이응의 강직한 태도는 더욱 눈에 띄었다. 그 때문에 명성은 더욱 높아져 그를 만나는 것은 사인에게 큰 영광이었다. 그의 용접을 받는다는 것은 그로부터 인정을 받아 대우를 받는다는 것을 의미했다. 이응에게 인정받은 자가 있으면 사람들은 그것을 '등용문'이라고 불렀다.

용문(龍門)을 오른다. 이는 곧 용문이란 낙양 근처에 있고, 석굴(石窟)로 유명한 곳이지만, 이름이 같은 지역은 그곳 말고도 여럿 있는 것 같다. 석굴의 용문이 아니라 황하에서 상류 쪽으로 한참 올라간 곳에 용문(龍門)이라는 급류가 있는데, 그 아래에는 엄청나게 큰 물고기가 모여 있으나 폭포를 거슬러 오를 수 있는 물고기는 없었다고 한다. 이 용문을 잘 올라간 물고기는 용이 된다는 전설이 있었다.

이응에게 인정받으면 이미 대단한 일이라고 사인들 사이에서 평가받았다. 이것이 '등용문'이라는 말의 출전이다.

진번은 삼공 중 하나인 태위까지 오른 인물이다. 그도 외척과 환관의 전횡에 맞서 과감하게 싸워 사인들의 갈채를 받았다. 그는 처음에는 이고의 추천으로 의랑이 되었고, 나아가 낙안군(樂安郡)의 태수로서 지방에서 부정과 싸웠으며, 중앙으로 돌아와서는 구경(九卿)의 하나인 대홍려

(大鴻臚)가 되었다. 그가 대홍려로 있을 때, 앞에서도 이야기한 이운의 상서 사건이 일어났다. 이운은 마지막에는 옥사했으나 이때 진번은 열심히 구출운동을 벌였고, 그 때문에 면직처분을 받았다. 복귀해서 의랑이 되고 광록훈(光祿勳)이 되었으며 연희 8년(165)에는 태위로 승진했다.

이응과 진번도 호족 출신이다. 환제가 등황후를 폐위한 뒤 가장 총애하던 전씨(田氏)를 황후로 세우려고 했을 때, 가장 강하게 반대한 사람이 진번이었다. 그 이유는 전씨의 출신이 미천했기 때문이었다. 그리고 두씨를 천거했다. 진번에게 설득당한 환제는 결국 두씨를 황후로 세웠다.

두씨는 두융(竇融)의 고손자인 두무(竇武)의 딸이었다. 장제의 두황후도 두융의 증손녀였으니, 이 가문도 등씨나 양씨처럼 두 번에 걸쳐 황후를 배출한 셈이 된다. 이와 같이 문벌을 존중하는 기풍이 후한에는 특히 강했다.

이응과 진번에 비해 하급 지방관이었던 진식은 가난한 사인 출신이었다. 고작 현령을 지냈으나 덕행으로 세상에 널리 알려져 사람들의 존경을 한 몸에 받았다.

진식(자는 중궁(仲弓))에게는 아들이 둘 있었는데 모두 인물이 뛰어났다. 형은 기(紀, 자는 원방(元方)), 동생은 심(諶, 자는 계방(季方))인데, 이 두 아들에게도 각각 아들이 있어 어느 날 누구 아버지가 더 뛰어난지 아이들 장난 같은 말싸움이 일어나 할아버지인 진식에게 판정을 구하러 갔다. 이때 진식은,

원방은 형 되기 어렵고, 계방은 동생 되기 어렵구나

라고 대답했다. 그 후로 '형 되기 어렵고, 동생 되기 어렵다'는 난형난제(難兄難弟)라는 말은 우열을 가리기 어려운 것을 형용할 때 쓰이게 되었다.

진식에게는 또 한 가지 속담에 얽힌 유명한 일화가 있다.

어느 해 기근이 들어 백성들이 고생하고 있는데 어느 날 밤 진식의 집에 도둑이 들어 대들보 위에 몸을 숨기고 있었다. 그것을 눈치 챈 진식은 아들과 손자를 불러놓고 위엄 있고 엄숙한 몸가짐으로 일장 훈화를 늘어놓았다.

> 무릇 사람은 스스로 노력해야 한다. 선하지 않은 사람도 반드시 근본이 나쁜 것은 아니다. 평소의 잘못된 버릇이 습관이 되어 나쁜 짓을 저지르게 되는 것이다. 저 들보 위의 군자가 바로 그러한 사람이다.

대들보 위에 숨어 있던 도둑은 놀라서 뛰어내려와 벌을 받겠다고 했으나, 진식은 잘 타이르고 비단 두 필을 주어 보냈다. 그 후 그가 다스리던 태구현(太丘縣)에는 도둑이 끊겼다고 한다. 이 일화가 유명해져 도둑을 '양상군자(梁上君子)'라고 부르게 되었다.

이와 같은 이야기는 곧바로 널리 퍼졌다. 아마 태학을 비롯한 각지의 학교에서 공부하는 서생들이 이 이야기를 널리 퍼뜨렸을 것이다. 이응이 면직되어 윤지(綸氏)라는 시골에서 사숙을 열었을 때는 문하생이 언제나 1천 명이나 되었다고 한다. 아마 근처 여러 현에서 모여들었을 것이다. 그들이 각자 자신의 고향으로 돌아가 다양한 이야기를 전했을 것이 틀림없다.

햇병아리 사인들이 얼마나 훌륭한 사인이 있는지 선전한 것은 당연하다. 이와는 반대로 지독한 환관에 관한 이야기도 있다.

당고의 화

천하에 퍼진 환관의 욕은 점차 확대되어 마침내 환관 타도를 부르짖게 되었다. 낙양의 태학에서 공부하는 서생 3만 명은 환관에게 가장 큰 적이었다. 환관 쪽에서는 그들에게 대항하는 선전전을 펼칠 수도 없었다. 평소 행실도 좋지 않았고 선전을 떠맡아 책임질 사람도 없었다. 햇병아리 사인은 많지만, 햇병아리 환관은 적었다. 단지 의지할 사람이라고는 황제뿐이었다.

서생들은 여론을 만들어 나갔고, 이응 같은 강경파 관료는 그 여론을 배경으로 환관파의 악행을 폭로하고 극형으로 몰아세웠다. 환관파도 경경파 관료의 흠집을 찾아내어 뭔가 구실을 붙여서 실각시키려고 했다. 환관파 때문에 실각된 강경파 관료에게는 서생들을 비롯해 천하의 동정이 밀려들었고, 그들은 영웅으로 추대되었다. 흥분한 서생들은 환관에 반대하는 목소리를 더욱 높여갔다.

이 이상 방치해 둘 수 없게 되자 환관파도 마침내 마지막 수단을 동원했다. 환제가 신임하던 점쟁이의 제자 이름으로 당인(黨人)을 탄핵하는 상서를 올렸다. 당인이란 도당(徒黨)을 조직하여 나쁜 짓을 일삼는 자들을 의미한다. 단적으로 그것은 사인들을 가리키는 것이었다.

이응 등은 태학의 유사(游士)를 길러 여러 군현의 학생과 사귀게
하고, 나아가 서로 돌아다니며 함께 부당(部黨)을 만들어 조정을 비

방하고 민심을 어지럽혔다.

진노한 환제는 당인 체포를 명하였고, 이응과 진식을 포함한 200여 명에게 누가 미쳤다.

체포하여 취조하는 단계가 되자 환관파를 놀라게 하는 사태가 벌어졌다. 당인들의 진술 속에 당연한 일이지만 환관파의 악행이 폭로되었다. 왜 아무개를 잡아들였냐는 신문에 아무개의 악행과 횡포가 폭로된 것은 당연한 일이었다. 그것이 꼬리에 꼬리를 물고 터져 나오자 환관파도 난처해졌다.

마침 두황후의 아버지인 두무 등이 중재에 나섰고, 환관파도 물러설 때라고 생각했다. 체포자들은 석방되었다. 그 대신 출신지로 돌아가 종신 금고에 처해졌다.

이것이 제1차 '당고(黨錮)의 화'다.

당인 체포는 연희 9년(166)의 일이다. 이 사건에서는 오히려 체포되는 것이 영광이고 체포되지 않는 것을 수치라고 여겨 지명수배도 되지 않았는데 자진해서 출두하는 자까지 있었다. 도요(度遼) 장군 황보규(皇甫規) 같은 사람은 자신이 당인에 들어 있지 않은 것을 부끄럽게 여기고 자신이 추천한 자가 당인이라는 둥, 4년 전 정위(廷尉)에 구금되었을 때 태학생 장봉 등 300여 명이 호소해서 석방되었다는 둥 하면서 자신은 체포될 자격이 있다고 나섰다. 조정에서는 그것을 불문에 부치는 수밖에 없었다.

이듬해 6월에 환제는 연호를 영강(永康)이라 고치고 은사령(恩赦令)을 내려 당인 200여 명을 석방했다.

환관은 양자를 들여 가계를 잇는 것이 허용되었다. 그 양자는 당연히 환관이 아니라 보통 남자였다. 당인을 석방한 이유 가운데 하나는 환관의 양자가 사인이 되어 당인파에 들어간 경우가 많았기 때문이기도 했다.

석방되어 '종신금고'에 처해졌으나, 그렇다고 자유를 속박당한 것은 아니었다. 이 시대의 '금고'는 관리로서 등용될 수 없다는 의미였다. 그러므로 종신금고는 평생 관리가 될 수 없다는 처분이었다.

당인을 석방한 해 12월에 환제가 죽었는데, 그 역시 아들이 없었기 때문에 장제의 아들인 하간왕(河間王) 유개(劉開)의 증손으로 해독후(解瀆侯) 자리에 있던 유굉(劉宏)을 후계자로 정했다. 이때 그의 나이 겨우 12세였다. 그가 곧 영제(靈帝)다.

황후 두씨는 환제가 죽자 남편이 총애하던 전귀인을 먼저 죽여 버렸다. 두씨는 물론 황태후가 되었고, 아버지 두무는 대장군이 되었다.

두무는 여기서 환관세력을 전멸시키고자 했다. 기개 있고 두드러진 사인들이 종신금고에 처해지자 세상은 환관 천하가 되었다. 사인 대표로서 환제에게 당인의 사면을 탄원한 적 있는 두무는 환관의 횡포에 위기감을 느꼈다.

양기의 전성시대와 같은 그러한 외척의 권세도 회복하고 싶었을지 모른다. '꿈이여, 다시 한 번' 하는 마음을 품었다고 해도 이상할 것도 없다. 그러나 두무라는 인물의 경력을 보면 그렇게까지 적극적이지 않았다. 두융의 고손자라는 명문집안에서 태어났지만 출세할 생각은 없었고 학문을 가르치고 세상일과 관계를 맺으려고 하지 않다가 딸이 황후가 된 뒤에야 겨우 관직에 올랐다. 가문을 중시하던 시대이므로, 정계에 야심이 있었다면 그때까지 기회는 얼마든지 있었을 것이다.

두무를 몰아세운 것은 역시 사인으로서의 위기감이었다. 딸이 황후가 된 일로 대장군이 되었으나, 외척이라는 의식보다는 사인 대표라는 의식이 강했을지도 모른다.

『후한서』의 그의 전기에 따르면, 환관 주멸을 먼저 입 밖으로 꺼낸 사람은 태부(太傅)인 진번으로 되어 있다. 두무는 "심히 그것이 옳다"고 했다. 진번은 기쁜 나머지 손으로 자리를 박차고 일어났다. 아무래도 주도권은 진번에게 있었던 것 같다. 두무는 위기감은 컸으나 세상일에는 어두운 인물이었다.

두무의 귀에는 석방된 당인의 기세등등한 이야기와 태학의 서생들이 외치는 구호밖에 들리지 않았다. 천하가 사인들을 응원한다고 착각했다. 세간에서는 다양한 인물에 서열을 매기고 있었다.

3군(三君), 8준(八俊), 8고(八顧), 8급(八及), 8주(八廚) 같은 명칭이 있었는데, 사인이라면 누구나 알았다.

'군(君)'이란 세상이 종(宗, 추앙의 대상)으로 삼는 인물로 두무, 유숙, 진번 이 세 사람이 그에 해당했다. 유숙은 종실(넓은 뜻의 황실)에서 가장 학문이 높았고 천거를 받았으나 관직에 나가지 않았다. 환제가 강제로 상경시켜서 상서(尙書)가 되고 호분중랑장(虎賁中郎將)이 되었으며, 환관 등용을 중지하라고 상서했다는 사실이 알려지면서 세평이 높아졌다.

'준(俊)'이란 뛰어난 인물을 말하는데, 이응이 이에 속한다. '고(顧)'란 덕행으로써 사람들을 이끄는 자를 말하고, '급(及)'이란 사람을 인도하여 세상이 추종하는 인물에 도달한 자를 뜻한다. '주(廚)'는 재물로써 능히 사람을 구제하는 자다.

이렇게 뛰어난 사람이 많았으니, 힘을 모아 환관을 주멸하는 일은 그다지 어렵지 않았다.

그러나 계획이 치밀하지 않았다. 환관 쪽도 정보망이 있을 터였다. 또 두무는 딸인 두태후와도 잘 지내지 못했다. 계획이 새어나가 환관들이 먼저 기선을 잡고 군대를 동원했다. 진번은 살해되었고, 두무는 궁지에 몰려 자살했으며 그의 머리는 낙양 거리에 내걸렸다.

위기감에서 말한다면 환관 쪽이 훨씬 강했을지도 모른다. 사인에게는 지방 호족이라는 기반이 있지만, 환관에게는 아무 것도 없었다. 두무 같은 사람들은 3군이나 8준 등이라는 여론을 의지한 형적(形迹)이 있었지만, 환관들은 의지해야 할 기반도 여론도 없이 자기 몸을 스스로 지켜야 했다.

환관파는 이 기회에 당인파를 철저하게 숙청하지 않으면 자신들의 목숨이 위험하다고 통감했다. 제1차 당고의 화가 일어났을 때, 처분이 지나치게 관대했기 때문에 이와 같은 계획을 다시 세운 것이라고 생각했다. 확실히 그랬다. 체포를 자원하는 자까지 나와 세간의 갈채를 받았다. 당인들이 그 갈채에 어리광을 부린 면도 없지 않았다. 환관파는 세인이 아무리 갈채를 보내도 두 번 다시 이런 일이 벌어지지 않도록 당인들을 가혹하게 탄압해야 했다.

제2차 당고의 옥(獄)은 처참하기 그지없었다. 본보기가 참혹할수록 효과는 큰 법이다.

당인으로 살해당한 자가 100여 명이었다. 물론 이응도 포함되었다. 금고는 6, 7백 명에 이르렀고 체포 투옥된 태학 서생들이 1천 명을 헤아렸다. 당인의 5촌 이내와 문하생 가운데 관직에 있는 자는 모두 해임되어 금고처분을 받았다.

8고(顧) 가운데 한 사람으로 꼽혔던 범방(范滂)은 제1차 당고의 화에서 체포되었을 때, 맨 먼저 고문대에 오른 의협심이 강한 인물이었다. 투옥된 당인은 '삼목낭두(三木囊頭)'의 모습으로 섬돌 아래로 끌려나왔다. 삼목이란 목에 씌우는 칼, 손에 채우는 차꼬와 발에 채우는 쇠고랑을 말하며 이것들은 모두 나무로 만들었다. 낭두란 머리에 뒤집어씌우는 자루를 말한다. 사인으로서 더할 나위 없이 수치스러운 모습이었다는 것은 두말할 것도 없다. 또 당시의 고문이 얼마나 잔인했는지 상상하고도 남는다. 『후한서』「당고전(黨錮傳)」에 따르면, 이런 고문을 견디지 못하고 자백하는 자까지 있었다고 한다. 자백이란 당을 맺은 동료의 이름을 부르는 것이니, 그 동료가 체포되는 것은 당연한 일이었다. 범방은 끝까지 고문을 견뎌 은사 때 출옥했다.

범방이 귀향길에 오르자, 이 소문을 듣고 여남(汝南)과 남양군 사인들이 수천 대의 수레를 끌고 마중 나왔다. 2년 뒤 진번, 두무의 반 환관 반란 실패로 제2차 당고의 옥이 일어나자, 범방에게도 체포령이 떨어졌다. 독우(督郵, 현의 출장소의 하급관리)인 오도(嗚導)가 체포 조서를 가져 오자, 범방은 그것을 품에 안고 울기만 했다. 조서를 읽지 않아도 그것이 체포령이라는 것을 안 범방은 그대로 현으로 출두했다. 현령 곽읍(郭揖)은 허리에 찬 현령의 인수를 끌러서 사임의 뜻을 보이고 범방의 손을 잡고 함께 도망가자고 말했다. 범방은 "내가 죽으면 끝나는 일"이라며 그것을 거절했다.

작별 인사를 고하자 범방의 어머니는,

너는 이제 이·두(이응과 8준의 한 사람인 두밀)와 이름을 나란히 할 수 있다. 죽어도 무슨 여한이 있겠느냐. 이미 명성을 얻었는데, 다시 오래 살기를 바라다니 어찌 둘 다 얻을쏘냐.

명성을 얻었는데, 오래 사는 것까지는 구하면 안 된다는 말이었다.

아들은 그 죽음에 승복하고, 어머니는 그 의(義)를 기뻐하기에 이
르니 장하다.

『후한서』를 쓴 범엽은 그렇게 적고, 이와 같은 기절(氣節)이 아직 죽지
않았는데 후한이 어찌 이 지경이 되었고, 또 멸망했는지 의문을 던진다.
그리고 그 설명으로서 『논어』「헌문(憲問)」의 한 구절을 인용했다.

도(道)가 바야흐로 쇠퇴하려는 것도 명(命)이다.

운명론과 같다.

돈 냄새 진동하는 '동취시대'

제2차 당고의 옥은 영제 건영 2년(169)에 일어났다. 황건의 난이 일어
나 사인들의 협력이 필요해지자 당인을 널리 사면한 것이 중평(中平) 원년
(184)의 일이다. 이 약 15년 동안은 환관 천하였다. 거세된 환관은 특수한
인간으로 사인과 달리 그 수가 한정된다. 중앙의 관직도 지방관도 환관
이 독점할 수는 없었다. 그보다는 환관의 말을 잘 듣는 환관파 시대였다
고 해야 할 것이다.

환관파의 특징은 염치가 거의 없다는 점이다. 그렇다고 모든 사인이
염치가 있었다는 말은 물론 아니다. 그러나 환관파 사람들은 이제 환관

의 세력에 머리를 숙인 이상 일종의 정신적인 폐질의식(廢疾意識)이라 할 수 있는 것이 생겨서 드러내놓고 뻔뻔하게 굴었다. 어차피 떨어질 데까지 떨어졌으니 깨끗한 척할 것 없이 벌 수 있을 때 왕창 벌어두자는 천박한 근성을 드러냈다.

이와 같은 무리가 관료가 되고 정치를 맡았으니, 지배를 받은 일반 백성들의 생활은 차마 눈뜨고 볼 수가 없을 지경이었다. 쥐어짜듯 착취를 당해 그렇지 않아도 가난했던 사람들이 한층 궁핍해졌다. 이런 사람들을 구제할 방법은 없는 것일까? 정치로 구제한다는 것은 이제 절망적이었다. 개인적인 구제를 바라는 사람들의 마음에 신앙을 받아들일 소지가 마련되었다. 태평도(太平道)라는 도교의 한 파가 믿을 수 없을 만큼 빠른 속도로 민중들 속으로 퍼져나가 황건의 난을 야기하게 되었다.

황건의 난은 뒤에서도 다루겠지만, 그와 같은 천하대란으로 이끈 것은『논어』의 '명(命)이로다'라는 운명론으로 끝낼 문제가 아니었다. 당고의 옥도 분명 천하대란의 한 원인이었으나, 그 후 15년 동안의 악정이 직접적인 원인이라고 말할 수 있을 것이다.

나는 이 15년이라는 세월을 '동취시대(銅臭時代)'라고 부른다. 동취란 돈 냄새를 뜻한다. 무슨 일에나 돈, 돈 하는 천박한 시대였던 것이다.

관직에 나아가려면 반드시 돈이 들었다. 조정이나 환관에게 상납하는 금전의 많고 적음에 따라 취임이 결정되었다.

후한 정부는 이때부터 변질되었다고 해야 한다. 과감하게 말하면, 후한 정부는 이 시점에서 멸망한 것과 다름없었다. 광무제 유수가 후한 왕조를 열었을 때, 관리 등용의 기준은 실무 재능이나 학문보다 인격이 먼저였다. 아무리 유능하고 박식하다 해도 인격에 결함이 있으면 안 되었

다. '덕(德)'이야말로 관료가 되려는 자가 무엇보다 먼저 갖추어야 할 조건
이었다. '효렴'에 추천된 자가 정부의 고관이 된다는 덕의 정치가 후한의
이상이었다.

그러나 이제는 관료 선별 기준이 '덕'에서 '돈'으로 변해 버렸다. 이렇게
큰 변질이 또 있을까? 먼저 것이 망하고 새로운 것이 그것을 대신하게 된
것이다. 아무튼 대역전임에는 분명했다.

영제는 즉위하기 전 해독후 시절, 열후라고는 해도 매우 궁핍했다. 즉
위해서도 선제(환제)가 사적으로 쓸 수 있는 돈을 거의 남겨 놓지 않은
것에 몹시 실망했다. 영제는 '매관(賣官)'으로 사전(私錢, 자기 마음대로 쓸 수
있는 돈)을 만들고자 했다.

궁중 서원(西園)에 서저(西邸)라고 부르는 저택을 짓고, 이곳에서 벼슬
을 팔았다. 관직에는 값이 매겨져 있었다. 군수 등 2천 석짜리 자리는 정
가가 2천만 전이었다. 현에도 잘사는 현과 가난한 현이 있어, 그에 따라
현의 장관 값도 달라졌다. 또 정가가 있어도 사는 사람의 신분이나 재산
에 따라 값을 조작했다. 또 입찰제도도 있었다.

흥미로운 것은 봉록이 같은 자리라도 지방관은 중앙 관직보다 배나
높은 가격으로 팔렸다는 사실이다. 현령은 앞에서 이야기했듯이 어떤 현
이냐에 따라 봉록이 달라졌는데, 600석 정도는 보통 현령이었다. 그리고
중앙 관직, 예를 들면 기록이나 달력을 관장하는 태사령(太史令)도 마찬
가지로 600석이었다. 그러나 서저에서 팔릴 때의 값은 현령 쪽이 태사령
의 배였다. 현령은 현민에게서 재물을 착취할 수 있지만, 태사령은 착취
할 대상이 거의 없었기 때문이다 조정에 나가서 조정대신으로서 봉품은
있으나, 실익이 없기 때문에 이와 같은 동취시대에는 시세가 낮았다.

신분이나 재산에 따라 값에 차이가 있었던 극단적인 예는 환관 조등 (曹騰)의 아들 조숭(曹嵩)에게서 볼 수 있다. 조씨 집안은 상당한 부호였 다. 그는 태위(太尉)라는 관직을 샀는데, 이름은 있으나 실익이 없는 중 앙관직으로 값은 1천만 전이었다. 하지만 조숭은 정가의 10배나 되는 1 억 전을 내야 했다. 물론 서저의 관직 판매원이 그렇게 요구했을 것이다. 반대로 명사로 알려진 최염(崔炎)이 사도(司徒)가 되었을 때는 정가 1천만 전을 500만 전으로 끝냈다. 최염이 청빈하고 이름난 사인라는 점을 고려 했던 것이다.

주목이 환관의 무덤을 파헤치고 조사한 것이 죄가 되었을 때 태학생 수천 명이 상서를 올려 사면을 청했는데, 그 우두머리에 선 사람이 유도 였다는 사실은 앞에서도 이야기했다. 유도는 나중에 경조윤(京兆尹)이 되 었는데, 1천만 전을 요구해 와서 병이 났다는 핑계를 대고 출근을 그만 둔 일이 있다.

아무튼 낙양의 태학이 반정부 운동의 중심이었으므로 환관파 정부는 다양한 대책을 짜냈다. 태학의 서생은 정치문제뿐만 아니라 유학의 자구 (字句) 기준에 관한 문제로도 자주 정부에 몰려가 시위를 했기 때문에 오 경(伍經)을 석비(石碑)에 새겨 태학 강당 앞에 세웠다. 당시 대학자였던 채 옹(蔡邕)이 쓴 오경을 표준으로 삼았다. 46기의 큰 석비에 빽빽이 새겨 놓아 의문이 생기면 그것을 보면 알 수 있었기 때문에 학생들은 시위를 할 필요가 없어졌다.

영제 광화(光和) 원년(178)에는 지금까지의 태학에 대항할 학교를 만들 었다. 그것을 '홍도문학(鴻都門學)'이라고 불렀는데, 학교가 홍도문 안에 위 치했기 때문에 그런 이름이 붙은 것이다. 정부에 반대하는 학생들에 넌

더리가 나서 친정부적인 태학을 만들고자 했던 것이다. 이 학교 학생들은 다양한 특전을 받았다. 아무래도 이곳의 학생이 된다는 것은 곧 관직에 오르는 것을 의미했다. 그래서 이 학교의 고시에 합격하면 곧바로 고급관료로 등용되었다. 정치적인 경학을 가르쳐서 반정부자가 되었다고 생각했는지 홍도문학에서는 학문, 예술에 힘을 쏟았다. 그러나 어용학교라는 것이 너무나 뚜렷해서 인기는 별로 없었다.

> 사군자(士君子)는 모두 더불어 같은 열(列)이 되는 것을 부끄러워했다.

라는 말처럼 기개 있는 사람은 홍도문학 학생과 동등하게 보이는 것을 부끄러워하는 분위기였다. 학생 수는 천 명이라고 했으나, 전통 있는 태학의 발꿈치에도 미치지 못했다.

태학은 전한무제 시대 동중서(董仲舒)의 건의로 세워졌다. 건원 5년(기원전 136)에 오경박사를 설치한 것이 그 창설이라고 한다면 홍도문학이 설치되었을 때, 태학은 이미 300년이 넘는 역사를 자랑했다. 무엇보다 건국 시조인 광무제 유수가 젊었을 때 태학 서생이었다는 것이 태학의 권위를 한층 높였다. 신설학교인 홍도문학으로는 도저히 맞설 수가 없었다.

인물 평론 족집게 곽태와 허소

백성들의 생활은 점점 더 고달파졌다.

서저(西邸)의 매관업은 외상판매도 했다. 입관 때 지불하지 못한 자는 일정 기간 뒤에 결제한다는 계약도 있었다. 이는 관직에 오른 뒤에 벌어서 갚는다는 것과 같은 말이었다. 외상으로 샀으니 돈을 갚기 위해서는 임기 중에 열심히 버는 데 힘써야 했다.

이 시대에는 관직의 임기가 매우 짧았다. 서저의 매관업이 번창하기 위해서는 회전이 빨라야 했던 것이다. 외상을 갚아야 하는데다 임기가 짧았기 때문에 관리는 초조했다. 가렴주구가 더욱 심해진 것은 당연했다. 엄격한 세금 징수로 야반도주하는 자가 나타났다. 도망자는 국가에 반항한 자로 간주되었으므로 그들은 유적단에 들어가는 수밖에 없었다. 이런데도 대란이 일어나지 않은 것은 오히려 기적이라 해야 할 정도였다.

이응을 포함한 주요 당인들은 죽었으나, 강제귀향당해 금고 처분을 받은 사람들은 재기를 노리고 있었다. 지방 호족으로 환관에 굴하지 않고 당분간 웅대한 뜻을 품고 웅크리고 있는 무리도 적지 않았다.

진식(陳寔)과 같이 석방된 당인이 관직에 나가지 않고 사숙을 열어 강의하는 것은 위법이 아니었다. 경학은 정치적인 이상을 내세웠기 때문에 강의 내용에는 당연히 정치학도 포함되었다. 정치 본연의 모습을 연구하는 학문이므로 당시의 정치가 이상적인 방향에서 벗어났다는 사실을 언급하지 않을 수 없었다. 각지의 경학 강의가 정치 비판 형태를 띤 것은 당연한 일이었다.

종이의 발명은 교육의 보급에도 기여했을 뿐만 아니라 여론 형성에도 공헌했다. 3군, 8준, 8고, 8급, 8주 등과 같은 인물 서열이 전국으로 퍼져 나간 것은 입에서 입으로 전해지는 것 외에도 종이에 썼기 때문이다. 이 시대에는 인물에 관심이 매우 많았다.

인물평론가라 할 만한 사람이 이 무렵 자주 나왔는데, 그것은 시대의 요청에 부응한 현상이었다. 당시 사람들은 어디에 어떤 인물이 있는지

궁금해 했다. 왜 그랬을까? 일종의 영웅을 바라는 마음이 있었기 때문일 것이다. 지금 시대가 나쁘다는 것은 누구나 안다. 어디 개선해 줄 인물이 있지 않을까? 이 시대를 개선하려면 상당한 인물이어야 했다.

태원군(太原郡, 산서성)의 곽태(郭泰)는 자가 임종(林宗)이다. 천거를 받았지만 관직에 나가려 하지 않고 여러 나라를 유람하며 돌아다녔다. 범방은 곽태를 다음과 같이 서술하고 있다.

> 숨어 살면서도 부모의 뜻에 어긋남이 없고, 정절하면서도 세속과 절연이 없다. 천자도 신하로 삼지 못하고, 제후도 벗으로 삼지 못하였다. 나는 그 밖의 일은 알지 못한다.

은자는 부모와 가족을 버리거나 무시하는데 곽태는 그렇지 않았다. 정절한 경골한(硬骨漢)은 세속과 연을 끊기 쉬운데 그는 그렇지도 않았다. 누구에게도 굴복하지 않았지만 완고한 구석은 없고 인간적이었다. 이것만으로도 충분한데 그 밖에 그에 관해서 더 무슨 말을 하겠는가. 그 밖의 것을 알지 못한다고 범방은 절찬했다. 『후한서』의 저자 범엽은 그를,

> 임종(곽태)은 비록 인물 평가는 잘해도, 과격한 비판은 하지 않았다. 그 까닭에 환관이 정권을 제멋대로 휘두를 적에도 그를 해치지 못하였다.

고 쓰고, 묵자(墨子)자 맹자(孟子)보다 뛰어나다고 격찬했다. 많은 당인이 박해받아 죽었음에도 곽태가 암흑시대를 살아남은 것을 칭송한 말이다.

본래라면 진번이나 이응처럼 죽음을 무릅쓰고 개혁을 꾀하다 의(義)를 위해 죽은 인물을 칭송해야 하지 않을까? 그러나 암흑시대를 경험한 자는 절개를 굽히지 않고 그러면서도 살아남은 인물에게서 이상적인 인물상을 보았는지도 모른다.

곽태가 환관과 시대를 살아남았을 수 있었던 것은 진식과 마찬가지로 고관이 되지 않았기 때문이다. 환관 정부는 인물평론가를 그다지 위험하다고 여기지 않았다.

곽태가 '이 사람이다'라고 보증한 인물은 인간적으로 훌륭했고, 그가 비판한 인물은 역시 좋지 않았다.

여남군의 허소(許劭)도 인물평론으로 세상에 알려진 인물이다. 허소는 사촌형인 허정(許靖) 등과 매달 초하룻날에 모여서 이런저런 인물을 비평하는 모임을 가졌다. 매달 초하룻날을 '월단(月旦)'이라고 하는데, 이는 인물 비평을 '월단평(月旦評)'이나 '월단'이라고 불렀던 것에서 기인한다.

어느 날, 인물평론으로 유명해진 허소의 집에 한 남자가 나타나 자신의 인물을 평가해 달라며 조금 강제로 부탁했다. 허소는 그 남자를 보고,

당신은 청평(淸平, 평화의 시대)의 간적(姦賊)이요, 난세의 영웅이다.

라고 평했다. 이 남자는 그 말을 듣고 크게 기뻐하며 떠났다. 그 남자가 다름 아닌 삼국지의 영웅 조조(曹操)다. 『후한서』에는 허소의 말을 위와 같이 인용하고 있으나, 『자치통감』에는 '치세의 능신(能臣)이며, 난세의 간웅(姦雄)'이라고 적혀 있다.

이미 삼국지 시대가 시작된 것이다.

『삼국지』라고 할 때는 서진(西晉)의 진수(陳壽)가 저술한 정사(正史)를 가리키는데, 서술이 매우 간결하여 주(註)가 없으면 자세한 내용을 알 수 없다. 배송지(裴松之)라는 사람이 실로 자세한 주를 달아서 만든 덕분에 우리는 이 시대의 일을 잘 알 수 있다.

보통 『삼국지』라고 하면 진수의 『삼국지』와 배송지의 주를 바탕으로 해서 소설처럼 윤색한 명나라 나관중(羅貫中)이 쓴 『삼국지연의(三國志演義)』를 말한다.

나관중의 『삼국지연의』는 역사의 큰 물줄기는 바꾸지 않았으나, 유비 진영을 주역으로 해서 상당히 미화했다. 그리고 그 적대 진영이며 나중에 후한 왕조를 찬탈한 조조 진영을 지나치게 나쁜 쪽으로 묘사했으므로 그 점에 유의해서 읽어야 한다.

『삼국지연의』 제1회는 황건의 난이 일어나고 유비(劉備)가 관우(關羽), 장비(張飛)와 도원에서 의형제의 맹세를 맺고 용약 종군하는 것에서부터 시작된다. 이 이른바 '도원결의'는 정사인 『삼국지』의 본문에도, 그리고 주에도 실려 있지 않다. 「선주전(先主傳, 유비전)」에,

즐거이 호협(豪俠)과 사귀고, 젊은이들은 다투어 그를 따른다.

영제 말에 황건의 난이 일어나, 주군(州郡)에서도 각각 의병을 동원하였다. 선주는 그 속(屬)을 이끌고, 교위(校尉) 추정(鄒靖)을 따라 황건적을 토벌하는 데 공을 세웠다.

는 내용이 나오고, 이것이 도원결의로 소설화된 것이다.

황건의 난이 일어난 중평 원년(184) 『삼국지』 주역들의 나이를 비교해 보자.

청평의 간적, 난세의 영웅이라는 소리를 듣고 기뻐한 조조는 서른이었다. 유비는 스물넷, 손견(孫堅)은 스물아홉이었다. 손견의 아들로 훗날 오나라의 대제가 된 손권(孫權)은 이미 태어나 세 살이 되었다. 유비를 보좌한 제갈공명(諸葛孔明)은 네 살이었다. 열두 살에 즉위한 그다지 현명하지 않은 영제 유굉은 스물여덟이라는 나이에 서저(西邸)의 매관업(賣官業)으로 사전(私錢, 사사로이 번 돈)을 벌어 싱글벙글하고 있었다.

영제는 어지간히 장사를 좋아했다. 후궁에서 모의상점(模擬商店)을 열어 궁녀에게 물건을 팔게 하고, 자신도 장사꾼 옷을 입고 연회를 열었다. 말과 개를 좋아해서 개에게 관(冠)을 씌우고 인수(印綬, 관리 임명장)를 매어주어 웃음거리가 되기도 했다.

　　　왕의 측근은 모두 관을 쓴 개 같은 놈들뿐이다.

라는 소리도 있었다.

영제는 평소 환관에게 둘러싸여 생활했다. 장양(張讓), 조충(趙忠), 하운(夏惲) 등 황제가 직접 임명한 환관 10여 명을 세상 사람들은 '십상시(十常侍)'라고 불렀다. 황제 측근에서 시중드는 관리를 상시라고 하는데, 후한이 되면 오로지 환관만을 지칭하게 된다. 『후한서』 「백관지(百官志)」에 따르면, 중상시는 1천 석의 관직이었으나, 이때 2천 석으로 늘었다. 구경에 준한 대우였다. 이따금씩 황제를 알현하는 외조(外朝)의 삼공구경보다 늘 황제 가까이 있는 중상시가 황제에게 더 큰 영향력을 미쳤다. 영제는 평소,

장(양) 상시는 내 아버지이며, 조(충) 상시는 내 어머니다.

라고 말했다고 한다.

십상시는 자신의 부모, 자제, 친척, 식객 등을 지방에 파견해 부지런히 백성들을 착취해서 원망의 대상이었으나, 어리석은 영제는 그 사실을 몰랐다.

영제는 황후인 송씨를 폐위하고 하(何)씨를 황후로 세웠다.

후한 역대 황후는 모두 호족 출신이었다. 환제가 가장 사랑했던 전씨를 황후로 세우려고 했을 때도 미천한 출신 때문에 진번의 맹렬한 반대에 부딪쳐 포기하고 두씨를 세웠다. 이 전통이 여기에서 무너져 버렸다. 영제가 황후로 세운 하씨는 남양 출신으로 친정은 도살업을 했다.

호족 정권이었던 후한 왕조는 내조에서 호족 외척이 모습을 감추고 환관이 주도권을 쥐었으며, 새롭게 등장한 외척도 더는 호족 계열이 아니었다. 후한은 정권의 기초를 잃고 이제 산송장이 되어 있었다.

선비족은 종종 유주(幽州, 북경근방)에서 병주(並州, 산서)에 걸쳐 침입했고, 각지에 돌림병이 유행했으며 가뭄과 홍수가 끊일 새가 없었다.

착취를 견디다 못해 도망친 농민은 날로 늘어만 갔다.

이처럼 천하가 떠들썩해지자 불안한 땅울림이 들려왔다. 황건의 대란은 이렇게 하여 일어났다.

창천은 이미 끝났다

태평도로 뭉친 황건군

창천(蒼天)은 이미 죽었다. 마땅히 황천이 일어나리니. 갑자년에 천하가 크게 길하리라.

누가 말했는지 알 수 없지만 이런 주문 같은 말이 여기저기서 들려왔다.

이 말을 유행시킨 근거지는 도교의 일파인 '태평도(太平道)'였다. 게다가 의도적으로 퍼뜨렸다. 하북의 거록현(鋸鹿縣)에 장각(張角)이라는 자가 있었는데, 황제(黃帝), 노자(老子)의 도를 가르친다며 태평도라는 신앙단체를 만들었다. 10여 년 동안 수십만이나 되는 신도가 모여들자, 그는 신도를 36'방(方)'으로 조직했다. 방 하나의 규모가 큰 것은 1만여 명, 작은 것은 6, 7천 명에 달했으며 각각 거수(渠帥)라고 부르는 두목이 통솔한 점이 군대 조직과 비슷했다.

백수십 년 전, 적미(赤眉)나 녹림군(綠林軍)은 자연발생적인 유민단으로 적미가 30영(營), 30만 명이라고 칭한 것은 시간이 상당히 흐른 뒤부터다. 적미와 녹림군이 처음에는 거의 규율도 없는 폭주집단이었던 것에 비하면, 태평도는 처음부터 조직화되었다. 적미군은 눈썹을 빨갛게 칠한다는 원시적인 표식을 썼으나, 태평도는 황색 수건을 머리에 맸다. 그래서 그들을 황건군(黃巾軍)이라고 불렀다.

적미군은 고작 성양경왕(城陽景王) 신앙이라는 민간신앙을 단결의 수단으로 삼았을 뿐이지만, 태평도는 그 성립 초기부터 상당히 높은 종교적 규율이 있었다. 물론 세금을 내지 못하고 도망친 농민도 많이 가담했다. 그러나 이 조직은 그들을 받아들여 단체훈련을 실시했다.

불교는 전한(前漢) 말기에 이미 중국에 전래되어 있었다. 실크로드를 따라 동서교역이 시작된 터라 상품과 더불어 교역하는 사람들도 오갔기 때문이다. 대월지(大月氏)는 이미 불교국가였으므로, 그 땅에 사는 사람이 중국으로 왔다는 것은 신앙도 함께 가져 왔다는 말이 된다.

『위략(魏略)』에 전한의 애제(哀帝) 원수(元壽) 원년(기원전 2)에 경려(景廬)가 대월지의 사자에게 부도교(浮屠敎)를 말로 전해 받았다는 기록이 있다는 사실은 이미 앞에서 이야기했다. 『후한서』 「서역전」에는 명제(明帝)의 감몽구법설(感夢求法設)이 실려 있다.

세상에 전하기를, 명제가 꿈에 금인(金人)을 보았는데, 몸집이 장대하고, 이마에 광명이 있었다. 이에 군신에게 물었더니, 어떤 자가 말하기를, 서쪽에 신이 있으니, 이름하여 부처라 한다. 그 모습이 키는 장육척(六尺)에 황금색이다. 명제는 이에 사자를 천축으로 보내, 불도의 법을 묻게 하였다.

마찬가지로『후한서』에서는 명제의 배다른 동생인 초왕(楚王) 유영(劉英)이 불교를 믿었다는 기록을 볼 수 있다.

> 초왕은 황제(黃帝)와 노자의 미언(微言)을 암송하고, 부처가 있는
> 절을 존중했다. 몸과 마음을 깨끗이 하기를 석 달, 신과 서약을 한다.

이것은 영평 8년(65) 항에 기록된 내용이다. 환제도 불교를 믿어서,『후한서』의「환제기」에는,

> 전사(前史)에 이르기를, 환제는 음악을 좋아하고, 거문고와 생황을
> 잘 연주하였다. 방림(芳林, 향기 있는 숲-옮긴이)을 가꾸고 탁룡(濯龍,
> 동산 이름-옮긴이)의 궁을 만들고, 화개(華蓋)를 설치하여 부도와 노자
> 를 제사지냈다.

고 기록되어 있다. 초왕도 환제도 황로(黃老, 황제와 노자)와 불교를 함께 믿었던 모양이다. 황로를 시조로 하는 도교는 그 허무관(虛無觀) 때문에 중국인들은 불교와 가깝다고 느꼈다. 중국인이 이해하는 불교는 도교를 발판으로 한다.

불교는 그 교단조직까지 함께 중국에 전해졌고, 도교는 그것을 채용하는 처지였다. 태평도에서도, 같은 계열인 오두미도(伍斗米道)에서도 우리는 불교의 영향을 느낀다.

태평도는 환자에게 무릎을 꿇고 절하면서 자신의 잘못을 참회하게 하고 부수(符水, 부적을 가라앉힌 물)를 마시게 하여 병을 고치는 주술로 신도들

을 모았다. 교조인 장각(張角)은 자신을 대현량사(大賢良師)라고 불렀다. 대현량사는 '황천(皇天)'이라는 신의 사자다. 황천은 아마 황로에서 생각해냈을 터인데, 전지전능한 신으로서 인간이 병에 걸리는 것은 그 신이 내리는 벌이라고 믿었다. 따라서 환자는 가장 먼저 자신의 죄를 인정해야 했다.

육체적인 환자뿐만 아니라 정신적인 환자도 태평도로 모여들었다. 고민하는 사람이 많던 시대인 만큼 태평도는 순식간에 세력이 커졌다. 그러면서 신앙집단에서 반란집단으로 바뀌어 갔다.

위정자를 향한 불신이 서민들의 뼛속 깊이 사무쳐 있었다. 서민들을 모은 태평도가 반정부 색채를 띠게 된 것은 당연한 추세였다.

머지않아 우리 황천의 시대가 온다.

태평도 안에서 그렇게 선전했다. 교단의 세력을 확장하기 위해서는 목표가 있어야 했다. '황천은 마땅히 일어나야 한다'가 그들의 목표가 되었다. 황천이 일어나기 위해서는 창천, 즉 후한 제국이 망해야 했다.

황건군은 적미군 때보다 더욱 계획적으로 반란을 꾸몄다. 정부 지도관은 이런 낌새를 조금도 눈치 채지 못했다. 지방 관리들은 일에는 태만했으나 착취에는 열심이었기 때문에 그쪽으로 너무 힘을 쏟는 바람에 다른 일에는 소홀했는지도 모른다. 지방관은 장각을 '백성을 교화 선도하는 사람'이라고 중앙에 보고하는 형편이었다.

'갑자년에 이르면'이라는 말은 결기가 갑자년, 다시 말해 중평 원년(184)에 일어난다고 예고한 것과 다름없었다.

태평도 산하에 빈궁한 농민만 있는 것은 아니었다. 고급관리 중에서도 중상시의 서봉(徐奉)처럼 태평도에 귀의하는 자가 나타났다.

태평도, 다시 말해 황건군의 봉기는 밀고자 때문에 계획이 누설되었다. 그래서 부득이 예정보다 일찍 결기할 수밖에 없었다. 장각은 대현량사라 일컫던 자신의 칭호를 '천공장군(天公將軍)'으로 고쳤다. 그에게는 동생이 두 명 있었는데, 그중 장보(張寶)를 '지공장군(地公將軍)', 장량(張梁)을 '인공장군(人公將軍)'이라고 불렀다. 지방 관서에 불을 지르고 마을과 도시를 약탈했다. 지방의 관리들은 대부분 도망쳤다. 당고의 옥 이후 뼈대 있는 지방 관리는 찾아볼 수 없었다.

낙양의 조정은 당연히 토벌군을 파견했으며 측면 대책으로서 당인의 금고를 해제하기로 결정했다. 지금 여기에서 황건군과 당인이 손을 잡으면 큰일이었다.

중신회의에서 당금 해제를 진언한 사람은 북지군수(北地郡守) 황보숭(皇甫嵩)이었다. 영제는 이 일을 중상시인 여강(呂强)과 상의했다. 영제는 사인(士人)의 진언에 대한 가부를 판단하는 데 역시 환관의 의견을 물었다. 모든 환관이 탐욕스럽고 수치를 모르는 인간은 아니었다. 여강은 훌륭한 인물이었다.

당고가 오래 이어져 인정이 원한과 분노로 가득합니다. 만일 죄를 용서하지 않으면, 곧 장각과 모의하여 변을 일으킬 가능성이 커질 것이며, 이를 후회해도 구제받지 못할 것입니다. 청하건대, 우선 좌우의 탐탁(貪濁, 탐욕스럽고 혼탁한)한 자를 주살하고, 당인을 대사(大赦)하며, 자사(刺史), 2천 석 능력의 유무를 헤아려 고른다면, 당장 도적의 불평은 없어질 것입니다.

이것이 여강이 내놓은 의견이었다. 영제도 결국 당고를 풀기로 결심했다. 여강의 의견은 환관답지 않은 것이어서 일반 환관들은 원수인 당인을 용서하는 일에 내켜하지 않았다. 그보다 '좌우 탐탁한 자를 주살하라'는 의견에 환관들은 두려움을 느꼈다. 얼마 뒤 여강은 조충 등 십상시의 참언(讒言)으로 자살했다. 참언 중에는 여강이 종종 『한서』의 「곽광전」을 읽는다는 내용이 포함되어 있었다. 전한의 대장군 곽광은 황제를 폐립했기 때문에, 그의 방법을 연구하기 위해 「곽광전」을 읽었다는 생트집이었다.

낭중 장균(張鈞)은 다음과 같이 상서를 올렸다.

가만히 생각해 보니, 장각이 군사를 동원해 난을 일으킨 까닭과 만민이 기꺼이 이에 가담하는 까닭은 그 근원이 모두 십상시가 수없이 부모, 형제, 혼친(婚親), 빈객을 풀어서 주군(州郡)을 다스리고, 재리(財利)를 독점하고, 백성을 침략하여, 백성이 원한을 호소할 곳이 없어, 모반을 꾀하여 도적이 된 것에 있습니다. 십상시를 참수하고, 수급을 남교(南郊)에 내걸어, 마땅히 백성에게 사죄해야 할 것입니다.

이는 몹시 과감한 상서로 아마 죽음을 각오하고 올렸을 것이다. 과연 장균은 황건의 도를 배웠다는 무고로 투옥되어 죽었다.

여강의 의견과 장균의 상서로 문제점이 어디에 있었는지 잘 알 수 있다.

당인의 금고는 풀렸으나 '단 장각만은 용서하지 않는다'는 단서가 붙었다. 장가은 당인이 아니었으니, 글을 읽고 쓸 줄은 알았다. 당인과 쉽게 결탁할 소지가 있었던 것이다. 후한 정부는 이 관계를 끊어서 황건을 고립시키려고 했다.

환관의 손자로 대장군에 오른 조조

후한 정부의 작전은 일단 성공했다. 황건군은 밀고자 탓에 예정보다 빨리 군사를 일으킬 수밖에 없었고, 당연히 연락이 잘 되지 않았다. 병력을 모으는 도중에 거사를 일으켰기 때문에 반란군은 아직 분산 상태였다. 그것이 각개 격파되어 궤멸당했다.

정부군 쪽에서는 당인의 금고를 해제한 것이 정신적인 면에서 큰 이점이 되었다.

환관에게 천하의 권세를 독점당해 기가 죽어 있던 사인들은 기회가 왔다는 기대를 품었다. 숨어 지내던 지방 호족도 의욕이 싹텄다. 황건군과 전투를 하려면 각지에서 군사를 모아야 했는데, 그것은 지방 유력자의 도움 없이는 불가능한 일이었다. 자신들의 힘을 깨닫는 것이 정신을 고양시키는 일도 되었다.

장각이 이끄는 황건군의 중심세력은 하북에 있었으나 하남 동부의 영천(潁川) 부근에도 유력한 중심이 있었다. 후한 조정은 북중랑장(北中郎將) 노식(盧植)을 하북에 파견하고, 좌중랑장인 황보숭과 우중랑장인 주준(朱儁)을 영천으로 파견했다.

황보숭은 당금 해제를 진언한 인물로 북지(北地) 태수에서 중랑장으로 자리를 옮겼다. 아버지 황보절(皇甫節)은 안문태수(鴈門太守)였고, 숙부인 황보규는 도요장군이 된 저명한 인물이었다. 전형적인 호족출신 사인으로 효렴에 추천되어 관직에 올랐다. 사람됨이 '애신진근(愛愼盡勤)'했으며,

상서문을 올려 간언하고 진언한 것이 500여 건이나 되었다고 한다. 황건 토벌에 성공한 한 가지 원인이 당금 해제에 있다면, 그것을 진언한 그는 당연히 조정에 큰 공을 세운 공로자였다.

주준은 회계(會稽, 절강) 출신으로 당시 대관료 중에서는 드물게 남쪽 사람이었으며 더구나 가난한 집에서 태어났다. 지방의 하급 관리를 지내다 윗사람에게 인정을 받아 나중에 효렴에 추천되어 승진했다. 말하자면 실력파 관료인 셈이다. 교지(交趾, 베트남 북부)에 반란이 일어났을 때, 그는 자사(刺史)로서 7군(郡)의 병사를 이끌고 반란을 평정했다. 병사를 모아 반란군을 토벌한 실적이 높은 평가를 받았다.

황보숭이 장사(長社)라는 곳에서 황건군 파재(波才)가 이끄는 군대에 포위되어 곤경에 처했을 때, 원병을 이끌고 달려온 사람이 기도위(騎都尉)였던 조조. 이것이 조조가 자신의 기량을 맘껏 발휘할 영광스런 역사의 무대에 처음으로 등장한 순간이었다.

하북으로 향한 노식은 장각을 광종현성(廣宗縣城)까지 패주시키고 그곳을 포위해 공성전을 펼치려고 할 때 바로 해임되었다.

토벌군에는 황제 직속의 감찰역이 있었는데, 그들은 모두 환관이었다. 노식이 이끄는 부대에는 소황문(小黃門, 환관 직책의 하나-옮긴이)인 좌풍(左豊)이 배속되었다. 당시의 관례로는 군사령관이 감찰역에게 뇌물을 보내야 했으나 노식은 그렇게 하지 않았다.

노식은 오히려 유학자로 알려진 인물이었다. 젊었을 때 정현(鄭玄)과 함께 마융(馬融)에게 배워 고금의 학문에 능통했다.

성품은 의지가 굳었으며 절개가 있었다. 늘 세상을 구제하려는 뜻을 품었으며, 시가와 문장을 좋아하지 않았다. 술을 좋아하여 마셨다 하면 말술이었다.

이처럼 강직했음으로 뇌물 따위는 당치도 않다고 생각했다. 소황문 좌풍은 낙양으로 돌아와 영제에게,

> 광종(廣宗)의 도적은 격파하기 쉬웠는데도, 노중랑은 루(壘)를 굳 게 지키고, 군대를 쉬게 하며, 천주(天誅)를 기다렸습니다.

라고 보고했다. 당장 격파할 수 있는데도 노식은 게으름을 피우며 황건 군이 저절로 망하기를 기다렸다는 뜻이다. 황제는 크게 화를 내며,

> 함거(檻車)로 식(노식)을 소환하고 사일등(死一等)을 감하라.

는 처분을 내렸다. 사형은 면했으나, 죄인으로서 함거(檻車, 죄인을 호송하는 데 쓰던 수레-옮긴이)로 송환되는 불명예스러운 처분을 받은 것이다.

해임되어 함거로 호송된 노식의 후임은 동중랑부인 동탁(董卓)이었다. 이것이 『삼국지』에서 악역으로 나오는 동탁의 첫 등장이다. 동탁은 명문 출신이지만 '건협(健俠)'이라는 사실이 알려져 우림랑(羽林郎, 근위장교)으로 벼슬을 하고, 또 중랑장 장환(張奐)의 군사마(軍司馬, 참모)로서 강족의 반란을 진압하는 데 공을 세우기도 했다. 서역무기교위(西域戊己校尉))로 서 서역에 나간 일도 있다. 이 경험으로도 알 수 있듯이 그는 뿌리부터 무인이었다. 그럼에도 노식의 후임으로 광종성(廣宗城)의 황건군을 공격

했으나 이를 함락시키지 못했다. 동탁도 소환되었다.

3월에 편성된 토벌군은 10월이 되어서야 겨우 장각의 아우인 인공장군 장량을 광종(廣宗)에서 격파했다. 이때 장각은 이미 병사한 뒤였으나, 그 관을 쪼개 시체의 목을 베고 수급을 낙양으로 보냈다. 11월에 황보숭은 지공장군 장보를 하곡양(下曲陽)에서 공격하고 그를 참수했다.

그런데 황보숭은 토벌 도중 환관 조충(趙忠)의 저택 규모가 제한을 넘은 것을 보고 이를 조정에 보고해 조충의 집을 몰수하게 했고, 또 장양이 5천만 전을 빌려 달라고 한 것을 거절한 일도 있었다. 그 때문에 이두 환관의 우두머리가,

> 황보숭은 연이은 전쟁을 치르면서도, 공은 없고 경비만 과다했다.

는 보고를 올려 전승의 공으로 얻은 좌거기장군 인수가 회수되었다. 그뿐만이 아니라 식읍도 6천 호나 삭감되었다.

사인은 분기했으나, 환관도 황제 측근이라는 신분의 위력을 유감없이 발휘했다.

이듬해 중평 2년(185) 6월에 장각을 토벌한 공으로 중상시 장량 이하환관 12명이 열후가 되었다. 전쟁터에는 나가지 않았지만, 황제의 측근으로서 작전에 참여한 공적이 있다는 명목이었을까?

태학의 서생 시절부터 학생운동 선두에 선 유도(劉陶)는 이 무렵 간의대부(諫議大夫)라는 자리에 있었다. 그는 천하의 대란은 모두 환관 때문이라고 상서했다. 그 결과 환관의 중상모략을 받아 옥사했다. 그는 상소문에서 지금 서강족 반란군이 하동(河東)을 공격하여 세력을 얻는다면

수도를 칠 위험이 있다고 썼다. 환관이 그 말꼬리를 잡은 것이다.

> 지금 사방이 안정되어 평온한데도, 유도는 성정(聖政)을 질해(疾害)
> 하고 오로지 상서롭지 못한 말만 한다. 주군에서 보고도 올라오지 않
> 았는데, 유도는 무슨 연고로 안단 말인가. 필경 유도는 도적과 내통하
> 고 있을지 모른다.

반란군이 나타났다는 보고는 주에서도 군에서도 전혀 없었다. 그런데
유도는 어떻게 알았을까? 도적과 내통한다는 의심이 든다는 생트집이었다.

서강족이 하동에 나타난 것은 누구나 아는 사실이었다. 그러나 주와
군의 관리가 그것을 보고하지 않았다. 자신들이 책임져야 할 일은 가능
한 보고하지 않는 것이 당시 관리들의 태도였다.

후한군이 광종과 하곡양에서 황건군을 대파한 것은 사실이었다. 그러
나 반란군을 모조리 평정하여 '사방이 안정하다'는 말은 의심해 볼 필요
가 있다. 주군의 관료들은 사실을 보고하지 않았다. 토벌군의 수뇌도 마
찬가지가 아니었을까? 황제의 감찰역인 환관이 군영(軍營)에 있었으나, 이
들은 그럭저럭 뇌물로 어떻게든 요리할 수 있었다. 60퍼센트 정도의 승
리를 완승이라고 보고할 정도의 조작은 가능했을 것이다.

장각 형제가 죽은 이듬해부터 벌써 여기저기서 떼도둑이 봉기했다. 조
정에서 보면 떼도둑이지만 그들은 자신들을 의병쯤으로 생각했다. 왕망
말기처럼 뇌공(雷公), 부운(浮雲), 백작(白雀), 대목(大目), 좌자문팔(左髭文八)
같은 별명처럼 들리는 두목의 이름이 『후한서』에 나온다. 그중에서도 박
릉(博陵)의 장우각(張牛角)과 상산(常山)의 저비연(楮飛燕)은 대두목이었다.

이 두 거두가 군대를 합쳐 영도(郯陶) 땅을 공격했다. 이 전투에서 장우각은 전사했으나, 저비연은 병사를 이끌고 하북 땅을 활개치고 다니며 자신들을 '흑산적(黑山賊)'이라고 칭하고 100만 대군을 모았다. 조정에서도 어찌할 도리가 없어 저비연을 평난중랑장(平亂中郞將)에 임명했다. 도적 두목이 하루아침에 정부 고관이 되고 효렴을 추천할 자격까지 얻게 되었으니 기괴천만이라 아니할 수 없었다. 저비연은 이 기회에 장연(張燕)이라고 개명했다.

중랑장이라고 하면 비(比) 2천 석의 벼슬이었다. 비란 '준(準)'을 뜻한다. 당시 용법으로 2천 석이라 하면 고관을 뜻했지만 그 내용은 미묘하게 달라서, 단순히 '2천 석'이라고 하면 사실은 월 120석으로 실제 연봉은 1천 440석이었다. 그리고 '비 2천 석'은 월 100석이므로 연봉 1천 200석에 해당한다. 실질적으로 2천 석은 '중(中) 2천 석'이라고 표현했다. 삼공은 별도이고, 구경, 집금오, 사예교위 등은 중 2천 석이며 군의 태수와 주의 자사(刺史)는 2천 석이었다. 중랑장과 도위(都尉, 지방의 군사령관)가 비2천 석이었다.

떠돌이 도둑을 2천 석의 미끼로 귀순시키지 않으면 안 될 만큼 후한 제국의 권위가 땅에 떨어진 것이었다.

중평 원년(184)에 장 형제가 죽었다고 해서 황건군이 소멸한 것은 아니었다. 이듬해 저비연 등의 반란군에 흡수된 사람들도 많았고, 흡수되지 않고 그대로 황건군이라 칭한 무리도 있었다. 더구나 그것은 상당히 강력해서 후한 정부는 마지막까지 그들을 평정하지 못했다.

극단적으로 말하면, 후한 왕조는 역시 황건군의 손에 숨통이 끊어졌다고 말할 수 있다. 중평 원년에 황건군과 벌인 전쟁으로 대두한 조조가 사실상 후한 왕조를 찬탈했는데 그의 힘이 결정적으로 강해진 것은 이로부터 8년 뒤인 초평(初平) 3년(192)에 제북(濟北)에서 황건군을 항복시키고 이들을 자신의 군단에 편입시킨 뒤부터다. 그들 가운데 정예병을 선발하여 청주병(靑州兵)이라고 불렀는데, 그들은 훗날 조조의 패업을 돕는 데 큰 몫을 한다.

조조가 막대한 실력자가 된 것은 건안(建安) 원년(196), 헌제(獻帝)를 맞이하여 스스로 대장군이 된 뒤부터라고 전해진다. 그러나 그와 같은 일이 가능했던 것은 그만큼 실적이 있었기 때문이라는 점을 잊어서는 안 된다. 청주 황건군을 휘하에 흡수한 다음해에 조조는 원술(袁術)을 공격해서 패주시키고, 서주(徐州)의 도겸(陶謙)도 공격했다. 갑자기 힘이 붙은 것이다. 조조 군단 가운데서 청주병단은 자립성이 있어서 해체되거나 흡수되는 일이 없었다. 항복을 받아들일 때 처우에 관한 약속이 있었다는 설이 유력하다.

삼국지 영웅의 연봉은 2천 석

유민들의 반란은 황건군 때 갑자기 일어난 것이 아니었다. 조직이 없거나 아니면 조직이 있어도 허술한 반란은 그때까지도 종종 일어났다. 후한 말기의 반란은 만성적이었다. 황건의 난 이전에 반란군의 우두머리가 자신을 황제라 칭한 예만 해도 다음과 같다.

충제(沖帝) 건강(健康) 원년(144) 11월에 구강(九江)의 서봉(徐鳳)과 마면(馬勉)이 군사를 일으켜 성읍을 불 지르고, 서봉은 무상장군(無上將軍), 마면은 황제라 칭했다.

질제(質帝) 영가(永嘉) 원년(145)에 역양(歷陽)의 화맹(華孟)은 자신을 흑제(黑帝)라 칭하고 구강을 공격해 태수 양잠(揚岑)을 죽였다.

환제(桓帝) 건화(建和) 원년(147)에는 진류(陳留)의 이견(李堅)이 스스로 황제라 칭했으나 곧바로 형벌을 받아 죽었다.

환제 건화 2년(148) 10월에 장평(長平)의 진경(陳景)은 자신을 '황제자(黃帝子)'라 칭하고, 남돈(南頓)의 관백(管伯)도 '진인(眞人)'이라 칭하고 거병을 도모했으나 주살되었다.

환제 화평(和平) 원년(150) 2월에 우부풍(右扶風)의 배우(裴優)가 스스로 황제라 칭하다 형벌을 받아 죽었다.

환제 영흥(永興) 2년(154)에 태산 낭야(琅邪)의 공손거(公孫擧) 등이 반란하여 장리(長吏)를 죽였다. '위호역년(僞號歷年)'이라 한 것으로 보아 아마 황제를 칭했던 것 같다.

환제 연희(延熹) 8년(165)에 발해(勃海)의 개등(蓋登)은 스스로 '태상황제(太上皇帝)'라 칭하고 옥인을 만들었다.

환제 연희 9년(166)에 패국(沛國)의 대이(戴異)가 글씨를 새기지 않은 황금인을 얻어 이것을 광릉(廣陵)의 용상(龍尙)에게 주고 부서(符書, 뒷날에 일어날 일을 미리 알아서 해석하기 어렵게 적어 놓은 글-옮긴이)를 만들어 태상황(太上皇)이라 칭했다. 이것은 사칭일 뿐 반란은 일어나지 않았으나 아마 반란 직전이었던 것 같다.

영제 희평(熹平) 원년(172) 11월에 회계(會稽)의 허생(許生, 허소(許昭)나 허창(許昌)이라는 책도 있다)은 구장현(句章縣)에서 반란을 일으켜 양명(陽明)황제를 칭했다. 무리는 1만을 헤아렸다고 기록되어 있다. 황건군 토벌전의 사령관이 된 주준(朱儁)은 이 무렵 군태수 윤단(尹端)의 주부(主簿, 서기)

로 일하고 있었다. 윤단이 허생 토벌에 실패하고 사형에 처한 것을 주준이 서둘러 상경해 그 관계자에게 뇌물을 보내 좌천되는 것으로 마무리한 일화가 있다.

이상은 황건의 난 이전에 황제를 참칭(僭稱, 분수에 넘치게 스스로를 임금이라 일컬음-옮긴이)한 예만 정리한 것이다. 참칭이 기록되지 않은 반란은 훨씬 더 많았을 것이다.

황건의 난이 일어나고 3년 뒤인 중평 4년(187)에 또 다시 참칭 반란이 일어났다. 그때까지는 아무개 현(縣)의 도(盜), 적(賊), 요적(妖賊)으로 표현했으나, 중평 4년에 일어난 반란은 주도자가 민간인이 아니라 정부고관이었다.

환관의 미움을 산 황보숭이 거기장군에서 해임된 뒤 사공(司空) 장온(張溫)이 거기장군이 되어 강족 토벌에 나섰는데 군영에서 태위로 임명되었다. 이 장온은 양주(涼州)의 반란군을 토벌하기 위해 유주(幽州), 오환(烏桓)의 돌격기마대 3천 명을 동원한 일이 있다. 동북의 정예부대로 서북의 강족 반란을 진압하려 한 것이다. 이때 애초에 중산국(中山國)의 상(相) 장순(張純)이 이 정예부대의 사령관이 되겠다고 지원했다.

후한도 군국제여서 정부 직할인 군(郡)과 황족이 왕으로 있는 국(國)이 있었다. 그렇다고 왕이 실제로 그의 국(國)을 통치한 것은 아니고 상(相)이라는 관리가 사실상 국의 장관이었다. 군의 장관인 태수와 국의 장관인 상은 동등했으며 당연히 2천 석의 관직이었다.

그런데 장온은 장순의 말을 듣지 않고 탁현(涿縣)의 현령인 공손찬(公孫瓚)을 사령관으로 임명했다. 이에 불만을 품은 장순은 원래 태산군의

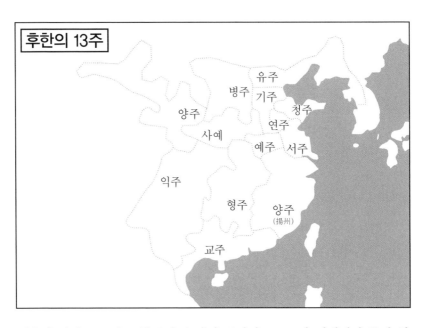

후한의 13주

태수인 장거(張擧)와 오환족의 수장인 구력거(丘力居)와 연맹해서 북경 일대를 휩쓸며 다녔다. 10여만의 무리를 모았다고 하니 아마 황건군의 잔당도 포함되었을 것이다. 그들은 요서군(遼西郡) 비여(肥如)라는 곳을 거점으로 삼고 장거는 스스로 천자라 칭했으며, 장순은 미천장군(彌天將軍)이라 칭했다. 그리고 주변의 주군에 문서를 보내 장거가 바야흐로 한나라를 대신한다고 통지했다.

기도위(騎都尉)로 승진한 공손찬이 이들을 토벌하게 되었다. 요동의 석문산(石門山)에서 벌어진 전투에서 대패한 장순 등은 처자를 버리고 만리장성 밖으로 도망쳤다. 그러나 공손찬은 지나치게 추격하다 요서의 관자성(管子城)에서 오환족의 구력거에게 포위되고 말았다. 농성 200여 일 끝에 식량이 떨어져 양쪽 모두 해산함으로써 전투는 승부 없이 끝났다.

패주한 장순은 부하에게 살해되어 그 목이 유주(幽州)의 목(牧) 유우

(劉虞)에게 보내졌다. 정부 고관의 반란은 이것으로 막을 내렸으나, 조금만 군사를 일으켜도 10여만의 무리가 모인다는 것에 큰 문제가 있었다.

또한, 이 무렵 주의 군권을 가진 자사를 목(牧)이라고 불렀다.

후한 시대에 중국은 다음과 같이 13개 주로 나뉘었다.

사예(司隷), 예주(豫州), 기주(冀州), 연주(兗州), 서주(徐州), 청주(靑州), 형주(荊州), 양주(揚州), 익주(益州), 양주(涼州), 병주(幷州), 유주(幽州), 교주(交州).

진(秦)나라 시황제는 중국에 36군(郡)을 설치했으나, 후한 명제 시대에는 군과 국의 수가 105개에 달했다. 군에는 태수, 국에는 상이 있었다고 이미 이야기했다. 가령 유주에는 11군국이 있었으며 한반도의 낙랑군도 그중 하나였다.

군 아래는 현이 있었다. 현과 동등한 것이 후국(侯國), 읍(邑), 도(道)이며, 이 현급 행정단위는 1천 180개나 되었다. 후국은 공신이 봉해진 땅이고, 읍은 공주에게 주는 이른바 탕목(湯沐, 목욕을 뜻하는 말로 조세 수입이 목욕이나 할 정도로 적다는 의미-옮긴이)의 땅이다. 만이(蠻夷)의 땅은 도(道)였다. 1만 호가 넘는 현의 장관을 현령이라 부르고, 1만 호가 못되는 현의 장관을 현장이라 불렀다.

현령은 1천 석, 현장은 400석에서 300석이었다고 『후한서』「백관지(百官志)」에 기록되어 있다.

군의 태수, 국의 상은 2천 석이었다는 사실은 앞에서 이야기했다.

주의 자사는 원래 600석이었으나, 전한 성제(成帝) 때 목이라 개칭하고 2천 석으로 늘었다. 후한 광무제 때 다시 자사라 칭했다가 후한 말에 또다시 목이라는 명칭을 썼다.

전국 13주 가운데 수도권인 사예(司隷)는 자사가 아니라 사예교위를 두었으며, 나머지 12주에는 자사(목)를 설치했다. 자사는 원래 지방 행정관이 아니라 그 주의 군이나 현 관리의 성적을 감찰하여 보고하는 자리였다. 같은 2천 석이라 해도 군의 태수는 통치할 땅이 있지만, 자사는 그것이 없고 대신 광대한 지역을 담당했다.

삼국지의 영웅호걸은 대부분 자사나 태수를 지냈다. 삼국지의 주역인 유비는 황건군 전투 때 교위인 추정(鄒靖)의 토벌군에 동료와 함께 종군했다. 응모해서 입영한 하급 군인으로 황건의 난이 평정된 뒤 전공을 인정받아 안희현(安喜縣, 중산국 내)의 위(尉)가 되었다. 현에는 장관 밑에 승(丞)과 위가 있는데, 승은 문서행정, 위는 군사·경찰을 담당했으며 봉록은 400석에서 200석이었다. 큰 현에는 현위를 두 명 두었다. 나중에 경쟁자가 되는 조조와 손견, 원소가 황건의 난 시점에서 모두 봉록 2천 석이었던 것에 비해 유비는 출발이 늦었다.

중평 4년(187)에 장사(長沙)에서 구성(區星)이라는 자가 장군이라 자칭하고 반란을 일으켰는데, 장사 태수 손견이 이를 평정하고 그 공으로 오정후(烏程侯)에 봉해졌다.

중평 5년, 조정은 서원(西園) 8교위를 설치했다. 천하가 어수선해져 군비를 증강해야 했으므로 8개 군단을 신설하고 각각 사령관을 임명했다. 그 여덟 명 가운데 조조와 원소가 들어 있었다. 8교위의 우두머리는 환관 건석(蹇碩)으로 상군(上君) 교위로서 한 군단을 맡는 외에 나머지 7군단을 감독하는 지위에 있었다. 건석은 기골이 장대하고 군사상 책략도 뛰어났다고 한다. 군부에두 환관의 세력이 뻗어 있었다.

군웅들

환관을 몰살한 원소

중평 6년(189) 4월에 영제가 죽었다. 향년 34세였다.

영제는 황자를 여럿 두었으나 모두 어린 나이에 세상을 떠났다. 그래서 도살업자의 딸인 하씨가 황자를 낳자 사자묘(史子眇)라는 도인(도교의 주술을 잘하는 사람)에게 맡겨서 기르게 했다. 이 황자의 이름은 변(辯)이었는데, 사람들은 그를 '사후(史侯)'라고 불렀다. 변을 낳은 하씨는 황후가 되었고 그의 오빠인 하진(何進)은 대장군이 되었다.

변이 태어난 지 5년 뒤에 후궁인 왕씨(王氏)가 황자를 낳았다. 질투가 많은 하황후 때문에 왕씨는 살해되었다고 하지만, 황자는 동태후(董太后)가 맡아서 길렀으므로 무사했다. 동태후는 영제의 생모로 일찍이는 해독후(解瀆侯) 부인에 지나지 않았다. 아들이 황자가 황제로 선정된 덕에 황후 경력 없이 황태후가 되었다. 이 동태후도 권력 욕심이 많은 여자였다. 왕씨가 낳은 황자의 이름은 협(協)이었는데, 사람들은 이를 '동후(董侯)'라고 불렀다.

영제가 죽었을 때, 사후 유변은 14세, 동후 유협은 9세였다. 이 두 사람을 비교한다면 변보다 협이 더 똑똑했다. 하황후가 변을 황태자로 세워 달라고 졸랐음에도 영제는 죽을 때까지 황태자를 결정하지 못했다. 사실 마음속으로는 협을 후계자로 생각했을 것이다. 병이 들자 영제는 건석(蹇碩)에게 협을 맡겼다.

건석은 서원 8교위의 총수로 최대 실력자였다. 협을 즉위시키기 위해서는 변의 후견인이자 하태후의 오빠인 하진부터 제거해야 했다. 건석은 의논할 일이 있다는 구실로 대장군 하진에게 만남을 청했다. 그러나 건석의 부하 중에 하진과 친한 자가 있어 미리 눈치를 주어 위급을 알렸기 때문에 하진은 도망쳐 돌아갔다. 이렇게 해서 하진을 주살하려는 건석의 계획은 실패로 끝났고 말았다.

영제가 죽은 지 이틀 뒤에 즉위한 변은 연호를 '광희(光熹)'로 고쳤다. 대장군 하진이 조정을 장악했음은 말할 나위도 없다. 그는 건석이 자신을 죽이려 한 것을 원망하며 언젠가는 보복하겠다고 다짐했다. 그러던 중 원소(袁紹)가 환관을 모조리 주살해야 한다고 하진에게 권유했다. 원소는 호족 중의 호족이었다. 원안(袁安)이 사도(司徒), 사공(司空)을 지낸 이래 4대에 걸쳐 변함없이 삼공을 배출했다. 사인의 대표임을 자임하던 원소가 사인(士人)을 압박한 환관에게 적개심을 갖는 것은 당연했다.

새로운 황제가 즉위한 지 13일째 되는 날 하진은 건석을 체포하여 주살했다. 그 사이 궁정에서는 격심한 권력 투쟁이 일어나고 있었다.

동태후는 자신이 기른 협을 황제 자리에 앉히려 했으니, 하진이 선수를 쳐서 변을 즉위시켰다. 하진이 건석을 주살한 일로 위기감을 느낀 환관들은 동태후의 오라비인 거기장군 동중(董重)을 의지했다.

황제(변) — 하태후 — 하진 — 사인

황제의 동생(협) — 동태후 — 동중 — 환관

궁정 세력은 이렇게 두 갈래로 나뉘어서 다투었다. 물론 도식대로 정확히 나뉜 것은 아니다. 가령 십상시 중 한 사람인 환관 곽승(郭勝)은 하진과 가까워서 건석 주살에 한몫을 담당했다.

동태후와 하태후의 싸움은 시어머니와 며느리의 싸움이면서 섭정의 싸움이기도 했다. 황제의 어머니로서 하태후는 정통 섭정이지만, 동태후는 선제(先帝)의 어머니인 자신이 위라고 생각했다. 동태후는 권세욕이 강해 정사, 즉 주로 인사에 관여하려 했다. 여자끼리의 싸움이어서 주고받는 말도 신경질적이었다. 동태후는 며느리인 하태후에게,

> 내가 표기(票騎, 동중)에게 명령만 하면, 하진의 목을 치는 것은 손
> 바닥 뒤집는 것과 같다.

고 말했다. 자신이 오라비인 동중에게 말만 하면 네 오라비인 하진의 목을 치는 일 따위는 손바닥 뒤집기만큼 쉽다는 유치한 말이었다. 하태후는 이 말을 오라비인 하진에게 일렀다. 하진은 표기장군부를 포위하여 동중을 자결하게 하고, 동태후마저 해독(解瀆)으로 돌려보내기로 했다.

> 번후(蕃后, 제후부인)는 수도에 머물 수 없다.

는 관례가 있으니, 그에 따라야 한다는 구실이었다. 동태후의 신분은 번후(蕃后)에 상당했다. 분을 참지 못한 동태후는 갑자기 죽어 버렸다.『삼국지연의』에는 하진이 독살했다고 묘사하고 있고,『구주춘추(九州春秋)』라는 책에서는 자살로 되어 있다. 이 일로 세간에서 하씨의 평가가 폭락했다.

앞에서 이야기한 두 세력 가운데 하태후와 환관은 서로 다른 편에 속해 있으나, 실제로는 그렇지도 않았다. 하진이 누이동생인 하태후에게 환관을 모두 파면해야 한다고 말하자, 하태후가 하진의 의견에 반대했던 것이다. 여자의 몸으로 정치를 하는데 어떻게 남자인 사인을 상대할 수 있느냐, 남자가 아닌 환관이 없으면 곤란하다는 이유였다.

하태후의 어머니 무양군(舞陽君)과 하진의 동생 하묘(何苗)는 환관에게 뇌물을 받고 있었기 때문에 환관을 폐지하려는 음모를 꾸미는 하진을 견제했다. 그런 이유로 하진은 결행을 미루고 있었다.

원소 등은 환관을 주멸하기 위한 계획을 짜고 맹장과 호걸을 모으러 사방으로 분주하게 뛰어다녔다. 그 사실을 안 조조는 환관은 예부터 있었으니, 그들에게 권력의 총애만 주지 않으면 된다, 원흉을 주살하는 데 옥리(獄吏) 하나면 될 것을 이렇게 병사를 모으는 것은 너무 야단스러운 일이라며 웃었다.

> 모두 주살하려고 한다면 일은 반드시 탄로 날 것이다. 나는 그 실패를 보는 것 같다.

나중에 만들어낸 일화일지 모르나 조조는 이렇게 실패를 예언했다.

사인들 가운데에서도 명문 출신인 원소와 환관의 양자의 아들인 조조는 환관을 생각하는 방식이 근본적으로 달랐던 모양이다.

흉포하기로 이름 난 동탁(董卓)은 그 무렵 하동에 병사를 모아놓고 시국을 관망하고 있었다. 하진은 주위의 반대를 무릅쓰고 동탁에게 낙양에 입성할 것을 요청했다.

이런 식으로 여기저기 손을 벌려 일을 꾀하면서도 결행을 연기하고 있으니 계략이 누설된 것은 당연했다.

하진의 움직임을 눈치 챈 환관들도 필사적이 되었다. 그들에게는 목숨이 달린 문제였다. 그들은 하태후의 이름을 빌려 하진을 궁중으로 불러들인 다음 가덕전(嘉德殿) 앞에서 목을 베어 버렸다. 궁지에 몰린 환관들의 반격이었다.

하진의 죽음은 궁전 밖으로 전해졌으나, 환관들은 궁문을 굳게 닫아걸었다. 원소의 사촌 동생인 원술(袁術)과 하진의 부장인 오광(鳴匡)이 궁문을 부수고 난입해 남궁청쇄문(南宮青瑣門)에 불을 질렀다. 해가 져서 어두웠기 때문이다.

원소는 주작문(朱雀門)에 진을 치고 십상시 조충 등을 붙잡아 목을 베었다. 그리고 북문을 닫고 궁전 안을 뒤져서 환관이란 환관은 모조리 죽여 버렸다. 이때 2천여 명이나 되는 환관이 죽었다. 거세된 남자는 수염이 나지 않기 때문에 그것을 표적으로 삼았다. 수염이 없는 자는 무조건 환관으로 오인되어 환관 아닌 사람도 수없이 죽었다.

이 난전 속에서 하진의 부하가 하진의 아우인 하묘를 죽였다. 하묘가 환관과 결탁하여 형의 계획을 방해했기 때문이다.

8월, 무진일(戊辰日)에 일어난 일이었다.

사인들이 염원하던 환관 주살은 이런 식으로 하룻밤 사이에 이루어졌다.

동탁을 반대한 원소

십상시의 장양과 단규(段珪)는 황제와 황제의 동생을 모시고 궁전을 탈출했으나, 소평진(小平津)이라는 곳에서 그들을 쫓아온 상서(尙書) 노식과 민공(閔貢)을 만났다. 이제는 끝이라고 체념한 장량과 단규는 몸을 던져 죽었다. 투신하기 전에 그들은,

신들은 죽습니다. 폐하, 부디 자애(自愛)하옵소서.

라는 말을 남겼다고 전한다.

황제 형제는 그곳에서 발길을 돌려 궁전으로 돌아가는 길에 낙양으로 급히 가는 동탁과 마주쳤다. 그때 황제는 겁에 질려 아무 말도 하지 못했다. 그러나 황제의 동생 협은 동탁이 묻는 말에 또박또박 대답했다. 이 형제는 확실히 동생이 더 똑똑했다.

이후 동탁의 시대가 열린다.

후한 중기 이후의 황제는 외척이나 환관의 허수아비였다. 황제는 권세의 상징이었을 뿐 그들에게 이용당했다.

외척과 환관도 마치 동시에 때리기라도 한 듯 무너져버렸다. 한순간에 사라져 버린 것이다. 사인들이 바라던 유서(由緖) 바른 사인에 의한 올바른 정치가 천하에 펼쳐지게 되었을까?

황제는 변함없이 허수아비였다. 황제를 조종하는 힘은 이제 환관도 외

척도 아닌, 무력을 배경으로 한 '실력자'라는 새로운 시대를 맞이했다.

동탁은 황제를 폐립했다. 그리고 황제의 아우인 협을 세웠는데, 이가 바로 헌제(獻帝)라고 부르는 후한의 마지막 황제다. 황제인 변은 폐위되어 홍농왕(弘農王)이 되었다. 하태후는 시어머니에게 무례했다는 이유로 영안궁(永安宮)으로 옮겨졌고, 머지않아 동탁에게 독살되었다. 하태후의 어머니 무양군도 살해되었다. 푸줏간 여주인이나 딸로 지내던 시절에는 미처 상상도 못했던 운명을 겪은 사람들이었다.

동탁은 스스로 태위가 되어 군권을 장악했다.

황제 형제가 궁전으로 돌아왔을 때 연호를 소녕(昭寧)으로 바꾸었으나, 황제를 폐립한 뒤 다시 영한(永漢)으로 고쳤다. 그러나 머지않아 광희(光熹), 소녕, 영한 세 연호는 제외하고 원래의 중평 6년으로 부르게 되었다. 네 가지 연호를 썼다는 것은 이해가 얼마나 혼란스러웠는지를 말해 준다.

동탁은 진번, 두무 등 죽은 당인의 명예를 회복시켜, 그 작위를 돌려주고 사자를 보내 그 사당에 제사지내고, 그 자손을 등용하기로 결정했다. 자신의 정권이 후한 초기 호족 정권의 부활이라는 사실을 만천하에 알리고자 했던 것이다.

11월, 동탁은 상국(相國)이 되었다. 전한 건국의 원훈 소하(蕭何)가 상국이 된 뒤로 한왕조 전후를 통틀어서 이 관직에 오른 사람은 아무도 없었다. 야구에서 명선수의 등번호를 비워 놓는 것과 같았다. 동탁은 400년의 금기를 아무렇지 않게 깨뜨렸다.

찬배불명(贊拜不明, 입궁할 때 경칭을 붙이지 않거나 이름을 막 부르지 않는 것), 입조불추(入朝不趨, 천자 앞에서 움직일 때 신하는 송송걸음으로 걸어야 하나 그 의

무를 면제한 것), 검리상전(劍履上殿, 검을 찬 채 전상에 오르는 것) 같은 특전을 얻었다. 동탁이 황제 자리에 한 걸음 다가갔다는 것은 누구나 느낄 수 있었다.

원소는 황제 폐립에 반대하며 낙양을 떠났다. 원술도 남양으로 떠났고, 조조도 진류(陳留)로 가서 가재를 털어 병사 5천을 모았다. 얼마 안 있어 동탁의 비행을 들추어 동탁에 반대하는 동맹이 결성되었다. 그 맹주가 원소였음은 말할 나위도 없다. 격문(檄文)이 각지로 날아갔다.

낙양에 들어온 뒤 동탁의 언동을 보면 동탁에 반대하는 운동이 왜 일어났는지 이해할 수 있다. 동탁은 성격이 잔인했다. 하태후를 죽인 뒤 폐립한 유변도 독살했다. 다른 사람의 재산을 강탈하고 부녀자를 약탈하는 것을 아무렇지 않게 생각했다. 검을 찬 채 자신을 만나러 온 시어사(侍御史) 요용종(擾龍宗)을 그 자리에서 죽이기까지 했다.

동탁의 잔인함은 보통이 아니었다. 그는 그때까지 강족과 싸웠고 서역으로도 출정했다. 그의 군대는 그 과정에서 다양한 종족의 군대를 흡수했다. 낙양도 낙양이 낳은 문화가 자신들의 것이라고 생각하는 사람이라면 도저히 할 수 없을 만큼 철저하게 파괴했다. 그는 반동탁 연합군이 군사를 일으키자, 먼저 헌제를 장안으로 옮기고 곧이어 낙양 파괴에 착수했다. 궁전, 민가 할 것 없이 모조리 불태워서 200리 이내에는 개와 닭조차 살아남지 못할 정도로 엄청난 파괴였다.

동탁은 낙양에서 장안으로 천도를 강행했다. 동탁으로서는 낙양에 있다가는 반동탁 연합군 안에서 고립될 위험이 있었다. 농서(隴西) 출신인 만큼 장안으로 옮겨가면 그 일대가 그의 세력권이 된다.

반동탁 연합군의 거병은 초평 원년(190) 정월의 일이었다. 장안 천도는

2월이었다.

맹주 원소는 스스로 거기장군이라 칭했다. 이 무렵에는 관직도 자칭하기에 이르렀다.

초평 2년에 동탁은 장안으로 들어갔다. 낙양에 맨 처음으로 들어간 연합군은 손견이었다. 낙양은 이미 기와 조각과 자갈이 뒹구는 허허벌판으로 변해 있었다. 반동탁 연합군은 자연 해산했고, 그 뒤부터 극심한 할거 경쟁이 전개되었다.

초평 3년(192), 조조가 황건군 청주병 30만의 항복을 받아들여서 세력을 키웠다는 이야기는 앞에서 했다. 이해 4월에 동탁은 왕윤(王允)의 교사를 받은 부하 여포(呂布)에게 살해되었다. 여포는 도망쳤으나 동탁이 죽은 뒤, 장안은 그의 부하 이각(李催), 곽사(郭汜), 번조(樊稠), 장제(張濟) 등의 싸움터가 되었다. 적미의 난으로 황폐해졌다가 겨우 옛 모습을 되찾은 장안은 다시 폐허로 변했다.

건안(建安) 원년(196)에 조조가 헌제를 허(許, 허창)에서 맞이한 무렵부터 낙양의 재건이 시작되었다.

유주(幽州, 오늘날 북경 일대)에 할거하고 있던 공손찬은 그 무렵 기주에 있던 원소의 압박을 받아 곤경에 처해 있었다. 공손찬은 동향 사람인 유비를 평원국(平原國)의 상(相)으로 임명했다. 건안 4년(199), 원소에게 포위된 공손찬이 자살하면서 화북 땅은 대부분 원소의 손 안으로 들어갔다.

유주를 근거지로 삼은 공손찬은 아무래도 동쪽의 오환족(烏桓族) 등 새외민족(塞外民族) 문제에 당면했다. 그는 일관되게 강경노선을 취했다. 장순(張純)이 오환족을 끌어들여 반란을 일으키고 그 반란을 토벌하러 나섰을 때부터 공손찬은 오환족을 힘으로 다스렸다.

원소가 마지막으로 공손찬을 공격했을 때, 원소는 오환족의 힘을 빌렸다. 공손찬은 민족정책 실패로 멸망했다고도 할 수 있다.

헌제를 옹립함으로써 중국 북방의 2대 세력 중 하나가 된 조조와 화북 땅 대부분을 손에 넣은 원소의 대결은 피할 수 없게 되었다. 4대에 걸쳐 삼공을 다섯 차례나 배출한 원씨 가문은 천하에 제일가는 명문이라는 소리를 들었고, 1억 전으로 태위 자리를 산 조씨 가문은 유복한 집안으로 천하에 소문이 자자했다. 이 두 사람은 청년 시절 귀족의 자제로서 낙양에서 이미 서로 아는 사이였다. 『세설신어(世說新語)』는 이 두 사람에 관한 흥미로운 일화를 소개한다.

조조와 원소는 유협동지(遊俠同志)였다. 어느 날 두 사람은 결혼식장에서 다른 사람의 신부를 훔쳐 오는 계략을 세웠다. "도둑이다!"라고 소리치자 사람들이 모두 뛰쳐나왔으므로 그 틈을 타 신부를 약탈해서 도망갔다. 그런데 도망치던 중에 원소가 지극(枳棘, 탱자나무와 가시) 속으로 떨어져 움직이지 못하게 되었다. 이때 조조가 다시 "도둑이다!" 하고 소리치는 바람에 놀란 원소가 가시덤불에서 뛰어나와 두 사람 모두 달아날 수 있었다는 이야기다.

『세설신어』는 이 이야기로 조조가 얼마나 꾀 많은 자인지 소개하려 했던 것인데, 한편으로는 당시 귀족 청년들이 얼마나 무례했는지도 말해 준다.

두 사람의 대결은 공손찬이 패망한 다음해인 건안 5년(200)에 벌어졌다. 바로 『삼국지』에서 가장 재미있는 부분 중 하나인 '관도(官渡) 전투'다. 황하 근처에 있는 관도라는 곳에서 천하를 겨루는 전투가 벌어졌고, 이 전투에서 조조는 압승을 거뒀다.

원소는 2년 뒤에 죽고 아들들이 잠시 동안 저항했으나, 형제가 날마다 다투니 더는 조조에게 위협이 되지 않았다.

조조는 본거지인 연주 외에도 기주, 청주, 유주, 병주를 영유했다. 중국 13주 가운데 다섯 주를 가졌으니 거의 절반을 얻은 것이나 다름없었다. 더구나 인구가 가장 많은 지역이었으므로 천하의 반을 완전히 제압한 셈이었다.

제갈공명을 얻은 유비

조조의 힘이 강해지는 것은 헌제에게도 헌제 측근에게도 그다지 기뻐할 일이 아니었다.

군웅 가운데 출발이 가장 늦었던 유비도 평원국의 상(相)에서 서주의 주인이 되어 겨우 우두머리의 모습을 갖추었다. 식객 비슷하게 서주에 들어가 서주의 목(牧) 도겸(陶謙)에게 의탁하고 지내다가 도겸이 죽은 뒤 그곳을 차지했다. 그러나 아직 불안정했다. 조조는 원술과 대항하기 위해 유비와 손을 잡았다. 그러나 건안 원년에 유비는 여포에게 쫓겨나 조조에게 의탁했다.

이때 헌제의 측근들은 유비가 조조를 내쫓아 주기를 기대했다. 이미 외척의 시대는 아니었지만 외척인 동승(董承)은 조조라는 존재를 괘씸하게 여겼다. 동승은 '조조를 쳐야 한다'는 밀조(密詔)를 유비에게 건넸다.

그러나 계략이 누설되는 바람에 조조가 먼저 유비를 공격했고, 결국 유비는 원소에게 도망갔다. 이는 관도 전투가 일어나기 직전의 일인데, 이 공격으로 유비의 장수 관우(關羽)가 조조의 포로가 되었다.

관도 전투에서 원소가 크게 패하자, 유비는 원소에게 가망이 없다고 포기하고 원소 곁을 떠나 유표(劉表)가 있는 형주(荊州)로 몸을 피했다.

조조에게 항복한 관우는 그곳에서 융숭한 대접을 받았으며, 원소의 장군 안량(顔良)이 동군(東郡)을 공격해 왔을 때 그를 단칼에 베어 버리는 큰 공을 세웠다. 관우는 이것으로 신세를 갚고 조조를 떠나 유비 뒤를 따라갔다.

이해에 남쪽의 영웅 손책(孫策)이 26세라는 젊은 나이에 암살되었다. 그의 아버지 손견도 현산(峴山)에서 황조(黃祖)의 부하가 쏜 화살에 맞아 비명의 죽음을 당했다. 2대가 잇따라 암살로 쓰러진 것이다. 손책의 동생 손권(孫權)이 형의 뒤를 이어서 손씨 군단을 이끌게 되었다.

손씨는 원래 원술에게 속해 있었다. 원술은 원소의 사촌동생이나 둘은 사이가 그다지 좋지 않았다. 원술은 자신이야말로 명문 원씨 가문의 적통(嫡統)이라고 기회가 있을 때마다 주장하고 고작 첩의 자식인 원소가 원씨 집안의 일족이라는 것도 아니꼬운 일이라고 떠들어댔다. 이에 원소도 화가 나서 형주의 유표에게 원술을 치게 했다. 원술도 원소의 북쪽에 있던 공손찬과 손잡고 원소를 쳤다.

건원 2년(197)에 원술은 수춘(壽春)에서 스스로 제(帝)라 칭하고 국호를 '중가(仲家)'라고 했다. 그는 인간적으로도 어딘가 부족했고 자금도 없으면서 사치스러운 생활을 하다가, 결국 궁핍해져 부하인 진간(陳簡)에게 의탁하려 했으나 거절당했다. 건안 4년에 그렇게도 미워하던 사촌형 원소에게 의탁할 수밖에 없게 되었으나, 그나마 조조가 북상하는 길을 막아버려 수춘으로 돌아갔다. 조조가 원술의 북상을 저지하기 위해 보낸 장군이 그 무렵 그에게 피신해 있던 유비였다. 원술은 강정(江亭)까지 와서,

원술도 이제 이 지경이 되었구나.

라고 말하고, 피를 토하고 죽었다. 분해서 죽은 것이다.

손견의 아들 손책은 원술이 제(帝)를 칭한 무렵부터 그와 인연을 끊었다. 대의명분론 때문에 관계를 끊은 것만은 아니다. 손씨 일족의 실력은 이미 원술을 뛰어넘었다. 명문가라고 떠벌리는 원술에게 언제까지나 붙어 있을 이유가 없었다.

손권은 나이가 어렸으나 장소(張昭), 주유(周瑜), 노숙(魯肅) 같은 인재들의 보좌를 받고 있었고, 또 자기도 여몽(呂蒙) 같은 재능 있는 인물을 등용하여 세력을 키웠다. 회계(會稽), 오(嗚), 단양(丹陽), 예장(豫章), 여강(廬江), 여릉(廬陵) 같은 여러 군을 장악하여 양자강(장강) 중류에서부터 하류까지, 그리고 절강에 걸쳐 흔들림 없는 패권을 이루어 갔다.

손씨 일족의 약점은 지배하는 지역은 넓으나 인구가 극히 적다는 것이었다. 양자강 유역은 예부터 고도의 문화를 지닌 땅이었지만 주민은 많지 않았다. 이 정권은 마지막까지 이 점을 고민했다.

관도 전투가 있은 뒤 몇 년 동안 조조는 원소의 잔존 세력을 소탕하는 데 전력을 기울였다. 유비는 유표 밑에서 오랜만에 느긋하게 지냈다.

어느 날 유표가 유비를 부르니 뒷간에서 돌아온 유비의 얼굴에 눈물 자국이 있었다. 유표가 이상히 여겨 연유를 물었더니 유비는 다음과 같이 대답했다.

나는 늘 몸이 안장을 떠나지 않았소. 넓적다리 안쪽에 살이 하나
도 없었지요. 이제 다시 말을 타지 않았더니 넓적다리 안쪽에 살이

생겼소. 세월은 달리듯 흘러가고, 노년이 바야흐로 닥쳐오는데, 이루
어 놓은 공업(功業)이 없으니 이를 슬퍼할 뿐이오.

아무것도 하는 일 없어 팔다리가 밤중에 우는 것처럼 웅성대는 상태
를 뜻하는 '비육지탄(脾肉之嘆)'이라는 고사성어는 여기에서 유래한다.

인간은 때로는 여유가 있어서 비육지탄할 때도 있어야 한다. 유비는
형주에서 큰 수확을 거두었다. 얻기 힘든 인재를 얻은 것이다.

유비는 제갈량(諸葛亮), 자가 공명(孔明)인 청년 군사(軍師)를 얻었다. 자
가 더 유명하므로 제갈공명이라 부르기로 하자. 제갈공명은 광화(光和) 4
년(181)에 태어났으니 유비가 그를 알게 된 건안(建安) 12년(207)에는 아직
27세였다. 사실 공명은 헌제와 같은 나이였다. 유비가 공명에게 열중해서
세 번이나 그의 초려(草廬)를 찾아가 겨우 참모로 맞이하게 된 것은 '삼고
초려(三顧草廬)'라 하여 매우 유명한 일화다. 〈출사표(出師表)〉에서도 이에
관해 언급하므로 사실인 것만은 틀림없다.

제갈공명을 맞이한 유비 진영은 몰라볼 만큼 활기를 띠었다. 그때까지
는 의형제인 관우와 장비, 조운(趙雲) 같은 용맹한 장군은 있었으나 지장
(智將)이라 할 만한 인재는 없었다. 야전 사령관만 있고 참모가 없던 것이
유비 진영의 가장 큰 결함이었다. 유비도 그것을 잘 알고 있었기 때문에
'삼고초려'를 다해서 공명을 맞이했다.

제갈공명은 유비에게 유명한 천하삼분(天下三分)의 계(計)를 이야기했다.

형주만으로는 안 되며 익주(益州, 사천)를 합쳐서 2개 주를 영유하고
손권과 화친하면 천하를 셋으로 나누어 그 하나를 가질 수 있고, 기회
가 된다면 중원으로 진출해 패업도 이룰 수 있다고 설득했다.

이때 유비는 아직 유표의 식객으로 형주조차 손에 넣지 못한 상태였다. 제갈공명이 참가함으로써 유비는 모신(謀臣)을 얻어 장래의 진로를 분명히 정할 수 있었다.

이듬해인 건안 13년에 제갈공명은 직접 손권의 진영을 찾아가 동맹을 체결했다. 이해에 유표가 죽고 아들인 유종(劉琮)이 조조에게 항복했다. 북방을 정리한 조조는 마침내 남하하기 시작했다.

이 남정(南征)에 성공하면 조조는 천하를 통일할 수 있었다. 그러나 적벽(赤壁)에서 패함으로써 조조는 처음부터 다시 시작해야 했다. 분열 상태에 종지부를 찍을 기회였는데 안타까운 일이 아닐 수 없었다. 그토록 대단한 조조도 힘이 미치지 못했다.

적벽에서 조조는 화공(火攻)을 당했다. 그뿐만이 아니라 군영에 전염병이 돈 것도 퇴각한 큰 이유였다.

이 전투는 유비와 손권의 동맹이 조조를 격퇴한 것처럼 보인다. 그러나 사실은 손권의 수군(水軍)이 주역이었다. 유비가 한 일은 그저 장강(長江)까지 남하하는 조조군을 되도록 지치게 만드는 것뿐이었다.

조조군은 수전(水戰)에 익숙하지 않았다. 또 남쪽의 풍토에도 적응하지 못했다. 수전과 전염병이 조조에게 큰 타격을 주었다. 이로써 제갈공명이 말하는 천하삼분의 계의 전제 조건이 갖춰졌다.

도덕보다 능력을 중시한 조조의 인사정책

조조는 평범한 무장이 아니었다. 게다가 당대에서도 아마 제일가는 시인이기도 했다. 중원의 건아들을 이끌고 적벽에서 좌절했지만, 그는 병사의 노고를 모르는 귀족장군이 아니었다. 환관의 손자라는 그의 처지가 정신의 굴절을 가져와 풍부한 시정을 낳았는지도 모른다. 〈각동서문행(却東西門行)〉이라는 제목의 그의 시를 한 편 소개한다.

큰 기러기는 장성의 북쪽에서 태어나니,
그곳은 인적이 없는 고장이라.
날개를 펼쳐 만리(萬里)를 나는데,
가든 머물든 저절로 연결이 되어,
겨울철에는 남녘의 곡식을 쪼아먹고,
봄날에는 다시 북쪽으로 날아간다.

들판에서 뒹구는 쑥이 있어,
바람 따라 저 멀리 떠돌아 올라가니,
오래도록 원뿌리와 헤어져,
늙도록 서로 만남이 없도다.

어찌 하리오, 전쟁터에 나온 이 대장부.
무엇 때문에 사방으로 떠돌아 다니는가.
전마(戰馬)는 안장을 풀지 않고,
갑옷과 투구는 내 옆을 떠나지 않고,
서서히 늙음은 다가오는데,
어느 때야 고향에 돌아갈 수 있을까.

신룡(神龍)은 깊은 샘 속에 숨고,

맹호는 높은 언덕에서 뛰어놀고,

여우는 죽을 때에는 제 태어난 땅에 돌아와 언덕을 베개 삼는다던가.

고향을 어찌 잊을까.

鴻雁出塞北 乃在無人鄕 擧翅萬里余 行止自成行

冬節食南稻 春日複北翔 田中有轉蓬 隨風遠飄揚

長與故根絶 萬歲不相當 奈何此征夫 安得驅四方

戎馬不解鞍 鎧甲不離傍 冉冉老將至 何時返故鄕

神龍藏深泉 猛獸步高岡 狐死歸首丘 故鄕安可忘

　　이것은 그야말로 병사의 슬픔을 노래한 시지 장군의 그것은 아니다. 조조의 시정은 폭이 참으로 넓어서 패자(覇者)인 그에게 걸맞은 영웅심을 노래한 〈구수수(龜雖壽)〉라는 시도 있다.

신령스런 거북이 비록 오래 산다 하나,

언젠가는 죽을 날이 있고,

이무기 안개를 타고 오르나,

끝내는 먼지로 돌아가네.

늙은 준마는 마구간에 엎드려 있어도,

뜻은 천리 밖에 있듯이,

열사는 늙어도,

그 웅장한 포부는 사라지지 않았네.

차고 기우는 시기는

단지 하늘에만 있는 것이 아니니,

항상 기뻐하는 마음을 기르면,

영생을 얻을 것이다.

다행스럽기 그지없구나!

내 뜻을 노래로 읊을 수 있음이.

神龜雖壽 猷有竟時 騰蛇乘霧 終爲土灰

老驥伏櫪 志在千里 烈士暮年 壯心不已

盈縮之期 不但在天 養怡之福 可得永年

幸甚至哉 歌以詠志

조조는 스스로 행동이란 뜻을 강조하는 것이라고 생각했는지도 모른다. 『삼국지』의 영웅 가운데 가장 깊이가 있는 인물이다. 반면 그가 가진 이와 같은 시정이 천하통일의 패업을 이루는 데 방해가 되기도 했다. 그는 지극히 합리주의자였다. 어쩌면 합리주의를 관철하다 보니 시를 느꼈는지도 모른다. 그에 관한 이야기는 윤색된 부분이 많아 자칫 그 인물상이 흐릿하게 보인다.

조조에게도 잔인한 이야기가 많이 전한다. 동탁의 잔인함은 낙양의 황폐라는 물적 증거가 남아 있지만, 조조의 잔인함은 거의 전하는 이야기뿐이다.

동탁의 압박을 피해 낙양을 탈출한 조조가 성고(成皐)에서 지인인 여백사(呂伯奢)의 집에 잠시 들렀을 때 그릇 소리가 들렸다. 조조는 그것이 자기를 죽이려는 소리인 줄 알고 집안사람들을 모조리 죽이고 달아났다고 한다. 그러나 정사인 『삼국지』에는 이에 관한 기록이 없고, 왕침(王沈)

의 『위서(魏書)』에는 여백사는 집에 없었고 그 자식들과 식객들이 조조의 말과 짐을 빼앗으려고 했기 때문에 이를 참수했다고 나온다. 그릇 소리 운운하는 이야기는 손성(孫盛, 진나라 사람)의 『이동잡어(異同雜語)』에 나온다. 『삼국지연의』에는 여씨 집에서 도망친 조조가 길에서 만난 여백서마저 죽였다고 묘사되어 있다.

이때의 조조는 패배한 군인이었고, 패잔병을 소탕하라는 동탁의 명령이 그 부근까지 미쳐 있었다.

후한을 찬탈했다는 이유로 조조를 나쁘게 평가해 이런 저런 나쁜 일을 그에게 뒤집어씌운 것이다. 물론 『위서』가 조조를 감싼다는 견해도 있다.

적벽대전 2년 뒤인 건안 15년(210)에 조조는 인재를 찾는 명을 내렸다.

오로지 재능 있는 자를 천거하라.

조조는 재능을 제일로 삼았다. 도수수금(盜嫂受金, 형수와 정을 통하거나 뇌물을 받은 자)한 자라도 재능만 있으면 쓰겠다고 선언했다. 도수수금은 전한의 진평(陳平) 고사에서 유래한다.

조조는 재능을 아끼는 것이 이상할 정도였다. 그가 효렴에 추천한 위충(魏种)은 일단 배신했다가 다시 그에게 붙들렸다. 하내군(河內郡) 태수까지 등용했음에도 이 같은 배신을 저지른 것이다. 조조는 진노했다. 모두들 조조가 위충을 죽일 것이라 생각했으나 뜻밖에도 그 포승줄을 풀어주며,

오직 재능 때문이다.

라며 그를 다시 등용했다.

건안칠자(建安七子, 후한 말기에 활약한 주요 문인 일곱 명-옮긴이) 가운데 한 사람으로서 이 시대의 대표적인 문학자였던 진림(陳琳)은 원소의 문서 담당자로 일하면서 조조를 비난하는 격문을 아주 많이 작성했다. 그러나 원소가 패한 뒤에도 조조는 진림을 나무라지 않았다. 그의 재능을 아꼈던 것이다. 다만 진림이 '조조의 조부는 탐욕스러운 환관이었고, 아비는 거지같았다'고 쓴 격문에,

　　악을 미워하는 것은 그 한몸에 그쳐야 한다. 어찌 위로 아버지와
　할아버지까지 미쳐야 하는가.

라고 말할 뿐이었다. 악을 미워하는 것은 당사자 한 사람으로 끝나야지 가족이나 가신(家臣)까지 미쳐서는 안 된다는 이 말은 『춘추공양전(春秋公羊傳)』에 나오는 구절이다.

원소가 망했을 때도 조조는 원소 부인에게 예를 다했다. 원소의 문서를 입수했으나 조조는 그것을 불태워 버렸다. 자기편 중에서 몰래 원소에게 편지를 보내는 자가 있다는 것은 알고 있으나 문서를 소각함으로써 그 죄를 묻지 않겠다는 뜻이었다.

강한 쪽에 붙어서 일신을 보전하려는 것은 난세의 습성이다. 조조 진영에 몸을 둔 자라도 보험을 들 듯 원소에게 인사 편지 정도는 보내고 있었다. 살기 위한 합리적인 방법이라 해야 할 것이다.

조조는 이치에 맞는 것을 존중했다. 무엇보다 사교음사(邪敎淫祠)를 싫어했다. 황건의 난 직후 제남(濟南)의 상(相)에 임명되었을 때, 제일 먼저

손본 것이 사신(邪神) 숭배를 단속하는 일이었다.

형주의 유표는 무게가 1천 근이나 되는 큰 소가 있다고 날마다 자랑했다. 보통 소의 열 배나 되는 먹이를 먹었지만 짐을 실어보니 암소만도 못했다. 형주를 점령한 조조는 유표가 소중히 여기던 그 소를 죽여서 고기를 삶아 병사들을 먹였다. 이것도 조조가 합리적인 사람이라는 것을 보여주는 예다.

조조는 학식도 뛰어난 인물로『손자』의 주(註)를 작성한 병법학자이기도 했다.

『삼국지』의 작자 진수는 조조를 '구악(舊惡)을 염두에 두지 않는다'고 칭찬했는데, 다만 서주를 공격했을 때만큼은 눈을 가리고 싶을 만큼 엄청난 학살을 단행했다. 그의 아버지가 그곳에서 살해되었기 때문이다.

원래 비상한 인물이며, 초세(超世)의 걸(傑)이라 할 것이다.

이것이 조조를 평가한 진수의 결론이다.

삼국정립

유비에게 서주를 물려준 도겸

위(魏), 촉(蜀), 오(嗚)로 천하가 삼분된 시기가 한동안 이어졌다. 후한 왕조는 헌제가 조조의 아들 조비(曹조)에게 양위(讓位)한 서역 220년까지 명목상으로는 존재했으나 이미 삼국 시대로 접어들고 있었다.

세 나라 가운데 촉은 자신들을 정식으로 한(漢)이라고 불렀다. 촉은 사천(四川)을 가리키는 지명이므로 일반적으로 유비의 첫 정권을 '촉한(蜀漢)이라고도 부른다.

중국에서는 항우와 유방이 싸운 '초한(楚漢)'과 이 '삼국(三國)'이 널리 알려져 있어 야담이나 연극에서도 자주 다룬다. 글을 모르는 사람이라도 귀로 듣고 눈으로 볼 기회가 많아 이 시대의 이야기는 친숙하다.

초한은 일대일(一對一)의 대결이어서 비교적 명쾌하다. 그에 비해 삼국은 그야말로 삼파(三巴)이므로 다양한 힘이 조합 때문에 복잡한 묘기가 있다.

건안(建安) 18년(213)에 조조는 위공(魏公)이 되었다. 열후를 능가하는 존재이다. 황제 다음가는 자리는 왕이지만, 한나라에서는 유씨가 아니면 왕이 될 수 없는 것이 관례였다. 그렇다면 공(公)이란 무엇일까? 설명하기가 조금 모호하다. 습관처럼 연장자를 공이라고 부르는 일은 있었다. 가족 관계에서는 할아버지를 공이라고 부른다. 그러나 공식적인 지위를 나타내는 명칭으로서는 친숙하지 않다. 아마 당시 사람들은 찬탈 직전의 왕망이 떠올라 눈썹을 찌푸렸을지도 모른다. 왕망이 손수 안한공(安漢公)이라는 지위를 만들어 친히 그 자리에 앉았기 때문이다.

건안 21년(216), 위공 조조는 마침내 왕위에 올랐다. 유씨가 아닌데도 위왕이 된 것이다. 헌제는 거의 있으나 마나 한 존재였다. 누가 봐도 이것은 찬탈 일보직전이었다. 한나라의 주석(柱石)임을 자부하던 유비에게 이것은 참기 힘들었다.

유비는 출발이 늦었다고 앞에서도 이야기했다. 황건의 난 때 조조, 원소, 손견, 원술, 유표는 이미 한 군단의 대장이었는데, 유비는 겨우 졸병에 지나지 않았다. 출발이 늦은 것이 아니라 출발점이 달랐다고 해야 하겠다. 다른 사람들이 이미 기반을 가진 호족 출신인데 반해 유비는 탁군(涿郡)의 가난한 집안 출신이었다. 그는 전한 경제(景帝)의 황자인 중산왕(中山王) 유승(劉勝)이 자신의 시조라고 말했으나, 그런 식으로 칭하는 사람은 얼마든지 있었다. 애초에 중산왕 유승은 120명이나 되는 자식을 낳았으니 300년 뒤에는 그 자손에 희소가치가 거의 없었다.

유비가 몸을 의탁하고 있던 형주의 목(牧) 유표도 경제의 황자인 노왕(魯王) 유여(劉余)의 자손이라 칭했다. 다만, 유표는 분명히 호족이었고 명망가였다. 인물 순위에서도 그는 '8고(顧)' 중 한 사람으로 꼽혔다.

또한 유비가 유산을 물려받는 형태가 되었던 익주의 목 유언(劉焉)도 자신을 노왕 유여의 자손이라 칭했다. 이 사람도 태수와 구경(九卿)을 지 냈으며 열후이기도 했다. 원래 강하군(江夏郡, 호북) 사람으로 촉으로 부임 할 때 동주병(東州兵)이라는 사병단을 이끌고 갈 정도였다.

흥평(興平) 원년(194)에 유언이 죽고 그의 아들 유장(劉璋)이 익주의 목 을 세습했다. 사실 같은 해에 서주의 목 도겸(陶謙)도 세상을 떠나고, 유 비가 그 뒤를 이었다. 그리고 앞에서도 이야기했지만, 유비는 곧바로 여 포에게 서주를 빼앗긴다. 다시 17년 뒤 건안 16년(211)에 유비는 유장의 요청을 받아 촉으로 들어갔다.

도겸이 서주를 유비에게 물려준 것은 조조의 공격에 녹초가 되었기 때문이었다. 그리고 유장이 아버지에게 받은 촉나라에 찬탈자 같은 유비 를 맞아들인 것은 영지를 다스리기 힘들었기 때문이다.

태수니 목이니 하는 자리도 이제는 조정에서 임명하지 않았다. 세습 도 되고 때로는 양도하기도 했다. 이는 호족들이 그 지방의 장관을 옹립 한 당시의 실정을 말해 준다. 지방의 크고 작은 호족들은 자신들을 지켜 줄 실력 있는 지도자를 원했다.

도겸에게는 상(商)과 응(應)이라는 두 아들이 있었다. 그가 63세에 죽 었으니 아들은 이미 장년이었을 터이다. 그럼에도 아들이 아닌 유비에게 서주 목이라는 자리를 물려주었다.

유비의 찬탈설도 생각할 수 있지만 도겸의 아들들에게는 서주의 호족 들을 지켜줄 힘이 없었다고 보는 것이 옳다. 주요 호족들이 협의해서 결 정한 일이 틀림없다. 그들은 좀 더 강력한 지도자를 원했다. 이쯤 되면 지방장관이라기보다는 영주라고 해야 한다. 지방과 상의도 없이 중앙에서 마음대로 결정해서는 곤란했다. 그렇다고 지방 호족들이 일치단결한 것도 아니었다. 유언이 촉에 들어올 때 동주병(東州兵)이라는 사병단(私兵團)을 데려갔다는 이야기가 떠오를 것이다. 실제로 그는 호족을 10여 명이나 죽였다. 그는 그 지방에서 성행했던 오두미교(伍斗米道)라는 도교 교단의 힘도 교묘하게 이용했다.

공손찬은 유주에 기반을 구축하면서 지방 상류층 호족을 죽였다. 이것은 일종의 정치역학으로 무엇보다 '힘이 있다'는 것을 사실로 보여줘서 가능한 많은 호족들의 지지를 얻어내야 했다. 대호족의 수는 그다지 많지 않았다. 또 지방 장관으로서 은혜를 베풀고자 해도 그들은 '의관사족(衣冠士族)'이라 해서 격식이 높았기 때문에 그다지 고마워하지도 않았다. 그러나 중소 호족은 수도 많았고 발탁해주면 그것으로 고마워했다. 대호족을 없애 버리면 중소 호족에게 줄 것을 얻을 수 있었다.

얌전하던 유표조차도 형주의 목이 되자 종적(宗賊)의 우두머리 55명을 참수했다. 종적이란 토호(土豪)들 때문에 강제로 성(姓)이 같아진 하층민들이 결당해서 비적행위를 하던 무리다. 아무래도 호족들은 자신들이 만들어낸 무리들 때문에 속이 탔던 모양이다. 그들을 숙청함으로써 유표는 자신의 힘을 보여 주었다.

촉의 유장은 역부족을 느꼈다. 제갈공명의 공작도 있었을 테지만 지방호족의 요망으로 그는 유비를 맞아들였다.

유비는 촉으로 들어왔으나 공명은 잠시 형주에 머물렀다. 그의 삼분의계는 촉과 형주를 합쳐서 영유하는 것이 전제조건이었다.

촉으로 맞이했다는 것은 그의 역량을 인정한다는 뜻이다. 대체 유비는 어떻게 힘을 갖추게 되었을까? 중산왕의 자손이라 해도 그의 집안은 가난했다. 신을 팔고 멍석을 짰다고 하니 호족과는 거리가 먼 출신이었다. 호족이라면 대대로 쌓아온 기반이 힘이 된다. 그러나 유비에게는 사회적 지위도 재산도 아무것도 없었다.

교양도 그다지 없던 것 같다. 『삼국지』「선주전(先主傳)」에는,

심지어 독서도 즐기지 않았다.

는 구절이 나온다. 그리고 개와 말, 음악을 좋아하고 의복에도 공을 들였던 것 같다. 아무래도 그는 젊은 시절 건달이었던 모양이다.

중산(국)의 대상 장세평(張世平)과 소쌍(蘇雙) 등은 재산이 천금이나 쌓였고, 말을 팔러 탁군(涿郡)을 두루 돌아다녔다. (유비를) 보고, 이를 다르다고 여겨 곧 많은 돈을 주었다. 선주(先主)는 이로써 도중(徒衆)을 모을 수 있었다.

중산은 북경의 남쪽, 오늘날 석가장(石家莊) 부근이다. 이곳에는 춘추 말기부터 전국시대에 걸쳐 백적족(白狄族)이 나라를 세웠는데, 그 왕묘가 발굴되어 뛰어난 문물이 출토된 사실은 널리 알려져 있다. 한나라 때에는 여러 후왕들의 나라가 되었고 경제의 아들인 유승도 이곳의 왕이었다. 유비는 자신을 그 자손이라고 칭했다. 이 중산은 명마 산지로도 유명해서 중산의 대상인 장세평과 소쌍은 말 장사로 재산을 모았다. 그들 대상이이 유비를 보고 이를 다르다고 여겼다. 유비가 보통 사람이 아니라고 인정하고 많은 돈을 주었고, 그 덕분에 유비는 무리를 모을 수 있었다고

기록되어 있다.

돈을 준 것은 당연히 목적이 있기 때문이다. 『삼국지』 「선주전」에는 자세한 내용은 다루지 않았으나 위의 문장만 읽어도 쉽게 상상할 수 있다. 말 장사라 함은 말을 운반하는 일까지도 포함한다. 하지만 말은 보통 상품과 달리 포장할 수가 없다. 그때는 도적이 창궐하던 시대라 말 수십 마리, 수백 마리를 끌고 길을 가는 일은 몹시 위험했다. 따라서 많은 호위병이 필요했을 것이다. 다른 상품을 수송하는 것에 비해 말 장사는 많은 경호원이 있어야 했다. 탁군에서 유협생활을 하던 유비는 말 상인의 마음에 들어 경호원 우두머리가 되었다. 그리고 말 상인에게 받은 막대한 돈으로 힘세고 튼튼한 젊은이를 모아 말 호위를 맡았다. 앞에서 인용한 문장에서 우리는 이와 같은 것을 상상을 하고, 틀림없는 사실이라고 믿고 있다.

떠돌이 경호원 출신 유비

유비와 관우의 관계는 형식적으로는 주종이었으나 형제와 같았다. 관우는 하동군 해현(解現) 출신이었다. 『삼국지』 「관우전」에는,

> 관우는 자는 운장(雲長), 본래의 자는 장생(長生)으로 하동(河東) 해(解) 사람이다. 망명해서 탁군으로 달아났다. 선주(유비)의 향리에서 도중(徒衆)을 모았다. 그리고 관우는 장비(張飛)와 함께 그(유비)를 위해 어모(御母)가 되었다.

어모라는 것은 모욕을 막아주는 사람으로 『시경(詩經)』 「대아(大雅」 〈면
(緜)〉에 무신의 별칭으로 나온다. 관우가 고향인 하동군 해현에서 망명해
탁현으로 도망쳐왔다고 했는데, 『삼국지』에는 그 이유가 기록되어 있지
않다. 이것 역시 상상하는 수밖에 없다.

하동군 해현에는 해지(解池)라고 하는 소금 호수가 있었다. 그곳에서
나는 소금은 해염(解鹽)이라 해서 뛰어난 품질과 많은 양으로 유명했다.

전한의 『염철론(鹽鐵論)』에도 언급되었지만, 소금은 철과 함께 국가 전
매품으로 국가 재정의 기초이기도 했다. 술은 전매하기도 하고 해제하기
도 했으나, 소금과 철은 전매를 해제했다가는 국가의 재정이 파탄 날 위
험이 있었다.

소금은 생활필수품이어서 이것이 없으면 살 수가 없다. 생산비는 싸지
만 비싸게 팔아도 사람들은 사지 않을 수 없는 것이다. 분명 국가는 소
금을 팔아서 막대한 이익을 얻었을 것이다. 이 이익은 전매로 보증되었
다. 전매가 아니라 자유경쟁이라면 소금 값은 단숨에 수십 분의 1로 떨
어진다.

이런 짭짤한 장사에는 당연히 암시장이 생기게 마련이다. 철과 달리
소금은 간단히 밀조할 수 있다. 밀매하는 사염(私鹽)은 정부에서 전매하
는 소금 값의 절반만 받아도 상당한 돈벌이가 되었다.

사염이 밀매되자 정부는 곤란해졌다. 전매하는 소금이 팔리지 않게 되
었고 그만큼 국가 재정이 타격을 입었기 때문이다.

후한 말기에 국가재정이 어려워지면서 사염밀매 단속은 더욱 심해졌
을 터이다. 단속이 심해지자 밀매단 쪽에서도 그에 대비해 무장을 하게
되었다. 여기에서도 경호원이 필요했다.

말 매매는 합법이었지만, 전매품인 소금 거래는 불법이었다. 정부 당국에서 볼 때 그 일에 관계한 사람들은 경호원을 포함해서 모두 범죄자와 다름없었다.

사서에는 단지 관우가 망명(다시 말해 도망)해서 탁군으로 달아났다고만 되어 있으나, 그의 출신지가 소금 대산지인 것으로 미루어 볼 때 소금 밀매와 관계있다는 설이 유력하다. 유비보다 어렸으니 망명했을 때는 20세 안팎이었으므로 밀매꾼이라기보다는 그 경호원이었을 가능성이 크다.

망명지로 탁군을 선택한 것은 그곳에 말 상인을 경호하는 일자리가 있다는 것을 알았기 때문일 터이다. 말 상인에게 자금을 받은 유비가 젊은 무리를 모집한다는 이야기를 미리 들었을지도 모른다.

'도원결의'라고 어마어마하게 윤색된 유비와 관우의 만남에는 이와 같은 배경이 깔려 있다고 추측할 수 있다.

> 선주는 두 사람(관우와 장비)과 잘 때는 침상을 같이 쓰고, 은의(恩義)는 형제와 같았다.

고 하나 관우와 장비는 유비의 심복이었다. 장비는 탁군 사람이므로 유비와는 동향이었다.

황건의 난이 일어나 각지에서 모병이 있자, 유비는 그에 응했다. 전란이 일어났을 때는 잠시 말 장사도 쉬어야 했을 것이다. 말 상인을 경호하는 일도 토벌군 병사가 하는 일과 별반 다르지 않았다.

원래 생업의 성질상 유비는 굳센 젊은이를 많이 데리고 있었기 때문에 소대장 정도의 자리는 얻었을 것이다. 이른바 졸병 우두머리로 그는 거기에서부터 입신했다. 황건의 난 이후에는 동향인 공손찬에게 의탁했다. 공손찬과는 같은 학숙 선후배 사이였다고 한다. 공손찬도 야심이 있었기에 힘을 키우기 위해 사람들이 필요했다.

유비는 난세에 두각을 나타낸 영웅이다.

조조와 원소, 유표 같은 이들은 난세가 아니라도 지방 태수부터 삼공구경까지 승진할 수 있는 신분이었다. 그에 비해 유비는 난세가 아니었다면 어쩌면 평생 두각을 나타내지 못했을 것이다.

유비의 직업은 도붓장사와 같았다. 고객은 주로 호족이었다. 이 시대에는 소농사가 보급되어서 말은 수레를 끌거나 전쟁용으로 썼다. 각지의 호족들과 얼굴을 익히기보다 여행을 하면서 얻은 다양한 정보가 유비의 정치적 밑천이 되었다. 예를 들어 어떤 길로 말을 몰지 선택할 때는 지리적인 지식이 있어야 하고 치안 상황도 알아야 한다. 일을 하려면 각지의 토호와 두목 들의 내정에 이르기까지 꿰뚫고 있어야 할 때가 많았다. 말 교역소에는 상당히 먼 곳에서 말을 사러 온 사람도 있다. 먼 나라 이야기에도 유비는 귀를 기울였을 것이다.

유비는 다른 영웅들과 출발점이 달랐다. 다른 영웅들이 일정한 토지를 본거지로 삼아 세력을 넓힌 것에 비해 유비는 여기저기 헤매고 다녔다. 고향은 있으나 호족이 아니었기 때문에 그곳을 근거지로 삼을 수는 없었다. 고향인 탁군은 이미 동향인 호족 공손찬의 근거지였다. 유비는 공손찬의 부하가 되어 평원(平原)의 상(相)이 되었고, 조조가 서주의 도겸을 공격하자 도겸의 편에 섰으며, 도겸의 지반을 이어받아 서주에 뿌리를 내리고자 했으나, 여포에게 쫓겨나 조조에게 몸을 의탁하게 되었다.

그리고 헌제의 밀서를 받고 조조를 죽이려 했으나 실패했다. 유비의 이와 같은 행동은 한 왕조에 대한 충성이라고 해석하지만 조금 삐딱하게 본다면 조조의 지반을 빼앗을 마음도 있었을 것이다.

이에 실패한 유비는 원소한테 도망가 그곳에 의탁하였으나, 관도 전투에서 원소의 몰락이 확실해지자 이번에는 형주의 유표를 찾아갔다. 조조의 남정(南征)이 시작되고 유표가 죽자, 그 아들인 유종은 조조에게 항복했다. 조조군이 양자강까지 남하했을 때, 손권과 유비의 동맹군이 적벽에서 조조군을 격파했다.

이로써 유비는 형주 목(牧)으로서 형주를 차지하게 되었다.

적벽 전투에 이르기까지 유비의 움직임을 보면 실로 눈부시다. 그리고 공손찬, 도겸, 조조, 원소, 유표, 손권 같은 『삼국지』의 주인공들과 한 번씩은 인연을 맺었다. 서주에서 여포에게 쫓겨났다고 말했으나, 사실 여포를 서주로 맞아들인 사람이 유비이므로 여포와도 인연을 맺은 것이 된다.

조조는 권모술수가 뛰어나다고 하지만, 유비도 반복무상(反覆無常, 언행이 이랬다저랬다 함-옮긴이)해서 만만찮은 인물이었다. 조조에게 사로잡힌 여포가 자신의 무예와 용맹으로 섬기겠다고 말하자, 조조는 살짝 마음이 움직였다. 하지만 "반드시 죽여야 한다"고 진언한 사람이 유비였다. 한때는 동맹을 맺었던 사이인데 죽이라고 말한 것은 너무 심하다. 여포가 발을 동동 구르며 분해했을 모습이 눈에 선하다.

여포는 자신의 주인을 두 사람 죽였다. 정원(丁原)과 동탁이다. 그런 위험천만한 인간을 감싸주는 데 반대하는 것은 너무도 당연하다. 여포가 자신을 장군으로서 기병군단을 지휘할 수 있게 준다면 천하평정은 문제없다고 조조를 설득했을 때, 조조는 그럴 마음이 있었다. 이것은 인재를 너무도 아끼는 조조다운 모습이나 일을 너무 쉽게 보았다고 해야 하겠다. 아니면 조조는 여포를 다룰 자신이 있었을지도 모른다. 여포를 살려 두는 것에 유비가 반대한 것은 어쩌면 조조에게 천하를 빼앗기고 싶지 않은 마음 때문이었을지도 모른다.

삼국시대의 역사를 읽는 즐거움은 이와 같은 상상을 하는 데 있다고 할 수 있다.

조조의 남정 실패로 유비는 형주의 주인공이 되고 나아가 제갈공명의 계획에 따라 촉으로 들어가 유언의 아들인 유장의 마중을 받았다. 따라서 유비는 유언 세력과도 손잡은 것이 된다.

이렇게까지 다양한 영웅과 손을 잡은 인물도 없을 것이다. 이를 비호족인 유비에게 근거지가 없었기 때문이라고 한정하는 것은 옳지 않다. 지반이 없기 때문에 경계를 받지 않았다는 사정도 있었다.

촉의 유장은 아버지가 죽은 뒤 물려받은 넓은 사천 땅을 주체하지 못해 유비에게 도움을 받아야겠다는 정도로만 생각했다. 그의 어리석음이 여기에 있다. 유비는 매우 만만치 않은 상대였다. 머지않아 유장은 근거지인 성도(成都)까지 유비에게 빼앗겼다.

제갈공명의 '천하삼분의 계'는 유비가 형주와 익주를 차지함으로써 조조와 손권과 더불어 정립(鼎立)한다는 것이었으나 주적(主敵)이 조조였음은 말할 나위도 없었다.

중국의 천지가 넓다고는 하나 중원(中原)이 곧 중국이라는 관념은 중국인의 뇌리에서 지울 수 없었다. 또 앞에서도 이야기했듯이 인구를 보더라도 조조가 지배하는 지역이 압도적으로 많았다.

유비와 손권이 지배하는 지역의 인구를 모두 합해도 조조 세력권의 주민보다 적었다. 천하삼분의 계라고 해도 그것은 중국을 통일하기 위한 한 단계일 뿐이었다. 천하를 통일하려면 위나라가 주적이 되어야 했다. 하지만 역량에 큰 차이가 나기 때문에 오나라의 손권과 연합해서 위나라에 대처해야 했다.

그러나 오와 촉의 관계는 생각만큼 좋지 않았다. 위도 오와 연합해서 촉을 칠 생각이었다. 게다가 촉과 오는 형주 영유권을 둘러싸고 대립했다. 형주의 주인공은 유표였으나 그 아들이 조조에게 항복하였고, 더구나 조조는 적벽에서 퇴각해버렸다. 유표의 객장이었던 유비는 형주가 자기 것이라고 주장했고, 손권은 적벽의 일격은 자기 진영의 주유(周瑜)가 이끈 수군의 승리이므로 전승 성과는 자기 것으로 해야 한다고 생각했다. 형주를 분할함으로써 대립은 일단 수습되었으나 그것은 근본적인 해결책이 아니었다. 위나라는 그것을 노려 끊임없이 오나라에 공작을 펼쳤다.

오나라는 형주를 생명선으로 여겼는데 주유 같은 사람이 대표적인 인물이었다. 유비는 장강 연안뿐만 아니라 무릉(武陵), 장사(長沙), 계양(桂陽), 영릉(零陵) 같은 호남 지방도 평정했다.

유비와 손권이 타협할 수 있었던 것은 역시 조조의 힘이 두려웠기 때문이다. 북방으로 철수한 조조는 현무지(玄武池)에서 수군을 훈련했다. 그리고 쉴 새 없이 경주(輕舟)를 만들어 결코 남방을 포기하지 않았다는 것을 행동으로 보여주었다.

형주 땅을 두고 싸운 것 외에 형주 인재 다툼도 잊어서는 안 된다. 삼국시대의 동란기에 형주는 비교적 전란이 적어 난을 피해 이 땅으로 건너온 사람이 많았다. 제갈공명도 그중 한 사람이었다. 그 밖에도 뛰어난 인재가 적지 않았다. 인재획득 전쟁에서는 유비가 압도적으로 승리했다고 말할 수 있다. 제갈공명의 친구로 그와 함께 쌍벽을 이루던 방사원(龐

士元), 마량(馬良)·마속(馬謖) 형제, 황충(黃忠), 진진(陳震), 요립(廖立) 같은 인재가 차례로 유비 진영에 가담했다. 양양(襄陽) 마씨 5형제는 준재로 이름이 높았는데, 그중에서도 특히 마량의 재능이 월등했다. 마량의 눈썹은 희었기 때문에 사람들은 뛰어난 자 중에서도 특별히 뛰어난 자를 '백미(白眉)'라고 부르게 되었고, 이 말은 지금까지도 그대로 쓰인다.

손권이 인재확보 전쟁에서 패한 이유는 뚜렷했다. 그에게 인망이 없었기 때문이다. 오나라는 형벌이 가혹했고 손권의 성격에 잔악한 면이 있어, 사람들은 그를 두려워했다.

유비도 젊었을 때는 상당히 난폭했으나 이 무렵에는 한층 원숙해져 있었다. 고생을 많이 해서 세상 물정에 밝았고 남을 동정할 줄도 알았다.

손권은 15세에 오나라의 태수가 되었다. 따라서 남의 밑에서 고생한 경험이 전혀 없었다. 확실히 뛰어난 재능의 소유자이기는 하나 진수도 『삼국지』에서,

구천(勾踐) 같은 뛰어난 재주가 있다. 인물 중 걸물이다.

라고 칭송하는 한편,

그러나 성품은 다분히 꺼려지고 살육에 과감했다.

고 비판했다. 전쟁에서 사람을 죽이는 것이 아니라 형벌로 사람을 죽이는 데 과감했다는 말이므로 섬기기에 두려운 주인이었다.

오나라 내부에서는 유비를 어떻게 할 것인가 하는 문제를 놓고 의견

이 둘로 나뉘었다. 주유는 유비를 쳐야 한다고 주장했고 또 다른 중신인 노숙(魯肅)은 유비와 타협해야 한다고 생각했다. 그렇다고 노숙이 친유비 파라는 뜻은 아니다. 그는 철저한 조조 반대파였다. 오나라에서 무엇보다 중요한 것은 조조의 힘을 약화시키는 것이었다. 그러나 오나라의 힘만으로는 불가능한 일이었다. 유비에게 형주를 주고 조조에게 대항하게 하면 그만큼 오나라에 이익이 된다고 생각했던 것이다.

노숙은 조조를 주적으로 보고 유비를 이용하려고 했다.

적극주의자인 주유는 그와 같은 타협안은 생각하지 않고, 조조가 적벽에서 타격을 입은 틈을 타서 촉나라를 빼앗고, 한중(漢中)으로 나가 형주에서 군대를 일으켜 북벌해야 한다고 주장했다.

손권은 주유의 주장을 받아들여 촉나라를 칠 준비를 했다. 적벽전 직후의 일로, 물론 유비는 아직 촉나라에 들어가지 않았을 때다. 그러나 원정준비가 한창이던 중에 주유가 36세의 젊은 나이로 죽고 만다.

주유 대신 손권을 보좌하게 된 노숙은 유비를 이용하자는 설을 펼치던 사람이므로 유비에게 유리했다. 유비가 유장의 마중을 받아 촉나라에 들어간 것은 주유가 죽은 다음해인 건안 16년(211)의 일이다. 다만, 이때 제갈공명과 관우는 유비를 수행하지 않고 형주에 머물렀다.

공명이 촉나라에 들어간 것은 건안 19년(214)으로, 유비가 유장의 항복을 받고 성도를 빼앗은 뒤였다. 이때도 관우는 형주에서 버티고 있었다.

손권이 건업(建業, 오늘날 남경)에 근거지를 정한 것은 2년 전의 일이었다. 이렇게 하여 위, 오, 촉의 삼국정립은 거의 자리를 잡아갔다.

불안한 삼국정립

삼국정립이라고 해도 위나라가 다른 두 나라를 크게 앞질렀다.

유비는 한때 조조에게 몸을 의탁한 적이 있으나, 형주를 떠난 뒤로는 조조에 반대하는 깃발을 높이 치켜들었다. 그다지 강하지 않은 집단을 이끌면서 그 단결을 굳건히 하려면 뚜렷한 목표를 내세우는 것이 효과적이다. 목표는 뚜렷할수록 좋다. 그것에 비장감까지 따른다면 더욱 좋다. 유비집단의 반조조 열기가 그것에 해당했다. 한나라의 주석(柱石)인 유비가 '한나라의 적'인 조조를 타도한다는 것이다. 실력 차이로 인해 비장감마저 감돌았다. 이 간판을 내려 버리면 유비 집단의 존재 가치가 없을 것 같았다.

오나라의 손권 집단은 처음부터 의견이 통일되지 않았는데 마지막까지 이 결점을 극복하지 못했다. 유비집단이 반 조조로 의견을 통일한 것에 비하면 큰 차이다. 노숙처럼 유비와 손잡고 조조에 대항하려는 무리도 있었지만, 주유처럼 유비를 쳐서 힘을 기른 다음에 조조에 대항하려는 무리도 있었다. 물론 두 사람 모두 방법론만 다를 뿐 조조를 적으로 여긴다는 점에서는 일치했다. 그러나 기득권만 보장된다면 조조의 주도권을 인정해도 좋지 않느냐는 일종의 항복론자도 존재했다.

손권도 조조에게 항복하려고 마음먹은 적이 있었다. 그때 반대한 노숙이 "만일 조조에게 항복한다면 나는 고향으로 돌아가 신분에 맞는 대우를 받을 수 있으므로 송아지가 끄는 수레를 타고 이졸(吏卒)을 거느리고 명사들괴 교제히며 지낼 수 있으니, 당신은 그렇게 되지 않을 것입니다"라는 말을 했다. 노숙은 임회(臨淮) 동성(東城) 사람으로 '집에 재물이

넉넉하다'고 『삼국지』에 기록될 만큼 상당한 호족이었다. 그러고 보면 손권의 가문은 그다지 대단하지 않았던 것 같다. 적어도 노숙의 가문보다는 격이 떨어졌다.

강남 호족들은 가문에 관계없이 강력한 지도자를 요구해서 손권의 아버지 손견이 선택되었고, 불초(不肖)의 자식이 아니었기에 손책과 손권이 그 지위를 이어받은 것이다.

오나라의 정권이 이와 같은 강남 호족에게만 옹립된 것은 아니었다. 동란을 피해 남쪽으로 이주해 온 사람들도 그 산하에 들어와 있었다. 당시 강남에는 개간되지 않은 광대한 토지가 있었으며, 그곳에서는 둔전(屯田, 변경이나 군사 요지에 주둔한 군대의 군량을 마련하기 위하여 설치한 토지-옮긴이)이 활발하게 행해지고 있었다. 손권 휘하의 군대는 평상시에는 밭을 경작하는 둔전병이었다. 군단장은 둔전병이 개척한 땅의 대지주와 같았다. 지주 아래 소작농이 있듯 장군 아래에 졸병이 있었다. 지주가 곧 장군이므로 이 결합은 매우 강력했고 지주장군(地主將軍)은 차츰 영주처럼 되었다.

맨 처음에는 그렇지 않았으나 둔전이 진행됨에 따라 오나라의 군대는 군소 영주의 사병집단 연합체와 같은 형태를 띠었다.

다양한 성격을 지닌 무리를 떠안은 오나라 정권은 그 타협 위에 성립되었다. 크게 나누어서 토착 호족과 외래 분자다. 나중에는 오씨 집안의 환관이 힘을 얻어 한 세력을 이루었다. 이와 같은 정권이 어떻게 움직일지 정권의 수뇌부조차 정확히 예측하지 못했다.

건안 22년(217), 노숙이 죽었다. 그리고 오나라는 위나라와 화친을 맺었다. 이해에 시국은 크게 변했다.

형주에서는 촉나라의 관우가 동쪽과 북쪽을 호시탐탐 노리고 있었다. 촉나라 쪽 형주를 경영하는 중심지는 강릉(江陵)이었고, 타협으로 분할한 오나라 쪽 형주의 중심지는 육구(陸口)였다. 당시 육구에는 여몽(呂蒙)이라는 오나라 명장이 있었다.

관우는 동쪽 육구를 노리면서도 주적인 조조가 있는 북쪽 중원도 노렸다. 조조 세력의 남쪽 전선 기지는 번성(樊城)에 있었다. 번성은 위나라 장군 조인(曹仁)이 지키고 있었다. 관우는 번성을 공격하기 위해 강릉에서 북상했다. 그러나 강릉에 있는 촉나라 군대를 전부 이끌고 북상할 수는 없었다. 오나라의 명장 여몽이 육구에서 버티고 있었기 때문에 허를 찔릴 우려가 있었기 때문이다. 따라서 상당한 군세를 강릉에 남겨 두어야 했다. 번성만 함락하면 이제 중원이 바로 눈앞이었다. 형주 북부를 거의 지배하에 두고 번성만 남겨 둔 관우는 분명 아쉬웠을 것이다. 관우의 북벌 기세에 놀란 조조는 천도까지 고려했다고 한다. 이제 마지막 한 고비만 남았다. 강릉에 두고 온 군대를 동원할 수 있다면 얼마나 큰 도움이 될까, 관우는 한숨을 내쉬었다.

위나라가 큰 세력이기는 하나 그토록 대단하다는 조조도 관우의 움직임에 위기감을 느꼈다. 일찍이 포로로서, 또 객장으로서 자신의 군영에 있었던 관우의 실력을 조조는 누구보다 잘 알았다. 그가 오나라와 화친을 맺을 마음을 먹었던 것도 관우에 대한 대책이었음은 말할 것도 없다.

노숙의 뒤를 이어서 육구에 주둔한 여몽도 손권에게 관우 타도를 진언했다.

때는 건안 24년(219)이었다. 오나라는 2년 전에 이미 위나라와 사이좋게 지내고 있었다. 화친을 맺었다고 하나 힘 관계에서 보면 투항이라 해

야 될 관계였다. 『삼국지』「오주전(鳴主傳)」에는,

> (손)권은 도위(都尉) 서상(徐詳)으로 하여금 조공(曹公)을 뵙고 항복
> 을 청했다.

고 되어 있다. 2년 뒤에는 손권 쪽에서 군사동맹을 제안한 것이다. 조조 진영 내에서도 관우의 맹위에 대비해 오나라와 손잡아야 한다는 주장이 있었다. 사마의(司馬懿)가 대표적인 인물이다. 그는 후에 오장원(伍丈原)에 서 제갈공명과 대전했는데, 중달(仲達)이라는 아호로 더 유명하므로 앞으 로는 사마중달이라고 부르기로 한다.

> 손권은 안으로는 관우를 꺼리고, 밖으로는 자기의 공을 세우고자,
> 서신을 조공에게 보내, 스스로 관우 토벌을 맡겠다고 말했다.

손권은 조조에게 '당신을 위해 관우를 토벌해 바치겠다'는 편지를 보 냈다. 약간 비굴해 보이나 살아남기 위한 지혜였다. 아무리 내부적으로 분열이 있고 의사 통일이 곤란하다고 해도 목숨과 관련된 일이라면, 정권 은 살아남기 위해 본능적으로 가야 할 방향을 알아내는 법이다.

민속신앙으로 남은 관우

관우의 마지막 순간은 가련했다. 가련했기 때문에 죽은 뒤에 사람들 이 그를 신으로 모셨다. 그의 주군이며 의형제이기도 했던 유비보다도 극

진하게 모시고 중국 전역에 '관제묘(關帝廟)'를 세웠다. 황제도 왕도 아닌 그를 '제(帝)'로서 제사지낸 것은 백성들의 동정이 그에게 쏠렸기 때문이다. 그런 곳에서 그런 죽음을 당해야 했으니, 관우로서도 미련이 남을 수밖에 없을 것이다. 당시 사람들의 소박한 생각으로는 그런 식으로 죽은 사람은 원혼이 되어 저주를 내린다고 무서워했다.

각지에 세운 관제 사당은 관우의 원혼을 달래기 위한 것이었다.

관우가 번성을 공격하다 지쳤을 무렵, 육구의 오나라 사령관이 교체되었다. 여몽이 사임하고 그 자리에 육손(陸遜)이라는 무명 인물이 임명되었다. 여몽은 오래전부터 지병으로 건강이 좋지 않다는 소문이 파다하였다. 전선에서 이 소식을 들은 관우는 이제 육구의 오나라 군대는 두려워할 것이 없다고 생각했다. 여몽이 무서워서 강릉에 상당한 군대를 남겨두었던 것인데, 육손은 이름도 알려지지 않은 인물이었으므로 관우는 마음을 놓았다. 앞에서도 이야기했듯이 이 시대에는 인물을 평론하는 일이 유행처럼 퍼져 있어서 별것 아닌 인물도 곧잘 사람들의 입에 오르내렸다. 그러나 육손은 전혀 들어본 적 없는 인물이었기에 관우는 재능이 없는 사람이라고 단정했다.

여몽의 건강은 확실히 좋지 않았으나, 그의 경질은 관우를 방심하게 만들려고 꾸민 계책이었다. 병력이 몹시 아쉬웠던 관우는 마침내 강릉에 머물던 부대에게 북상하라는 명령을 내렸다.

그러자 사임한 줄로 알았던 여몽이 오나라 군대의 대장으로서 장강(長江)에 나타나 군대가 거의 다 빠져나간 강릉을 아주 쉽게 점령해 버렸다. 사전에 계획을 세워서 추진한 일이라 눈 깜짝할 사이에 끝내 버렸다.

번성을 공격하던 관우는 강릉에서 원군이 도착하자 용기백배하여 조인(曹仁)을 맹렬히 공격했다. 조조는 손권이 군사동맹을 제안한 밀서의 사본을 작성해 번성에서 공방을 벌이고 있던 양쪽 군대에 노(弩, 큰 활)를 쏘아 전했다. 함락 직전에 의기소침해 있던 번성의 조인 군대가 이 사본을 보고 기뻐 날뛴 것은 말할 나위도 없다. 관우는 손권이 조조에게 붙어 보았자 여몽이 없는 오나라 군대 따위는 아무것도 아니라고 생각했다. 그러던 차에 강릉 함락 소식이 날아들었다. 더구나 적의 대장이 여몽이라는 것이었다.

설마 하던 일이 현실로 나타나자, 관우 부대의 전의는 급격히 떨어졌다. 관우 군은 퇴각해서 당양(當陽)의 맥성(麥城)으로 들어갔다. 지금까지 번성을 공격했는데 이번에는 역전해서 공격을 당하게 된 것이다. 게다가 오나라 군대의 대장은 그가 가장 두려워하던 여몽이고, 부대장은 손권의 사촌 동생인 정로장군(征虜將軍) 손교(孫皎)였다.

관우는 맥성을 탈출했으나, 손권 군에게 퇴로를 차단당해 장향(漳鄕)이라는 곳에서 끝내 사로잡히고 말았다. 관우는 아들 관평(關平)과 함께 참수되어 수급만 낙양으로 보내졌다. 건안 24년(219) 12월의 일이다.

이듬해 정월, 조조는 낙양에 이르러 손권이 보낸 관우의 수급을 확인하였다. 그러나 공교롭게도 조조는 그 정월 경자일(庚子日)에 세상을 떠났다. 향년 66세였다.

손권은 공을 세운 여몽에게 1억 전과 황금 500근을 주겠다고 했으나, 여몽은 이를 사양했다. 손권은 사퇴를 허락하지 않고 나아가 봉작도 생각했으나, 그것을 결정하기 전에 여몽이 죽었다. 그때 나이 42세였다. 병든 몸이기는 했으나, 당시 사람들은 그의 죽음을 관우의 원혼이 저주를 내렸기 때문이라고 생각했다. 그것도 무리는 아니다. 대장 여몽은 지병이 있었으니 그렇다 치더라도 부대장인 손교마저 곧이어 죽어 버렸기 때문이다. 관우를 적으로 돌린 조조, 여몽, 손교가 그가 죽은 직후에 차례로 죽은 것은 확실히 이상하다. 관제 사당을 건립하게 된 것도 이 사실이 자극이 되었다.

유비가 슬픔에 빠진 것은 말할 나위도 없었다. 그는 관우의 복수전을 계획했다. 제갈공명은 열심히 그것을 말렸다. 촉나라의 주적은 어디까지나 위나라였다. 조조가 죽고 그 장남인 조비가 뒤를 이어 헌제의 선양을 받아 제위에 오른 상태였다. 후한은 건안 25년(220) 10월을 기해 멸망했다.

헌제는 양위한 뒤 산양공(山陽公)으로 천수를 다했다. 선양을 강요한 조비보다 훨씬 오래 살았다. 그러나 당시 헌제는 살해되었다고 전한다. 그래서 이듬해 유비가 제위에 올랐다.

이렇게 되면 촉나라의 황제 유비가 공격해야 할 상대는 더더욱 찬탈자인 위나라이어야 했다. 그런데도 유비는 오나라를 치겠다고 고집했다.

제갈공명은 마음속으로 오나라와의 화친을 그리고 있었다. 위나라와 오나라의 동맹은 관우 타도를 목표로 한 임시적인 것이었다. 제갈공명은 그 동맹이 목적을 달성한 이상 오래 계속되지 않을 것이라고 예상했다. 관계 수복을 서둘러야 할 상대, 더구나 그 가능성이 농후한 상대에게 싸움을 거는 것은 더없이 어리석은 짓이다. 그러나 아무리 설명해도 유비는 말을 듣지 않았다.

국가를 책임져야 할 제왕에게는 사사로운 정이 용납되지 않는다. 그런데도 유비는 관우와의 정의를 내세워 군대를 움직였다. 제갈공명도 더는 말릴 수가 없었다.

조조였다면 틀림없이 사사로운 정을 버렸을 것이다. 그리고 그 사사로운 정을 시로 토로했을 것이다. 유비에게는 시작(詩作)이라는 배출구가 없었다. 유비는 관우를 위한다는 일념으로 촉나라 군대에 동원령을 내렸다.

이것은 유비의 결점이기도 했지만, 한편으로는 유비의 매력이라고도 할 수 있다. 그런 인정미가 있었기 때문에 많은 인재가 그에게 몰려들었다.

유비의 복수전은 대실패로 끝났다. 오나라 군대의 장군은 그때까지 무명이었던 육손이었다. 삼국지 시대에도 이 무렵 세대교체가 눈에 띈다. 제갈공명의 등장은 세대교체의 선구라고 할 수 있다. 육손의 책략에 감쪽같이 속아 대패를 당한 유비는 백제성(百帝城)으로 도망쳤다. 촉한(蜀漢)의 장무(章武) 2년(222) 6월의 일이었다. 실의에 빠진 유비는 이듬해 4월 백제성에서 죽었다. 향년 63세였다. 아들 유선(劉禪)이 즉위하고 제갈공명이 이를 보좌하게 되었다.

조씨 일족의 비극

자는 동안에 목이 달아난 장비

공의 재주는 조비(曹丕)의 10배로 반드시 국가를 편안히 하고, 마침
내 대사를 이룰 것이오. 만일 대를 이을 내 아들이 보좌할 만하거든,
그를 도와주고, 만약 재능이 없다면 공이 스스로 대신하시오.

백제성으로 달려온 제갈공명에게 촉나라 제(帝)인 유비는 이렇게 유언
했다. 대를 이을 아들이란 유비의 아들 유선(劉禪)을 말하며, 아들이 보
좌할 가치가 있으면 보좌해 주기 바라지만, 만일 재능이 없다면 당신이
그 자리를 대신해도 좋다는 어딘지 색다른 유언이었다. 자식의 됨됨이가
그다지 좋지 않다는 것을 유비는 잘 알고 있었다.
　이에 제갈공명은,

신은 고굉(股肱)의 힘을 다할 것이며, 충정(忠貞)의 절개를 바치고,

이를 죽음으로 이어지게 하겠습니다.

라고 대답했다. 유비는 아들에게,

> 너는 승상(제갈공명)과 일을 의논하며, 그를 섬기기를 아비와도 같
> 이 하라.

는 말을 남겼다. 모든 일을 제갈공명에게 맡긴다고 해도 좋았다. 관우도
장비도 이미 죽은 촉나라의 운명은 이제 제갈공명의 양 어깨에 달려 있
었다.

　관우의 죽음은 앞에서도 이야기했는데, 『삼국지』의 그의 전기에는,

> 강직하고 스스로 뽐낸다.

고 했듯이 자만심이 강한 인물이었다. 손권이 며느리로 관우의 딸을 바
라자 관우는 그 심부름꾼에게 욕을 퍼붓고 창피를 준 일이 있다. 오나라
가 촉나라와 친교를 맺느냐 마느냐 하는 미묘한 시기에 같은 거절이라도
좀 더 부드러운 방법이 있었을 터이다. 강직하고 자존심이 세다는 것은
다른 사람을 가벼이 여긴다는 말이기도 하다. 강릉에 있던 촉나라의 태
수 미방(麋芳)과 부사인(傅士仁) 등은 관우에게 무시를 당해 항시 불만이
었다. 그 때문에 관우가 북벌을 위한 군수품을 조달할 때, 미방과 부사인
은 적극적으로 협조하지 않았다. 열심히 해봤자 공적은 평소에 자신들을
깔보는 관우에게 돌아갈 것이 뻔했기 때문이었다. 그들이 비협조적이었

던 것도 무리는 아니었다. 화가 난 관우는 출발하면서,

　　　돌아오면 반드시 이들을 다스리겠다.

는 말을 내뱉었다. 개선하면 이 일로 징벌하겠다는 뜻이다. 그런 시끄러운 장군의 개선이 달갑지 않은 것도 당연했다. 오나라가 강릉을 공격하자 마방과 부사인은 쉽게 등을 돌렸다. 강릉에는 원정군의 처자가 있었으므로, 강릉의 함락이 관우군에게 어떤 충격을 주었을지는 상상하고도 남는다.

　손권을 화나게 만든 것은 외교의 실패였고, 자기편 간부에게 불만과 공포심을 갖게 한 것은 내정의 실패였다. 엄격한 눈으로 보면 관우의 죽음은 자초한 것이나 다름없었다.

　장비는 부하에게 암살당했다. 그는 아랫사람을 다루는 방법이 지나치게 엄격하여, 뭔가 잘못이 있으면 곧바로 죽였고 매일같이 병졸들을 매질했다. 보다 못한 유비가 너무 많이 죽인다고 충고를 했지만, 장비는 고치려 들지 않았다. 그는 원망을 산 부하에게 잠자는 사이에 목이 베였다. 장비의 목을 벤 부하는 그 수급을 선물로 들고 손권에게 달려갔다.

　관우와 장비라는 유비 진영의 2대 호걸은 마지막까지 호위병 집단 시절의 성격을 버리지 못했다. 진수는 『삼국지』에,

　　　관우는 졸병들에게는 잘해주고, 사대부에게는 교만했다. 장비는
　　　군자를 애경(愛敬)하고, 소인은 동정하지 않았다.

고 썼다. 하층 출신인 두 호걸은 출세한 뒤에 서로 다른 태도를 보였다. 관우는 그때까지 자신들을 깔보았던 사대부에게 보복적인 태도를 취했다. 그리고 자신과 같은 출신인 졸병들을 우대했다. 반대로 장비는 가까스로 성공해서 사대부들과 어깨를 나란히 하게 된 것이 좋아서 그들을 존경했지만, 일찍이 자신과 같은 소인(하층 사람들)에게는 뽐내고 으스댔다.

　　단(短)으로 패(敗)를 얻다.

　진수는 두 사람의 죽음을 위와 같이 비평하고 있다. 두 사람 모두 각자의 단점으로 목숨을 잃었다는 뜻이다. 『제갈량집(諸葛亮集)』에 따르면, 유비는 아들인 유선에게 세세히 유언했다.

　　네 아비는 덕이 박했다. 이를 본받지 마라.

고 자기반성도 했고, 『한서』와 『예기』를 읽고 틈이 나면 제자(諸子)들의 책과 『육도(六韜)』『상군서(尙君書, 상앙의 법가서)』도 보아야 한다고 독서지도까지 하고 있다. 그리고 "노력하라, 힘쓰라"고 되풀이해서 말하고 있다. 아들을 끔찍이 염려했던 것 같다.

　3년 전에 죽은 위왕 조조의 유언은 다음과 같았다고 『삼국지』에 전하고 있다.

　　천하는 아직도 안정되지 않았다. 옛것(고대 방식에 따른 장례)을 따
　　라서는 안 된다. 장례가 끝나면 모두 옷(상복)을 벗으라. 장병으로 군

영을 지키는 자는 모두 둔부(屯部)를 떠나지 말라. 유사(有司, 관료)는 각자 자리를 지켜라. 염(斂, 납관納棺)할 때는 시복(時服, 평상복)으로 하고, 금옥진보(金玉珍寶)는 수장하지 말라.

가족에게는 옷과 궁녀 처분법 따위를 지시한 유언이 있었다고 한다. 매우 사무적인 점이 자못 조조답다. 음사사교(淫祠邪敎)를 심히 미워하고, 그것을 탄압한 조조는 당시에는 보기 드문 의식 있는 유물론자였다.

동탁이 낙양을 파괴하고 떠날 무렵 여포에게 명령해서 교외에 있는 능들을 파헤쳐 금옥진보를 약탈한 일이 조조의 뇌리에 선명하게 남아 있었다. 독서가인 그는 적미군이 장안 근교 황제의 능들을 파헤친 일도 책을 읽어 알고 있었다. 금옥진보가 저승에서 쓸모가 없다는 것은 그에게 자명한 일이었다.

똑똑하나 덕이 부족했던 조비

조조의 장남 조비는 중평(中平) 4년(187)에 태어났으므로 그의 아버지가 죽었을 때는 만으로 34세였다. 위나라 왕이었던 조조의 지위를 물려받았을 뿐만 아니라 후한의 천자인 헌제에게 선양을 받아 위나라 초대 황제가 되었다.

한나라 건안 25년(220)이라는 해는 조조가 죽은 뒤 연강(延康)으로 연호가 바뀌었다. 이 연강 원년에 선양함으로써 후한 왕조는 막을 내리고, 위왕조가 탄생하여 다시 연호를 황초(黃初)로 바꾸었다. 같은 해에 연호가 건안과 연강, 황초로 세 번씩이나 사용되었다.

한나라는 화덕(火德)으로 천자가 되었으므로 붉은색을 존중했다고 한다. 당시 오행설로 보면, 불(火) 다음은 흙(土)이었다. 한나라를 대신하는 왕조는 토덕(土德)으로 천자가 되며 그 색은 노란색(黃)이라고 믿었다. 태평도가 반란을 일으킬 때 '황천(黃天)은 마땅히 일어나야 한다'는 표어를 내건 것도 이와 같은 오행설을 의식했는지도 모른다.

위나라가 첫 연호로 '황초'를 선정한 것도 자신들의 기초가 토덕에 있다고 생각했기 때문이다. 2년 뒤 오나라의 손권도 자신을 오왕(鳴王)이라 칭하고 연호를 '황무(黃武)'로 정했다. 이것 역시 한나라 다음이라는 것을 의식해서 정한 연호였다.

유비도 위나라보다 1년 늦게, 오나라보다는 1년 먼저 촉나라에서 제위에 올랐다. 연호는 장무(章武)다. 유비의 왕조는 한나라 다음이 아니라 자신이 곧 한(漢)이라고 칭했으므로 황이라는 글자는 쓰지 않았다. 낙양을 국도로 정한 한나라는 위에게 찬탈되었으나, 한나라의 왕실과 연결된 유비가 촉나라 땅에서 그것을 부흥했다는 사고다.

조비는 문제(文帝)라고 불리는 천자였으나, 그는 아버지 조조를 추존해서 무황제(武皇帝)라고 부르기로 했다. 조조는 위나라의 무제이고, 『삼국지』도 그의 전기에 「무제기(武帝紀)」라는 제목을 붙였다. 그러나 그는 살아 있는 동안에는 황제가 아니었다.

공(公)에서 왕(王)이 되고 왕에서 다시 황제가 되는 과정은 처음부터 정해져 있었다. 다만, 조조 자신은 자기 대에서 조씨가 황제가 되지는 않을 것이라고 생각했다. 그는 "나는 주(周)나라의 문왕(文王)이 되겠다"고 말했다고 전한다. 은나라를 패망시키고 주나라의 왕이 된 것은 주나라의 무왕(武王)이었다. 그의 아버지는 이미 사거하여 문왕(文王)은 추존된 왕호였다. 주나라의 문왕이 된다는 것은 다음 대에서 한을 대신하고 자기 대에서는 하지 않겠다는 의사표시라고 받아들일 수 있다.

은나라를 힘으로 쓰러뜨린 주나라 무왕이 죽은 아버지를 존중하여 문왕이라고 부른 것은 극히 자연스러운 일이었다. 위나라로 치면 후한의 헌제를 궁지에 몰아넣고 제위를 빼앗은 조비가 '문제(文帝)'이고 찬탈을 주저했던 아버지 조조가 '무제(武帝)'이므로 주나라와 문무(文武)의 왕호 명칭이 뒤바뀌었다.

그러나 잘 생각해 보면, 무력으로 위왕조의 기초를 닦은 사람은 조조이므로 역시 그는 무제라는 이름에 어울리는 인물이었다. 그리고 조비는 그 당시 최대 문학자 중 한 사람이었으므로, 문제라고 부르는 것이 적당했다.

문무로 나누기는 했으나, 조조는 문무를 겸비한 인물이었다. 『위서(魏書)』는 그를,

군을 통솔하기를 30여 년, 손에서 책을 놓지 않고 낮에는 무책(武策)을 강의하고 밤에는 경전을 생각했다. 높은 곳에 오르면 반드시 시를 읊고……

라고 묘사하고 있다.

진수는 『삼국지』 「문제기」의 평(評)에서 문제 조비의 문조(文藻)와 박문강식(博聞強識)을 칭찬하면서 관용과 공평의 성(誠)과 도덕을 구비했더라면 옛 현주(賢主)에 가까웠을 것이라고 기술하고 있다. 다시 말해 그런 더목이 부족했다는 말이다.

다음은 『세설신어(世說新語)』에 실린 이야기인데, 진위는 알 수 없다.

조조가 죽은 직후에 미망인이 아들에게 갔더니, 그때까지 조조의 후궁에 있던 여자들이 모두 그곳에 와 있었다. 조조 미망인은 너무도 화가 난 나머지 "네가 먹다 남긴 것은 쥐도 먹지 않겠다"고 말했다고 소개되어 있다.

문제 조비는 황초 7년(226)에 비교적 젊은 나이로 세상을 떠났다. 그때 그의 어머니는 아직 살아 있었으나, 아들의 죽음에 눈물 한 방울도 보이지 않았다고 한다. 어머니가 친아들의 죽음을 슬퍼하지 않았다는 것은 예삿일이 아니다.

건안 9년(204)에 조조가 원소를 공격했을 때 18세였던 조비도 종군해서 절세의 미인이라는 견씨(甄氏, 원소의 아들인 원희(袁熙)의 처)를 빼앗았다. 조조도 견씨를 노리고 있었으나 아들이 선수를 친 것이다. 이것이 문제(文帝)의 견황후가 된 사람이다.

제갈공명의 출사표

촉나라의 제갈공명이 한중(漢中)에 군대를 보낸 것은 조비가 죽은 다음해였다. 위나라는 연호를 태화(太和)로 고쳤고, 촉나라는 건흥 5년(227)이었다. 이 글을 읽고 울지 않은 자는 사람이 아니라고 할 정도로 명문장인 〈출사표〉는 이때의 출병에 즈음하여 제갈공명이 쓴 것이다.

출사표

신(臣) 양(亮)은 아뢰옵니다. 선제께옵서 창업하시어 아직 그 뜻을 절반도 이루지 못하셨는데 중도에 붕어하셨습니다. 이제 천하가 셋으로 갈리어 익주가 피폐해졌으니, 실로 나라의 흥망이 걸린 위급한 때이옵니다. 그러하오나 안으로는 모시고 지키는 신하들이 해이하지 아니하고, 밖으로는 충성의 뜻이 있는 무사들이 자기 몸을 돌보지 않는 것은 아마 선제의 남다른 대우를 기려 폐하께 이를 갚고자 함입니다. 폐하께서는 성심으로 성스러운 귀를 활짝 여시어, 선제가 남긴 덕을 널리 빛내고, 뜻있는 사인(士人)의 의기를 더욱 넓히고 크게 키워 주시옵소서. 결코 스스로 덕이 엷고 재주가 모자란다고 망령되이 단정해서는 아니 되며, 옳지 않은 비유로 의를 잃으셔서 충성된 간언이 들어오는 길을 막아서도 아니 되옵니다. 궁중과 조정이 하나가 되어, 선과 악을 척벌함에 다름이 있어서는 아니 되옵니다. 만일 간사한 짓을 하여 죄를 범한 자나 충성되고 착한 일을 한 자가 있다면 마땅히 유사(有司)에게 맡겨 그 상벌을 가리게 하고, 폐하께서는 두루 밝은 정치를 베푸시어 사사로움에 치우쳐 안과 밖의 법이 다르지 않게 하시옵소서.

시중(侍中)과 시랑(侍郞)인 곽유지(郭攸之), 비위(費褘), 동윤(董允) 등은 모두 어질고 착실하며 사려가 깊고 충성스럽고 순수한 사람들입니다. 이런 까닭에 선제께서 발탁하시어 폐하께 넘겨주셨습니다. 신의 어리석은 생각일지 모르나, 궁중의 일은 그 일의 크고 작음을 가릴 것 없이 모두 이들에게 물은 연후에 시행하시면, 그들은 반드시 부족한 점과 빠진 점을 보완하고 가다듬어 널리 이로울 것이옵니다. 장군 향총(向寵)은 성품과 행동이 맑고 치우침이 없으며 군사에 밝고 뛰어난지라 예전에 선제께서도 그를 시험하시고, 능한 인물이라고, 여러 사람의 천거에 따라 도독(都督)으로 삼으셨으니, 신의 어리석은 생각일지 모르나, 군영의 일은 대소사를 불문하고 모두 그에게 물으면 반드시 군사를 부림에 화목할 것이며, 우열을 가려 각각 마땅한 자리에서 맡은 바 임무를 성실히 다할 것이옵니다.

어진 신하를 가까이 하고 소인을 멀리한 까닭에 전한(前漢)은 흥성하였고, 소인을 친근히 하고 어진 신하를 멀리한 까닭에 후한(後漢)은 기울어지고 쇠했습니다. 선제께서 살아 계실 때 신하들과 이 일을 논의하시며 일찍이 후한의 환제(桓帝)와 영제(靈帝) 때의 일을 탄식하고 몹시 원통해하셨사옵니다. 시중(侍中), 상서(尙書), 장사(長史), 참군(參軍)자리에 있는 신하들은 모두 곧고 어질며 죽음으로 절개를 지킬 신하들이오니, 원컨대, 폐하께서 이들을 가까이 하시고 이들을 믿어 주신다면, 곧 한나라 황실의 융성을 날을 세며 기다릴 수 있을 것이옵니다.

신이 본디 미천한 백성으로 남양에서 몸소 밭 갈며 난세에 목숨을 보존하였을 뿐, 제후에게 영달을 구하지 않았나이다. 그러나 선제께서는 신을 비천하다 여기지 않으시고 외람되게도 스스로 몸을 낮추시어, 세 번이나 신의 초려를 찾으셨고 당세의 일을 신께 물으셨으니, 신은 이에 감격하여 선제를 위해 힘써 일할 것을 허락하였사옵니다. 뒤에 국운이 기울어져 패군할 즈음에 소임을 맡고 위난한 중에 명을 받든 이래 어언 21년이 지났나이다. 선제께서는 신의 근신함을 아시고 돌아가실 즈음에 신께 대사를 맡기셨사옵니다. 명을 받자온 이래 자나 깨나 신이 우려하고 두려워한 것은 부탁하오신 뜻에 부응하지 못해 행여 선제의 밝으심에 손상이나 입히지 않을까 하는 것이었나이다. 그리하여 5월에 노수(瀘水)를 건너 불모의 땅에 들어갔사옵니다.

지금은 남쪽이 이미 평정되었고 군사도 넉넉하니 마땅히 3군을 거느리고 북으로 중원(中原)을 평정해야 할 것이옵니다. 노둔한 힘이나마 다하여 간사하고 흉악한 무리를 쳐 없애 다시 한 황실을 일으켜 옛 도읍으로 돌아가는 것만이 신이 선제께 보답하는 길이요, 폐하께 충성하는 길이옵니다. 이롭고 해로움을 가리어 충언을 드리는 일이 곧 곽유지, 비위, 동윤의 임무이옵니다.

원컨대, 폐하께서는 신에게 적을 토벌하고 한실을 되살리는 일을 맡겨 주시고 신이 그 일을 해내지 못하면, 곧 신의 죄를 물어 다스리시고 선제의 영령 앞에 고하옵소서. 만일 흥덕(興德)의 충언이 없으면 곽유지, 비위, 동윤의 허물을 꾸짖어 태만함을 일깨우소서. 폐하께서도 어느 것이 선도(善道)인지 자주 의논하시고, 스스로 그 길로 드시고자 도모하시옵소서. 듣기 좋은 말은 살펴 받아들이시고, 선제께서 남기신 유조(遺詔)를 마음 깊이 새겨 좇으시옵소서. 신은 받은 은혜에 감격하여 이제 먼 길을 떠남에 즈음하여 표를 올리니 눈물이 솟아 더 말할 바를 알지 못하겠나이다.

위나라는 이미 조조의 손자 조예(曹叡)의 시대가 되었다. 이는 위나라 명제(明帝)로 이때 위는 촉의 제갈공명을 상대로 격렬한 전투를 강요당하고 있었다.

건흥(建興) 6년 봄에도 촉나라의 작전이 있었다. 필승을 기약했으나 마속(馬謖)이 명령을 어기는 바람에 촉은 가정(街亭)에서 패했다. 마속은 공명의 비장(秘藏)의 제자였다. 그러나 패전의 책임은 분명히 해야 했다. 공명은 울면서 마속의 목을 베었다.

유비가 죽고 난 뒤부터 한중으로 출병하기까지 4년 동안 제갈공명은 무엇을 하며 지냈을까?

우선 제일 먼저 오나라와 동맹을 맺었다. 공명은 관우의 참수(斬首), 유비의 복수전 등으로 완전히 뒤틀려 버린 촉나라와 오나라의 관계를 열심히 수복했다. 오나라 쪽에서도 위나라가 요구한 인질을 거절했기 때문에 촉나라와 동맹을 맺을 분위기는 충분했다. 촉나라의 등지(鄧芝), 오나라의 장온(張溫)이 서로 오가면서 양국의 동맹은 순조롭게 진행되었다.

그 후 공명은 촉나라 영내 남쪽으로 출병했다. 이곳에서는 서남이(西南夷)라고 총칭하는 소수민족이 가끔씩 문제를 일으켰다. 촉나라의 큰 목적은 북벌해서 위나라를 치는 것이었으나 그러기 위해서는 먼저 남쪽을 정벌해서 배후를 안정시켜 두어야 했다. 서남이에는 당시 맹획(孟獲)이라는 뛰어난 장수가 있었다.

이 남정에 즈음해서 마속은 성을 공격하기보다 민심을 공격해야 한다고 공명에게 진언했다. 배후를 안정시키려면 진심으로 존경하며 따르게 만들어야 한다는 말이었다. 무력을 써서 일시적으로 제압하더라도, 북벌로 촉의 힘이 남쪽까지 미치지 못한다는 것을 알아차리면 그들은 또다시 배반할 것이다. 하지만 민심을 얻으면 그럴 위험이 없다.

촉군은 일곱 번 맹획을 사로잡았다가 일곱 번 석방하는 작전을 취했다. 이로써 서남이의 민심을 얻었다고 전해진다. 수장을 이렇게 대우해 준 것 외에 산업과 문화도 지도했다. 남정이라는 형태를 띤 빈틈없는 영토개발이기도 했다.

위나라도 오나라도 모두 영내를 개발했다. 오나라의 둔전은 앞에서 이야기한 것과 같다. 위나라도 둔전을 하면서 남하한다는 것이 적벽 패전후의 기본적인 방침이었다. 적벽에서 패한 이유를 조조는 철저하게 음미했다. 어쨌든 조조는 『손자』에 주를 달 정도의 병법가였다.

수전의 미숙함은 현무지(玄武池) 훈련 외에는 다른 방법이 없었다. 풍토병 대책도 생각했을 것이다. 패전한 또 한 가지 이유는 군량보급이 제대로 되지 않은 데 있었다. 보급선이 길게 이어져 있으니 당연했다. 보급선을 줄일 가장 효과적인 방법은 위나라의 둔전을 남쪽으로 확대하는 일이었다. 그러기 위해서는 관개용 수로를 만들어 황야를 경작지로 바꾸는 노력을 해야 했다. 조조진영은 실패에서 교훈을 배우기 위해 노력했다.

이 시대에 중국은 삼국으로 분열되었으나, 삼국이 각각 생존하기 위해 자신들의 세력권 내를 경쟁적으로 개발했다는 이점이 있었다. 경쟁자가 없으면 하지 않아도 될 일이 많다. 촉의 남방개발, 서남이 공작 등도 북벌계획이 없었다면 착수하지도 않았을 것이다.

최후의 승자 사마중달

제갈공명은 북벌 도중에 오장원(五丈原)에서 병사했다. 향년 54세였다. 촉나라 건흥 12년(234), 위나라 청룡(青龍) 2년에 해당한다. 오나라의 손권은 처음에는 조용히 자신을 왕이라고 칭했다가, 5년 전 서기 229년에 황제라 칭하고 '황무'라는 연호를 '황룡'으로 고쳤다가 다시 '가화(嘉禾)'로 고쳤다. 공명이 죽은 해는 오나라에서는 가화 3년에 해당한다.

오장원에서 공명과 대결한 위나라 장수는 사마중달(司馬仲達)이었다.

위나라의 명제는 그로부터 5년 뒤에 죽었다. 재위 기간이 14년에 이르지만 자식이 없었다. 향년 35세였다. 몰래 황족인 조방(曹芳)을 양자로 들여서 병이 깊어지자 공식적으로 태자를 세워서 발표했다는 이야기가 있다. 즉위할 때부터 불안정한 느낌이 있는 황제였다.

더욱이 후한의 헌제(獻帝)는 폐해진 뒤에도 산양공으로서 전(前) 황제 대우를 받았다. 자신을 '짐(朕)'이라고 부르는 것은 황제에게만 허용되었지만, 산양공에게도 그것이 허용되었다. 그러나 그런 일인칭을 실제로 썼는지는 의문이다. 헌제는 산양공으로서 폐제 생활을 15년이나 했다.

동탁은 헌제의 형 유변(劉辯)을 폐하고 곧바로 죽여 버렸다. 왕망도 폐제를 죽였다. 그에 비하면 위나라 조씨는 매우 인도적이었다. 산양공은 한나라의 예에 따라 매장되었고, 묘는 선릉(禪陵)이다. 선양을 의식해서 이렇게 이름 붙였을 것이다. 더욱이 이 후한 마지막 황제에게 '헌제(獻帝)'라는 시호를 준 것도 물론 죽은 뒤에 위나라에게 나라를 헌납했다는 것을 의식해서 선택한 것이다. 덧붙여서 말하면, 관우의 머리는 조조가 제후의 예에 따라 정중히 매장했다. 지금도 낙양 관제묘에는 관우의 머리가 매장되어 있다고 전한다. 이렇듯 조씨는 예를 존중했다는 것을 알 수 있다.

명제가 죽은 경초(景初) 3년(239)은 일본 역사에서도 잊을 수 없는 해다. 『삼국지』의 「위지왜인전(魏志倭人傳)」에 야마대국(邪馬臺國)과 히미코(卑彌呼)가 한반도의 대방군(帶方軍)을 거쳐서 낙양에 사자를 보낸 해가 경초 2년이다. 그러나 이런 저런 이유로 이는 경초 3년의 잘못이라는 것이 정설이다. 사신들은 정시(正始) 원년에 돌아왔다고 하는데, 경초는 3년까지이고 1년 이상 머무는 것은 자연스럽지 않기 때문이다. 그보다 경초 2년은 사마중달이 공손연(公孫淵)을 양평(襄平)에서 격파한 해다. 위나라는 이로써 겨우 중국의 동북을 지배하에 넣을 수 있었다. 이에 부수해서 한반도의 대방군에 위나라의 힘이 미치게 되었다. 경초 3년, 사마중달은 낙양으로 개선했고, 위독했던 명제를 아슬아슬하게 만날 수 있었다. 대방군에 위나라 관리를 임명해 사마대국의 사신을 안내할 수 있는 상태가 된 것은 아무래도 경초 3년이 아니면 안 된다.

서북의 오장원에서 제갈공명과 싸운 사마중달은 동북의 양평에서도 그 땅을 영유하던 공손연(公孫淵)의 세력을 소멸했다. 위나라 왕조의 으뜸패와 같은 존재가 된 것이다.

명제가 임종할 때 사마중달의 손을 잡고,

> 나는 병이 위중하오. 뒷일을 부탁하오. 당신은 상(爽)과 더불어 소자(少子)를 도와주오. 당신을 볼 수 있었으니 더는 원망할 게 없소.

라고 말하자, 사마중달은 머리를 조아리고 눈물을 흘렸다. 여기에서 말하는 상(爽)이란 조씨 일족인 조진(曹眞)의 아들 조상(曹爽)을 말한다. 명제는 8세의 제왕(齊王) 조방(曹芳)을 보좌해 달라고 사마중달과 조상에게 부탁했다.

조씨 일족은 당연히 사마중달을 경계해 실권에서 멀리 있게 했다. 사마중달도 자중하고 있었으나, 한편으로는 기회를 엿보고 있었다.

명제가 죽고 정확히 10년이 되는 가평 원년(249)에 실권을 쥐고 방심하던 조상을 상대로 사마중달이 쿠데타를 일으켰다. 이때 하안(何晏) 등 조상 일파가 모두 숙청되었다.

그로부터 3년 뒤 사마중달이 죽었는데, 사마 일족은 이미 위제국에 깊은 뿌리를 내리고 있었다. 그의 실권은 아들인 사마사(司馬師)에게 넘어갔다. 사마사는 대장군이 되어 마치 자기의 실력을 보여주기라도 하듯 2

년 뒤에 황제 조방을 폐립해 버렸다. '남녀간의 절개를 문란하게 하고 공효(恭孝)하는 바가 없다'는 이유였다. 그전에 황후 장씨(張氏)의 아버지 장집(張緝)이 중서령(中書令)인 이풍(李豐)과 손잡고 사마사 배척운동을 벌였기 때문에 그들은 죽음을 당했다. 황제가 반(反)사마 운동의 중심이 되기 쉬운 성격이어서 사마사는 황제를 싫어했다.

문제(文帝)나 명제(明帝) 같은 시호는 죽은 뒤에 붙여지는 것인데, 황제 조방은 살아 있을 때 폐립되었기 때문에 시호가 없다.『삼국지』는 그를 제왕 방(齊王芳)이라고 부른다.

23세에 폐립된 제왕 방을 대신해 황제가 된 사람은 문제의 손자에 해당하는 고귀향공(高貴鄕公) 조모(曹髦)였다. 사마사는 이 폐립이 있은 다음해에 죽었는데, 사마 일족의 실권은 그의 동생인 사마소(司馬昭)에게 인계되었다. 황제 조모는 반항을 시도했으나 결국 사마소에게 살해되었다.

이번에는 조조의 손자뻘인 연왕(燕王) 조우(曹宇)의 아들 조환(曹奐)이 황제가 되었으나, 그래봤자 사마소의 꼭두각시에 지나지 않았다. 경원(景元) 4년(263)에 사마소는 최고의 관직인 상국(相國) 진공(晉公)이 되었고 이듬해 진왕(晉王)이 되었다. 조조가 후한 황제 밑에서 공이 되고 위왕이 되었다가, 마침내 나라를 교체한 근자의 전례가 사람들의 뇌리에서 떠나지 않았다.

이듬해 함희(咸熙) 2년(265) 8월에 사마소가 죽었는데, 그의 아들 사마염(司馬炎)은 완벽하게 실권을 계승해 예정대로 그해 12월 선양을 받고 새로운 왕조를 열었다.

12월 임술(壬戌), 천록(天祿)은 영원히 끝나고, 역수(曆數, 운명)는 진(晉)에 있다.

고 『삼국지』에 기록되어 있다.

선양은 이미 45년 전의 양식이 있으므로 그것을 따르면 되었다. 양식이라고 하면 45년 전에도 조조가 죽은 해에 그의 아들 조비가 선양을 받았는데, 이번에도 사마소가 죽은 해에 그의 아들 사마염이 선양을 받은 것을 말한다.

위나라는 망해서 진나라로 바뀌었다. 연호는 태시(泰始)로 정했다.

위나라의 마지막 황제인 조환은 진나라로부터 진류왕(陳留王)에 봉해졌다. 후한의 마지막 황제가 폐립된 뒤에도 산양공으로서 천수를 다했듯이 조환도 진류왕으로서 진나라의 태안(泰安) 원년(302)까지 살았다. 20세에 양위하여 58세에 죽었는데, 후한의 황제가 위나라로부터 헌제라는 시호를 받았듯 조환도 진나라에서 원제(元帝)라는 시호를 받았다.

진수는 『삼국지』 평(評)에서 산양공 헌제에 비하면 진류왕 원제는 대국에 봉해져 진나라의 빈객(賓客)이 되었으니, 훨씬 나은 편이었다고 기록했다.

나라를 망친 조비·조식 형제의 불화

선양이라는 형식으로 나라를 잃은 것은 후한과 위나라가 같았지만, 이 두 나라에는 두 가지 큰 차이점이 있었다.

첫째, 후한은 전국적인 정권이었지만, 위나라는 삼국으로 분열된 것 중 하나에 지나지 않았다는 점이다. 둘째, 후한은 약 200년이나 이어진 장기 정권이지만, 위나라는 겨우 40년밖에 되지 않은 단기 정권이라는 것이다. 더구나 그 3분의 1은 사마중달의 쿠데타 이후여서 실권이 조씨에게는 있지 않았다. 위나라는 30년 정권이라고 해야 옳을 것이다.

그렇다면 위나라는 왜 단명 왕조였을까? 사마씨의 힘이 황실의 조씨를 능가했기 때문이다. 여기에서는 왜 사마씨가 강해졌는가보다 왜 조씨의 세력이 약해졌는가라는 문제가 중요하다.

황제의 자리를 평안하고 태평하게 한다는 위나라의 방침이 오히려 왕조를 단명하게 하는 결과를 초래했다. 위나라는 황족에 대한 처우가 매우 엄격했다. 황위계승권을 가진 황족의 힘이 너무 강하면 황제는 안심할 수 없으므로 황제의 처지에서 보면 황족의 힘을 약화시키는 쪽이 유리하다고 생각했다. 그리하여 각지의 왕이나 열후로 봉한 황족을 여러 차례 이전시켰다. 끊임없이 나라를 바꾸느라 한곳에 뿌리를 내릴 수 없었다.

나라 바꿈을 자주하는 것 외에 황족끼리 교제도 금지했다. 황족의 힘을 약화시켜도 몇 명이 연합하면 상당한 힘이 될 것을 두려워한 것이다.

황족은 국가가 위급할 때는 황실을 지켜야 한다. 그것을 번병(藩屛)이라고 부른다. 허나 위나라의 황족에게는 그와 같은 힘이 없어 뻔히 알면서도 사마씨의 대두를 허용해 버렸다.

문제의 동생인 조식(曹植)의 경우를 보자. 조식은 글재주가 있던 문제(文帝)보다 더욱 뛰어난 문인으로 이름이 높았던 인물이다. 그는 20세에 식읍 5천 호의 평원후(平原侯)에 봉해졌다. 건안 16년(211)의 일이므로 아직 후한 헌제 시대다. 그러다 23세에는 임치후(臨菑侯)로 옮겨졌다. 그리고 30세에는 안향후(安鄕侯)에 봉해지고 같은 해에 견성후(鄄城侯)가 되었

는데 이때는 위나라 문제(文帝) 시대다. 이어서 견성왕이 되었으나, 황초 4
년(223) 32세에 옹구왕(雍丘王)으로 옮겨졌다가 36세에 준의왕(浚儀王)이
되고 이듬해 다시 옹구왕이 되었다. 39세에 동아왕(東阿王)이 되었다가
41세에 진왕(晉王)이 되어 그해 11월에 죽었다.

조식은 형인 문제와 함께 아버지 조조의 후계자 자리를 놓고 쟁탈전
을 벌였는데, 그 때문에 문제가 보복하려고 그랬는지도 모른다. 그래도
살해되지 않았으니 그것만으로도 다행이라 해야 할 것이다. 그의 형 임
성왕(任城王) 조창(曹彰)은 황초 4년에 급사했는데, 문제가 죽였다고도 생
각할 수 있다. 이해에 조식이 낙양에 와서 입조(入朝)한 뒤 돌아갈 때는
배다른 동생인 백마왕(白馬王) 조표(曹彪)와 동행하려고 했으나, 문제는 그
것을 허락하지 않았다.

조식은 〈백마왕 표에게 준다(贈白馬王彪)〉는 제목의 긴 시를 지었는데,
그것에 다음과 같은 서문이 있다.

> 황초 4년 5월, 백마왕, 임성왕, 그리고 내가 다 같이 경사(京師, 수도)
> 에 입조(入朝)하여 절기(節氣) 모임에 참석했다. 낙양에 도착한 뒤 임성
> 왕은 죽었다. 7월에 이르러 백마왕과 함께 나라로 돌아가려 했다. 뒤
> 에 유사(有司, 관리)가 두 왕이 각기 나라로 돌아가는데, 모름지기 숙
> 식을 달리해야 한다고 했다. 마음속으로 심히 이를 원망했다. 대략 수
> 일 내에 긴 이별을 해야 하기 때문이다. 내 몸을 도려내는 것 같은 아
> 픈 마음으로 왕과 작별을 고하고 화를 못 이겨 한 편의 시를 지었다.

절기에 여러 왕들이 낙양에 모이는 행사가 있었다. 5월이므로 하지 절

기라고 생각한다.

죽기 1년 전에 조식은 명제에게 '친친(親親, 마땅히 친하여야 할 사람과 친함)을 바라는 표'를 올렸다. 황족들 사이의 교제가 제한된 것에 불만을 느끼고 그것을 완화해달라는 내용이었다.

황초 4년, 당시의 '원한'은 사라지지 않았다. 임성왕 조창의 죽음이라는 슬픈 사건이 있어 시인 조식의 마음은 고조되었다. 〈백마왕 표에게 준다〉의 마지막 장은 다음과 같이 맺는다.

괴롭고 쓰라리니 무엇이 두려울까.

천명도 진실로 믿을 수 없구나.

허무하여 열선(列仙)을 바라니,

송자(松子, 선인의 이름)는 오랫동안 나를 속였네.

변고(變故, 갑작스런 재앙이나 사고)는 순간에 있으니,

백년을 누가 능히 살 것인가.

이별하면 영원히 만나지 못하는데,

손을 잡는 것이 장차 어느 때일까.

왕이여, 부디 옥체를 사랑하시어,

다같이 황발(黃髮, 장수한다는 뜻)이 될 때까지 살으리.

눈물을 거두고 긴 길에,

붓을 들고 이 시로써 작별을 고하네.

『세설신어』의 〈칠보시(七步詩)〉에 얽힌 일화가 있다. 이야기의 진위는 의심스러우나, 문제와 조식의 골육 간의 격심했던 관계를 세상 사람들이

어떻게 보았는지 참고가 된다.

　문제가 어느 날 일곱 걸음을 걷는 동안에 시를 쓰라고 조식에게 명하고 그렇게 하지 못하면 벌을 주겠다고 무리한 난제(難題)를 던졌다. 조식은 그 자리에서 다음과 같은 시를 지었다고 한다.

　　　　콩대를 태워서 콩을 삶고,
　　　　삶은 콩을 걸러서 국물을 만든다.
　　　　콩깍지는 가마솥 아래서 타고,
　　　　콩은 가마솥 안에서 우네.
　　　　본디 한 뿌리에서 태어났건만,
　　　　서로 들볶는 것이 어찌 이다지도 급한가.

　정말 이것이 조식이 지은 것인지 아닌지는 알 수 없다. 그의 문집에는 이 〈칠보시〉가 수록되어 있지 않다. 그러나 피를 나눈 형제인 문제와 조식의 불화, 그로 인한 원망이 이 시에 알기 쉽게 표현되어 있어 자주 인용된다.

　황족이 봉해진 나라에는 '감국알자(監國謁者)'라는 감찰관이 배속되어 멍청하게 있을 수도 없었다. 문제가 즉위한 다음해, 조식은 술에 취해 감국알자에게 실수를 저질렀다고 탄핵을 받았다. 변태후(卞太后)가 건재했으므로 조식은 중죄를 면하고 안향후로 옮기는 것만으로 일을 마무리할 수 있었다.

　조식에게는 나쁜 술버릇이 있었는데, 일부러 그랬다는 설도 있다. 가령 건안 24년(219)에도 그는 술 때문에 실수를 저질렀다. 조인이 번성(樊

城)에서 관우에게 포위되었을 때, 조조는 조식을 남중랑장(南中郎將)으로서 행정로장군(行征虜將軍)에 임명하고 군을 이끌고 구원에 나설 것을 명했다. 그때 조식은 만취해서 명령을 받들 수가 없었다. 관우를 공격해서 전공을 세우면 나중에 형인 조비에게 더욱 미움받을까 두려워, 일부러 술에 취해서 일을 맡지 않았다는 추리도 상당히 유력하다. 황제 자리를 노리는 준재(俊才)보다는 알코올 중독자로 보이는 쪽이 안전했을 것이다.

이와 같은 형제의 불화는 측근들에게도 원인이 있다. 후계자 쟁탈에 측근들이 열을 올렸기 때문이다. 조식도 형보다 문조(文藻)가 뛰어난 상당한 인물이었다. 그리고 형 조비는 인격적으로 결함이 있었던 것 같다. 조식을 후계자로 정하는 쪽이 위나라를 위해서 좋다고 생각해 조식을 옹립하려는 움직임을 보인 사람도 있었다. 그것이 조식을 궁지에 몰아넣는 꼴이 되었다. 그의 시 〈원가행(怨歌行)〉은 다음과 같이 노래한다.

군주 노릇은 쉽지 않고,
신하 노릇은 더더욱 어렵구나.
충신(忠信)과 사적이 드러나지 않으면,
곧바로 의심받을 우려가 있으니.

문제의 황제(皇弟)요 명제의 황숙(皇叔)이었던 조식은 의심받는 것이 두려워 전전긍긍했다.

조식이 형수인 견황후(甄皇后)를 남몰래 사모했다는 이야기도 전한다. 견황후는 형 조비가 빼앗은 원희(袁熙)의 아내였던 사람이다. 조식의 명작 〈낙신부(洛神賦)〉는 낙수(洛水)의 여신을 노래한 시인데, 견황후를 여신에 비유한 시라는 설까지 있을 정도다. 그렇다면 이 형제 관계는 좀 더 복잡했다는 말이 된다. 견황후는 문제가 즉위한 뒤 죄를 지어 사약을 받았다.

명제는 견황후가 낳은 아들이다. 문제는 혹시 황제의 생모가 강력한 외척을 만들까 두려워 아내를 처분했는지도 모른다. 이 인물이라면 못할 일도 아니라는 생각이 든다.

일찍이 경쟁자였던 조식만 특수사정으로 경계한 것이 아니다. 날쌔고 용맹스러운 임성왕 조창은 앞에서 이야기했듯이 독살되었을 가능성이 농후하다. 조식이 시를 선물한 백마왕 조표도 마지막에는 자살할 수밖에 없었다.

> 늘 급급하고 기쁨이 없더니 마침내 병이 나서 훙서(薨逝, 왕이나 왕
> 족, 귀족 등의 죽음을 높여 이르는 말―옮긴이)했다.

병사한 조식은 불행한 인생을 살았다. 황족들을 이런 상태로 몰아넣은 위나라는 이렇게 해야 황제의 자리가 안전하다고 믿었지만, 황실의 활력은 쇠약해지기만 했다. 사마씨를 제압해야 한다고 생각했을 때는 이미 조씨 일족에게 그럴 힘이 없었다. 이것은 조씨 일가의 비극이라 해야 할 것이다.

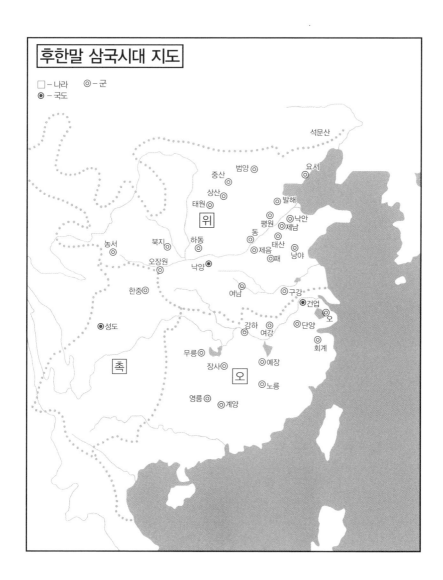

후한말 삼국시대 지도

□ - 나라　◎ - 군
◉ - 국도

석문산

범양◎
중산◎　　요서◎
상산◎
태원◎　발해◎
위　　평원◎　낙안◎
　　　동◎　제남◎
북지◎　하동◎　태산◎
농서◎　　　제음◎　낭야◎
오장원◎　낙양◉　　패◎
한중◎　　여남◎　구강◎
　　　　　　　건업◉
　　　　　강하◎　오◎
성도◉　　　　여강◎　단양◎
촉　　무릉◎　　　회계◎
　　　장사◎　예장◎
　　　오
　　　　　　노릉◎
영릉◎　계양◎

세계 제국으로

죽림칠현

청안과 백안

예속(禮俗)의 사인(士人)을 보면 백안(白眼)으로 이를 대한다.

『진서(晉書)』「완적전」에 위와 같은 문장이 있다.

완적(阮籍 210~263)은 죽림(竹林)의 칠현 중 한 사람으로 갖가지 기행으로 유명한 인물이었다.

마음에 맞는 친구를 만나면 청안(靑眼, 보통 눈길)으로 대했으나 싫어하는 사람은 백안(白眼, 흰자를 드러냄)으로 대했다. 말로는 내색하지 않지만 좋고 싫음이 분명했던 것이다.

그가 싫어한 것은 '예속의 사인'이었다. 이는 속세의 관습에 얽매어 정신이 자유롭지 못한 인간을 의미한다.

다른 사람을 무시하고 차갑게 대하는 것을 '백안시한다'고 표현하는데 이는 완적의 고사에서 유래한다.

완적이 바둑을 두던 중 어머니가 돌아가셨다는 소식을 들었다. 그러나 완적은 그대로 자리를 뜨지 않았다. 이윽고 술을 석 되(지금의 약 세 홉)쯤 마시고 한 번 큰 소리를 내어 울고는 몇 되나 되는 피를 토했다고 전해진다.

상중에는 술과 고기를 입에 대지 않는 것이 속세의 관례였다. 완적은 그런 것에는 개의치 않았다. 연회에도 나가서 술과 고기를 실컷 먹었다. 사마소가 있는 자리에서도 거리낌이 없었다. 사예교위(경찰청장)인 하증(何曾)이 분개해서,

> 명공(明公, 사마소)께서는 바야흐로 효로써 천하를 다스리고자 하십니다. 그런데 완적은 부모의 상중임에도 공식적인 자리에 나타나 술을 마시고 고기를 먹습니다. 마땅히 이자를 해외로 추방하여 이로써 풍교(風敎)를 바르게 해야 합니다.

고 탄핵했다.

아직 위나라가 형식적으로 존속하던 시대였다. 사마씨가 황제가 된 것은 위나라가 진나라로 교체되고, 사마소의 아들 사마염(무제)이 즉위하면서부터다. 이는 완적이 죽은 지 2년(265) 뒤의 일인데, 앞에서도 인용했듯이 사마소는 '명공(明公)'으로 불리며 실제로 천하를 다스리고 있었다.

사마소는 수척해진 완적을 보고 병이 났을 때 술과 고기를 먹는 것은 상례(喪禮)에 어긋나지 않는다며 하증의 탄핵을 받아들이지 않았다.

위·진 교체기, 다시 말해 3세기 중반부터 후반에 걸쳐 주림에는 청담(淸談)에 열중한 사람들이 있었다. 그 대표가 죽림칠현이라 불리던 사람

들이다.

청담이란 후한의 '청의(淸議)'와는 성질이 많이 달랐다. 환관이 실권을 장악하던 시절, 환관을 '탁(濁)'으로 보고 자기들을 '청(淸)'이라고 생각한 후한 사대부가 정권 탈취를 목표로 모임 활동을 벌인 적이 있다. 그것이 '청의'인데 인물 평론, 정치 토론, 유학 쟁론을 주로 했다.

그에 비해 위진(魏晉) 시대의 청담은 노장(老莊) 사상을 바탕으로 한 철학론이 중심이고, 때로는 허무주의적인 색채를 띠어 오히려 정치 권력에서 멀어지려는 움직임을 보였다.

지식인이 살기 힘든 세상이었다. 지식인은 어설픈 지식 때문에 당시 권력자로부터 경계의 대상이 되었다. 난세의 권력자들은 위험스러워 보이는 인물은 거리낌 없이 죽였다. 망설이다가는 자신의 자리가 위험해지기 때문이다. 트집을 잡겠다면 구실은 얼마든지 있었다.

공자의 20대 자손인 공융(孔融)이 조조에게 살해당한 것도 말도 안 되는 트집을 잡혔기 때문이라고 볼 수밖에 없다. 조조에게 공융은 위험하다기보다는 기질적으로 참기 힘든, 싫은 인물이었다.

조조는 재능을 각별히 아꼈다. 재능만 있으면 인격에 결함이 있든 과거가 어떻든 그 인물을 등용했다. 반대로 재능이 없는 인물은 아무리 인격자라도, 또 아무리 명문집안 출신이라도 중용하지 않았다.

환관 자손인 조조가 공자의 자손임을 내세우는 공융에게 호의를 가지지 않았던 것은 당연한 일이다. 공융은 이치만 따지는 사람으로 언변은 뛰어났으나 실무는 별 볼 일 없었다.

조조가 건안 12년(207) 동북(東北)의 오환족을 쳤을 때, 공융은 편지를 보내,

대장군(조조를 말함)은 원정하시어 해외에서 적적하시겠습니다. 옛
날 숙신(肅愼, 부족명)은 호시(楛矢)를 공물로 바치도록 했으나 바치지
않았고, 정령(丁零, 바이칼호 근방의 부족)은 소무(蘇武, 한나라 사절. 19년
동안 흉노에 억류되어 바이칼 호반에서 목축 생활을 보냈다)의 소와 양을
훔쳤습니다. 이번에 함께 규명하시는 것이 마땅하다고 여기옵니다.

라고 썼다.

공융이 에둘러서 비꼰다는 것쯤은 조조도 금방 눈치 챘을 것이다. 어
차피 할 일도 없어 심심할 터이니, 300년 전에 있었던 정령족의 괘씸한
소행이나 벌주면 어떻겠느냐는 말이었다. 쓸데없는 원정을 힐책한 말이
지만 진지한 간언이 아니었으므로 조조는 불쾌하기 짝이 없었다.

어느 해 기근이 들었는데 겹쳐서 군대 동원령까지 내려왔다. 군량부
족을 걱정하던 조조는 술 빚는 것을 금지하기로 했다. 이에 공융이 편지
로 반대했다. 옛날 성왕도 제사 때 술을 썼고, 하늘에는 술의 별인 주성
(酒星)이 있으며 땅에도 주천(酒泉, 군 이름)이 있다. 번쾌(樊噲, 한나라 건국 공
신)는 홍문(鴻門)에서 말술을 들이키고 유방을 가르쳤고, 경제가 취해서
당희(唐姬)를 사랑하지 않았다면, 한나라는 중흥이 일어나지 못했을 것이
라며 술의 공덕을 일일이 열거했다. 경제가 그날 밤 정희(程姬)의 처소를
찾았으나 그녀는 월경 중이었다. 평소라면 그대로 돌아갔겠지만, 술에 취
했기 때문에 정희의 몸종인 당희에게 손을 댔다. 하룻밤의 사랑으로 당
희는 아들을 낳았다. 그가 바로 나중에 장사왕(長沙王)이 된 유발(劉發)이
다. 그리고 그 자손에게서 후한의 참시자인 광무제 유수가 나왔다. 경제
가 술을 마시지 않았다면, 왕망에게 멸망당한 한나라는 다시 일어설 수

없었을 거라는 그럴듯한 논리였다.

조조는 이에 술이 망국의 근원이 된 예를 들어 답장을 썼다. 공융은 이를 물고 늘어졌다. 과연 술은 망국의 근원이 되었을지 모르나, 서(徐)나라의 언왕(偃王)은 지나치게 인의를 중시했기 때문에 나라를 망쳤고, 노(魯)나라는 유교로 국력을 쇠약하게 만들었으며, 하(夏)나라와 은(殷)나라는 여자 때문에 천하를 잃었다. 술을 금지한다면 인의나 유학도 금지하고 혼인도 막아야 한다고 역습하고,

아마도 곡식을 아끼려는 것 뿐.

이라고 조조의 아픈 곳을 찔렀다.

조조가 공융을 죽인 것은 건안 13년(208)의 일이었다. 이유는,

대역무도(大逆無道).

였다. 조조는 공융이 저지른 대역무도 몇 가지를 예로 들었는데, 결정적인 것은 젊은 재인(才人)인 예형(禰衡)과의 대화였다. 공융은 부자와 모자 관계를 말하며 아버지와 자식은 정욕의 산물일 뿐이고, 어머니와 자식은 물건을 항아리 안에 넣어 둔 것과 같아서 항아리에서 나오면 서로 헤어진다고 무책임하게 말했다.

부모에게 불효했던 것이 아니라 터무니없는 말을 떠들었을 뿐이었다. 그것을 이유로 삼았으니 생트집이라 해도 좋을 것이다.

하증(何曾)이 완적을 탄핵한 것도 상중에 '불효'를 저질렀기 때문이었

다. 그때 "명공은 마땅히 효로써 천하를 다스리신다"고 말했다. 효행은 충의와 쌍을 이루어서 '충효'라고 부른다. 그러나 이 시대의 권력자들은 어쩐지 '충'에는 깊이 파고들려고 하지 않았던 모양이다. 그때까지 조조와 사마소는 아직 천자가 아니었지만 머지않아 천자가 될 생각이었다. 아직까지는 그다지 충을 장려하고 싶지 않았던 것이다.

충이라는 덕목을 얼버무렸기 때문에 그만큼 효가 두드러진다. 영원히 변치 않는다던 덕목조차 이처럼 불안정했다. 흔들리는 토대 위에 서 있는 것과 같았다.

지식인일수록 이러한 위태로움을 뼈저리게 느꼈다. 현실도피라는 태도도 이와 같은 위기감에서 생겨났을 것이다.

술마시며 몸사린 완적

완적은 문득 생각이 나면 홀로 수레를 몰고 목적지도 없이 집을 나섰다. 그것도 도로로 가지 않았다. 마음 내키는 대로 수레를 몰다가 더는 가지 못하게 되면 통곡하고 돌아왔다고 한다.

그는 술을 사랑했다. 보병교위(步兵校尉)라는 자리에 있었던 것도 그곳 관서에 많은 술이 저장된 사실을 알았기 때문이다. 술과 관련된 완적의 일화는 얼마든지 있다. 『세설신어』에 소개된 것은 일부에 지나지 않는다.

사마소는 아들 사마염과 완적의 딸을 혼인시키려고 했으나, 완적이 60일 동안 취해 있는 바람에 사자(使者)가 말을 꺼내지 못해서 흐지부지되고 말았다는 이야기가 있다.

『진서(書)』「완적전」에 따르면, 위나라의 중신인 종회(鍾會)가 시사(時

事)를 물으러 완적을 자주 찾았다고 한다. 완적은 술에 취해서 만족스러운 대답을 주지 않았다. 종회는 완적이 어떤 대답을 하느냐에 따라 그에게 죄를 물으려고 했다.

완적의 아버지 완우(阮瑀)는 건안칠자[建安七子, 후한 헌제(獻帝)의 건안 연간(196~220)에 조조 부자 밑에서 활약한 문학 집단 가운데 특히 뛰어난 재자(才子) 7인을 가리킨다-옮긴이) 가운데 한 사람으로 문학에 뛰어나 일찍부터 조조의 비서가 되었다. 마찬가지로 건안칠자 중 한 사람인 진림(陳琳)도 조조의 비서로 유명했다. 진림은 처음에는 원소를 섬겼고, 원소가 몰락한 뒤에는 재능을 아끼는 조조에게 등용되었다. 진림은 특히 격문(檄文)에 뛰어났다. 원소 진영에 있을 때는 빈번히 조조의 욕을 썼는데, 조조는 그 글을 읽고 화를 내기보다는 감탄했던 것 같다. 진림의 격문은 조조의 아버지와 할아버지까지 헐뜯었는데, 조조는 그건 좀 심하다는 한마디만 말하고 자신의 비서로 썼다. 건안 9년(204) 무렵이라고 생각하는데 완우는 진림보다 일찍 조조의 비서로 일했다. 조씨 집안과 관계가 매우 깊은 것이다. 완우는 완적이 태어나고 2년 뒤(212)에 죽었다. 조조의 장남 조비(위나라 문제)는 완우의 미망인을 가엾게 여겨 〈과부부(寡婦賦)〉를 지었는데 그 안에,

유고(遺孤, 고아)를 애지중지하여 탄식하고
엎드려 슬퍼하고 가슴 아파해도 누구에게 고할까.

라는 구절이 있는데, 거기에서 말하는 고아가 다름 아닌 완적이다.

조씨의 위왕조에 사마씨가 대두하여 조씨를 대신하기 직전이다. 조씨

집안과 관계가 깊은 완적의 처지는 매우 미묘했다고 해야 할 것이다.

　종회는 아마 심술궂은 질문을 했을 것이다. 그러나 완적은 잘 빠져나갔다. 술이라는 무기를 이용했어도 아슬아슬한 곡예였다. 『세설신어』「덕행(德行)」편에는 진나라 문왕(文王, 사마소)이,

　　　완사종(阮嗣宗, 완적의 호)은 지극히 신중했다. 그가 하는 말은 모두
　　속이 깊었다. 그는 인물의 좋고 나쁨을 판정하지 않았다.

고 칭찬했다. 그는 입을 열면 속 깊은 소리만 했던 것이다. 그것은 철학론이어서 속세의 것과는 관계가 없었다. 그리고 인물평론을 일체 하지 않았다. 사마소는 이것을 '지극히 신중하다'고 평했다.

　지극히 신중하지 않았으면 완적은 살아남지 못했을 것이다. 인물평론은 매우 위험한 일이었다.

　　　평생토록 살얼음판을 걸었다.
　　　누가 알겠는가, 내 마음이 타는 것을.
　　　終身履薄氷 誰知我心焦

　완적의 〈영회시(詠懷詩)〉에 위와 같은 시구가 있다. 술에 취해 무뢰한 생활을 살고 자유로이 멋대로 행동하는 것처럼 보였으나, 완적 본인은 하루하루가 살얼음판을 걷는 심정이었던 것이다.

　마찬가지로 죽림칠현 중 한 사람인 혜강(嵆康)은 완적처럼 천수를 다하지 못했다. 혜강은 조조의 증손자뻘인 여자를 아내로 얻었기 때문에

조씨 집안과의 인연은 원적보다 더 깊었다.

여안(呂安)이라는 자가 '불효'라는 조목으로 투옥되어 주살되었는데, 그때 혜강도 깨끗하게 주살되었다. 역시 종회의 미움을 샀기 때문이다.

> 탁주 한 잔, 탄금(彈琴) 한 곡(濁酒一杯 彈琴一曲).

이 조촐한 소망 이상의 것은 원치 않는다고 말했던 혜강이지만, 어떤 트집을 잡힐지 짐작도 할 수 없는 시대였다. 종회가 잡은 트집은 다음과 같았다.

> 혜강은 위로는 천자의 신하가 되지 않았고, 아래로는 왕후를 섬기
> 지 않았다. 시대를 가벼이 여기고, 세상에 교만하여 쓸모가 없다. 지
> 금은 득이 되는 바가 없고, 세속에도 어긋난다.

벼슬을 하지 않은 것조차 처형의 이유가 된 것이다.

삼국 가운데 가장 먼저 망한 나라는 촉으로 2대 43년 동안 존속했다. 촉이 망하고 2년 뒤(265)에 위도 망했다. 5대 46년이었다. 오는 4주(主) 52년이었으며 진나라의 태강(太康) 원년(280)에 진나라에 항복했다.

자립을 욕심낸 종회

촉나라에는 제갈공명이 오장원에서 죽은 뒤 특별히 눈에 띄는 인재가 없었다. 오장원에서 철수하는 도중에 여러 장수들 사이에 불화가 심해져

양의(楊儀)가 위연(魏延)을 죽이는 소동이 일어났다.

강유(姜維)와 비위(費禕) 같은 사람이 촉나라를 지탱하고 있었으나, 비위가 죽은 뒤에 황호(黃晧)라는 환관의 횡포가 시작되었다. 위나라는 촉나라로 원정군을 파견해 토대가 썩어가는 촉나라를 타도해 버렸다. 이때 위나라의 실질적인 지배자는 물론 사마씨였다. 원정군 장군 중 한 사람으로서 10만 위군을 이끌고 촉나라로 쳐들어간 사람이 다름 아닌 종회였다. 원정군은 혜강이 죽은 다음해(263)에 출발했다.

위나라 원정군은 여러 갈래로 나뉘어서 촉나라로 들어갔다. 촉나라의 후주(後主) 유선(劉禪)은 경곡도(景谷道)를 지나 성도(成都)로 밀고 들어온 등애(鄧艾)의 군대에게 항복했다. 이리하여 촉나라는 망하고 유선은 낙양으로 끌려왔다. 유선은 제위에 있었으나 나라가 망했기 때문에 시호는 없고 다만 '후왕'이라고만 불린다.

종회는 낙곡(駱谷)에서 진군했는데, 이를 막고 있던 촉나라의 중신 강유는 후왕의 칙명에 따라 무장을 풀고 종회에게 항복했다. 싸워보지도 않고 항복한 촉나라의 장사들은 모두 분을 이기지 못해 칼을 뽑아 들고 돌을 내리쳐서 울분을 터뜨렸다고 한다.

종회는 문제의 인물이다. 그는 죽림 현인인 완적과 혜강을 곤경에 빠뜨리려고 했다. 완적은 술로 빠져나갔으나 혜강은 희생되었다. 종회는 왜 이런 짓을 했을까? 그의 아버지 종요(鐘繇)는 후한의 대신으로 조조를 섬겨 위나라의 태위(太尉)가 되었고, 명제 때는 태부(太傅)가 되었다. 종요는 서예의 명인이기도 해서 왕희지(王羲之) 이전의 서예가로서는 최고라는 평가를 받았다. 종회 자신도 상당한 학자로 역학에 밝았다고 한다. 그런만큼 그는 자신보다 능력 있는 사람에게 질투심을 품었는지 모른다.

장군으로서 촉나라에 들어온 종회는 촉나라의 풍요로움에 마음이 움직였다. 이 땅에 할거한다면 자립할 수 있을 것이라 생각했다. 그는 항복한 강유를 후하게 대접했는데, 그것은 자신이 자립했을 때 촉나라 사정을 잘 아는 인물이 측근에 있어야 한다는 사실을 염두에 두었기 때문이다. 종회는 먼저 자신과 동격인 등애 장군을 함정에 빠뜨렸다. 종회는 다른 사람을 함정에 빠뜨린 경험이 많았다. 등애는 소환되었고 그가 지휘하는 군대는 종회 밑으로 편입되었다.

위나라 경원 5년(264. 5월에 함희(咸熙)로 연호를 고침) 정월에 종회는 성도로 들어와 자신을 익주목(益州牧)이라 칭하고 자립을 꾀했다. 자립이라는 것은 중앙정부에서 보면 모반과 다름없었다. 그러나 그렇게 되면 고향으로 돌아갈 수 없기 때문에 부하 장병들은 모반에 반대했다. 장병들은 반란을 일으켰고, 난전 끝에 종회는 부하에게 살해당했다. 강유도 이때 참수되었다.

소설처럼 쓴 『삼국지연의』에는 이것이 촉나라의 충신 강유의 고육지책으로 되어 있다. 강유가 종회를 설득해서 반대파 장수를 죽이게 하고, 그 뒤에 종회를 죽이고 위나라 병사를 모두 죽여서 촉한을 부활시키려고 했다는 것이다. 『화양국지(華陽國志)』나 『한진춘추(漢晉春秋)』 등에 이 일이 언급되었다.

예로부터 강유를 놓고 무기력한 투항파라고 비난하는 설과 끊임없이 국가의 부흥을 꾀한 충신이었다는 설이 있었다. 정사 『삼국지』의 진수는 강유를 비난하지만, 『자치통감』의 사마광은 충신설을 취했다. 이처럼 정반대의 평가를 받은 것은 이 시대가 불안정했던 탓이기도 했다. 아무도 어떤 일이 일어날지 한치 앞을 내다볼 수 없었다. 이상하리만치 경쟁심이 강했던 종회가 죽림현인과 동료 장군들을 함정에 빠뜨리고 마침내 자립해서 천하를 바라게 되었다. 이런 시대였기 때문에 가능한 일이었다.

한심한 마지막 황제들

낙양으로 연행된 망국의 후주(後主) 유선은 식읍 1만 호를 받고 노비도 100명쯤 있어서 촉나라에 있었을 때와 거의 똑같이 생활할 수 있었다. 시골 같은 촉나라와 달리 낙양은 꽃의 수도였으므로 유선은 모든 것이 신기했고 또 충분히 즐겼다.

촉나라가 생각나지 않느냐고 사마소가 묻자, 유선은 "이곳 생활이 즐거워서 촉나라가 생각나지 않는다"고 대답했다. 이 자가 유비의 아들인가 싶을 만큼 어리석다고 생각한 사마소는 "제갈공명이 있다 해도 군주가 이렇다면 보좌할 수 없었을 것이다. 하물며 강유로는 어쩔 도리가 없구나!"고 탄식했다는 이야기가 전할 정도다.

아니면 어리석게 보인 것은 유선이 자신의 몸을 보호하기 위한 술책이었을지 모른다. 낙양에서 8년 동안 폐제 생활을 보낸 그는 진나라 태시(泰始) 7년(271)에 65세의 나이로 죽었다.

앞에서 촉나라에 위나라 원정군이 들어왔다고 썼는데, 실질적으로는 그것이 진나라 원정군이었다는 것은 말할 나위도 없다. 유선은 낙양에서 위가 진으로 교체되는 장면을 목격했다. 자신의 촉나라가 위나라처럼 가신에게 빼앗긴 것이 아니라 적국에게 멸망당했다는 사실에 과연 유선은 만족했을까?

정립했던 삼국 중에서 촉과 위는 망했지만, 남쪽의 오나라는 명맥을 유지하고 있었다. 위나라가 망하고 15년이 지난 뒤에 오나라는 마침내 진나라에 항복했다.

오나라는 손권(孫權)의 장남이며 태자로 책립되었던 손등(孫登)이 오나라 적오(赤烏) 4년(241)에 33세의 나이로 죽은 뒤부터 이상하게 변했다. 손권의 총애를 받은 왕부인이 낳은 손화(孫和)가 새롭게 태자로 세워지고, 동시에 같은 배에서 태어난 동생 손패(孫覇)가 노왕(魯王)이 되었다. 이것뿐이라면 아무 일도 없었겠지만, 손권은 이 두 사람을 거의 똑같이 대우했다. 아무래도 손권은 셋째인 손패가 더 귀여웠던 모양이다.

이러한 손권의 태도가 군신들에게 미묘한 영향을 주었다. 언젠가는 태자가 폐위되지 않을까 예상하는 사람도 상당히 많았다. 군신은 태자파와 노왕파로 나뉘었다. 태자파는 태자가 폐위되지 않도록 지키는 일에 주력했고, 노왕파는 가능한 태자가 폐위되도록 공작했다. 말할 나위도 없이 태자파는 방어적이었고 노왕파는 공격적이었다.

노왕 손패도 측근들의 부추김을 받았는지 태자의 자리가 적잖이 탐이 났다.

조정은 정확히 두 쪽으로 나뉜 상태였다. 손화가 태자로 책립되고 난 뒤 햇수로 9년 동안 이런 상태가 이어져 더는 어찌할 수 없는 상태가 되었다. 태자와 왕자 사이를 구분 짓지 못한 손권의 책임이랄 수밖에 없었다.

두 파의 대립을 수습하기 위해서는 잘잘못을 따지지 말고 양쪽을 똑같이 처벌하고 제삼자를 세우는 수밖에 없었다. 손화는 태자에서 폐립되어 곧바로 남양왕(南陽王)으로 옮겨졌다. 잘잘못을 따지지 않는다고 해도 동생 쪽이 공격적이었던 것은 분명했다. 전기(全奇), 오안(吳安), 손기(孫奇), 양축(楊竺) 같은 노왕 측근이 적극적인 옹립공작을 펼쳤다. 노왕 손패에게는 죽음이 내려졌고, 측근 가운데 적극분자는 모두 주살되었다. 그 대신 반씨(潘氏)가 낳은 손량(孫亮)을 태자로 세웠다. 겨우 여덟 살밖에 되지 않은 나이였다. 적오 13년(250)의 일이다.

손권은 이 일이 있은 2년 뒤에 죽었다. 열 살에 즉위한 손량은 재위기간이 햇수로 7년이 채 되지 않았다.

어린 황제를 보좌하는 중신들에게는 아직 분열 후유증이 남아 있었다. 손권에게 뒷일을 부탁받은 대장군 제갈각(諸葛恪)은 제갈공명의 형의 아들로 이 사람은 일찍이 태자파였다. 제갈각과 세력을 양분하고 있던 무위장군(武衛將軍) 손준(孫峻)은 일찍이 노왕파였다.

손권은 71세에 죽었다. 그의 만년은 아마 오나라에 노해(老害, 지도층의 고령화로 인한 폐해-옮긴이)를 흩뿌렸을 것이다. 오랜 분열을 방치함으로써 오나라의 국력은 쇠약해졌다. 기사회생을 도모하기 위해서는 아무래도 눈부신 전승이 바람직했다. 그렇게 생각한 제갈각은 자꾸만 군사를 동원하여 위나라에 싸움을 걸었다.

착취에 시달린 오나라의 주민들 사이에는 전쟁을 꺼리는 분위기가 퍼져 있었다. 그것을 배경으로 손준은 반전론(反戰論)을 주창했다.

기사회생을 노린 군사행동도 그다지 순조롭지 않았다. 돌림병이 돌아서 병력의 절반을 잃은 제갈각은 허무하게 철수했다. 손준은 궁중에 복병을 매복해 두었다가 제갈각을 죽여 버렸다. 오나라 건흥(建興) 2년(253)의 일이었다.

옛 태자파의 반격도 시작되었다. 첫 태자였던 손등의 둘째 아들 손영(孫英)이 그 이듬해 손준을 모살(謀殺)하려 했으나 실패하는 바람에 자살하는 사건이 벌어졌다. 게다가 그 이듬해에는 손의(孫儀), 장이(張怡), 임순(林

恂) 같은 장군 들이 손준을 죽이려고 했으나, 이것 역시 실패로 끝났다.

손준은 손권의 숙부에 해당하는 손정(孫靜)의 증손이었다. 태평(太平) 원년(256)에 손준이 죽고, 사촌동생인 손림(孫綝)이 무위장군(武衛將軍)이 되어 그 권력을 계승했다. 아니, 계승이라기보다 손림은 사촌형보다 더 지독한 횡포를 부렸다. 여거(呂據), 왕돈(王惇), 손헌(孫憲) 같은 반대파가 손침 타도를 외치며 들고일어났으나 오히려 숙청되고 말았다.

소년 황제 손량도 손림의 횡포에 불만을 품었다. 그는 태상(太常) 전상(全尙), 장군 유승(劉丞)과 모의하여 손침을 주살하려고 했으나 역시 실패했다. 손림은 손량을 폐하여 회계왕(會稽王)으로 격하시켰다. 이때 손량의 나이 겨우 열여섯이었다.

손림은 손권의 6남인 손휴(孫休)를 맞아들여 제위에 앉혔다. 이때 손휴는 24세였다. 손림은 궁전의 근위군단과 그 밖의 요직을 모조리 자기 집안사람들로 채웠다. 이번 황제는 어린애가 아니었다. 황제 손휴는 장포(張布)와 면밀한 계획을 짜서 궁전에서 하례를 받을 때 무사를 불러 손림을 결박하고 그날로 주살했다.

이는 단지 황제가 이기고 권신이 패한 승부일 뿐, 이 1막으로 오나라가 강해진 것은 아니었다. 내분으로 허송세월을 보낸 만큼 오나라의 국력은 약해졌다.

손휴는 즉위한 지 7년 만에 서른이라는 나이로 죽었다. 그의 시호는 경제(景帝)다. 오나라의 네 황제 가운데 시호가 있는 황제는 손권(대제)과 손휴뿐이다. 손량은 폐위되었고, 손휴의 뒤를 이어 즉위한 손호(孫皓)는 진나라에 항복했기 때문에 시호를 받지 못했다.

손휴에게는 아들이 있었으나 물론 아직 어렸다. 촉나라가 위나라에 멸망한 다음해인데다 교지(交趾, 북베트남)에서 반란이 일어나, 오나라에는 위기감이 가득했다. 이런 때에 어린 황제가 즉위하는 것은 곤란했다. 둘로 나뉘어 싸우던 오나라 조정은 남양왕으로 격하된 원래의 태자 손화의 아들 손호를 맞아들여 제위에 오르게 했다. 손호는 23세였다.

사실 이는 오나라에 최악의 선택이었다.

손호는 가학성 이상자(사디스트)였다. 이런 황제를 받드는 신하들은 전전긍긍하느라 하루도 편안한 날이 없었다. 형벌은 더없이 잔인해서 얼굴 껍질을 벗기거나 눈알을 도려내기도 했다. 후궁에 미녀 수천 명이 있었는데 마음에 들지 않는 궁녀는 물에 던져서 죽였다. 처벌을 두려워한 가신은 긴장하며 지냈기 때문에 과실이 있을 턱이 없었고, 따라서 재미있는 처벌을 볼 수 없게 되자, 이 폭군은 군신들에게 억지로 술을 마시게 하고 술을 마시지 않아 정신이 말짱한 환관 10명에게 이들을 감시하게 했다. 처벌이 적으면 황제의 기분이 나빠지므로 눈빛이 좋지 않다는 사소한 과실조차 일일이 따져서 이런저런 형벌을 가했다.

오나라의 수도 건업(建業, 오늘날 남경)에는 손권이 세운 사방 300장(丈, 약 3미터)의 태초궁(太初宮)이 있었는데, 손호는 거기에 다시 사방 500장이나 되는 거대한 소명궁(昭明宮)을 지었다. 사마소의 이름을 피해서 나중에는 현명궁(顯明宮)이라고 불렀으나 불필요한 공사라 할 수밖에 없었다.

진나라의 대군이 남하해도 오나라 군대의 장병들은 칼을 들려고 하지 않았다. 황제 대리인으로서 악역무도한 짓을 도맡아 뒷바라지한 잠혼(岑昏)이라는 환관을 죽임으로써 겨우 병사들을 달랠 수 있었다. 그러나 때는 이미 늦었다.

진나라에 항복한 오주(吳主) 손호는 귀명후(歸命侯)라는 칭호를 받고 4

년 뒤(284) 낙양에서 죽었다. 손호에 대해 『삼국지』의 「오지(嗚志)」에서는,

> …… 손호는 흉악하고 완고하며, 제멋대로 잔포(殘暴)를 행하고, 충
> 간(忠諫)하는 자는 주살하고, 아첨하는 자는 진급시키고, 그 백성을
> 학대하고, 음란과 사치가 극에 달했다. 마땅히 허리와 목을 따로 떼어
> 백성에게 사죄해야 한다.

고 이례적으로 엄중하게 비평했다.

군주의 그릇에 따라 흘러간 삼국지 시대

사서를 읽으면서 안타까운 점은 거기에는 제왕, 귀족, 제상, 장군 들의
언동은 자세히 적혀 있으나 일반 백성들의 모습은 그다지 정확하게 나와
있지 않다는 것이다.

> 해적(海賊)이 해염(海鹽, 지명)을 격파하고 사염교위(司鹽校尉) 낙수
> (駱秀)를 죽였다.

> 여장(予章)의 백성 장절(張節) 등이 난을 일으켰다. 군중 만여 명이
> 었다.

백성들의 삶을 알려면 이렇게 짧은 기록을 바탕으로 상상력을 발휘하
는 수밖에 없다.

위에 인용한 두 기록은 『삼국지』 「오지」의 영안(永安) 7년(264) 조(條)에서 볼 수 있다. 경제 손휴가 죽기 직전에 일어난 사건이었다.

손휴도 명군이라 할 수는 없다. 권신인 손침을 죽인 것은 과감했으나, 장포 형제라는 새로운 권신을 만들어 냈을 뿐이다. 그러나 손휴는 학문을 좋아하고 정치에는 그다지 관심이 없었기 때문에 적극적인 악정은 찾아볼 수 없다. 그럼에도 일반 서민들은 생활이 어려워 전매품인 소금 밀매를 단속하는 관리들을 죽이기도 했고, 생활고를 참다못해 소동을 일으키기도 했다.

오나라의 판도는 형주(荊州), 양주(揚州), 교주(交州), 광주(廣州) 이렇게 4주와 43군, 313현이었다. 양자강 연안에서부터 오늘날 광동(廣東), 나아가 베트남 북부까지 오나라의 세력권에 속했다. 면적으로 보면 촉나라를 아우르기 전의 위나라에 거의 필적했다. 그러나 인구는 위나라의 절반밖에 되지 않았다.

손호가 항복함으로써 진나라에 판도를 바쳤을 때, 호수 52만, 남녀 인구는 230만이었다고 한다. 촉나라까지 합병한 진나라는 인구가 550만 정도였다. 당시 중국 전역의 인구가 800만쯤 되었다는 것을 알 수 있다.

『한서』 「지리지(地理志)」에 기록된 전한(前漢) 평제(平帝) 원시(元始) 2년(2)의 인구는 5천 959만여 명이었다.

왕망 말기에 전란으로 인구가 격감했고, 후한 광무제가 죽은 건무 중원 2년(57)의 인구가 2천 100만여 명이다. 질제(質帝)가 죽은 본초(本初) 원년(146)에는 4천 756만여 명까지 회복되었다.

그것이 다시 800만 명 안팎으로 준 것이다. 삼국의 난세는 조조, 유비, 손권을 비롯한 영웅호걸들로 채색되고 장식되어 이야기나 연극으로 우리에게도 친숙하지만, 결코 눈부시게 아름다운 시대는 아니었다. 짐승같은 본능이 세상을 지배하고 빛이 없는 절망의 시대였다.

사람들은 숨을 죽이고 야수들의 싸움이 끝나기만을 기다렸다. 그늘진 곳에 숨어 있어도 야수들은 냄새를 맡고 찾아왔다. 싸움터로 끌려 나가도 칼과 창에 맞아 죽은 것만은 아니었다. 돌림병의 유행은 우리가 상상할 수 없을 만큼 처참했다. 기사회생을 기원하며 신도(新都)에 출병한 제갈각(諸葛恪)의 오군은 그 병력의 절반을 잃고 귀환했다. 전쟁이 아닌 돌림병이 장병들을 쓰러뜨린 것이다.

역사를 들여다보는 구멍을 통해 바라본 저편에는 무시무시한 광경이 펼쳐지고 있었다.

손권의 황룡(黃龍) 2년(230), 『삼국지』「오지」에 다음과 같은 기록이 남아 있다.

장군 위온(衛溫)과 제갈직(諸葛直)을 파견하여, 갑사(甲士, 무장병) 1만 명을 이끌고 바다를 건너, 이주(夷洲)와 단주(亶洲)를 찾게 했다.

이주와 단주란 바다 저편에 있는 땅이다. 유구(琉球)와 대만일 것이라고 하나 일본이라는 설도 있다. 『후한서』「동이전」에는 다음과 같은 기록이 있다.

회계(會稽, 절강성) 바다 건너에 동제인(東鯷人)이 있는데, 분열되어 20여 나라를 이루었다. 또 이주(夷洲)와 단주(澶洲)가 있었다. 전하는 말로는, 진(秦)나라의 시황이 도사 서복(徐福)을 파견해 동남동녀(童

男童女) 수천 명을 이끌고, 바다를 건너 봉래(蓬萊)의 신선(神仙)을 구하게 했으나, 구하지 못했다. 서복은 죽음이 두려워 감히 돌아오지 못하고, 그대로 그 땅에 머물렀다. 대대로 서로 이어져 수만가(數萬家)가 되었다. 백성이 때때로 회계로 가서 장을 보았다. 회계의 동야현(東冶縣) 사람이 바다로 들어가 바람을 만나 흘러가서 단주에 이른 자가 있었다. 소재(所在)가 하도 멀어서 왕래할 수 없었다.

서복 전설은 일본에 있기 때문에 단주는 아무래도 일본과 비슷하다. 손권이 무장병 1만 명을 보낸 것은 단지 탐험만을 위해서가 아니었다.

그 백성을 포로로 삼아 민중에게 이익이 되고자 했다.

『자치통감』에는 그 목적이 명기되어 있다.

사람이 필요했던 것이다. 무슨 일을 하든 늘 인원이 부족했다. 때는 바야흐로 제갈공명이 〈출사표〉를 내고 위나라를 치기 위해 북상할 무렵이었다. 촉과 위가 싸울 때, 오는 매우 유리한 상황이었다. 인력만 갖춰지면 손권은 하고 싶은 일이 많았을 것이다. 그리하여 중신인 육손(陸遜)과 전종(全琮)의 반대를 무릅쓰고 사람 사냥 작전을 실행으로 옮긴 것이다.

그러나 결과는 참담했다. 사람 사냥 원정군은 열에 여덟, 아홉을 잃는 뼈아픈 인적 손해를 입었는데, 단주는 멀어서 가지 못했고 겨우 이주에 도착해 수천 명을 이끌고 돌아왔을 뿐이었다. 얻은 것보다 잃은 게 많았다.

딱한 것은 원정군의 장군 위온과 제갈직이었다. 공이 없다는 죄로 주살된 것이다. 원정군 역시 대부분 돌림병으로 죽었다.

사람이 부족해서 말도 안 통하는 해외 사람까지 데려와야 하는 형편이었으니, 본래부터 이 땅에 살던 사람이 얼마나 심하게 혹사당했는지 대충 짐작이 간다. 그것이 손휴 말년의 반란으로 이어져 역사서 한구석에 실린 것이다.

손휴의 뒤를 이은 이상성격자 손호가 소명궁이라는 으리으리한 궁전을 지은 것은 앞에서도 이야기했다. 이때는 일반 백성뿐만 아니라 2천석 이하의 관료도 스스로 산에 들어가 벌목을 감독하고 거들어야 했다. 또 여러 영(營, 군사시설)을 부숴 큰 정원을 만들고 누각을 지었는데, 그 비용이 억만을 헤아렸다고 「강표전(江表傳)」에 기록되어 있다. 이 비생산적인 공사에 백성이 혹사당했고 아마 많은 사람이 과로로 죽었을 것이다.

> 보정(寶鼎) 2년(267) 여름 6월, 현(소)명궁을 짓기 시작했다. 겨울 12월,
> 손호가 그곳으로 이주했다.

이런 담담한 기술(『삼국지』「오지(吳志)」)도 역사를 들여다보는 중요한 구멍이 된다.

오나라는 북쪽에서 이주해 온 사대부와 토착 호족과의 연합정권이었다. 주종관계는 대대로 내려온 것이 아니라 대개는 개인적인 연결에 의한 것이었다. 손호와 같은 인물이 황제가 되자, 오나라는 해체될 수밖에 없었다.

진나라의 익주 자사 왕준(王濬)은 손호가 황음흉역(荒淫凶逆)하니 부디 속히 정벌해야 하며, 그가 죽고 현주(賢主)가 나타나면 오나라는 강적이 될지 모른다고 속전(速戰)을 상서했다. 군주의 됨됨이에 따라 나라의 흥

망이 좌우되던 시대였다.

지독한 구두쇠 장군 왕융

왕준은 염원대로 진나라 남정군의 장군이 되어 오나라 무창(武昌)을 공격했다. 이때 그와 어깨를 나란히 하고 무창을 공격한 진나라 장군 중에 47세의 왕융(王戎)이 있었다.

왕융은 죽림칠현 가운데 한 사람이다. 오나라가 멸망한 해인 진나라 함녕(咸寧) 6년(280)에 죽림칠현 중에서 살아남은 사람은 나이가 가장 어린 왕융과 산도(山濤) 겨우 두 사람 뿐이다. 산도는 76세가 되어 있었다. 주호(酒豪)였던 유영(劉伶)은 언제 죽었는지 불분명해서 그때까지 살아 있었는지 알 수 없지만, 소식은 기록되어 있지 않다. 음악의 명수로 완적의 조카뻘인 완함(阮咸)도 생몰년이 불분명하나 이 무렵에는 이미 소식이 전해지지 않았다. 『장자』와 『역경』의 주석을 만들었다는 향수(向秀)도 아마 태시(泰始) 8년(272) 무렵에 세상을 떠났을 것이라고 생각한다.

살아남은 2현은 죽림이라기보다는 조정의 현인이라고 해야 할 것이다.

왕융은 앞에서도 이야기했듯이 진나라 남정군에 건위장군(建威將軍)으로서 한무리의 군대를 이끌고 무창을 공략해 큰 공을 세웠다. 그 후 이부상서(吏部尙書, 내무부 장관)에서 사도(司徒, 총리)로 승진하고 안풍후(安豊侯)로 봉해져 신하로서는 최고의 지위까지 올랐다. 은자(隱者)라는 이미지는 희박했던 것 같다. 왕융은 오히려 인색한 사람으로 유명했다. 당시 일화를 모은 『세설신어』는 항목별로 분류되어 있는데, 「검색(儉嗇)」 편에 실린 일화 9편 가운데 4편이 왕융에 관한 것이다.

왕융의 집에는 맛있는 자두나무가 있어서 늘 자두를 내다 팔았다.
사람들이 그 씨앗을 얻을까 두려워 언제나 그 씨에 구멍을 뚫었다.

소문난 과일을 파는 것은 좋았으나, 과일을 산 사람이 그 씨앗을 심을지 모른다는 걱정에 미리 씨앗에 구멍을 내서 싹이 나지 못하게 해 두었다는 것이다. 이런 것들은 완전히 만담 같은 이야기다. 그러나 역시 『세설언어』「덕행」편에,

왕융의 아버지 혼(渾)은 영명(令名)이 높았다. 관(官)은 양주 자사에
이르렀다. 혼이 돌아가셨다. 관직으로 거쳐 온 9군(郡)의 의고(議故,
의리연고가 있는 사람들)가 그의 덕혜(德惠)를 그리워해 잇따라 부의(賻
儀) 수백만을 보냈다. 융은 모두 받지 않았다.

는 일화가 수록되어 있다. 왕융은 지나친 구두쇠였는데, 자신을 감추기 위해 그런 것이 아니냐고 보는 사람도 있다.

완적이 술을 무기로 삼았듯 왕융은 구두쇠를 무기로 삼아 연막을 친 것일지 모른다. 웃음거리가 될 정도로 구두쇠 노릇을 하면 무모한 야심 따위는 없을 것이라고 사람들이 안심할 것이다.

왕융은 간소하게 살았던 것 같다. 신변을 장식하지 않고 자신에게 심히 박하게 굴었다고 한다. 간소한 생활은 아마 왕융의 신조에서 나왔을 것이다. 그것이 구두쇠처럼 보이게도 했다.

진나라가 오나라를 항복시키고 천하를 통일했을 때, 죽림현인 중 한 사람인 산도는 76세로 상서좌복야(尚書左僕射)라는 요직에 있었다. 원정

에는 참여하지 않았지만, 천하가 통일되었으므로 태산에서 봉선 의식을
거행해야 한다고 여러 번 상서했다.

구두쇠 취급을 받았어도 세간의 체면 따위에 사로잡히지 않고 신조
를 관철했으니, 왕융은 죽림의 현인 자격이 있다고 봐야 한다. 오히려 봉
선 의식을 상서한 산도가 죽림의 현인답지 않다.

산도는 이부상서(吏部尙書) 자리를 혜강에게 양보하려다 절교 편지를
받는다. 이 사실은 한편으로는 절교 편지가 필요할 만큼 산도와 혜강의
친분이 두터웠다는 말이기도 하다.

불교와 도교

두 왕조를 섬긴 산도

산도(山濤) 이야기를 조금 더 해 보자. 산도는 죽림칠현의 한 사람으로 손꼽히지만, 아무래도 그에 걸맞지 않은 인물이라고 서술했다. 산도도 마지막에는 사도(司徒, 총리)가 되어 신하로서는 최고의 자리에 올랐으며, 태강(太康) 4년(283)에 영광에 둘러싸여 죽었다. 죽기 전해에 병이 들어 사도에서 물러날 때,

> 신이 천조(天朝)를 섬기기를 30여 년…….

이라고 상소문에서 말했다.

죽림의 현인이라고 하면 은자(隱者)의 이미지가 강해 관직을 내던지고 산속에 틀어박혀 지내는 사람을 연상한다. 산도가 그에 어울리지 않은 것은 고위 요직으로 삶을 마감했기 때문이다.

그러나 산도의 색다른 점은 40세가 될 때까지 관직에 오르지 않았다는 데 있다. 벼슬할 의사가 있었는데 채용되지 않았던 것인지, 아니면 중년이 될 때까지 벼슬할 마음이 없었는지는 추측하는 수밖에 없다.『진서(晉書)』의 그의 전기에는,

산도는 마흔이 되어서 비로소 주부(主簿)가 되었다.

고 나온다. 그는 후한 건안(建安) 10년(205)에 태어났으므로 만으로 40이라면 위나라 정시(正始) 5년(244)에 해당한다. 주부는 문서 담당자로 군(郡)으로 치면 장관(태수)부터 아래로 군승(郡丞), 별가(別駕), 주부의 순서이므로 그다지 높은 자리는 아니다. 그는 이른바 대기만성형 인물이었다.

벼슬이 늦었던 것은 연고가 없어서가 아니다. 사마중달의 부인인 장춘화(張春華)의 어머니가 산씨(山氏)인데 이는 산도의 왕고모뻘이다. 그러므로 사마사(司馬師)나 사마소(司馬昭)와는 육촌 형제지간이었다.

벼슬에 오른 지 3년째 되던 해에 조상(曹爽)과 사마중달 두 사람이 위나라 명제의 유조(遺詔)를 받았음에도 조상이 멋대로 조정(朝政)을 쥐고 흔들자, 사마중달은 병이라 칭하고 조정에 나가지 않았다. 이때 산도도 벼슬을 그만두었다. 사마중달이 병이라 한 것은 숨어 지내기 위한 구실이었을 뿐, 사실은 착착 반란을 준비하고 있었던 것이다. 머지않아 사마중달은 조상파를 단번에 숙청하고 위 왕조의 실권을 장악해 선양의 조건을 만들어냈다. 산도는 사마중달이 조정에 나오지 않자 모든 것을 예감하고 서둘러서 사직하여 위기를 모면했다. 이것은 어느 정두 죽림의 현인다운 태도라 할 수 있겠다. 사마씨가 실권을 탈취한 뒤, 산도가 관직에

복귀한 것은 말할 나위도 없다.

촉나라가 멸망하고 위나라 원정군 사령관인 종회가 승리의 여세를 몰아 촉나라에서 모반을 일으켰을 때, 사마소는 총지휘본부를 서쪽의 장안(長安)으로 옮기려고 했다. 이때 산도가 친병 5백 명을 받아서 업(鄴)에 주둔했다.

이것은 중대한 임무였다. 사마씨가 조씨의 위나라를 찬탈하기 직전의 일이다. 찬탈을 위한 사전 준비는 거의 끝났지만, 그래도 총책임자인 사마소가 수도권을 비우는 것은 위험했다. 국가의 수도는 낙양이지만, 조씨가 위왕조의 기초를 다진 곳은 업(鄴)이다. 조씨 왕후들은 이 무렵 이미 업에 모여 있었다. 그것을 감시하는 일을 맡았으니, 산도는 사마소에게 상당한 신임을 얻었던 것 같다.

그 이듬해(265) 8월에 사마소가 죽고, 12월에 그 아들인 사마염이 예정대로 위나라로부터 선양을 받아 진왕조를 열었다. 산도는 새로운 왕조의 초대 대홍려(大鴻臚, 외무부 장관)가 되었다.

익주 자사로서 밖으로 나간 일은 있으나 매우 짧은 기간이었을 뿐, 거의 수도에서 조정의 신하로 일했다.

태강(太康) 3년(282)에 78세가 된 산도는 병으로 사직했으나, 이것은 진왕조가 시작된 지 이미 18년이나 지난 뒤였다. 그런데 앞에서 이야기했듯이 그는 상서에서 천조(天朝)를 섬긴 지 30여 년이라고 썼다.

이로써 위왕조의 신하로서 벼슬을 하던 무렵에도 산도는 이미 사마씨를 섬길 작정이었다는 것을 알 수 있다. 사마씨와 친척 관계에 있던 산도만 그런 생각을 한 건 아니다. 이 시대 사람들은 조씨나 사마씨를 섬겼다기보다는 천하를 얻은 사람을 섬긴다는 마음이었던 것이다.

조씨는 환관 집안이므로 대대로 내려오는 가신이 있을 리 없었다. 사마씨도 군 태수나 경조윤(京兆尹, 수도권장관)을 배출했으나 특별히 유력한 가문은 아니었다.

전후 합쳐서 400년이나 이어진 한나라가 위나라로 교체되었을 때, 사람들이 받은 정신적인 충격은 상당히 컸을 것이다. 그러나 위나라에서 진나라로 교체되었을 때는 충격이 거의 없었다. 산도가 위·진을 구별하지 않고 30년이라고 계산한 심리는 일반적으로 공통되어 있었던 셈이다.

이 무렵 사람들은 사실은 지칠 대로 지쳐서 왕조를 따질 상황이 아니었다.

후한의 명사인 진식(陳寔)의 손자 진군(陳群)은 위나라를 섬겼으나, 명제 시대 궁전조영을 계획했을 때 상서해서 진언했다. 그 글에서,

> 지금 상란(喪亂) 후 백성들은 지극히 적어서 한나라의 문제와 경제 때에 비하면 한 군(郡)에 지나지 않습니다. 이에 더해서 변경도 변란이 있어 장졸들도 고생하고 있습니다. 만일 홍수와 가뭄의 우려까지 있다면 국가의 깊은 우환이 될 것입니다.

고 말했다. 명제는 이 진언을 듣고 계획을 조금 축소했다고 한다. 역시 명제 무렵 두서(杜恕)라는 자의 상서에도,

> 지금 대위(大魏)는 10주(州)의 땅을 남김없이 다 가지고 있습니다. 그러나 싱런의 피해를 입어 그 호구를 헤아리니 옛 한 주(州)의 백성에 미치지 못합니다.

라는 표현이 보인다.

둔전이 국가의 주요 재원이었으나 노동력이 부족했다. 개간할 땅은 얼마든지 있어서 자칫 백성이 채찍 아래서 혹사당할 수 있었다. 지칠 대로 지친 백성에게 '나라'란 자신들을 부리기만 하는 존재였다. 의지한다는 마음 같은 것은 추호도 없었을 것이다.

유학을 접목한 불교

이 시기에 도교가 번성했다. 황건군(黃巾軍)은 태평도(太平道)라는 도교 교단을 기초로 발전한 것과 다름없다. 사천(四川) 쪽에는 오두미도(伍斗米道)라는 도교의 한 갈래가 있었는데 상당한 세력을 자랑했다.

불교가 중국에 뿌리내린 것도 이 시기였다. 천지를 뒤흔들 듯한 동란으로 현실세계에는 무엇 하나 의지할 것이 없다는 사실을 깨달은 사람들이 신앙에 도움을 구한 것은 당연했다.

후한 초기부터 불교는 중국에 전래되어 있었다. 처음에 중국인들은 서역 사람들의 기묘한 신앙으로 여기고 방관하고 있었다. 어디까지나 남의 것이라는 느낌이었다. 그러나 이제는 그 남의 것에 손을 뻗고 싶어진 것이다. 물에 빠진 사람이 열심히 허우적대다 불교를 잡은 셈이다.

불전은 후한 말기에 이미 한자로 번역되었다. 후한 시대에 불교를 번역한 승려로 가장 널리 알려진 사람은 안세고(安世高)와 지루가참(支婁迦讖)이다. 안세고는 안식국(安息國, 파르티아)의 왕자였으나 왕위를 숙부에게 양보하고 출가해 여러 나라를 돌아다니다가 2세기 중반 무렵 낙양으로 왔다고 한다. 지루가참은 월지(月氏) 사람이다. 월지는 月支라고도 쓰는데,

이 나라 출신은 보통 '지(支)'라는 성을 썼다. 원명은 로카크세마(Lokakṣema)다. 두 사람 모두 이란계 서역인이었다. 그 밖에도 축불삭(竺佛朔), 안현(安玄), 지요(支曜), 강맹상(康猛詳), 축대력(竺大力), 담과(曇果), 지량(支亮) 같은 불경 번역자가 알려져 있으며, 이들은 대부분 서역 출신이다. 안씨 성은 안식, 지씨 성은 월지, 축씨 성은 천축을 뜻하므로 인도, 강씨 성은 강국(康國, 사마르칸트) 출신이라는 것을 알 수 있다. 담(曇)은 범어(梵語)인 다르마(法)의 음을 딴 것으로 인도 승려일 것이다. 그 밖에도 엄불조(嚴佛調)라는 불경 번역자가 있었는데, 이 사람만 한인(漢人)이었던 것 같다.

지루가참은 안세고보다 조금 늦게 낙양으로 들어와,『도행반야경(道行般若經)』,『수릉엄경(首楞嚴經)』,『반주삼매경(般舟三昧經)』,『무량청정평등각경(無量淸淨平等覺經)』 등 중요한 대승 경전을 번역했다.

인도의 불교는 중국에 들어와 점차 중국식으로 변했다. 그것은 당연한 현상이었으나 사실 한역불전(漢譯佛典)은 그 반대였다.

초기 한역불전 쪽이 오히려 중국적인 요소가 다분했다. 그것은 번역자가 중국인이 알기 쉽고 친근하게 느낄 수 있게 배려해서 번역했기 때문이다.

당시 중국인의 생활 속에는 유학이라는 상당히 수준 높은 윤리체계가 침투해 있었기 때문에 불교를 중국에 보급시키려고 생각한 사람들이 그에 타협하고자 했다. 유학은 공자가 세운 인간학이었다. 중국인이 사물을 생각하는 사고방식은 인간 중심이었다. 지나치게 인간적이라 해도 좋을 정도다. 초기 경전 번역자들은 중국인의 이러한 인간지상주의와 타협했다.

지루가참이 번역한 『무량청정평등각경』은 『대무량수경(大無量壽經)』을

말한다. 그 안에 법장보살(法藏菩薩)의 48원(願)이 있다. 그런데 원문의 제 3원은,

> 내가 깨달음을 얻어 성불하는데, 이 부처의 나라에 태어나 살아 있는 생물의 몸에서 모두 똑같이 금빛이 나지 않는다면, 그동안 내가 정각(正覺)하여 부처가 되는 일은 없을 것이다.

라는 의미다. 그것을 지루가참은 다음과 같이 번역했다.

> 제가 부처가 될 적에, 백성들이 나의 나라에 오거나 태어나는 자들이 있어, 모두가 한가지 색, 금빛으로 찬란하게 빛나지 않는다면, 저는 부처가 되지 않겠나이다.

원문의 살아 있는 생물(sattva)은 인간만이 아니다. 살아 있는 모든 것을 의미한다. 산스크리트 사전에는 sattva를 living being(생물)이라는 뜻 외에 animal(동물), ghost(유령), demon(악마) 등으로 나열하고 있다. 동물 뿐만 아니라 망령과 정령까지도 포함하고 있다.

이 sattva는 인간주의인 중국에는 어울리지 않는 표현이므로, 지루가참은 '백성'이라고 번역했다. 물론 원문의 의미를 이해한 다음에 한 방편으로써 부정확한 해석을 한 것이다.

인간 이외에 살아 있는 모든 것이 인간과 함께 구제받는다는 것을 중국인에게 설명하는 일은 너무나 어려웠다. 그것이 불교의 진수(眞髓)임에도 초기 중국에서 불교를 포교하던 자들은 그것을 피해 가려 했다고 여

겨진다. 쉽게 입문할 수 있어야 한다는 점을 염두에 두었기 때문이다. 자세한 것은 입문한 뒤에 끈질기게 설명할 요량이었는지도 모른다.

인간주의인 유학에서는 인간과 다른 생물을 엄격하게 구별하고 있다. '금수 같은 행위'라고 하면 가장 심한 비난이다. 잠시 중국에 살아 보면 이 말을 이해할 수 있다. 서역에서 온 경전 번역 승려들도 '살아 있는 생물'을 그대로 번역하는 것은 곤란하다고 추측했을 것이다.

그러나 언제까지나 피할 수만도 없었다. 불교의 근본에 관한 문제이기 때문이다.

같은 불전을 위나라 가평(嘉平) 4년(252)에 강승개(康僧鎧)가 한문으로 번역했다. 이름으로 보아 사마르칸트 출신인 것 같은데,『고승전(高僧傳)』에는 천축 사람으로 되어 있다. 지루가참의 구역(舊譯) 연대는 불명이지만, 그가 경전 번역 활동을 했던 시기가 영제(靈帝)의 광화(光和), 중평(中平) 연간(178~189)으로 되어 있으므로, 적어도 60년 이상 지난 뒤에 강승개가 새롭게 번역해 낸 것이다. 일본에서 정토교의 근본경전으로서 많은 사람들이 읽고 지금도 사랑받는『대무량수경』은 위나라 대에 나온 이 신역본이다. 문제가 되는 이 부분을 신역본에서는 다음과 같이 풀이하고 있다.

비록 나는 부처가 될 수 있다 해도, 나라 안의 사람(人), 하늘(天)이
모두 진정한 금색이 되지 않으면 정각을 얻지 않으리라.

사람과 하늘로 표현함으로써 인간만이 아니라는 것을 알 수 있다. 한 걸음 더 앞으로 나아간 것이다. 그러니 '하늘'이라는 개념 안에 정령은 포함되어도 짐승까지 포함해서 이해시키는 것은 무리였을 것이다.

강승개가 번역한 지 거의 450년이 지난 뒤, 당나라의 보제류지(菩提流支, 남인도 출신의 승려. 북위시대에 같은 이름의 북인도 승려가 있다)가 같은 경전을 번역했다. 거기에는 '사람, 하늘'로 번역된 부분을,

유정(有情)

으로 바꾸었다. 마음을 가지고 있는 살아 있는 것이라는 뜻이다. 이에 대해 식물 같은 것은 '무정(無情)'이라고 불렀다. 사실 sattva를 유정이라고 번역한 것은 삼장법사 현장(玄奘)이었다. 보제류지는 현장보다 반세기 뒤의 인물이므로 선배의 번역을 답습한 것이다.

유정 전에 '중생(衆生)'이라고 번역했던 시기가 있었다. '인간, 하늘'보다는 진보했다. 그러나 중생이라는 말은 역시 '여러 사람'이라는 느낌이 강하다. 인간 이외의 것까지 포함한다는 것을 분명히 하기 위해서는 '유정'이 '중생'보다 더 적절하다.

당나라 때의 번역에서 약 170년쯤 지난 북송(北宋)의 태평흥국(太平興國) 5년(980)에 법현(法賢)이 똑같은 경전을 한문으로 번역했다. 『대승무량수장엄경(大乘無量壽藏嚴經)』이라고 부르는 책이다. 거기에는 sattva를,

이르는 곳의 모든 중생과 염마라계삼악도중지옥아귀축생(焰魔羅界三惡道中地獄餓鬼畜生)……

이라고 길게 번역했다. 거의 완벽하다고 할 수 있다. '백성'에서 여기까지 이르는 길은 멀었다.

확실히 불교가 차츰 중국화된 점도 있으나, 한문으로 번역한 경전을 보면 처음에 갑자기 중국화되었다가 차츰 본가(本家)로 돌아가는 식으로 인도화된 면도 있었다.

지루가참의 번역에는 부처로 인도되는 대목에 '부모처럼'이라며 효행의 덕을 설명한다. 사실 원문에는 그런 문장이 없다. 유교의 근본 의의인 '효'를 불교 경전에 삽입함으로써 중국인을 설득할 요소를 강화하려는 세공인 셈이다. 위나라 강승개 번역에는 그 '효' 대목이 없다. 원전에 충실한 번역이기도 하지만 불교가 이미 어느 정도 이해되었기 때문에 무리한 세공을 하지 않아도 되었다고 생각된다.

본고장 인도에서는 불교가 일찌감치 망해서 많은 경전이 소실되었다. 『대무량수경』의 산스크리트어 원본도 오랫동안 잃어 버린 줄 알고 있었는데, 19세기에 네팔에서 잇따라 발견되어 마침내 한역본과 대조할 수 있게 되었다. '효행' 부분이 원문에 없었던 것은 말할 나위도 없다.

고민하던 백성이 손을 뻗은 곳에 불교가 있었다고 표현했으나, 불교 측에서도 사람들이 쉽게 붙잡을 수 있게 여러 가지 궁리를 했다. 중국에 불교가 보급된 데는 이와 같은 노력의 흔적이 인정된다.

민중에 파고든 도교 교단

왕망 말기의 반란집단인 적미군(赤眉軍)에는 신앙적 요소가 그다지 강하지 않았다. 그것은 정신적인 지주가 튼튼하지 않았다는 것을 의미하며 최종적으로 적미군이 와해되는 큰 이유로 꼽힌다. 앞에서도 이야기했지만 한나라 고조(高祖)의 손자인 유장(劉章)이 여씨(呂氏) 주멸에 큰 공을 세워 성양경왕(城陽景王)이 되고, 그가 죽은 뒤에 사람들은 그의 공적으로 덕이나 볼까 하는 마음으로 그를 신으로 모셨다. 적미군은 이 성양경왕 신앙을 조직을 결속시키는 한 가지 근거로 삼았던 것 같다. 소박한 민간신앙이므로 사람들을 열광시키는 힘은 없었다. 그룹이 생기고 나자 멤버들이 함께할 행위가 필요해서 성양경왕 신앙을 이용한 느낌이다.

150년쯤 지난 후한 말의 황건군은 태평도라는 어엿한 도교 신앙 집단의 반란이었다. 신앙으로 모인 사람들이 반란을 일으킨 것이지 반란을 일으킨 사람들이 조직을 강화하기 위해 신앙을 이용하려고 한 것이 아니다. 거기에 큰 차이가 있다.

신앙 집단이라는 전통이 중국에 전혀 없던 것은 아니다. 공자의 교단(敎團)도 그런 일종이라고 꼽을 수 있다. 그러나 유가 집단은 대중을 동원하지 않았다. 묵가(墨家) 집단은 중국에도 신앙이나 신념을 중심으로 한 조직이 존재했다는 것을 더욱 뚜렷하게 증명한다.

태평도는 그와 같은 전통의 선상에 있다고 봐도 좋을 것이다. 하지만 새롭게 도래한 불교에서 상당히 큰 자극을 받아 탄생한 느낌이 든다.

불교는 신도들이 집단을 이루어 '승가(僧伽, 부처의 가르침을 믿고 불도를 실천하는 사람들의 집단-옮긴이)'를 만드는 것이 보통이다. 수행이라는 공통된 목적을 위해 많은 사람이 모이다 보니 결사 조직이 생겼고, 그 때문에 규율이 만들어졌다. 인도에서의 오랜 경험으로 불교의 조직과 규율은 당시 이미 높은 수준에 달했을 것이다. 도교가 그것을 이용하려고 한 것은 당연했다.

불교도 초기에는 도교를 충분히 이용했다. 서로 상대편을 이용했던 것이다.

도교는 불로불사(不老不死)를 구하는 종교다. 불로불사는 결코 정신적인 것만이 아니라 물질적인 것도 고려한다. 육체는 죽더라도 정신은 죽지 않는다는 것이 아니라 우리의 육체는 영원히 산다는 생각이다. 그 때문에 도교는 의술이라는 요소가 매우 농후하다. 다양한 건강법을 연구했고 호흡술 따위도 중요한 부분을 차지했다.

인도에서 예로부터 전해 오는 요가는 물론 불교에도 채택되었다. 자세를 바르게 하고 호흡을 가다듬음으로써 오관(伍官, 다섯 가지 감각)을 조절하고 정신을 집중하는 것이다. 사색을 중요시하는 불교에서 이것을 중시한 것은 말할 나위도 없다. 도교에서 보면 같은 장르라고 여겼을 것이다. 동업(同業)으로서의 친밀감을 느껴서 그것을 채용하고 그것에 부속된 여러 가지를 참고했을 터이다.

도교집단 지도자가 가장 마음 쓴 것은 어떻게 하면 단결을 강화할 수 있을까 하는 문제였다. 그것은 도교라는 것이 본래는 결합될 수 없는 것을 결합함으로써 무리가 따랐기 때문이다. 막스 베버(1864~1920, 독일의 종교사회학자)는 도교를 '둔세적(遁世的)이나 지식인다운 교리와 현세적이면서 그 자체는 매우 예스러운 주술사 가업(呪術師稼業)이 융합해서 일어난 종교'라고 표현했다. 둔세와 현세는 정반대 개념이다. 지식인과 주술사도 대립관계라고 봐야 한다. 교리와 가업도 별개다. 언제 뿔뿔이 흩어질지 모르는 위태로운 융합을 안고 있으므로 지도자가 단결강화를 진지하게 생각하고 실행하려는 것은 당연했다.

불교의 승가조직도 참고하고, 현세의 국가조직도 참고했을 것이다. 하북 거록현(鉅鹿縣) 사람인 장각(張角)이 시작한 도교 집단 '태평도'에는 신자를 36개 집단으로 나눈 일종의 행정조직이 있었다. 군비(軍備)의 경우도 그렇지만 '강화'를 강조하게 되면 멋대로 확대된다. 36개의 '방(方)'이라는 조직은 숙명처럼 군사조직이 되어 버렸다.

태평도는 황건군이 되어 반란을 일으켰다. 그러나 황건군은 후한의 조정에서 파견한 장군들에게 탄압받았고 그로써 태평도는 군사조직을 잃게 되었다. 아마 조조의 군벌에 흡수되었을 것이다. 조조는 앞에서 이야기했듯이 청주(靑州) 황건군의 항복을 받은 무렵부터 갑자기 세력이 강해졌다. 태평도의 군사면 행방은 거의 추측할 수 있으나, 종교면 행방은 아직도 잘 모른다. 촉나라(사천지방)를 중심으로 오두미도라는 유력한 도교 집단이 있었기 때문에 그쪽에 흡수되었다고 생각한다.

오두미도를 연 장릉(張陵)은 패국(沛國) 풍현(豊縣) 사람이었으나, 전도 활동은 촉나라에서 했다. 신자가 된 사람이 쌀 다섯 두(斗)를 바쳤기 때문에 '오두미도'라고 불렀다고 한다. 당시의 1두는 지금의 약 1되이므로 그다지 큰 상납액은 아니었다. 예에 따라 기도로써 병을 고친다고 선전해서 신자를 늘렸다. 치료비가 쌀 다섯 두였다는 설도 있다.

장릉은 천사(天師)라고 불렸기 때문에 오두미도는 한편으로는 천사도라고도 부른다. 장릉이 죽은 뒤, 그의 아들 장형(張衡)이 교조 자리를 이어받았으나, 그가 일찍 죽는 바람에 장형의 아들 장로(張魯)가 교단을 이끌었다. 장형의 미망인, 다시 말해 장로의 어머니인 진씨(陳氏)가 어린 아들을 후견했을 것이다. 진씨는 아름다운 여성으로 촉나라에서 소왕국을 만든 익주의 목 유언(劉焉)의 집에 자주 드나들었다고 한다. 동쪽의 태평도와 달리 서쪽의 오두미도는 권력에 밀착했던 모양이다.

태평도는 천하를 얻어 세상을 바로잡으려고 했고, 오두미도는 상납액(쌀)을 흡수하고, 그것을 이용해 복지활동을 하고, 고민하는 사람들을 구제하려고 했다. 오두미도의 복지활동 가운데 하나는 '의사(義舍)' 시설이다. 의사는 식량을 비축하여 여행자들이 이용하게 하는 장소였다. 동란시대였으므로 전란을 피해 떠도는 사람들이 적지 않았다. 그들은 촉나라에는 전쟁이 별로 없다는 말을 듣고 연고도 없이 이 땅으로 찾아들었다. 그런 사람들에게 의사는 그야말로 지옥에서 만난 부처였다. 의사를 이용한 사람들은 대부분 오두미도에 들어갔다. 의사가 있다는 소문을 듣고 촉나라에 온 사람들이 점점 늘어나자 덩달아 오두미도 신자도 늘었다.

장로의 아름다운 어머니가 영주(領主)에게 접근한 것도 교단의 세력을 키우기 위해서였을 것이다. 이렇게 말하면 오두미도가 '무력투쟁' 노선을 포기한 것처럼 생각할 수 있지만 결코 그렇지는 않았다. 기회만 있으면 무력 사용을 사양하지 않았다.

영내(領內)에서의 실력이 이 정도였기 때문에 익주 목인 유언도 장로를 무시할 수 없어, 그를 독의사마(督義司馬)라는 군직에 임명했다. 시대는 아직 후한 말이었다. 유언은 당시 한중(漢中)을 탈취할 생각이었다. 당시 한중에는 태수 소고(蘇固)가 버티고 있었다. 유언은 독의사마 장로와 별부사마(別部司馬) 장수(張修) 둘에게 한중을 공격하라고 명령했다.

이것은 좋은 기회였다. 오두미도는 영주 밑에서 영주의 콧김이나 살피며 교단활동을 하는 데 만족할 수 없었다. 자신의 세상을 바랄 만큼 성장해 있었다. 장로는 한중의 소고를 공격하면서 동시에 동료인 장수까지 공격해 죽여 버리고 그 군대를 빼앗아 한중에서 자립했다.

후한 조정도 오두미도 교단의 실력을 인정하지 않을 수 없었다. 그래서 장로에게 진민중랑장(鎭民中郞將), 한녕태수(漢寧太守)라는 관직을 주었다. 이렇게 해서 제정일치의 오두미도 왕국을 완성해 파(巴)·한(漢) 땅을 근거로 삼은 지가 이럭저럭 30년이 흘렀다.

건안 20년(215)에 조조는 마침내 서정군(西征軍)을 일으켰다. 유비는 이미 촉나라에 들어가 있었기 때문에 조조로서는 중원에서 촉나라로 가는 통로인 한중을 확보하고 싶었다. 이때 장로가 조조에게 항복했다. 오두미도의 체질이었는지 모르지만, 현명한 선택이었다고 해야 할 것이다.

교단의 세력이 약소했던 무렵에는 유언에게 굴복하고 자신의 힘이 강해져 유언이 두렵지 않게 되자 그를 배반하고 자립했다. 그러나 좀 더 강력한 세력인 조조가 출현하자 주저하지 않고 그에 항복했다.

항복하기 전에 일단 남산(南山)으로 도망가 파중(巴中)으로 들어갔는데, 그때 측근들이 보화창고를 태워 버릴 것을 권했다. 장로는 그것에 반대하여 봉장(封藏, 가두어 저장함)하고 떠났는데, 이것이 조조에게 좋은 인상을 주었다. 장로는 진남장군(鎭南將軍)에 임명되고 낭중후(閬中侯)에 봉해졌다. 식읍이 1만 호였으므로 제법 큰 영주였다. 장로의 다섯 아들도 각각 열후에 봉해졌다.

『삼국지』의 주(注)를 쓴 배송지는 이 일을 '항복했다고는 하나 패한 뒤의 일(동생인 장형은 저항했고 장로도 파중으로 도망친 것을 가리킴)인데, 식읍 1만 호에다 다섯 아들 모두 열후에 봉한 것은 과분한 처사'라고 평했다. 조조는 장로를 그렇게까지 우대하지 않아도 되었다는 말 같다.

조조는 뛰어난 현실주의자였다. 그의 눈에는 감추어진 오두미도의 힘이 똑똑히 보였다. 『삼국지』는 다만 보화창고를 불태우지 않고 봉장했다고만 할 뿐 그 양은 언급하고 있지 않다. 그것이 조조의 손에 들어 왔다. 아마 막대한 양이었을 것이다. 관직은 그에 대한 보상이었을 가능성도 있다. 조조는 그뿐만 아니라 장로의 딸을 자기 아들 조우(曹宇)의 아내로 받아들였다. 조조는 오두미도 교조의 집안을 조씨 집안의 친척으로 삼은 것이다.

도교 가운데 무장투쟁파인 태평도를 자신의 군대에 흡수하고 평화파인 오두미도를 가족으로 받아들인 조조의 수완은 뛰어나다고 할 수밖에 없다.

장로의 딸을 아내로 맞은 조우는 자가 팽조(彭祖)이고 큰형인 조비(曹丕, 문제)와는 나이차가 있어 오히려 조비의 아들 조예(曹叡, 명제)와 어릴 때부터 친하게 지냈다. 명제는 병으로 죽기 전 삼촌인 조우를 대장군으로 삼아 후사를 부탁하려고 했다. 그러나 조우는 소극적인 인물이어서 자신은 그 자리에 어울리지 않는다며 고사하고 마침내 고향인 업(鄴)으로 돌아갔다. 위나라 황족의 관례로 각지를 떠돌아다녔으나, 마지막에는 연왕(燕王)에 봉해졌고 식읍은 5천 500호였다.

명제의 후사가 없던 위왕조는 황족 가운데서 황위계승자를 선택해야 했는데, 위왕조 마지막 황제이며 사마씨의 진나라에 나라를 넘겨준 조환(曹奐)이 바로 조우의 아들이다.

체제 안에 편입된 오두미도는 이제 탄압받는 일이 없어졌다. 그 대신 교조 장로와 그의 아들 장부(張富)는 교단에 행사하는 영향력이 약화되었다. 교단이 국가의 보호를 받는 형태가 되자, 당연히 교조의 그림자는 희미해졌다.

불교와 도교의 기원 논쟁

어수선한 주술적 민간신앙이 종교단체를 형성할 정도로 성장하고 정리되어 '도교'라고 불리는데 어울리는 내용을 갖추게 된 시기는 불교가 전래된 시기와 엇비슷했다.

조금 심하게 말한다면 종교단체로서의 도교와 불교는 거의 같은 무렵 중국에 나타났다고 볼 수 있다.

도교는 불로불사를 이상으로 삼고 그것에 도달한 사람을 진인(眞人)이라 부른다. 불교에서는 깨달음을 얻어 평안의 경지에 이르는 것을 열반(涅槃)이라고 하며, 깨달음을 얻은 사람을 아라한(阿羅漢)이라고 부른다. 이 시기 중국인들이 불로불사는 열반과 같은 것이고, 진인은 아라한이라고 여겼다고 해서 하나도 이상할 것이 없다.

최초의 경전 번역자였던 안식국의 안세고는 물론 불교신자였으나, 주술을 부리는 사람이었을 가능성도 있다. 그가 번역한 『안반수의경(安般守意經)』은 호흡술에 관한 경전이다. 산스크리트어로 호흡을 뜻하는 아나파나(아나〔ana〕는 숨 들이쉬기를 뜻하고 파나〔pana〕는 숨 내쉬기를 뜻한다-옮긴이)를 안반이라고 줄인 것이다. 또 그는 『구횡경(九橫經)』이라는 짧은 경전을 번역했는데, 이것은 아홉 종류의 횡사(橫死)를 피하는 방법을 설명한 책으로 말하자면 장명법(長命法, 장수하는 법) 참고서였다.

『사기』에 조지(條支, 시리아)는 안식국의 속국이며, '이 나라는 현혹시키는데 능했다'는 구절이 나온다. 이 나라 사람들은 이상한 요술을 잘 부렸던 모양이다. 『한서』「서역전(西域傳)」에는 한나라 무제 때 안식이 '현인(眩人)'을 바쳤다는 기록이 나오는데, 안세고의 모국인 안세국은 예로부터 주술을 부리는 전통이 있었다. 불교를 전했지만 불교 안에 들어 있는 주술적인 것에 자신 있었는지도 모른다.

술적(術的)인 것을 번역할 때, 안세고는 도교 전문용어를 자주 사용했기 때문에 도교와 불교가 한층 비슷하게 보인다.

동탁이 낙양을 파괴하자, 낙양의 불교 신자 중에서 남쪽으로 이주한 자가 많았다. 남쪽은 말할 것도 없이 손씨의 오나라 판도였다. 그 수도인 건업(建業, 남경)은 머지않아 불교의 한 중심이 된다. 건업 불교는 낙양에서 남하해 온 사람들과 남쪽에서 북상한 사람들이 만나서 형성된 만큼 활기찼다. 북상한 집단 가운데 가장 유명한 것이 교지(交趾, 인도차이나 반도 북부)에서 온 강승회(康僧會)였다. 남하한 집단의 대표는 지겸(支謙)이었다.

지겸은 그 성씨로도 알 수 있듯이 월지 사람이었다. 조부 시대에 중국에 와서 귀화했으며, 지루가참의 제자인 지량(支亮)에게 사사하여 스승과 그 스승의 스승과 더불어 삼지(三支)라고 칭할 만큼 학식이 뛰어난 인물이었다. 『유마힐경(維摩詰經)』을 비롯해 수많은 불교경전을 한문으로 번역했는데, 그중 『서응본기경(瑞應本起經)』은 석가의 전생을 설명한 본생담(本生譚, 석가가 전생에 수행자일 때의 행적에 관한 설화—옮긴이)이다. 석가가 카피라바스토의 왕자 싯다르타로 태어나기 전 다양한 모습으로 여러 번 바꾸어 태어났는데, 지겸의 번역서에는 때로는 성제(聖帝)가 되기도 하고 때로는 '유림(儒林)의 종(宗)'이 되기도 하고 '국사도사(國師道士)'가 되기도 했다고 한다.

유림의 종이라고 하면 중국인에게는 공자를 뜻하고, 국사도사는 노자를 연상시킨다. 석가가 전생에 공자였거나 노자였다는 설명은 중국인에게 무엇보다 불교의 교조에 친밀감을 갖게 했다. 본생담 원문에 이런 문장이 있을 리 없다. 중국인이 불교에 쉽게 입문할 수 있게 궁리한 한 가지 방편이었다.

프랑스의 동양학자로 나치에게 참살당한 마스페로(Maspero, 1883~1945)

는 월지의 승려인 지겸이 원문에도 없는 이런 문장을 번역서에 넣었을 리 없다며 도교적 교양이 있는 중국인 번역협력자가 생각해 낸 것이라고 추측했다. 지겸은 분명 월지인이었으나 조부 대(代)부터 중국에 들어와 살았다. 공명(恭明)이라는 중국식 아호가 있었고 10세에 글을 읽었으며 13세에 호서(胡書, 북방이나 서방 이민족의 글-옮긴이)를 배웠다고 그의 전기에 기록되어 있다. 중국의 교양을 충분히 익혔고 중국 말고 다른 나라는 간 적도 없으니, 당연히 중국 사정에 밝은 인물이었다. 집안에서는 월지국 식으로 생활했어도 한 걸음 밖으로 나가면 한나라 땅이었다. 두 세계를 동시에 사는 사람은 한쪽 세계를 다른 세계 사람들에게 알릴 때 어떤 식으로 설명해야 하는지 잘 알고 있다. 지겸이 본생담에 공자나 노자를 섞어 넣었다 해도 조금도 이상할 것은 없다.

여기에서 『노자화호경(老子化胡經)』 문제를 이야기해 보자. 『사기』의 「노자열전(老子列傳)」에,

　　　그 마지막 가는 곳을 알 길 없다.

는 말이 있어 그가 어떻게 되었는지 전혀 알 길이 없다. 따라서 '그 후의 노자'라는 이야기가 만들어진 것이다. 또 전한의 유향(劉向)이 선집(選集)했다는 『열선전(列仙傳)』 안에 노자가 유사(流沙)의 서쪽으로 갔다고 기록되어 있어, 노자가 석가가 되었다는 이야기가 만들어질 전제가 더욱 잘 갖춰지게 되었다.

『위략(魏略)』 「서융전(西戎傳)」에는 노자가 석가가 된 것이 아니라 석가를 교화(敎化)했다고 기록되어 있다.

『노자화호경』을 도교 쪽에서 만들었는지 아니면 불교 쪽에서 만들었는지 늘 문제가 된다.

중국인이 불교 사상을 쉽게 이해할 수 있게 불교 쪽에서 만들었다고 생각할 수도 있다. 그러나 위진(魏晉) 시대에 차츰 불교와 도교의 우열 논쟁이 일어나자, 도교가 불교보다 우위라고 주장하기 위한 근거로 도교 쪽 사람이 만들었다는 견해도 있다.

논쟁이 일어났다는 것은 불교와 도교가 뚜렷이 구별되기 시작했다는 말이기도 하다. 이 무렵 노장사상을 빌려 불교의 교의를 설명하는 '격의불교(格義佛敎)'가 차츰 성행했는데, 이것도 두 종교가 다르다는 것을 일반 사람들이 널리 깨닫게 된 결과라고 할 수 있다.

불교와 도교의 논쟁으로 가장 유명한 것은 서진(西晉)의 백원(帛遠)과 도사(道士) 왕부(王浮) 사이에 일어난 논쟁이다. 이때 왕부가 논쟁에 지자, 홧김에 『노자화호경』을 만들었다는 설도 있었다. 그러나 노자가 서쪽으로 가서 석가를 교화시켰다는 이야기는 훨씬 옛날부터 있었다. 『후한서』의 「양해전(襄楷傳)」은 명제가 황로(黃老)와 부도(浮屠)의 사당을 세울 때, 양해가 상서한 문장을 인용했는데, 그 안에,

혹은 말한다. 노자가 이적(夷狄)으로 들어가 부도가 되었다.

는 말이 있다.

『노자화호경』은 이미 사라진 책이다. 금세기 초기, 돈황에서 그 잔권(殘卷)이 발견되었으나, 그것은 당나라 때 만든 것으로 원래의 원본은 이니라고 한다.

후한 말부터 위·진에 걸친 난세에 사람들은 정신적인 위로를 구했고, 도교는 그에 응하기라도 하듯 교단을 조직했으며, 외래의 불교도 순식간에 퍼졌다. 종교의 보급이라는 이면에 고민하던 수많은 사람들의 숨소리가 들리는 듯하다.

선우 가문

관리들의 등급을 매긴 중정

오나라가 진나라에 항복함으로써 마침내 기다리고 기다리던 천하통일이 실현되었으나 그것도 잠시였다.

오나라가 항복한 것은 서기 280년이고 진나라 회제(懷帝)가 낙양이 함락되면서 남흉노의 유총에게 붙잡힌 것은 311년의 일이다. 장안이 함락된 316년에 서진이 멸망했다고 한다면, 천하를 통일하고 겨우 36년 만에 망했다는 말이 된다. 그러나 이 왕조는 팔왕(八王)의 난으로 이미 통치능력을 잃었다. 팔왕의 난이 301년에 시작되었으므로, 천하를 통일한 기간은 기껏해야 20년 남짓이다.

낭야왕(琅邪王) 사마예(司馬睿)가 남쪽에 정권을 세우고 이를 동진(東晉)이라 불렀다. 그리고 그 이전의 왕조를 서진이라 불러서 구별했다. 서진왕조의 생명은 반세기뿐이었고, 그것도 처음 15년은 남쪽의 오나라와 대치한 북방정권이었다. 남쪽으로 옮겨간 동진은 거의 1세기쯤 이어졌으나,

처음부터 끝까지 남방정권이었다. 아무래도 분열이 운명인 시대였다.

후한이 멸망하고 나서 천하가 분열된 것은 아니었다. 동탁이 낙양을 파괴하고 장안으로 천도를 강행했을 때(190), 아니면 그전에 일어난 황건의 난(184)부터 분열이 시작되었다고 봐야 한다. 수(隋)나라 문제가 남조의 진(陳)나라를 멸망시키고 남북을 통일한 해가 586년이므로 분열은 실로 400년에 이른다. 그동안 약 20년 정도 물거품 같은 통일기간이 있었으나 400년이라는 세월에 비하면 예외였다고 할 수밖에 없다. 분열이 정상이고 통일이 예외인 시대였다.

그전에 전한·후한을 합쳐서 약 400년의 통일 시대가 있었다. 통일 시대가 끝나고 거의 같은 기간의 분열 시대가 이어진 것이다.

왜 분열이 운명이었는지 그 점을 생각해 보자.

전란으로 인구가 급격히 줄어든 것도 한 가지 원인이다. 지역이 좁으면 인구가 줄어도 한데 모으기 쉽다. 그러나 넓은 지역에 주민이 적으면 장악하기 어렵다.

삼국 시대에 삼국은 전쟁터 밖에서 개발 경쟁을 다투었다. 각국 모두 둔전에 힘을 쏟았다. 경작지를 넓히면 그만큼 많은 인구를 먹여 살릴 수 있었다. 개발 경쟁은 곧 인구 경쟁이기도 했다.

삼국 가운데 위나라가 가장 강했던 것은 인구가 가장 많기 때문이다. 그런 위나라조차 그전 시대에 비하면 인구가 매우 적었다. 앞에서도 다루었지만 위나라가 건국에 즈음해서 '구품중정(九品中正)' 제도를 둔 것도 이와 관계가 있다.

구품중정제도는 중요한 내용이므로 다음에서 알기 쉽게 설명해보자.

전한과 후한을 합친 400년의 제도에서 관료 서열은 거의 그 봉록에 따라 정해졌다. 예를 들면 『한서』의 「안사고주(顔師古注)」에 따르면, 한나라 제도에서는 삼공(승상, 태위, 어사대부)을 1만 석이라 칭했으나, 그 봉록은 사실 월 300석으로 연봉으로 계산하면 4천 200석이다. 대장군은 이에 준한다. 구경(九卿)은 '중(中) 2천 석'으로 월 180석에 연봉 2천 160석이다. 이에 비해 군 태수처럼 그냥 '2천 석'이라고 칭하면 월 120석이고, 이를 1년으로 계산하면 1천 440석에 지나지 않는다. 또 중랑장과 도위 등은 '비(比) 2천 석'이라고 칭하는데, 월 100석이므로 실제로는 1천 200석이었다. 사마천이 지냈던 태사령(太史令)은 600석짜리 관직이다.

한나라 때의 작위는 20등(等)까지 있었고 그 최고 자리는 열후였다. 그러나 그것은 명예직이었고 영지를 받을 수 있는 열후 외에는 대부분 실질이 없었다. 작위는 관직과 결부되지 않았다.

위나라는 한나라로부터 선양을 받았을 때 한나라의 관직을 정리하고 관료를 흡수하기 위해 '구품관인법'을 만들었다. 입안자는 후한 청의파 (淸議派)의 상징인 진식(陳寔)의 손자 진군(陳群)이었다. 한나라의 관제는 400년을 이어 내려오면서 복잡해졌다. 지금도 그렇지만 일단 만들어진 관직은 좀처럼 폐지되지 않는다. 시대가 바뀌어서 불필요해진 관직도 있고 중요도가 떨어진 관직도 있었지만 모두 그대로 남았다. 게다가 중복된 자리도 있었다. 그것을 정리하려면 등급을 매기는 방법이 가장 편리했다. 관직을 9개 등급으로 나눈 것이 이른바 구품(九品)이다.

구(九)라는 숫자는 상, 중, 하 3등급에 각각 다시 상, 중, 하 등급을 매긴 것이다. 상의 상이 1품, 상의 중이 2품, 상의 하가 3품, 중의 상이 4품…… 이런 식이다. 위나라의 1품관은 삼공, 대승상, 황월대장군(黃鉞大將軍, 천자에게 전권을 위임받은 대장군)이고, 2품관은 거기장군(車騎將軍), 표기장군(驃騎將軍) 등 여러 대장군들이었다. 구경(九卿), 상서령, 좌우복사는 3품관, 자사와 교위는 4품관, 군태수는 5품관이다. 전반적으로 군직 쪽이 우위에 있었다.

그런데 이처럼 등급을 매기는 것까지는 좋았는데, 그 관직에 누구를 앉혀야 할지가 문제였다. 관직뿐만 아니라 인간에게도 등급을 매길 필요가 생긴 것이다. 그렇게 사람에게 등급을 매기는 일을 하는 사람을 '중정(中正)'이라고 불렀다. 그들은 '이 사람은 2품, 이 사람은 3품'이라고 정하는 일을 하므로 책임이 중대했다. 중립이면서도 공정하지 않으면 맡을 수 없는 자리였다. 그러나 앞에서도 이야기했듯이 후한은 인물평론이 유행하던 시대여서 유달리 두드러진 인물은 거의 여론으로 평가가 내려져 있었다.

중정이 결정한 품위를 '향품(鄕品)'이라고 불렀는데, 그 인물이 정부에 등용될 때는 향품보다 4품 낮은 관직에 올랐다. 예를 들면 중정이 2품이라고 결정한 사람은 먼저 6품 관직에 임명된다. 위나라의 6품관은 비서랑(秘書郎)이나 현령(縣令) 같은 자리다. 시험적으로 6품관에 임명되어 유능하면 승진해서 2품관에 이른다. 중정이 결정한 향품은 그 사람의 최고 관직과 다름없었다.

그런데 중정의 직무는 그 고장 지식인의 등급을 매기는 것만이 아니었다. 삼국의 동란으로 고향을 떠나 어딘가로 가 버린 지식인도 적지 않았다. 특히 위나라는 전역에서 전란이 심했기 때문에 그런 경우가 많았다. 예전의 집락이 텅 비어 있는 곳이 여기저기 있었다. 중정은 인재를 찾아내는 일도 했다. 인구가 격감했으니 관료가 될 인물도 바닥났다.

통일 국가는 엄청나게 많은 관료집단을 거느려야만 경영할 수 있다. 후한이 쇠약해진 뒤의 중국은 이런 의미에서도 분열이 숙명이었다.

광대한 지역의 인구 과소와 행정인재 부족은 나라의 분열을 초래한 한 가지 원인이지만 일단 분열되어 그 상태가 한동안 지속되면 각 지방의 독자성이 한층 두드러진다. 분열을 고착화하는 힘이 여기서 생기는 것은 당연하다.

유럽을 요동친 흉노족

중국의 분열을 초래한 또 한 가지 큰 원인은 북쪽 민족의 대이동이었다. 사실 만리장성 북쪽에 사는 새외민족(塞外民族)은 주로 유목 생활을 했기 때문에 그들은 원래 이동하는 것이 정상이다. 그 이동의 규모가 크고 강력한 무력을 동반했을 때를 임의로 '대이동'이라고 부르기로 한다.

한나라 초기에 북쪽의 강적은 흉노였다. 항우를 무너뜨리고 천하를 통일한 고조(高祖) 유방조차 백두산에서 흉노 대군에게 포위되어 굴욕적인 강화를 맺었다. 한나라 무제 때가 되어서야 비로소 설욕할 수 있었다.

흉노는 중국 역사에 짙은 그림자를 드리웠음에도 알려지지 않은 점이 많은 민족이다. 흉노가 어떤 인종이냐는 기본적인 문제조차 해결되지 않았다.

그 주된 이유는 흉노가 자기들 손으로 기록을 남기지 않았다는 데 있다. 중국 쪽 문헌 외에 흉노에 관한 기록이 남아 있는 문헌은 없다. 더구나 『사기』, 『한서』 같은 책의 「흉노전」에는 그 인종적인 특징이 전혀 기술되어 있지 않다. 이것은 중국 고대 사서의 특색이라고 할 수 있다. 특이한 풍속 습관은 기록해도 선천적인 인종 특징은 다루지 않았다.

『삼국지』의 「위지왜인전」은 너무도 유명한데 당시 일본인의 풍속에 관해서는 문신(黥面文身, 얼굴에 문신하는 것)이나 주단(朱丹)을 몸에 바른다는 후천적인 특징은 자세히 기술했지만, 중국인과 왜인이 인종적으로 어떻게 다른지는 기록하지 않았다.

흉노나 일본인의 겉모습이 당시 중원의 중국인과 거의 비슷했기 때문에 기록하지 않았다는 설도 있다.

그러나 『사기』나 『한서』의 「서역전」도 중국인과 외모가 다른 이란계나 인도계 여러 나라를 기술하면서 인종적인 특징은 다루지 않았다.

고대 중국인은 주로 풍속 습관이 다르다는 점에 관심을 가졌지 외모가 다른 점에는 그다지 흥미를 보이지 않았다는 견해도 있다.

7세기 당나라 대에 쓰인 『진서(晉書)』에서나 겨우 인종적 특징의 기술을 볼 수 있다. 예를 들면 『진서』 「대완전(大宛傳)」에,

그 사람들은 모두 눈이 깊고(深目) 수염이 많다(多鬚).

고 기술되어 있다. 오늘날 러시아령 중앙아시아에 있던 대완(大宛)은 전한(前漢)의 장건(張騫)이 찾았던 곳이기도 한데, 『사기』에도 「대완열전」은 있으나 '심목다수(深目多鬚)'에 관한 내용은 없다.

중국의 고전 사서가 선천적인 인종 특징에 무관심했던 것은 어쩌면 이 무렵 참으로 다양한 인종이 중국내에 들어와 그들의 외모가 특별히 진기하지 않았기 때문일 수도 있다. 은(殷)나라를 멸망시킨 주(周)나라는 원래 머리가 빨간 사람들이었다는 이야기도 있다.

흉노 이야기로 돌아가서 그들이 터키족이라는 설과 몽골족이라는 설 두 가지 설이 논쟁대상으로 등장했다. 프랑스의 샤반느(Éduard Chavannes,

1865~1918), 드기뉴(Joseph de Guignes, 1721~1800) 등은 흉노가 터키족이라는 설을, 슈미트(Wilhelm schmidt, 1868~1954) 등은 몽골족이라는 설을, 그리고 일본의 시라토리 쿠라키치(白鳥庫吉, 1865~1942)는 터키 설에서 전환하여 몽골족 설을 골자로 하면서 거기에 퉁구스족을 가미한 잡종으로 보고 있다. 중국문명 서방기원설을 주장한 라쿠페리(Albert Terrien de Lacouperie, 1845~1894)처럼 흉노는 종족명이 아니라 정치단체 이름이라고 주장하는 사람까지 있어 의견은 상당히 분분하다.

정치단체설은 언뜻 엉뚱한 소리로 들리지만 무조건 무시할 수는 없다. 초원의 유목민은 원래 집단이 크지 않았을 터이다. 유목을 하는데 지도자 한 사람이 관리할 수 있는 범위는 자연히 제한되기 때문이다.

유목이라는 경제활동을 적의 습격과 침략으로부터 지키기 위해 그들은 전력을 갖추어야 했다. 아니, 적의 침략에서 자신을 지키기 위해서만이 아니라 기회만 있으면 이쪽에서 먼저 약탈하는 것이 초원생활의 실상이다. 유목에 빼놓을 수 없는 무장은 유목 한 단위로는 감당할 수 없다. 그래서 연합하게 된 것이다. 유목할 때는 작은 집단이었으나 그것이 연합체를 만들어 공동 무력을 갖게 된 것이다.

같은 민족끼리 연합하는 것은 당연했고, 때로는 유목이라는 공통 생활을 하는 서로 다른 민족 사이로 확산되기도 했다.

위대한 지도자가 출현하면 같은 민족끼리의 부족 연합이 그 지휘 하에 들어간 것만 아니라 안전과 이익을 찾아 다른 민족도 그 산하로 들어가려고 했을 것이다. 보호받을 뿐만 아니라 약탈 분배에도 참여할 수 있기 때문이다.

묵돌선우(冒頓單于) 시대의 흉노나 훗날 칭기즈 칸 시대의 몽골처럼 유목민이 순식간에 세계적인 제국을 만드는 일도 있었다. 커지는 속도가 빠른 만큼 붕괴하는 속도도 빨랐다. 거듭된 연합으로 세력이 커지면 거대한 힘을 갖게 되지만, 어중이떠중이를 그러모았기 때문에 뛰어난 지도자를 잃으면 순식간에 해체되어 도로아미타불이 되어 버린다.

전한 선제(宣帝) 시대에는 흉노의 대수장이며 당연히 유일한 지도자여야 하는 선우를 지칭한 자가 무려 다섯이나 되었다는 기록이 있다. 이쯤 되면 흉노는 이제 한나라에 대항할 수 없다. 유목집단은 연합해야만 비로소 강해지기 때문이다.

호한야선우(呼韓邪單于)가 한나라에 항복하는 획기적 사건이 일어나 전한 말기에 북쪽이 평화로워졌다. 왕소군이 흉노로 시집간 것이 이 시기의 일이다. 그러나 왕망의 외교 실패로 흉노는 다시 북방에서 군사행동을 일으켰다.

후한은 왕망 말기 동란의 뒤를 이어 일어난 나라이므로 국력도 전한만큼 강하지 않았으나, 흉노의 내분 덕에 북방의 위협을 피할 수 있었다. 연합은 유목민족의 특기지만 분열 역시 그들의 특기였다. 흉노는 남북으로 분열했고, 흉노의 일축왕(日逐王)은 일찍이 한나라에 항복한 대수장과 이름이 같은 호한야선우를 자칭하고 후한에 복속했다. 이것이 남흉노다.

남흉노는 장성 남쪽에 거주할 것을 허락받았다. 한족과 함께 살면서 그들은 수준 높은 문화를 가진 한족에 차츰 동화되었다. 후한이 남흉노를 만리장성 안쪽으로 들어오게 한 것은 그들을 동화시키기 위해서가 아니었다. '오랑캐로서 오랑캐를 제압한다'는 고전적인 정책에 따라 남흉노로서 순종하지 않는 북흉노를 막으려고 했던 것이다.

북흉노는 남흉노의 압박만 받은 것이 아니었다. 흉노의 본고장으로 세력을 뻗쳐온 선비족의 압박까지 받아 서쪽으로 도망가지 않을 수 없었다. 서쪽으로 도망간 북흉노를 서흉노라 부른다. 그러나 이 서흉노는 그후로 중국의 사서에서 모습을 감춘다. 그들이 그 후 어떻게 되었는지 적어도 중국 문헌에서는 밝힐 수가 없다.

남 러시아 초원에서 유럽으로 침공한 훈족이 중국역사에서 사라진 '서흉노'가 아닐까 하는 설도 있다. 아직 정설로 받아들일 수는 없지만 매우 유력해 보인다. 훈(Huns)이라는 민족명은 오늘날 유럽에 핀란드와 헝가리라는 국명을 남겼다.

유럽 역사에서 말하는 민족대이동은 375년에 게르만족의 한 갈래인 고트족이 로마 제국으로 밀물처럼 밀어닥친 사건이다. 그 대이동의 방아쇠를 당긴 것이 훈족의 서진(西進)이었다. 고트족이 훈족에게 쫓겨난 것이다.

흉노와 훈족이 같은 종족이라는 주장은 1756년에 드기뉴가 제기한 이래 이미 200년 넘게 논쟁이 된 문제다.

서흉노가 중국사에서 사라진 시기와 훈족이 서방에 모습을 드러낸 시기 사이에 약간 공백이 있지만, 그것은 차츰 서쪽으로 이동하면서 패전의 상처를 치유하는 시간이었다고 생각한다. 흉노(Hsiungnu)와 훈(Huns)이라는 민족명의 유사성 외에도 유럽의 문헌에 나타난 훈족의 풍습이 흉노의 풍습과 매우 닮았다는 것 등 동족설은 상당한 설득력을 갖고 있는 듯하다. 최근 고고학적 연구도 이 설에 무게를 더해 주고 있다.

흉노와 훈족의 동족설을 비판하는 설도 대부분 동족설을 전면적으로 부정하지는 않는다. 가능성이 크다는 것은 인정하지만, 그렇다고 하기에는 아직 증거가 부족하다는 정도다. 예를 들면 족명(族名)이 비슷하다는 주장도 과거에 혁혁한 위명(威名)을 날린 민족명은 후세에 그다지 관계없는 민족에게 차용되는 경우가 많으므로 100퍼센트 믿을 수는 없다는 것이다.

5세기 무렵, 중앙아시아에서 강성했던 에프탈(Ephthal)은 아무래도 이란계 민족임에도 유럽 문헌에서는 이를 백(白)훈이라고 부른다.

생활이 비슷하면 아무래도 풍습도 비슷해진다. 유목민은 민족이 달라도 생활양식이 비슷하기 때문에 당연히 풍습도 습관도 비슷하다.

또 이동이 일상적인 일이기 때문에 정착해서 사는 농경민에 비해 혼혈이 될 기회가 많다. 전쟁이나 약탈로 다른 민족을 포로로 삼아 그들을 끌고 다니며 부렸다. 포로가 아니라도 전리품 분배에 끼기 위해 다른 민족이 나서서 자신의 노동력을 제공하기도 했다.

유럽 역사가는 중국 고대 역사가와 달리 인종의 특징을 곧잘 묘사했다. 그들은 훈족이 키가 작고 땅딸막하다든지 눈이 움푹 들어가고 작다든지 코가 넓적하다고 기술했다. 수염이 없고 머리숱도 적으며 부스스한 데다 체모가 적다는 기록이 있는가 하면 정강이에는 털이 많다는 반대되는 묘사도 있다. 이는 유럽에 침공한 훈 군단의 구성원이 대단히 복잡했다는 것을 보여 준다.

헌제를 구한 남흉노

훈족이 되었을지도 모르는 북흉노는 중국사의 시야에서 사라졌다. 그렇다면 남흉노는 어떻게 되었을까? 남흉노가 후한에 복속했다고 하나 그것은 북쪽과 대립했기 때문에 어쩔 수 없이 남쪽 세력에 의지한 것뿐이었다. 남쪽의 후한도 전한의 전성기만큼 강한 것은 아니어서 복속한 흉노에게 강한 통제를 가하지 못했다. 흉노에게는 다행스러운 일이었다. 덕분에 흉노는 자치(自治)를 누려 절반은 독립한 상태였다.

흉노의 대수장은 선우였다. 좌현왕(左賢王), 우현왕(右賢王), 골도후(骨都侯) 등이 선우를 보좌하는 형태였으며 선우는 세습제였다.

앞에서도 이야기했듯이 집단이 너무 크면 유목생활을 하기 어렵다. 흉노는 자연히 여러 집단으로 나뉘었고, 가까운 혈연끼리 적당히 집단을 형성했는데, 한어(漢語)로 그것을 '부(部)'라고 불렀다. 선우는 도각(屠各)이라는 부의 연제씨(攣鞮氏)에서 나왔다.

부가 얼마나 있었는지는 모른다. 후한의 장제(章帝) 장화(章和) 원년(87)에 북흉노에 대란이 일어나 그곳에서 굴란저(屈蘭儲) 등 58부가 항복했다는 이야기가 사서에 기록되어 있다. 이들은 남흉노에 흡수되었는데 총 세력이 28만이었다. 부에도 큰 부와 작은 부가 있었는데, 대략 평균하면 짐작컨대, 한 부의 인구는 5천 정도 되었을 것이다. 부를 통솔하는 사람을 '대인(大人)'이라 불렀다.

5천 명이라 해도 한곳에서 유목생활을 하기에는 너무 많은 수다. 그래서 더 작은 집단으로 나누어야 했다. 말하자면 텐트촌 같은 것인데 이것을 '낙(落)'이라고 불렀다. 지금 우리가 '마을'이라는 의미로 쓰는 '부락(部落)'이라는 말은 흉노의 이 조직에서 온 것이다. 옛 문헌에 부락이라는 말이 나오면, 그것은 흉노나 소수 민족에 관한 기술인 경우가 많다.

뭔가 중요한 문제가 생기면 각 부의 대인이 모인다. 그리고 도각부의 대인이 선우, 즉 대수장으로서 의장직을 맡았다.

흉노의 선우는 자기 부(도각부)의 지도자이며, 동시에 부족 연합의 의장이기도 했다. 세습제였으므로 전제군주 같은 면도 있었지만, 부족연합을 통합하는 사람이라는 면도 있었다. 상당히 어려운 자리였다.

황건의 난이 시작되었을 때(184), 남흉노의 선우는 강거(羌渠)라는 인물이었다. 흉노는 반독립이라고는 해도 후한에 복속된 형태를 취했기 때문에 비상시에는 후한을 위해 일해야만 했다. 흉노를 용병집단으로 생각한 후한 조정은 당연히 흉노에 출병을 명했다.

강거선우는 아들인 어부라(於扶羅)에게 군대를 주어 황건 토벌에 참가시켰다. 3년 뒤(187)에 중산국(中山國)의 재상이던 장순(張純)이 태산군 태수 장거(張擧)와 오환족(烏桓族)들과 손잡고 반란을 일으켰을 때, 공손찬이 기도위(騎都尉)로서 토벌한 이야기는 앞에서 이야기한 대로다. 이때도 조정은 남흉노에 출병을 명했다. 강거선우는 이번에는 좌현왕에게 군사를 주어 유주(幽州)로 보냈다.

흉노 백성이 불만을 가진 것은 말할 나위도 없다. 그들은 황건이나 장순의 난이 자신들과 전혀 관계가 없는 전쟁이라고 생각했다. 그런 전쟁에 젊은 일꾼들이 동원되는 것은 참을 수 없는 일이었다. '선우가 너무 호전적이다. 이 상태로 가다가는 수많은 흉노족 사람들이 죽을 것'이라는 비난의 목소리가 높아졌다.

흉노 병사 동원은 한나라 조정의 명령에 따른 것이므로, 그것을 정면으로 거부하려면 상당한 배짱이 있어야 했다. 흉노족이 그들의 수장에게 기대했던 것은 이 핑계 저 핑계를 대서라도 동원을 피하는 일이었다. 그러나 강거선우는 선천적으로 호전적이었는지, 후한에 충성심, 아니 충성심이라기보다는 봉사정신이 과했는지 어쨌든 필요 이상의 군사를 보냈던 것 같다.

선우가 한 행동이 지나쳤는지, 아니면 야심을 품고 그와 대립한 경쟁자가 군중을 선동했는지 모르지만, 거세게 들고 일어난 흉노사람들이 그를 죽여 버렸다. 이때 궐기한 흉노 군중이 10여 만 명이라는 기록이 있다.

본래라면 강거의 아들인 어부라가 선우가 되어야 했다. 그러나 흉노 사람들은 자신들이 죽인 사람의 아들을 대수장으로 앉히는 데 불안을 느껴 수복골(須卜骨)이라는 자를 선우로 앉혔다. 어부라도 자신을 선우라고 칭했기 때문에 이때 흉노의 선우는 둘이었다.

흉노족 대부분이 어부라의 즉위를 인정하지 않았기 때문에 그는 자기 부(部) 사람들로 구성된 수천 기병을 이끌고 남하했다. 그는 대담하게도 후한의 황제에게 직소하기로 마음먹었다. 그의 아버지는 후한에 충성을 다하느라 목숨을 잃었다. 그러므로 그의 아들인 자신이야말로 정통 흉노 선우라는 것을 한나라 조정으로부터 인정받으려 했던 것이다. 그러나 낙양은 환관의 몰살, 동탁의 침입, 황제 폐립 같은 일련의 사건들로 직소를 받아줄 형편이 아니었다. 어부라는 낙양 언저리를 떠도는 처량한 선우가 되었다. 머지않아 어부라는 평양(平壤)을 근거지로 삼게 되었다. 오늘날 산서성 임분현(臨汾縣) 근처다. 이곳은 '임분'이라는 지명에서 알 수 있듯이 분하(汾河)라는 강가에 있으며, 분하는 그곳에서 백파곡(白波谷)강과 만나 남으로 흐르는 황하에 합류한다.

흉노 사람들이 옹립한 선우 수복골은 1년쯤 뒤에 죽었는데, 그렇다고 어부라를 맞아들인 것은 아니다. 흉노의 본고장에서는 새로운 선우를 세우지 않고 장로들의 집단지도체제를 취했다.

후한 흥평(興平) 2년(195)에 동탁이 장안으로 데려간 헌제는 동탁이 암살당한 뒤 내전으로 황폐해진 장안을 탈출해 동쪽으로 돌아가려고 했다. 이각(李催), 곽범(郭氾), 장제(張濟) 등 장안의 군벌이 천자 일행을 추격했다. 이때 갑자기 나타나 천자 편에 서서 천자를 추격하는 군벌 군대를 격파한 것이 백파곡에 있던 황건군과 남흉노의 기병대였다.

> 양봉(楊奉)과 동승(董承, 헌제의 측근 요인)은 백파(白波)의 수(帥)인 호재(胡才), 이락(李樂), 한섬(韓暹), 그리고 흉노의 좌현왕(우현왕의 잘 못) 거비(去卑)를 끌어들여, 군대를 이끌고 천자를 맞이하고, 이각(李傕) 등과 싸워서 이를 격파했다.

라는 구절이 『후한서』에 나온다.

백파의 수(帥)란 황건군 일파(一派)의 우두머리와 다름없다. 당시 황건 군은 조정에서 볼 때 반역자였다. 『후한서』에는 백파적(白波賊)이라는 이 름으로 종종 등장한다. 나중에는 백파라는 지명만으로도 도적을 뜻하게 되었다. 도적인 무장집단이 위기에 빠진 천자를 구하였으니 이상한 일이 아닐 수 없다. 어떻게 돌아가는지 알 수 없는 세상이었다.

백파의 무장집단과 어깨를 나란히 하고 천자군을 구한 것은 어부라 선우 휘하에 있던 남흉노군이었다.

삼국의 역사를 소설로 엮은 나관중의 『삼국지연의』는 중국에서 오랫 동안 부동의 베스트셀러였다. 중국뿐만 아니라 한국과 일본에서도 얼마 나 많은 사람들이 이 책을 읽었는지는 모른다. 책으로 나온 『삼국지』는 대부분 나관중의 책을 바탕으로 하고 있다.

거의 사실(史實)대로 썼다는 나관중도 군데군데 왜곡한 부분이 있으 므로 여기에서 바로잡아 보자.

『삼국지연의』에는 남흉노군은 빼놓고 백파군만 동쪽으로 가던 천자 를 구한 것으로 나온다. 하지만 정사는 위에 인용한 것처럼 흉노군이 도

우러 온 것을 분명히 기록하고 있다. 대한(大漢)의 천자가 오랑캐인 흉노 군에게 구출된 것을 사실대로 쓰면 독자들이 거부감을 느낄까 봐 일부 러 쓰지 않았음이 틀림없다. 독자에게 아부한 꼴이다. 따라서 일본의 소 설가 요시가와 에이지(吉川英次, 1892~1962)가 쓴『삼국지』(1939년 출간)에도 물론 흉노군의 이 일은 빠져 있다.

나관중(이라기보다는 일반 독자라고 해야 할지 모른다)은 백파적의 도움을 받은 것조차 원통했다. 백파의 두목 셋 중에서 호재는 싸움 중에 죽고, 이락도 곧바로 배반해서 서황(徐晃)이 휘두른 도끼에 맞아 일격에 죽어 버린 것으로 묘사되어 있다. 사실 두 사람은 이때 죽지 않았다. 천자가 낙양으로 떠난 뒤에도 그들은 하동에 남아 있었다.『자치통감』은 건안 (建安) 2년(197) 항에서 두 사람의 죽음을 다루고 있다. 진실을 말하자면, 호재는 원한을 품은 자에게 죽음을 당했고, 이락은 병으로 죽었다.

나관중은 왜곡한 것에 양심의 가책을 느꼈는지 이락이 서황에게 목이 베인 대목은 도끼에 맞아 말 아래로 떨어졌다고 얼버무렸다. 죽었다고도 어떻다고도 쓰지 않았다.

오호십육국 시대를 연 유씨 일족

남흉노군이 천자 구원에 나선 무렵 선우인 어부라는 병상에 있다가 곧 죽었다. 그리고 동생인 호주천(呼廚泉)이 선우가 되었다. 어부라의 아들 표(豹)는 아직 어렸다. 표는 흉노의 좌현왕이 되었다.

후한의 실권을 장악한 조조는 새로운 흉노 대책을 세웠다.

수많은 부를 정리해서 지역마다 5부로 나누었다. 5부는 좌, 우, 남, 북,

중이었다. 부의 수장을 수(帥)라고 불렀는데, 위나라 말기에는 도위(都尉)로 이름을 바꾸었다. 그러나 어떤 부든 사마(司馬)라는 관직에는 한인(漢人)을 앉혀 그들을 감독하게 했다. 태원(太原)을 근거지로 한 좌부가 가장 규모가 커서 1만여의 낙(落)을 지배했다. 가장 작은 부는 3천 남짓의 낙을 통솔하는 남부였다.

어부라의 아들 균은 가장 큰 좌부도위에 임명되었다. 균의 아들인 유연(劉淵)은 자가 원해(元海)였다. 당나라 고조의 이름도 이연(李淵)이어서 당나라 때에 쓰인 『진서(晉書)』에는 연(淵)이라는 본명을 피해서 원해라는 자를 썼다. 어부라 선우의 손자가 유연이라는 한인 식 이름을 쓴 것이다. 흉노는 한나라와 형제의 인연을 맺은 탓에 흉노 사람이 자신의 이름을 한인(漢人) 식으로 칭할 때는 대개 유씨(劉氏)를 썼다.

성뿐만 아니라 유연은 보통 한인 이상으로 한나라 문화에 교양이 있었다. 최유(催游)라는 대학자에게 『시경』, 『역경』, 『상서』를 배웠고, 『춘추좌씨전』과 손오(孫嗚)의 병법을 특히 좋아했으며, 『사기』, 『한서』, 그 밖에 제자백가의 책 등 읽지 않은 것이 없었다고 할 정도였다. 글뿐만 아니라 무예도 배웠는데, 그 절묘함이 무리 중에서 뛰어났다. 원숭이처럼 긴 팔로 활을 잘 쏘았고 완력(腕力)은 따를 사람이 없었다. 앞에서도 이야기했듯이 당나라 대에 쓰인 『진서』는 인물의 용모를 묘사하는 데 열심이었다.

　　자의(姿儀)는 체격이 크고 당당했으며, 신장이 8척 4촌, 수염의 길이가 3척 남짓에다 가슴 언저리에 붉은 털이 세 개 났다. 그 길이가 3척 6촌.

『진서』「유원해전(劉元海傳)」은 위와 같이 기록했다. 후한의 1척(尺)은 돈황에서 출토된 목척(木尺)이 22.9센티미터, 백학(白鶴) 미술관의 화채아 척(畵彩牙尺)이 23.1센티미터, 위진척(魏晋尺)이 24센티미터 남짓으로 점차 당척(唐尺)인 30센티미터에 가까워진다. 당나라 시대에 쓴 책이므로 여기 서 말하는 척(尺)은 한나라 척일 것이다. 그렇더라도 2미터 가까운 거인 이었다. 붉은 가슴털 세 가닥이 80센티미터를 넘었으니 자못 기괴하다고 말하지 않을 수 없다.

과연 이것이 흉노를 대표하는 체형이었을까?

유연의 아들 유화(劉和)는 신장이 8척이라 했으므로 1.8미터를 가뿐히 넘는 키였다. 조카인 유요(劉曜)에 이르면 『진서』는 다음과 같이 묘사하 고 있다.

신장 9척 3촌, 손을 아래로 내려뜨리면 무릎을 지난다. 태어나면 서부터 눈썹이 희었고 눈에 붉은 빛이 돌았다. 턱수염과 구레나룻은 100여 근에 지나지 않았으나 그 길이가 모두 5척.

9척 3촌이라 하면 2미터가 넘는 키다. 체모는 드문드문 났지만 길이는 길었던 모양이다. 유럽의 역사가가 훈족은 머리숱이 적었다고 기록한 것 이 떠오른다. 그러나 결코 땅딸막하지는 않았다.

흉노, 적어도 선우의 가계는 키가 매우 컸던 것 같다. 300년이나 지난 뒤에 쓴 책이므로, 『진서』에 나온 키와 털의 길이는 어느 정도 에누리해 야 할지도 모른다. 그러나 특별히 키가 컸다고 전할 만큼 당당한 체구를 가진 일족이었다는 것만은 분명하다.

이 유씨 일족이 오호십육국(伍胡十六國) 시대의 막을 열었다. 처음은 국호를 한(漢)이라고 했으나 나중에 조(趙)라고 칭했다. 같은 흉노이면서 부(部)가 다른 갈족(羯族) 출신 석륵(石勒)이 세운 정권도 국호를 조(趙)라고 칭했기 때문에 사서에서는 유씨의 조나라를 전조, 석씨의 조나라를 후조라고 가려 부른다.

오호십육국은 뒤에서 다루기로 하고 여기에서는 후조가 멸망할 때의 일화를 하나 소개한다.

동진(東晉)의 목제(穆帝) 영화(永和) 5년(349) 때의 일이다. 한인(漢人) 대장군 염민(冉閔)이 후조를 멸망시키고 대학살을 단행했다. 오랑캐(흉노)의 목을 베어 봉양문(鳳陽門)으로 보낸 자가 문관이면 품위를 삼등(三等) 진급시키고, 무관이면 모조리 아문(牙門, 무관 이름, 아문장을 말한다)에 임명한다는 현상을 내걸었다. 이때 죽음을 당한 사람이 20여만 명이었다고 하는데, 사실 그들이 전부 흉노는 아니었다.

코가 높고(高鼻) 수염이 많아서(多鬚), 잘못 죽은 이가 절반이었다.

는 구절을 『자치통감』에서 볼 수 있다. 흉노가 아닌데도 코가 높고 수염이 많은 탓에 살해된 자가 많았다는 이야기다.

이 기록으로 흉노의 용모를 상상할 수 있다. 선우의 부족, 갈(羯) 부족을 말한다면 흉노는 결코 키가 작고 얼굴이 납작한 인종이 아니었다. 큰 키, 높은 코, 그리고 털이 많다는 특징이 있었다.

유목민인 흉노는 대부분 펠트로 만든 천막(파오)에서 살았지만, 선우 같은 귀족은 중국식 궁전에서 살기도 해서 그 유적이 자주 발굴된다. 그것으로도 흉노가 유럽 인종 체형이었다는 것을 알 수 있다. 그들이 원래 유럽 인종이었는지 아니면 혼혈로 그렇게 되었는지 지금으로서는 단정하기 어렵다.

러시아 시베리아 남부, 예니세이(Enisei) 강 상류의 아바칸(Abakan) 시 근처에서 1940년에 옛 궁전 유적이 발견되었다. 중국식 온돌 시설을 갖춘 한나라 시대의 궁전 유적이라는 것이 판명되었는데, 물론 한나라 시대에 이 일대는 한나라 땅이 아니었다. 분명 흉노의 영역이었다. 그런데 그곳에서 나온 수많은 기와 중에 끝부분, 다시 말해 와당에 한자로 '천자천추만세부락미앙당(天子千秋萬歲富樂未央當)'이라고 양각된 것이 있었다.

흉노의 땅에 살았던 한인도 적지 않았다. 잘 싸웠으나 전쟁에서 패해 부득이 흉노에게 붙잡혀 그곳에서 융숭한 대접을 받은 이릉(李陵) 같은 예가 그렇다. 원자(院子, 안뜰)가 있고 방이 16개나 되는 이 유적은 어쩌면 흉노에게 항복한 이릉의 저택이 아닐까 한때 몹시 떠들썩했던 적이 있었다.

그 유적의 문에 달려 있는 청동제 손잡이는 특히 흥미롭다. 그것은 괴인(괴수처럼 보이기도 한다)의 얼굴을 하고 있는데, 양식은 중국에서 기원한다. 단, 장식물의 얼굴은 아마 자신들의 얼굴과 비슷하게 만들었을 것이다. 시베리아 남부에 있는 한나라 시대의 이 흉노 유적에서 나온 청동 손잡이에 장식된 얼굴은 윤곽이 뚜렷하고 코가 높으며 수염이 많다.

유목민은 말할 나위도 없이 혼혈이 많다. 따라서 유목민인 흉노도 얼굴 형태가 다양했을 것이다. 유럽 역사가들이 묘사한 땅딸막하고 눈이 작으며 코가 낮은 사람도 흉노의 한 얼굴이었고, 이 손잡이에 장식된 얼굴도 역시 흉노이 한 얼굴이었다.

4세기부터 5세기에 걸쳐 다양한 얼굴을 한 민족이 중국의 역사에 등

장한다. 그것은 머지않아 수평선 위로 모습을 드러낼 세계 제국 중국을
위한 전주곡이었다고 할 수 있겠다.

영가(永嘉)까지

흉노를 불러들인 팔왕의 난

영가(永嘉)라는 연호는 서진의 회제(懷帝)가 즉위한 이듬해인 서기 207년부터 시작된다. 영가 5년(311)에 낙양이 함락되었고, 그 전해에는 흉노의 대수장이며 한나라 황제를 칭했던 유연(劉淵)이 죽었다. 낙양을 함락시킨 사람은 유연의 아들 유총(劉聰)이었다.

서진 왕조가 실질적으로 무너진 이때의 전란을 '영가의 난'이라고 부른다.

영가의 난은 밖으로부터의 공격이었으나, 사실 그전에 서진은 이미 내부 항쟁으로 국가의 토대가 흔들렸다. 내부 항쟁이란 바로 '팔왕(八王)의 난'을 말한다. 여덟 황족이 16년 동안 무장투쟁을 전개했는데, 그들은 싸움에서 이기기 위해 제각기 흉노나 선비 등 외부 세력을 불러들였다. 이렇게 중원이 정쟁(政爭)에 무력으로 개입한 변방민족은 마침내 스스로 중원에 정권을 수립하게 되었다.

팔왕의 난이 영가의 난을 부르고, 그 결과 서진이 멸망하면서 중국 북쪽에 오호십육국 시대의 막이 올랐다.

차례대로 팔왕의 난부터 설명해보자. 앞에서도 이야기했듯이 위나라 시대에는 황족이 많은 냉대를 받았다. 박해라고 해도 좋을 만큼 심했다. 조식(曹植)의 시문에도 불우한 황족의 탄식이 표현되어 있다. 위나라의 황족은 서로 항쟁할 힘조차 없었다. 만일 그들이 서진 팔왕의 난 이야기를 듣는다면 무력투쟁을 할 만큼 힘이 있었다는 사실을 부럽게 생각했을 것이다.

짧았던 서진의 역사는 내부 항쟁의 역사라고 할 수 있을 것이다. 초대 황제인 무제(武帝) 사마염(司馬炎)의 죽음(290)으로 내부 항쟁이 한꺼번에 표면으로 드러났다.

팔왕의 난이라는 명칭 때문에 언뜻 황족간의 싸움으로만 비칠 수 있지만, 여기에는 외척들도 얽혀 있다. 서로 잘 아는 왕조 집안끼리 복잡한 소동을 일으킨 것이라고 생각하면 될 것이다.

이해하기 쉽게 다음과 같이 계보를 그려 보았다. 서진 왕조는 형식적으로는 무제 사마염부터 시작되었으나, 그의 조부인 사마의(司馬懿) 때부터 이미 절대적인 실력자로 군림했다. 위나라로부터 황제의 자리를 물려받은 무제는 그의 조부인 사마의에게 선제(宣帝)라는 제호(帝號)를 추증했다. 사마씨 가문은 사마사(司馬師)가 이어받았으나, 그가 죽은 뒤에는 동생인 사마소(司馬昭)에게 전해졌다. 무제는 아버지인 사마소를 문제(文帝), 큰아버지인 사마사를 경제(景帝)라고 추존했다.

팔왕의 난에 주역으로 등장한 여덟 황족은 계보 안에 직사각형 테두리를 둘러서 나타냈는데, 무제의 여섯 아들 중 셋, 조카 하나, 숙부 둘,

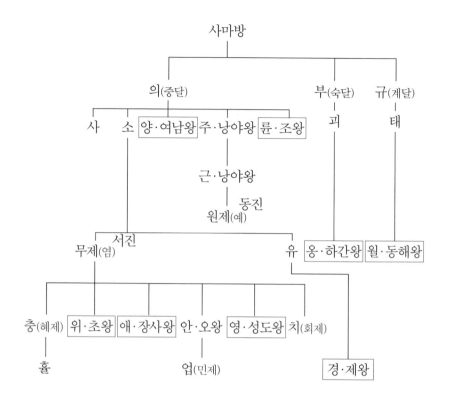

그리고 증조부가 같은 육촌이 둘이다.

서진이 망한 뒤, 남쪽에서 동진 왕조를 세우고 황제가 된 사람은 무제의 숙부 낭야왕(琅邪王) 사마주(司馬伷)의 자손이었다.

집안 소동이 늘 그렇지만 팔왕의 난도 여자 문제로 시작되었다.

무제는 황태자 사마충(司馬衷)이 어리석어 한때는 자신의 동생 사마유(司馬攸)에게 황제 자리를 물려줄까 생각했다고 한다. 그러나 제왕(齊王)이 된 사마유가 무제보다 먼저 36세의 나이로 죽었다. 이 죽음에도 약간 수상쩍은 냄새가 풍긴다. 아들인 사마경(司馬冏)은 아버지 사마유가 의사(醫

師)에게 모살되었다고 주장하였고, 그 일로 의사가 또 주살되는 소동이 있었다. 이는 팔왕의 난의 전주곡이었다.

무제는 오(嗚)나라를 평정하여 천하를 통일했으나, 앞날을 생각하면 걱정이 되어 마음을 놓을 수가 없었다. 황태자의 됨됨이가 좋지 못했기 때문이다. 이때 큰 맘 먹고 황태자를 폐했으면 좋았으련만 무제는 그러지 못했다. 황태자의 아들 휼(遹)이 꽤 똑똑해 보여서 손자에게 희망을 걸었던 모양이다. 그러나 어려서는 영리해 보이던 손자도 자라면서 큰 인물이 아니라는 것을 알았다.

태희(太熙) 원년(290) 4월에 무제는 55세로 죽었다. 그는 뒷일을 황후 양씨(楊氏)의 친정아버지인 양준(楊駿)과 황족의 장로인 숙부 여남왕(汝南王) 사마량(司馬亮) 두 사람에게 부탁할 생각이었다. 그러나 예주(豫州)에 있던 여남왕 사마량은 양준의 방해로 입궁하지 못했다. 이유는 분명했다. 자신이 외척으로서 정권을 독점하고 싶었기 때문이다.

혜제(惠帝)가 즉위하고 연호를 영희(永熙)로 고쳤다. 부왕이 승하한 뒤 곧바로 즉위하는 것은 보통 있는 일이나 연호를 고치는 것은 중국의 관례가 아니다. 아버지가 정한 연호는 그해가 지난 뒤에 개원(改元)하는 것이 예에 맞는 일이었다. 후세의 역사가들은 이를 비난했다. 개원을 서두른 것은 그만한 이유가 있었기 때문일 것이다. 혜제의 어리석음은 천하에 감출 수 없었다. 『진서』의 「제기(帝紀)」에는 백성이 굶어죽는다는 이야기를 들은 혜제가 '쌀이 없으면 어째서 고기를 먹지 않느냐'며 이상하게 여겼다는 일화가 기록되어 있다.

양황후가 황태후가 되고 그녀의 아버지 양준이 정권을 잡았다. 혜제는 양태후의 아들이 아니었다. 혜제의 생모 역시 양씨였으나 이름은 염

(艶)이라고 했다. 양염은 무제가 즉위하면서 황후가 되었고, 본처 소생인 혜제는 황태자에 책립되었다. 황후 양염은 자신이 병이 나자 "내 숙부의 딸은 용모도 뛰어나고 덕도 있습니다"라며 양지(楊芷)라는 사촌동생을 추천했는데 그녀가 바로 양준의 딸이다. 생모는 아니지만 양태후는 혜제와 피로 이어져 있었다.

그런데 양씨가 정권을 잡은 것을 탐탁하게 여기지 않는 여자가 있었다. 다름 아닌 혜제의 황후 가씨(賈氏)였다. 가황후는 가충(賈充)의 딸로 이름은 남풍(南風)인데 대단한 여자였다. 얼굴은 못생기고 키는 작았으며 얼굴색이 까맣고 질투가 심한데다 권모술수가 뛰어났다고 하니, 일이 생기지 않은 것이 오히려 이상할 정도였다. 그녀가 황태자비가 될 수 있었던 것은 그녀의 아버지 가충이 사마소의 반위(反魏) 반란의 일등공신에다 오나라를 토벌한 무훈에 빛나는 인물이었다는 것 외에도 뇌물공세를 했기 때문이라고 한다.

못생긴 가황후의 여인 천하 10년

무제가 죽고 혜제가 즉위한 해, 진나라는 남흉노 어부라 선우의 손자인 유연(劉淵)을 흉노오부대도독(匈奴伍部大都督)에 임명하고 건위장군(建威將軍)이라는 칭호를 주었다.

유연이 착착 실력을 쌓아가고 있을 때, 서진 왕실은 정권을 둘러싸고 알맹이 없는 싸움을 하느라 세월만 보내고 있었다.

지금도 권력을 마물(魔物)이라고 부른다, 이렇게 가치관이 다양해진 시대에도 그러한데 3세기 말엽에는 오죽했을까? 그때는 인간이 목숨을 걸고 노려야 하는 것은 오직 정치적인 권력뿐이라고 생각했다. 죽림칠현의 청담에 가치관의 확대가 어렴풋이 인정되기 시작한 시대였다. 현대인의 눈에는 우스꽝스럽게 보이는 것도 적지 않다. 하지만 당사자들은 인생의 무게를 모두 정치적 권력에 걸고 행동했다.

양씨를 제거해야 한다는 가황후의 주장은 그 자체로는 조금도 이상하지 않았다. 진이라는 나라는 사마씨의 나라이며, 황태후의 일족인 양씨가 지금 그것을 가로채려 한다는 호소는 설득력도 있었다. 다만 가황후는 양씨를 제거하고, 그 대신 가씨가 정권을 독점하는 세상을 만들고자 했다.

선제의 유언을 받았다고 칭하는 양준은 정권의 자리에 앉았으나, 평판은 그다지 향기롭지 못했다. 실권을 쥔 자 옆에는 권력욕에 사로잡힌 자들이 모여들고, 그들은 대개 인간으로서 질이 좋지 않았다. 그런 무리가 정치를 맡아 했으니 잘될 까닭이 없었다.

가황후는 양씨에 반대하는 조정 신하 맹관(孟觀), 이조(李肇), 동맹(董猛) 등을 이용해 쿠데타를 준비했다. 먼저 이조를 여남왕 사마량에게 보내 거병을 권했다. 앞에서도 이야기했지만 여남왕은 황족의 장로로 무제도 한때 이 숙부에게 후사를 부탁하려고 했다. 권력을 혼자 독차지한 양준은 미웠지만, 여남왕은 나이가 많아 매우 소극적이었다. 이야기를 들은 여남왕은 즉시 허창(許昌)으로 갔다. 정쟁의 소용돌이 밖으로 나간 것이다.

그래서 이조는 초왕(楚王) 사마위(司馬瑋)와 접촉했다. 나이가 많은 여남왕과 달리 혜제의 배다른 동생인 초왕은 21세의 청년으로 용맹하고 과감한 성격의 소유자였다. 영평 원년(281) 2월, 형주(荊州)의 도독이었던 초왕 사마위는 씩씩하게 상경해 '양준이 역모했다!'며 양준을 죽이고 그 일당을 숙청했다.

양태후는 폐위되어 서인으로 강등되었다. 양태후의 어머니 방씨(龐氏)는 모반인의 아내라 하여 처형되었다. 이때는 그토록 대단하던 양태후도 울며불며 가후(賈后)에게 달려가 자신을 '첩(妾)'이라고까지 칭하면서 목숨을 구걸했지만, 가후는 들어주지 않았다. 절망한 양태후는 곡기를 끊고 죽었다. 향년 34세라는 젊은 나이였다.

양씨 천하가 하루아침에 가씨 천하로 바뀌었다. 새로운 정권의 중신은 황족의 장로인 여남왕과 72세의 위관(衛瓘)이었다. 두 사람 모두 노인이다. 여남왕은 태재(太宰)라는 새로운 관직에 올랐고, 위관은 태보(太保)가 되었다. 이 인사는 누구나 이해했다. 위관은 촉나라를 토벌해서 공을 세우기도 했으나 그보다 정치가, 문인으로서 중요한 인물이다. 그는 초서 명필가로 알려졌으며 '구품관인법(九品官人法)' 폐지를 주장한 것으로도 유명하다.

누구도 불평하지 않는 두 장로의 등용은 사실 가후의 음흉한 공작이었다. 정권을 독점하려는 가후에게 가장 방해가 되는 것이 이 두 사람이었다. 인망을 얻고 있는 것도 마음에 들지 않았지만, 특히 위관에게는 원한이 있었다. 그것은 13년 전(278)의 일이다. 위관은 술에 취한 척하면서 무제의 옥좌 아래에 무릎을 꿇고, "아, 이 자리가 아깝구나⋯⋯"하고 자리를 어루만진 적이 있다. 이는 다음에 이 자리에 앉을 황태자(혜제)가 어리석다는 것을 넌지시 비춘 말이었다. 사실 황태자를 폐해야 한다고 말하고 싶었지만, 그것은 신하로서 입에 담을 수 없는 말이었다. 어리석은 군주가 뒤를 이으면 황제 자리를 빼앗길 우려가 있으니, 어떻게든 손을 써야 하지 않겠냐는 암시였다. 무제는 그 말뜻을 알아채고 황태자를 시험하기로 했다. 그 답안을 작성하느라 가씨는 호되게 고생했다. 그럭저럭 시험은 벗어났으나, 가씨의 아버지 가충은 "위관이라는 늙은이 때문에 하마터면 너희들이 뒤집힐 뻔했다"며 딸에게 내막을 일러바쳤다. 가황후는 13년 전의 일을 가지고 복수할 생각을 품었다.

신정권 내부에서는 이 두 장로와 젊은 초왕 사마위가 대립하고 있었다. 초왕은 양씨를 주멸하는 데 자신이 주역을 담당했다는 자부심이 있었다. 여남왕한테도 허창으로 도망칠 때는 언제고 이제 와서 새삼스레 돌아와 추태를 부리냐고 생각했다. 두 장로는 우쭐대는데다 성격이 잔인해서 사람을 너무 많이 죽이는 젊은 초왕이 마음에 들지 않았다. 종잡을 수 없는 성격이라 당장에라도 무슨 짓을 저지를지 알 수가 없었다. 게다가 군대까지 거느리고 있어서 위험천만했다. 그래서 두 장로는 초왕에게서 병권을 회수하고 어디 먼 나라의 왕으로 보내 버릴 생각을 했다.

그 계획을 몰래 들은 초왕은 격노했다. 가후는 이 불화를 놓치지 않았다. 혜제를 조종하여 '두 공이 황제 폐립을 꾸미고 있으니 그 관직을 박탈해야 한다'는 조서를 작성하고, 초왕에게 군대 출동을 명하게 했다. 초왕은 홧김에 여남왕과 위관을 공격하여 죽여 버렸다.

초왕은 이제 쓸모가 없었다. 대군을 거느린 난폭한 젊은 황족은 가씨의 천하에 위험천만한 존재였다. 절호의 기회였다. '전살(專殺, 함부로 사람을 죽임) 죄'로 초왕 사마위는 형리(刑吏)의 손에 참수되고 말았다. 여남왕과 초왕 두 왕이 사라지자 이제 천하는 가씨의 것이 되었다.

황태자의 장사꾼 재능

가씨의 천하는 한동안 이어졌다. 『진서』의 「후비전(后妃傳)」은 가남풍을 음란한 여자로 묘사한다. '황음방자(荒淫放恣)'라고 형용했는데 태의령(太醫令)인 정거(程據)와 정을 통했다던지, 미소년이 있으면 상자에 넣어서 궁전으로 데려와 침소를 같이 한 뒤 대부분 죽여 버렸다는 등의 이야기가 실려 있다. 가끔 어지간히 마음에 들었는지 선물까지 들려서 살려 보낸 청년들도 있었다. 그런데 가황후에게 선물을 받아 돌아간 청년들이 어쩌다 이 선물을 훔친 것으로 오인받아 심한 고문을 받던 중, 가황후와의 관계를 실토하는 바람에 더는 추궁하지 않고 말았다는 내막을 조목조목 기술한 대목도 있다.

흉노의 수장들을 묘사한 대목에서도 말했지만, 『진서』는 역대 정사가운데서도 표현이 과장됐다고 정평이 났다. 완적(阮籍)이 어머니의 부고를 듣고서도 술을 마신 일화(293쪽)도 『세설신어』에는 그 양을 석 되라고 했는데, 『진서』는 두 말이라고 적었다. 청나라의 역사가 조익(趙翼)은 그의 저서 『이십이사차기(二十二史箚記)』에서,

> 이문(異聞, 진귀한 소문이나 이상한 이야기)을 받아들여 사전(史傳)에
> 넣은 것은 오직 진서와 남북사에 가장 많다.

고 비평했다. 위의 이야기도 어느 정도 걸러서 받아들여야 할 것이다. 황음(荒淫)이라 했는데 아들을 낳지 못해 초조했던 사정도 있었을 것이다. 자식을 넷이나 낳았으나, 모두 딸이었다. 가남풍은 여동생이 낳은 아들

을 양자로 들여 키우기로 했는데, 그때도 자신이 낳은 것처럼 하기 위해 옷 밑에 볏짚을 넣어 임신한 척 꾸몄다고 한다. 가황후가 황자를 낳으면 친자식이 아닌 황태자 사마휼(司馬遹)의 운명은 풍전등화일 것이 뻔했다.

위관이 옥좌를 어루만지며 황태자 폐립을 넌지시 비추었음에도 무제가 어리석은 충(衷)을 폐하지 않은 것은 손자에게 희망을 걸었기 때문이다. 그런데 혜자의 아들인 휼은 점점 더 멍청한 인간이 되어 갔다. 사서에는 기록되지 않았지만, 이것은 그의 연기가 아니었을까 추측한다. 너무 똑똑한 점을 보여주면 가황후가 경계하기 때문이다. 능력 있는 매가 발톱을 숨긴 것인지도 모른다. 죽림칠현의 생활태도가 떠오른다. 황태자 휼은 뜻밖의 곳에서 자신의 재능을 발휘했다.

궁궐 사람들, 특히 후궁의 여성들은 궁전에 갇혀서 살았다. 그녀들에게 궐 밖은 완전히 다른 세계였다. 동경하는 세계라고 해도 좋을 것이다. 궐 밖은 그녀들에게 반짝반짝 빛나는 곳이었다. 자유롭게 외출할 수 없는 그들을 위해 때때로 궐 안에 인공으로 궐 밖 세상을 만들어 놓고 노는 모임이 고안되었다. 궐 안에서 연회를 열고 모의 가게를 죽 늘어세웠다. 후한 말기에는 특히 이런 회합이 성행했다.

서진의 궁궐에서도 그런 모임이 열렸다. 그때마다 황태자 휼은 모의 가게 주인이 되어, 물건을 사러 온 궁녀들에게 상품을 팔았다. 예를 들면 "메밀국수 한 근 주세요"라고 하면 휼은 손으로 메밀국수를 적당히 집어 들어 저울에 올렸는데, 거의 정확히 한 근이었다고 한다. 이것은 대단한 재능이었다.

황태자 휼의 생모는 이름이 사구(謝玖)였는데, 그녀의 친정아버지는 가업으로 양고기를 취급했다. 모의 가게 주인 노릇을 하는 황태자의 솜씨가 너무도 그럴듯해서 사람들은 입을 모아 "역시 저잣거리에서 장사하던 집 피는 못 속인다"고 수군댔다고 한다. 어린 시절 할아버지에게 기대를 안겨 주었을 만큼 영리했던 황태자가 사람들에게 장사꾼 재능밖에 보여 주지 못했다. 얼마나 가슴 아픈 일인가. 살기 위해서 한 노릇이었으나 그는 살아남는 데 실패했다.

양씨 천하는 1년밖에 가지 못했으나, 가씨 천하는 10년이나 계속되었다. 가남풍의 수완이 뛰어났기 때문이기도 하지만, 배경이 된 가씨 집안의 실력이 양씨 집안의 실력과는 비교가 되지 않을 만큼 강했던 것도 큰 이유다. 가황후의 아버지 가충은 진나라가 위나라를 찬탈했을 때의 모신(謀臣)이었다. 오나라를 평정할 때는 전쟁을 해야 한다는 주전론(主戰論)에 반대했으나 그의 실력은 누구나 인정했다. 가남풍이 황후가 되어 가씨 천하가 되었어도 사람들은 그다지 거부감이 없었을 것이라고 생각한다. 그녀가 황후가 되었을 때 가충은 이미 죽었지만, 그 양손(養孫)인 가밀(賈謐)이나 가황후의 사촌 오라비인 가모(賈模), 어머니의 사촌인 곽창(郭彰) 같은 인물들이 가씨 세력의 중심이 되어 권세를 부렸다. 특히 가밀은 문학을 좋아해서 그의 주위에는 내로라하는 문학자들이 모여들어 이십사우(二十四友)라는 모임을 만들었다.

이십사우 가운데 특히 육기(陸機), 반악(潘岳), 석숭(石崇), 좌사(左思), 유곤(劉昆)은 이 시대의 대표적인 문학자였다. 좌사는 『삼도부(三都賦)』라는 걸작을 남겼다. 이것은 삼국시대의 세 수도, 즉 촉나라 성도(成都), 오나라 건업(建業), 위나라 업(鄴)의 모습을 기술한 작품이다. 후한 시대 반고(班固)는 『양도부』, 장형(張衡)은 『이경부』를 지었는데, 모두 장안과 낙양을 비교해서 낙양 쪽 손을 들었다. 좌사의 『삼도부』는 그 체재를 본떠서 쓴 작품이었다.

좌사는 『삼도부』를 쓰기 위해 구상하는 데만 10년이 걸렸다고 한다. 그동안에 집안뿐만 아니라 마당과 문, 울타리에까지 종이와 붓을 비치해 놓고 좋은 글귀가 떠오르면 곧바로 적을 정도로 고심했다. 좌사의 『삼도부』는 상당한 호평을 받아 재야의 대문호라는 소리를 들었다. 무제의 요청도 거절하고 관직에 오르지 않던 황보밀(皇甫謐)은 이 작품에 서문을 썼다. 가황후에게 살해된 문인정치가 위관도 이 작품의 약해(略解)를 썼다. 또 당시 대학자로 사공(司空, 차관)의 자리에 있던 장화(張華)가 이를 읽고 절찬했다 해서 사람들은 앞다투어 이 작품을 베껴 썼다고 한다. 채륜이 종이를 발명한 지 아직 200년도 채 되지 않았을 때였다. 물론 인쇄술은 없었다. 종이도 대량생산이 아니었으니 상당히 비쌌을 것이다. 그런데다 많은 사람이 한꺼번에 좌사의 작품을 베끼기 위해 종이를 사러 나오는 바람에 낙양에서는 종이 값이 폭등했다고 전한다. 『진서』 「문원전(文苑傳)」에,

> 이쯤 되자 호귀(豪貴)의 집에서는 서로 다투어 전사(傳寫)하고, 낙양에서는 그 때문에 종이 값이 올랐다.

는 대목이 있는데, 이로써 후세에는 베스트셀러를 '낙양의 종이 값을 올렸다'고 표현하게 되었다.

좌사의 누이동생인 좌분(左芬)은 무제의 후궁에 들어가 귀빈으로 승진하고 『진서』 「후비전」에도 그 이름을 올렸다. 또 글재주도 뛰어나 그녀의 작품인 『이사부(離思賦)』는 전문이 『진서』에 인용될 만큼 당시로서는

최고의 여류작가였다.

가문 덕에 벼락출세한 귀족 자제들

이십사우로 불리던 문학자들은 가밀의 사랑방을 드나들며 시문을 응수했는데 사실 당시는 그렇게 한가롭게 지낼 수 있는 시대가 아니었다.

황보밀과 같은 예외도 있었으나, 이 시대의 문인은 모두 벼슬을 하고 있었다. 좌사도 누이동생이 무제의 총애를 받았기 때문에 그 연고로 상당히 높은 지위를 얻었다. 그는 『삼도부』를 쓰기 위해 자료를 자유롭게 이용할 수 있는 비서랑 자리에 올랐다. 관직은 자신의 문학 활동을 위한 수단이었기 때문에 아마 그다지 부지런한 관리는 아니었을 것이다.

죽림칠현의 산도(山濤)처럼 국정의 최고책임자 가운데 한 사람이면서 동시에 청담에 빠져서 속세를 피하겠다고 칭하는 사람도 있었다. 이런 사람들의 정치는 당연히 힘이 부족했다. 이 시대 관료들의 모습에서는 한결같이 국정에 힘쓰는 자세를 볼 수 없다.

특히 오나라를 평정한 뒤 천하통일을 실현했다는 안도감 탓인지 정치 전체가 느슨했다. 무엇보다 무제의 긴장이 풀려 있었다.

왕조를 창설한 자라면 사람을 위압하는 기백이 있기 마련이다. 그러나 진나라 무제는 그것이 없었다. 그도 그럴 것이 진왕조의 원래 창설자는 사마의였고, 사마사, 사마소로 이어졌다. 무제 사마염이 처음으로 황제를 칭했으나, 사실 그는 이미 3대째였다.

오나라가 항복하자 무제는 과감하게 군비를 축소했다. 큰 군(郡)은 100명, 작은 군은 50명으로 상비군을 줄였다. 오나라를 평정했을 때 군국(郡國)의 수는 173개였다. 광대한 이 나라의 상비병이 1만 남짓에 지나지 않게 되었다. 죽림칠현의 산도도 주군(州郡)의 군사 장비 대폭 삭감에 반대했으나, 무제는 들으려고 하지 않았다.

오나라를 평정한 무제가 가장 기대한 것은 남방미인을 손에 넣는 것이었다. 오나라의 손호(孫皓)가 모아 둔 미인 5천 명이 낙양 궁궐로 들어온 것은 태강 2년(281) 춘삼월이었다.

> 황제는 이미 오를 평정하였으니, 날마다 유연(遊宴)을 일삼고, 정사에는 게을렀다. 후궁에는 궁녀가 거의 만 명에 달했다. 황제는 언제나 양이 끄는 수레를 타고, 양이 가는 대로 맡기다 수레가 정지하면 그곳에서 연회를 열고 여인과 침소에 들었다. 궁인들은 다투어 댓잎을 출입문에 꽂고, 소금을 땅에 뿌려 황제의 수레를 끌어들이려고 했다.

는 문장이 『자치통감』에 보인다. 미녀 궁녀가 1만 명이나 되었으니 도저히 일일이 찾아볼 수 없는 노릇이었다. 무제는 양이 끄는 수레를 타고가다 수레가 멈춘 곳에서 연회를 열고 그곳의 여인과 잠자리에 들었다. 뻔뻔스럽기 짝이 없는 짓이다. 궁녀들은 양이 좋아하는 댓잎을 문에 꽂거나 밖에 소금을 뿌려 수레가 자신의 처소 앞에서 멈추도록 궁리했다고 한다. 이런 '삽죽쇄염(揷竹灑鹽)'이라는 풍습은 일본에도 전해져 요즘도 술집 문 앞에 소금을 쌓아 놓는다.

위로 이런 황제가 있었으니 정치가 문란해짐은 차마 눈을 뜨고 볼 수 없는 지경이었다. 위나라에서 이어받은 구품관인법도 당초 목표로 정한 방향과 다른 쪽으로 가버렸다.

위나라는 조조의 특이하기까지 한 인재등용 열의를 이어받아 인재발굴에 힘썼다. 구품관리법 채용도 그 일환이었다. 전란으로 흩어진 인재를 한 사람도 빠짐없이 찾아내어 그에 맞는 자리를 주는 것이 새로운 법의 정신이었다. 조정에 직속된 중정(中正)이라는 관료는 엄정하게 인물을 평가해야 하는 자리였다. 조조는 인재등용의 기준을 그 사람의 도덕보다 재능에 두었다. 구품관인법은 조조가 죽은 직후에 만들어졌는데, 당연히 조조의 정신을 그대로 이어받았다. 진나라 시대가 되자 법의 정신은 조금씩 풍화되어 평가 기준이 그 사람 출신의 '명문도(名門度)'로 옮겨갔다. 가문이 좋으면 높은 품(品)에 추천되었고, 아무리 재능이 뛰어나도 가문이 별 볼일 없으면 낮은 품밖에 판정받지 못했다. 가문이라 했지만 그것은 왕왕 자산의 많고 적음으로 결정되었다. 중정 관료가 과연 중정(中正)했는지도 문제였다. 서진의 명신 유의(劉毅)는 상소문에서,

관직은 중정(中正)이라 이름 지었으나 실상은 간부(姦府)다. 하는 일은 구품(九品)이라 이름 지었으나 팔손(八損)이 있다.

고 쓰고는 구품관인법의 폐지를 제안했다. 같은 상소문 안에,

상품(上品)에 한문(寒門) 없고, 하품(下品)에 세족(勢族) 없다.

는 유명한 구절이 있다. 중정의 관리가 상위 품으로 천거한 사람 중에 한문(寒門, 가난한 집안)은 없고, 하위로 판정한 사람 중에 세족(勢族, 유력한 집안)은 없다는 뜻이다.

앞에서 이야기한 이십사우 가운데 한 사람인 좌사는 누이동생이 후궁에서 출세했기 때문에 비서랑이 되었으나 가난한 집안 출신, 즉 한문이었다. 비서랑은 6품의 벼슬이다. 향품(鄕品)으로 2품 판정을 받은 사람은 관리가 될 때 그보다 4품 낮아지므로 6품 벼슬부터 시작한다. 1품은 거의 황족에 한정되기 때문에 신하로서는 2품이 가장 높았다. 따라서 중정이 2품으로 판정한 것은 가장 높은 명문이라고 인정한 사람들이었다. 이들을 문지2품(門地二品)이라고 불렀는데, 이 계층 사람들이 귀족계급을 형성하였다.

문지2품은 6품관에 임명되었으나, 같은 6품이라도 비서랑부터 시작하는 것이 가장 이상적이었다. 엘리트 코스인 것이다. 좌사는 누이동생 덕에 엘리트 코스를 밟았다. 그런 그에게 다음과 같은 시가 있다.

울울(鬱鬱)하다, 산골짜기 개울 밑바닥의 소나무.

이리(離離)하다, 산꼭대기의 어린 나무.

지름 한 치의 줄기로써

백 척의 가지를 덮어 그늘을 드리우는구나.

명문가 후손들은 높은 자리에 오르고,

영민하고 준수한 사람은 지위가 낮은 관리로 가라앉으니,

환경이 이렇게 되게 했구나.

유래가 하루아침에 시작된 것이 아니라네.

鬱鬱澗底松 離離山上苗 以彼徑寸莖 廕此百尺條

世冑躡高位 英俊沈下僚 地勢使之然 由來非一朝

울울(鬱鬱)이란 나뭇가지의 잎이 무성한 상태를 나타낸 말이며, 이리(離離)란 띄엄띄엄 흩어진 상태를 나타낸 말이다. 훌륭하게 잎이 무성한 소나무는 골짝 밑바닥에 있다. 성긴 식물의 어린 나무는 산 위에 있다. 지름 한 치의 어린 나무가 백 척 가지를 가진 소나무 위에 있는 것이다. 명문의 자제는 입신출세하는데, 그렇지 못한 출신의 영준은 하급 속리밖에 못 되었다. 좌사는 그것을 슬퍼했다. 골짜기 바닥이라든지 산 위라는 지세 때문에 그렇게 된 것이며, 지금 새삼 시작된 일은 아니라는 체념을 읊은 시다.

망국으로 가는 골육상쟁

재능이 없는데 가문을 배경으로 출세하는 관리가 정치를 담당했다. 통치를 받는 백성에게는 그야말로 재난이라 하지 않을 수 없었다.

중국에서는 천재지변을 악정을 경고하는 하늘의 뜻이라고 여겼다. 지진, 큰비, 태풍, 가뭄, 돌림병, 일식, 요성(妖星)의 출현 등 해마다 괴이한 일들이 끊이지 않았다. 가뭄은 당연히 기근을 초래하기 마련이다. 굶주린 사람들은 땅을 버리고 먹을거리를 찾아 떠돌았다. 삼국시대에 개발된 강남이 물이 풍부한 땅이라는 소문은 중원에도 전해졌다. 가물었을 때 물만 있으면…… 하고 하늘을 우러러보며 탄식하던 중원의 농민들에게 남쪽은 환상의 낙원이었다. 유랑민들은 강남을 향해 이동했다.

팔왕의 난은 이런 시기에 일어났다. 백성에게 이 난은 천재지변과도 같았다.

사마씨 일족의 집안 소동을 일일이 설명할 수는 없으므로 아주 간단히 그 후의 경과를 정리하기로 한다.

가황후가 아무리 유력한 배경을 가졌다고 해도, 사마씨 일족이 가황후 일당의 횡포를 언제까지고 그대로 둘 리는 없었다. 그들은 기회가 오기만을 기다렸다.

원강 9년(299) 12월, 가황후가 황태자 휼을 폐하였다. 가씨 반대파가 노린 것이 바로 이 기회였다. 가황후에게는 옷 속에 짚을 숨겨서 자신이 낳은 것처럼 위장하면서까지 제 아들로 만든 양자가 있었다. 가황후가 다음에 할 일은 황태자를 폐하고 자신의 아들을 황태자로 세우는 일이었다. 예상했던 절차였으므로 조왕 사마륜과 제왕 사마경은 그것을 기다리고 있었다.

이듬해 3월, 폐립된 황태자가 살해되었다. 태의령 정거(程據)가 독약을 조제했으나 황태자가 마시기를 거부하자 약 방망이로 때려죽였다.

조왕과 제왕은 마침내 군사를 일으켰고 반란은 성공했다. 가씨 정권의 중심인물이었던 가밀을 비롯한 일당은 모조리 체포되어 죽었다. 황후 가남풍은 서인으로 강등되어 금설주(金屑酒)라는 독약을 마시고 죽었다.

영녕 원년(301)에 스스로 제위에 오른 조왕 사마륜은 혜제를 태상황(太上皇)으로 받들어 뒷자리로 밀어내 버렸다. 그러나 제왕 사마경이 장사왕 사마예(司馬乂), 성도왕 사마영(司馬穎), 하간왕 사마옹(司馬顒)과 손잡고 황제를 칭한 조왕을 공격해 죽여 버렸다. 그리고 다시 혜제를 제위에 복귀시키고 제왕이 보좌하기로 했다. 나머지 왕들은 제각기 자기 나라로 돌아갔는데, 제왕은 그들을 정중히 배웅하고 눈물을 흘렸다고 한다. 조왕을 토벌할 때 제왕의 군사가 위기에 빠지자 성도왕 군사가 도움을 주었다. 이 무렵은 동족 연대감이나 정(情)이라는 게 아직 남아 있던 것 같다. 하지만 그들은 이미 사마씨 일족의 한 개인이 아니었다. 그들은 가신(家臣)을 거느렸고, 또 가신들을 대표하는 측근들의 의견도 존중해야 하는 처지였다.

제왕은 대사마(大司馬)로서 혜제를 보좌했으나, 주색에 빠져 정치를 게을리 했고 잇따른 토목공사를 벌였으며 인사를 공평하게 처리하지 못했다. 권력은 역시 마물이었다. 권력의 자리에 앉기까지 제왕은 뛰어난 인물이었으나 그 자리에 앉자 순식간에 타락해 버렸다.

이 제왕의 죄를 물어 한때 연합했던 세 왕이 군대를 이끌고 낙양으로 들어왔다. 제왕은 살해되었고, 그 뒤 세 왕 사이에 분쟁이 일었다. 하간왕과 성도왕이 장사왕을 공격해 죽였다.

장사왕은 불에 타서 죽었다. 하간왕의 가신 중에 장방(張方)이라는 잔인한 자가 사마씨 일족을 휘저어 더욱 혼란에 빠져들게 했다. 장사왕의 잔혹한 죽음에 장방의 부하들조차 눈물을 흘렸다.

가황후가 폐위된 뒤, 혜제는 양씨(羊氏)를 황후로 맞고 황태자도 새로 세웠다. 그런데 제왕을 대신하여 승상으로서 혜제를 보좌하게 된 성도왕 사마영이 황후와 황태자를 폐하고, 자신이 황태제(皇太弟)가 되었다. 혜제 다음에 자신이 황제 자리에 오르겠다는 뜻을 분명히 밝힌 것이다.

권력의 자리에 앉은 성도왕은 금방 타락해서 동해왕(東海王) 사마월(司馬越)과 예장왕(豫章王) 사마치(司馬熾)의 공격을 받았다. 혼전이 거듭되는 동안 황후 양씨는 폐위되었다가 다시 복위되고 혜제도 장안으로 끌려갔다가 또다시 낙양으로 돌아오는 등 앞날을 예측할 수 없는 시대였다. 사마씨 일족 외에도 장방이라는 괴물이 독립하여 이 어지러운 싸움에 가세하였다.

팔왕 가운데 남은 사람은 동해왕, 하간왕, 성도왕 세 사람뿐이었으나, 광희 원년(306) 10월에는 성도왕이 두 아들과 함께 살해되었고, 12월에 하간왕도 세 아들과 함께 살해되었다. 장방은 그전에 하간왕에게 살해되었다.

성도왕과 하간왕의 죽음 사이에, 즉 11월에 혜제도 48세로 불행한 생을 마감했다. 황태제로 있던 예장왕 사마치가 즉위하니 이가 회제(懷帝)다. 회제는 팔왕 가운데 유일하게 살아남은 동해왕 사마월의 보좌를 받게 되었다. 이로써 마침내 팔왕의 난이 막을 내렸다.

이 내전은 흉작과 기근 중에 진행되었다. 흉작은 천재라기보다는 인재였을 가능성이 크다. 한 치도 양보할 수 없는 싸움이었으므로 각 진영은 병력을 확보하려고 농가에서 일꾼들을 끌고 가 논밭에서는 젊은이들의 모습을 찾아볼 수 없었다. 중원의 농업은 관개에 의존하는 부분이 큰데 관개수로는 끊임없이 손질을 해야 한다. 일손 부족으로 그것을 관리하지 못하면 그만큼 경지가 줄어든다.

한 사람이라도 많은 병력이 필요했기에 흉노나 선비족 병대까지 팔왕의 난에 투입되었다. 남흉노의 유연은 진나라로부터 오부대도독에 임명되어 건위장군이라는 칭호까지 받았지만, 흉노족 일부에서 일어난 모반 행위에 연루되어 한때 해임되었다. 성도왕 사마영이 업(鄴)에 본거지를 두었을 때 유연을 영삭장군(寧朔將軍)으로 삼아 자신의 진영에 끌어들였다. 성도왕에게 흉노군은 중요한 전력이었다.

그러나 흉노의 여러 부족들 사이에서는 진나라의 사마씨가 내전을 계속해 사해(四海)가 가마솥처럼 들끓고 있는 지금이야말로 나라를 일으키고 대업을 이룩할 절호의 기회라는 소리가 높아지고 있었다.

이 대사업에는 강력한 지도자가 필요한데, 다행히 흉노에는 유연이라는 뛰어난 인물이 있었다. 흉노의 원로격인 우현왕 유선(劉宣)은 업에 밀사를 보내 유연에게 귀환하라고 촉구했다. 유연은 장례식이 있다는 핑계를 대고 귀향을 신청했으나, 성도왕은 허락하지 않았다. 성도왕은 그를 둔기교위(屯騎校尉), 보국장군(輔國將軍) 등에 임명했다.

그 후 전국이 성도왕에게 불리해지자 유연은 흉노의 군대를 모아 오겠다는 이유를 만들어 간신히 북으로 돌아갈 수 있었다. 유연이 좌국성(左國城)에 도착하자, 유선과 흉노 부족들은 그를 '대선우(大單于)'에 추대했고 순식간에 5만의 군중이 모였다. 이석(離石)을 도읍으로 정하고 흉노 건국이라는 대업을 시작했다. 이것이 영흥 원년(304)의 일이다. 10월에 유연은 한왕(漢王)을 칭하고, 연호를 원희(元熙)로 고쳤으며, 국도(國都)를 이석에서 평양으로 옮겼다. 우현왕을 승상으로 바꾸는 등 한나라의 제도를 모방한 정권 수립을 진행했다.

유연이 황제를 칭한 것은 이로부터 4년 뒤인 영가(永嘉) 2년(308)의 일이었다.

북풍

중원을 농락한 오호

애석하구나, 이런 때에 이런 인물이 중화(中華)의 땅에서 태어나지
않았음이. 유연은 마땅히 한고(漢高, 유방)와 위무(魏武, 조조)의 뜻을
가졌다. 죽도록 부끄럽구나, 사마씨 사람들아.

이것은 명나라의 이탁오(李卓吳)가 유연을 유방과 조조에 비교해서 평
가한 글이다. 이처럼 큰 인물이 중화 땅에는 없고 흉노에 태어난 것을 애
석해하고, 유연에 비해 참으로 칠칠치 못했던 진왕조의 사마씨 사람들은
크게 부끄러워해야 한다고 혹평한다.

흉노의 대수장인 유연이 황제를 칭하고 국호를 한(漢)이라 하고 연호
를 정하고 평양을 국도로 삼고 한나라의 제도를 사용한 것은 중원에 일
으킨 흉노의 나라가 결코 유목국가가 아님을 보여 준다.

한왕(漢王)을 칭했을 때는 연호가 원희(元熙)였으나, 황제를 칭했을 때

는 연호를 영봉(永鳳)으로 고쳤다. 영봉 원년은 서진의 영가 2년(308)에 해당한다.

얼마 안 가 서진은 망하고, 화북 땅에 새외민족 정권이 잇따라 탄생했다. 그러나 화북 전체를 통일할 정권은 좀처럼 나타나지 않았다. 전진(前秦)이 한때 화북 통일 사업을 거의 달성한 듯 보였으나 애석하게도 단기간으로 끝나 버렸다. 화북이 하나로 통합되고 그것이 안정된 것은 북위(北魏)가 등장하면서부터다. 북위가 북량(北涼)을 멸망시키고 염원하던 화북통일을 실현한 것이 서기 439년이다.

유연이 황제를 칭한 뒤, 약 130년 동안 많은 정권이 나타났다가 사라졌다. 중국의 사서에서는 이 시대를 '오호십육국(伍胡十六國)'이라고 부르고 있다. 다섯 민족이 열여섯 나라를 흥망시킨 것이다.

'호(胡)'란 한족에서 보면 이민족을 뜻하는 말인데, 그것이 멸시하는 칭호였으므로 이 시대에는 사용을 금했다. 최근 중국에서는 이 시대를 '동진십육국'으로 표현하는 일이 많다. 남쪽은 동진이고 북쪽은 여러 나라의 십육국이므로 전국적인 명칭이 된다. 화북 상태만 가리키는 오호십육국보다는 시대 명칭으로서 적당하지만, 이 시대 말기에 남쪽은 이미 동진이 아니라 송(宋) 시대에 접어들었다. 그런 점에서는 조금 문제가 있는 명칭이다. 아마 차별용어 냄새가 짙게 풍기는 '호(胡)'라는 글자를 가능한 쓰고 싶지 않기 때문일 것이다.

중국의 사서에 나오는 '오호'란 흉노(匈奴), 갈(羯), 선비(鮮卑), 저(氐), 강(羌) 등 이렇게 다섯 민족을 가리킨다. 이 가운데 갈은 앞에서도 이야기 했듯이 흉노의 한 갈래이고, 저와 강은 티베트계 민족이다.

선비는 예로부터 여러 가지 설이 있었다.『후한서』등에는 동호(東胡)

의 한 갈래로 선비산에 근거를 두고 있어서 그렇게 불렀다고 한다. 동호라 하면 일찍이 강성해서 흉노에 생트집을 잡았던 이야기들이 『사기』에 나온다. 흉노는 묵돌선우 시절, 마침내 동호를 격파했다. 선비족도 아마 오랫동안 흉노의 지배하에 있었을 것이다. 흉노는 변발을 했는데, 선비는 머리를 전부 빡빡 밀었기 때문에 같은 계통의 민족은 아니라는 것을 상상할 수 있다.

후한 정부는 북흉노를 토벌하는 데 선비를 이용하고, 그 대가로 선비에게 북흉노가 유목하던 땅을 준 일이 있다. 이때 그 땅에는 아직 10여만 락(落)의 흉노가 잔류하고 있었는데, 그들이 모두 선비라 칭했다고 『후한서』에 나온다.

> 선비는 이로써 점차 강성해지다.

라고 했으니, 선비는 북흉노의 부(部) 사람들을 흡수한 뒤부터 세력이 강해진 것을 알 수 있다.

선비라고 칭한 흉노가 많았기 때문에 문제가 복잡해졌다.

일본의 동양사학자 시라토리 구라키치(白鳥庫吉)는 선비는 몽골를 골자로 소량의 퉁구스를 가미한 잡종이라고 생각했다. 이에 대해 언어학적으로 투르크 계통이라는 설도 유력하다.

후한에 이용당했던 선비족도 단석괴(檀石槐)라는 영웅호걸이 출현하면서 점점 강력해져 오히려 후한을 침입했다. 하지만 단석괴가 죽은 뒤, 선비는 다시 세력이 약해졌다.

선비의 수장은 원래 세습제가 아니라 용감하고 지도력 있는 인물이 추대를 받아서 임명되는 식이었으며, 이를 '대인(大人)'이라 불렀다. 단석괴도 그렇게 선정된 인물이었다.

단석괴는 광화(光和) 연간(178~184)에 45세의 나이로 죽었다. 동으로는 요동에서부터 서로는 돈황에 이르기까지 중국의 변경지역을 복속했다.

『후한서』에 단석괴에 관한 흥미로운 일화가 실려 있다.

오후진수(烏侯秦水)라는 강에 물고기가 많이 살았는데, 선비족과 그를 따라다니던 유목민들은 그 물고기를 잡을 수가 없었다. 그래서 단석괴는 동쪽의 왜인(倭人) 나라를 공격해 1천여 가(家)의 백성을 끌고 와 진수 주변에 살면서 어업에 종사하게 해서 식량을 얻는 데 도움을 받았다고 한다.

'왜(倭)'라는 글자가 나오면 일본에서는 흥분해서 술렁이지만, 아무래도 이것은 일본인이 아닌 것 같다. 왜냐하면 『삼국지』의 주(注)에는 왜가 아닌 '우(汗)'로 되어 있으니 말이다. 시대는 후한 쪽이 앞서지만 사기로서 먼저 쓰인 것은 『삼국지』다. 그 주는 『삼국지』보다 오래된 문헌에 근거하므로 아무래도 우나라 사람이 맞는 것 같다.

『삼국지』의 「위지왜인전」에 왜인은 물 밑으로 잠수를 잘한다고 나온다. 『후한서』의 저자는 물론 그것을 읽었을 터이니, 물고기를 잘 잡는 명인이라면 왜인일 것이라고 생각해서 글자를 바꾸어 썼을 것이다.

어부를 잡아오기 위해 바다를 건너 원정한다는 것은 유목민인 선비에게는 생각할 수도 없는 일이다. 한반도에 왜인이 있었을 가능성도 있으므로 바다를 고집하지는 않았을 것이다.

어쨌든 이 일화는 단석괴가 뛰어난 재치와 실행능력을 겸비했다는 사실을 전해준다. 그러한 단석괴였으므로 그전까지 선비가 약했던 것은 세습제 수장이 없었던 것도 한 가지 원인이라고 생각한다.

선비족 수장이 세습제가 된 것은 단석괴부터다. 그가 죽은 뒤 아들 화련(和連)이 '대인'이 되었으나, 능력은 아버지보다 못했고 처사도 불공평해서 부중(部衆) 절반이 그에게 등을 돌렸다. 아들이 무능했다기보다는 아버지의 유산이 너무나 컸다. 아버지도 그것을 예감했는지 선비족을 세 부(部)로 나누었다.

위진(魏晋) 무렵에는 선비족이 모용(慕容), 우문(宇文), 걸복(乞伏), 탁발(拓跋), 단(段) 이렇게 다섯 부로 나뉘어 있었다. 오호십육국 시대를 매듭지은 북위는 이 선비족 가운데 탁발부였다.

북위가 화북을 통일한 뒤에도 화남은 여전히 육조 시대(六朝時代)였으며, 이른바 남북조 시대는 수(隋)나라가 통일할 때까지 이어졌다. 남북을 통일한 수나라는 북주(北周)의 외척이었는데 북주는 선비계 왕조였다. 수나라의 양씨(楊氏) 가계에는 아마 선비의 피가 짙게 흘렀을 것이다. 수나라에 이어서 당나라 왕조의 이씨(李氏)도 북주의 팔주국(八柱國, 여덟 중신) 가운데 한 사람이었으니 아마 한화(漢化)한 선비족일 것이라고 생각한다.

중원을 무대로 한 여러 민족의 혼합은 후한 말기부터 이미 시작되었다. 유연의 조부 어부라는 헌제(獻帝)가 동쪽으로 돌아가는 것을 도왔는데, 그가 거주했던 곳은 중원에서 아주 가까웠다. 400년의 분열기 뒤에 수나라와 당나라라는 세계 제국 시대를 맞이하는데 그것은 여러 민족이 충분히 뒤섞인 결과였는지도 모른다.

리더가 있으면 강해지는 흉노민족

새외민족인 이른바 오호계(伍胡系) 정권을 관찰해 보면, 뜻밖에 서진

정권과 상황이 매우 비슷하다는 것을 알 수 있다.

사람들은 역사에서 무엇인가를 배우려고 한다. 이미 결과가 나와 있기 때문에 성공한 원인이나 실패한 이유를 하나하나 더듬어볼 수 있다. 가까운 시대는 조건이 더욱 비슷하기 때문에 특히 많은 참고가 된다. 서진은 자신들이 멸망시킨 조씨의 위나라 역사에서 교훈을 배우려고 했을 것이다.

위나라가 망해갈 때는 그것을 지탱할 황족에게 힘이 거의 없었다. 황제의 자리를 평안하고 태평하게 유지할 생각에 치우친 나머지 가능한 황족을 무력하게 만들어 버렸기 때문이다. 거듭된 나라 교체와 감찰관을 통한 엄격한 감시, 황족간의 교제 금지, 생각할 수 있는 방법은 거의 다 동원해서 황족을 무력화했다고 해도 좋을 정도다. 그래서 유사시에 왕조에 힘이 된 황족이 아무도 없었다.

이와 같은 위나라 정책의 착오로 사마씨는 손쉽게 천하를 손에 넣을 수 있었다. 그리고 앞서 간 수레가 자빠진 자리를 음미하며 똑같은 실패를 두 번 다시 반복하지 않을 정책을 채택했다. 각지에서 왕이 된 황족은 중앙으로부터 이렇다 할 간섭을 받지 않고 그에 상응하는 무력을 갖추었다.

제왕들의 무력이 왕조를 지키기 위한 것이었음은 말할 나위도 없다. 그러나 자립한 세력이 각지로 분산되면 의사소통이 안 되기 마련이다. 황제가 어지간히 똑똑해서 잘 챙기지 않으면 뿔뿔이 흩어져 버린다.

뿔뿔이 흩어지기만 하면 그나마 다행이다. 감정적인 대립이나 이해관계의 대립이 표면으로 드러났을 때는 수습하기 어렵다. 서진이 역사에서 배워서 세운 대책은 예상에서 빗나갔다.

혜제(惠帝)라는 어리석은 황제가 즉위한 것이 애초부터 잘못이었다. 그 전의 무제(武帝)도 명군이라고는 할 수 없었다. 팔왕의 난은 일어나야 할 일이 일어난 것뿐이다.

새외민족 체제의 공통점은 강력한 지도력을 필요로 한다는 점이다. 유목생활을 하는 이상 흩어지는 것은 피할 수 없다. 유연과 같은 영명한 수장이 나오자, 흉노는 순식간에 강성해졌다. 결코 돌연변이가 아니었다. 단결함으로써 힘이 생긴 것이다. 유연에게는 부족을 단결시키는 능력이 있었다.

흉노만이 아니라 선비도 그랬다. 제각기 흩어져서 후한의 용병부대가 되었으나, 단석괴라는 뛰어난 통솔자가 나타나자 선비는 몰라볼 정도로 강해졌고 후한을 위협할 정도의 세력으로 자랐다. 그러나 단석괴가 죽자 그토록 강력한 선비 체제도 해체되고 말았다. 수장의 세습제라는 유산을 남겼으나, 선비 집단은 이미 두려워해야 할 존재가 아니었다.

무력을 가진 동족집단이 각지로 흩어져서 자립한 서진의 체제는 새외민족의 체재와 아주 흡사했다. 팔왕의 난은 역사에서 배운다는 것이 얼마나 어려운 일인지 우리에게 경고하는 것 같다. 이 체제는 뛰어난 통솔력을 가진 수장을 받들어야만 유지할 수 있는 성질의 것이었다.

한의 황제 유연은 하서(河瑞) 2년(310) 7월 기묘일(己卯日)에 죽었다. 『십육국춘추(十六國春秋)』에는 8월로 되어 있지만, 이해 8월에는 기묘일이 없다. 강력한 지도자의 죽음이었다. 태자인 유화가 유연의 뒤를 잇게 되었으나, 곧바로 내분이 일어났다. 태자의 셋째 동생인 유총이 형을 공격해 죽이고 제위에 올랐다.

역사서에는 태자 유화가 남을 시기하고 의심하는 마음이 강하며 아랫

사람을 아낄 줄 모르는 사람이라고 기록되어 있다. 그리고 대사마, 대선우로서 10만의 군대를 지휘하는 유총을 숙청하려 했으나 오히려 패한 것으로 되어 있다. 유화가 살해된 뒤에 유총은 아버지의 정실부인인 선씨(單氏)가 낳은 자신의 동생 유예(劉乂)를 황제로 세우려고 했으나, 유예가 울면서 한사코 사양했기 때문에 어쩔 수 없이 즉위한 것으로 되어 있다. 이는 승자 쪽에서 기록한 내용이므로 그대로 믿기는 어렵다.

어쨌든 유총이 유능했던 것만큼은 틀림없다. 아버지 유연이 그를 대사마, 대선우라는 요직에 앉혀 병권을 장악하게 한 것도 그가 보통 인물이 아니라는 것을 알아차렸기 때문이다. 날마다 전쟁을 하는 흉노의 환경에서는 서진처럼 문벌로 관직에 오를 수 없다.

유연에게는 유화 말고도 아들이 더 있었다. 유(裕)와 융(隆)이라는 아들은 태자 화(和)의 편을 들다가 죽음을 맞았다. 그래서 유연은 살아생전에 자기 자식을 제쳐놓고 조카인 유요(劉曜)를 '우리 집안의 천리구(千里駒, 뛰어난 자손을 칭찬하는 말 - 옮긴이)'라고 평가하고, 건무장군으로서 태원(太原) 공략을 맡겼다. 유연이 죽었을 때는 정토대도독(征討大都督)이라는 요직에 있었다.

즉위한 유총은 연호를 광흥(光興)이라 고쳤다. 사실은 그 전해에 분수(汾水)에서 옥새가 발견되어 강에서 상서로운 조짐(瑞兆)을 얻었다는 뜻에서 연호를 하서(河瑞)라 했다. 그 옥새에는 '유신보지(有新保之)'라는 글이 새겨져 있었다. 신(新)이 이를 보전한다는 뜻으로 신(新)이란 왕망이 시작한 왕조를 말한다. 찬탈자의 오명을 뒤집어쓰고 단명으로 끝난 왕망의 옥새가 발견된 것은 결코 상서로운 조짐이 아니었다. 내분을 예고하는 흉조라 해야 옳았다.

제위에 오른 유총은 선제인 유연의 정실부인인 선씨를 황태후라 칭하고, 자신의 생모 장씨(張氏)를 제태후(帝太后)라 칭했다. 선우 집안이 한화(漢化)하여 유씨를 칭했으므로, 장씨가 과연 한족이었을지는 정확히 모른다. 단지 한족은 아니라도 한화된 집안 출신이라 짐작할 수 있다.

그럼에도 유총은 매우 흉노적인 면도 지니고 있었다. 아버지가 죽은 뒤, 그는 아버지의 정실부인이었던 미모의 선씨와 육체관계를 맺었다. 이것은 아버지가 죽은 뒤 자신의 생모 이외에 아버지의 처첩을 취하는 흉노 관습의 연장이었을 것이다. 그러나 흉노 명문의 딸인 선씨는 수치심과 우울증으로 자살해 버렸다. 이것은 한족의 윤리 관념이 흉노 사이에 뿌리내렸다는 것을 말해 주는 일화인지도 모른다. 민족 간의 혼합은 당연히 윤리에도 영향을 미쳤다.

낙양을 점령한 흉노군

유연이 서진에서 자립해 황제를 칭할 만큼 강해진 것은 그때까지 뿔뿔이 흩어져 있던 흉노의 여러 부족을 하나로 결집시켰기 때문이다. 동족뿐만 아니라 흉노의 별부(別部)인 갈족(羯族)까지도 유연의 산하에 들어왔다.

갈족의 지도자는 석륵(石勒)이라는 인물이었다. 그의 집안은 갈족의 작은 부락의 수장이었다고 한다. 수장이라고 해도 가난해서 석륵은 14세 때 낙양으로 행상을 갔을 정도였다. 병주(并州)에 기근이 들었을 때 동족들이 뿔뿔이 흩어져 도망쳤는데, 석륵은 북부도위(北部都尉)인 유감(劉監)에게 붙잡혀 팔려 갈 뻔하다가 겨우 탈출했다. 서진 변경의 군관은 아무래도 새외민족을 팔아서 돈벌이를 했던 것 같다.

이런 일로 새외민족은 한족에게 증오심을 품었다. 또 한문화의 침투로 새외민족에게 민족의식이 강해졌다고도 생각할 수 있다.

석륵은 갈족의 유능한 지도자가 되었다. 각 부족에서 예기치 않게 뛰어난 통솔자가 나온 것은 민족의식이 높아진 것과 무관하지 않을 것이다.

서진의 쇠망은 황제 혜제가 무능하고 어리석었을 뿐만 아니라 요직에 앉은 대신들이 무책임했던 것도 큰 원인이었다.

영가(永嘉) 5년(311), 낙양이 함락되기 직전에도 서진의 중추는 아직 어수선했다. 혜제의 동생인 회제(懷帝, 예장왕 사마치)는 동해왕 사마월의 보좌를 받고 있었으나, 두 사람은 사이가 좋지 않았다. 동해왕은 자기 덕분에 회제가 제위에 올랐다며 교만하게 굴었다. 회제와 혜제의 아버지 무제 사마염은 슬하에 26남 9녀를 두었으니, 아들은 회제와 혜제 말고도 더 있었다. 동해왕은 자신이 회제를 황제로 선택해준 것이라고 생각했고 궁정에서는 회제파와 동해왕파가 서로 대립했다.

흉노의 총수 유연은 낙양을 공격하기 직전에 죽었다. 흉노의 한(漢)나라에도 내분은 있었으나 유총이 재빨리 수습해서 다시 낙양 공격에 착수했다. 흉노군의 작전은 하남의 여러 지역을 점령해 낙양을 고립시키는 것이었다.

태부(太傅, 황제의 후견인)인 동해왕은 전국에 격문을 보내 낙양을 구해달라고 호소했다. 하지만 원군은 오지 않았다. 애초부터 지방에는 정규군이 거의 존재하지 않았다. 오나라가 항복한 뒤, 무제가 군비를 대폭 삭감한 결과였다. 여기에서도 애초의 예상이 빗나갔다.

동해왕은 사방에서 그러모은 병사를 이끌고 낙양 동쪽에 있는 허창에 주둔했다. 회제는 동해왕이 멋대로 구는 것이 괘씸하여 구희(苟晞)라는 자에게 동해왕을 쳐야 한다는 밀조(密詔)를 보냈다. 그러나 사자가 붙잡히는 바람에 동해왕이 이 사실을 알게 되었다. 동해왕은 울분을 참지못해 몸져누웠고, 그해 3월에 후사를 태위(太尉)인 왕연(王衍)에게 부탁하고 항성(項城)에서 죽고 말았다.

나라가 기울어가고 있는데도 상황이 이 지경이었다. 팔왕의 난은 막을 내렸지만, 다른 내분극의 막이 오르려 하고 있었다. 동해왕과 구희는 원래 의형제를 맺을 만큼 사이가 좋았으나, 동해왕이 구희를 청주자사(青州刺史)로 삼아 산동(山東)으로 보낸 것이 불화의 원인이 되었다고 한다.

후사를 부탁받은 왕연은 당연히 동해왕파였으나, 그에게 왕조를 끝까지 지키겠다는 열의 따위는 없었고, 그저 고립무원의 낙양에서 탈출할 기회만 엿보고 있었다. 동해왕의 죽음은 그에게 아수라장의 한 가운데서 탈출할 수 있는 좋은 기회였다. 왕연은 동해왕의 관을 호송하여 동쪽의 동해(東海, 산동성)로 돌아간다는 구실로 황족, 귀족, 명문가 사람들 10만을 데리고 황제만 남겨둔 채 낙양을 떠났다. 애당초 왕연은 10만 명이나 데리고 갈 생각은 없었으나,

성 안의 사민(士民)이 다투어 그를 따르려 했다.

고 역사서에 기록되어 있듯이 굶주림과 내분으로 절망한 사람들이 낙양을 버린 것이다.

10만이나 되는 큰 집단은 눈에 잘 띈다. 갈족의 장군 석륵은 고현(苦縣)의 영평성(寧平城)에서 이들을 사로잡았다. 석륵은 황제 유총으로부터

병주 자사에 임명되어 있었다. 정동대장군(征東大將軍)에 제수되기도 했으나, 어떤 이유인지 석륵은 고사하고 받지 않았다. 석륵은 갈족이 주체가 된 정권 수립을 구상하고 있었던 것이다.

> 장사(將士) 10여만 명이 서로 짓밟는 것이 산과 같아 한 사람도 이
> 를 면할 자가 없었다.

고 할 정도로 석륵군의 대승으로 끝났다.

포로가 된 왕연은 석륵이 묻는 대로 나라가 화를 입어 패한 내막을 순순히 말했으나,

> 내 계략이 아니오.

라고 말했다. 국가가 이 지경에 이른 이유는 정연히 이야기했다. 그러나 자신은 국정지도와 관계가 없다고 말한 것이다. 태위라고 하면 삼공 중 한 사람이니 국방책임자였을 터이다.

> 젊어서부터 정치에 관심이 없고, 세상사에 관여하지 않았소.

이것이 왕연이 한 말이었다. 석륵은 이 말을 듣고,

> 당신은 젊어서부터 벼슬길에 올라, 이름을 사해에 떨쳤으며, 지금
> 은 중임을 맡았소. 어째서 정치에 관심이 없다고 말할 수 있단 말이

오. 천하를 파괴한 자가 당신이 아니고 누구란 말이오.

라고 비난했다. 진실로 옳은 말이었다. 석륵은 유연과 달리 정규 교육을 받지 않았다. 소년 시절부터 행상을 하면서 빈궁한 생활을 보냈다. 글씨는 읽지 못했으나 다른 사람에게 사서를 읽게 하여 듣는 것을 좋아했다.

왕연은 낭야(琅邪, 산동성)의 왕씨 일족으로 당시 최고의 명문가였다. 조금 뒤에 등장하는 서성(書聖) 왕희지(王羲之)도 낭야 왕씨 출신이다. 왕연 자신은 청담의 태두(泰斗)로서 노장사상에 정통했다.

예로부터 허무를 존중하는 노장사상이 번성한 것을 서진 멸망의 한 원인으로 꼽는 설이 있다. 그러나 사상이 나라를 망하게 하지는 않는다. 나라를 망하게 하는 것은 사람이다. 왕연 같은 사람은 고향인 낭야에서 책과 가야금을 벗 삼아 유유자적하며 노장 사상에 젖어 있는 게 나았다. 명문출신이면 무조건 정부 고관이 되는 인사제도에 문제가 있었다고 할 수밖에 없다.

석륵은 흙벽을 무너뜨려 왕연 일행을 깔아 죽였다.

임성왕(任城王) 사마제(司馬濟, 사마의의 동생) 등은 항성에서 가져온 동해왕의 관을 때려 부수고 유해를 불태워 버렸다.

천하를 어지럽힌 자는 바로 이 자다. 나는 천하를 위해 이에 보답한다. 그 때문에 뼈를 태워서 천지에 고한다.

고 말했다고 하는데, 때는 이미 늦은 뒤였다. 보답이란 복수를 뜻한다.

석륵이 왕연(王衍) 일행을 습격한 것은 4월이나 흉노군이 낙양성에 이른 것은 5월이었다. 다음달 6월, 낙양은 맥없이 함락되고, 회제는 사로잡혔으며 태자 사마전(司馬詮) 이하 사민 3만여 명이 목숨을 잃었다.

회제의 형인 오왕(嗚王) 사마안(司馬晏)의 아들 업(鄴)이 장안에서 황제로 추대되어 민제(愍帝)라 불렸으나 최후의 몸부림에 지나지 않았다. 낙양 함락으로 서진이 멸망했다고 보는 편이 정확할 것이다.

두 남자의 황후가 된 양헌용

낙양은 유요, 석륵, 호연안(呼延晏), 왕미(王彌) 이렇게 네 군대가 집합해서 공격하기로 되어 있었다. 이 가운데 왕미 장군만 한인이었다. 원래 산동 반도 동래(東萊)출신으로 상당한 명문가의 자손이었던 듯한데 혈기가 지나쳤는지 비적(匪賊)의 무리에 몸을 던져 대두목이 되었다. 완력, 지력, 통솔력을 고루 갖추어 '날아다니는 표범'이라는 별명이 붙을 정도였다. 산동에서 중원으로 진출해 허창의 곳집을 습격해 병기를 강탈하는 대담무쌍한 행동으로 조정을 발칵 뒤집어 놓았다. 그리고 낙양으로 진격했으나 왕연(王衍)이 굳게 지키고 있는 성에서 출격한 진군 때문에 왕미의 비적군은 대패를 맛보았다. 이 패전으로 왕미는 부하 만여 명을 이끌고 유연에게 몸을 맡겼다.

왕미는 그전에는 자신의 비적군을 이끌고 낙양을 공격했으나 실패했고, 이번에는 흉노군의 한 장군으로서 다시 낙양을 공격했다. 그는 한나라 정동대장군이라는 칭호를 받았다.

낙양 함락으로 일대 약탈이 자행되었는데, 흉노 4군 가운데 약탈이 가장 심했던 것은 한족 장군 왕미의 부대였다. 너무도 지독해서 유요가 그를 말렸으나 왕미는 듣지 않았다. 유요는 왕미의 부장인 왕연(王延)을 참수하여 질서를 바로잡으려고 했다. 왕미가 격노하였음은 말할 나위도 없었다. 유요도 왕미의 독단에 화가 났다. 낙양성 아래서 병사를 모아 공격하기로 했으나, 왕미는 유요군을 기다리지 않고 먼저 낙양으로 쳐들어간 것이다.

그러나 유요는 누가 뭐라 해도 선제 유연의 양자이며 총사령관 격이었다. 싸워 봤자 이길 수 없다고 생각한 왕미는 유요에게 사과함으로써 그들의 불화는 표면적으로 일단락되었다. 그러나 두 사람 사이는 원만하지 않았다.

왕미는 낙양이 천험(天險)의 요새이며 궁전도 다 갖추고 있으니 수도를 산서(山西)인 평양에서 이곳 낙양으로 옮겨야 한다고 설득했다. 이에 유요는 낙양은 사면으로 적의 공격을 받기 쉽고 지키기도 힘든 지형이라며 반대했다. 반대했을 뿐만 아니라 유요는 아예 낙양을 불태워 버렸다.

동탁이 불태운 낙양은 부흥한 뒤에 또다시 불태워졌다. 그사이에 약 120년이 흘렀다.

도각(屠各)의 자손이 어찌 제왕의 뜻을 품겠는가. 그대는 천하를 어찌할 수 없을 것이다.

왕미는 그렇게 말하고 부하들을 이끌고 동쪽으로 떠났다. 도각은 앞에서도 이야기했듯이 흉노 가운데 선우를 낸 부족명이다. 물론 황제 유총과 유요를 가리킨다. 왕미도 천하를 노리고 있었다. 그는 낙양 동쪽에 있던 석륵을 습격해서 그의 부중(部衆)을 빼앗아 할거하려고 했다. 하지만 그의 의도를 알아차린 석륵이 복병전술로 왕미를 죽이고 반대로 왕미의 무리를 흡수했다.

이렇게 해서 흉노 진영 내의 유력한 한족 부대는 사라지게 되었다. 당대 효웅(梟雄, 사납고 용맹스러운 인물)의 허무한 최후였다. 사서에는 위와 같이 기술되어 있지만 석륵이 처음부터 왕미 군대를 빼앗으려 했을 가능성도 있다. 병력의 많고 적음이 장군을 평가하는 기준이던 시대였다.

낙양을 함락한 유요는 양씨(羊氏)를 손에 넣었다. 가황후가 폐위된 뒤 혜제의 황후가 된 양헌용(羊獻容)이라는 여자였다. 가황후는 추녀였으나, 양황후는 절세가인이었다고 한다.

이 시대에는 문무의 재능이 뛰어난 인물도 권력의 자리에 앉으면 금세 타락했다. 황제 유총도 그랬다. 낙양 함락 후에는 긴장이 풀린 탓인지 증상이 더욱 심해졌다. 궁전 건립을 간한 진원달(陳元達)을 '쥐새끼'라고 욕하면서 죽이고, 그의 처자를 효수(梟首)하겠다고 말했다가 군신들의 간곡한 조명(助命)으로 겨우 사태가 수습된 일 등이 그 실례다. 또 포로가 된 진나라 회제에게 청색 옷을 입히고 광극전(光極殿) 연회에서 술심부름을 시키고, 그를 보고 눈물짓는 진나라의 옛 신하들을 죽인 행위도 명군의 행동이라고는 할 수 없다. 비슷한 짓을 장안에서 끌고 온 진(晉)나라의 민제(愍帝)에게도 했다. 회제와 민제는 평양으로 끌려가 이런 굴욕을 당한 끝에 죽음을 당하고 말았다.

유총은 318년에 죽었다. 태자 찬(粲)이 즉위했으나 이 역시 판에 박은 듯 주색에 빠져 버렸다. 유총의 근황후(靳皇后)는 아직 20세의 젊은 나이였는데, 유찬은 이를 황태후로 삼아 자신의 여자로 만들어 버렸다.

근황태후의 아버지 근준(靳準)은 황제 유찬을 죽이고 유연, 유총 2대의 묘를 파헤쳐 유총의 유해를 칼로 베고 종묘를 불태웠다. 근씨 역시 흉노 도각부(屠各部)의 일원이었다. 어떤 원한이 있었는지 평양에 있던 유씨를 모조리 죽이고 남쪽에서 왕조를 세운 이른바 동진에 사자를 보냈다. 근준도 곧이어 가신들에게 죽음을 당했다.

유요는 이 무렵 장안에 있었는데, 평양으로 급히 가던 도중에 추대되어 제위에 올랐고 다시 장안으로 돌아가 그곳을 수도로 정했다. 연호를 광초(光初)로 고치고 양씨를 황후로 삼았다. 양씨는 진나라 사마씨의 황후와 흉노 유씨의 황후, 이렇게 두 번 황후가 되었다. 유요는 어느 날 자신과 사마 집안의 아이(혜제를 말함)를 비교해서 누가 더 나으냐고 물었다.

폐하는 개기(開基)한 성주요, 그(惠帝)는 망국의 암부(暗夫)입니다.
어찌 나란히 비교할 수 있겠습니까.

이것이 양씨의 대답이었다.

석륵도 그의 근거지인 양국(襄國, 하북성 남부)에서 평양을 향하고 있었으나, 전부터 갈족의 자립 기회를 노리고 있던 터라 유요 밑으로 들어가는 것이 부끄러워 동으로 돌아갔다. 그리고 그곳에서 즉위했다.

유요는 즉위한 이듬해 국호를 그때까지의 한(漢)에서 조(趙)로 바꾸었다. 국호를 조라고 칭한 것은 백성의 신망을 얻기 위해서였다. 중국의 역대 국호는 맨 처음에 왕으로 봉해진 지명을 따는 것이 관례였다. 유방은 천하의 주인공이 되기 전, 한중(漢中)의 왕이어서 국호를 한이라고 했다. 위(魏)는 후한의 선양을 받기 전 조조가 위왕(魏王)에 봉해졌기 때문에 그것을 국호로 삼은 것이다. 진(晋)도 마찬가지다. 유요는 처음 유연에게 중산왕(中山王)에 봉해졌다. 중산은 조에서 갈라져 나온 나라이므로 조를 국호로 정한 것이다.

흉노 도각부의 유씨는 그 교양과 생활 전반에 두드러진 한화(漢化)가 엿보였으나, 사실은 그만큼 한족과 혼동되는 것을 싫어했다. 자신들은 어디까지나 흉노라는 강한 민족의식이 있었다. 한이라는 국호에 이전부터 상당한 거부감을 가졌던 것 같다.

석륵도 양국에서 즉위했으나 그곳은 틀림없는 조의 땅이었기 때문에 그는 자신을 조왕이라고 이름 지었다.

유연이 세운 흉노제국 한(漢)이 동서로 분열되어 양쪽 모두 국호를 조라고 했다. 헷갈리기 때문에 유요의 조나라를 전조(前趙), 석륵의 조나라를 후조(後趙)라고 가려 부르는 것이 관례가 되었다. 같은 시기에 병립했으나 유요 정권이 먼저 망했기 때문에 앞 전(前)자를 붙인 것이다.

광기의 살인귀 석호

유연에게 천리구(千里駒)라고 격찬받았던 유요도 제위에 오른 뒤부터 못쓰게 되었다. 이 사람의 특색은 앞에서도 이야기했듯이 9척 3촌의 큰 키와 붉은 빛을 띤 눈, 흰 눈썹 따위다. 그는 독서할 때 자세한 문구 해석보다 널리 읽는 데 유의했다. 특히 병서(兵書)를 좋아해 거의 암송할 정도였다고 한다. 젊었을 때 중대사건에 휘말려 주살될 뻔했으나 간신히 도망쳐서 조선(朝鮮)에 숨어들어 지내다가 은사(恩赦)가 있어 돌아올 수 있었다. 그동안 넓은 세상을 볼 수 있었다.

천리구도 타락해서 가신을 아끼지 않고 임금에게 아첨하는 신하와 술을 마시고 도박을 하며 지냈다. 간언했다가 참수된 자가 있기 때문에 이제는 누구도 황제에게 조언하지 않았다. 아무래도 유요는 알코올 중독이 아니었을까 생각한다.

이에 반해 문맹이었다고는 해도 석륵의 정치는 훌륭했다. 구품관인법에 기초해 관리를 등용했는데 그중에서도 '군자영(君子營)'의 존재가 특히 유명하다. 군자영이란 한족 출신의 학식 있는 경험자를 모은 이른바 비서집단이다. 석륵은 군자영 사람들에게 정치 조언을 받았다.

후조의 영토는 하북, 산서, 산동, 그리고 한남 일부여서 당시에는 한(漢)과 호(胡)가 뒤섞여서 살고 있었다. 석륵은 각 민족이 각자의 관습을 지키는 것을 존중했다.

백성의 소송이나 여러 가지 문제를 해결하는 직무도 문신제주(門臣祭酒)와 문생주서(門生主書)가 분담했는데, 전자에는 흉노족, 후자에는 한족을 임명했다. 그리고 한족이 흉노를 호인(胡人)이라고 부르는 것을 금했다. 호(胡)는 차별용어였던 것이다. 그 대신 '국인(國人)'이라는 명칭을 썼다. 또 한편에서는 국인, 즉 흉노가 한족에게 창피를 주는 일이 없도록 주의했다. 민족문제에 매우 마음을 썼다는 것을 알 수 있다.

이 모범생 같은 후조에도 문제가 있었다. 태자 석홍(石弘)은 인효온공(仁孝溫恭)이라고 형용될 만큼 온순한 인물이었다. 그리고 석륵의 조카인 석호(石虎)는 그와 반대로 웅포다사(雄暴多詐)로 일컫는 무인이었다. 용맹하기만 하면 좋았으련만 그는 매우 잔인하기까지 했다. 성을 함락하면 선악을 가리지 않고 모두 죽여 버렸다. 그 성격에 기학적(嗜虐的)인 면이 있었던 것 같다. 석륵이 살아 있을 때부터 후조에서는 태자파와 석호파가 대립했다. 석호가 너무도 잔인했기 때문에 석륵의 측근 서광(徐光) 등은 석호의 권위를 서서히 빼앗고 서둘러 태자를 정치에 참여시킬 것을 권했을 정도다. 그러나 석호는 뛰어나리만큼 용감무쌍했다. 서쪽의 전조, 남쪽의 동진, 나아가 북쪽의 선비족이 군사 활동을 벌이고 있어 석호는 후조에서 빼놓을 수 없는 무장(武將)이었다.

후조의 석륵은 자신이 살아 있을 때 전조를 멸망시켰다. 후조는 민족의식이 더욱 강해졌는지 연호를 쓰지 않고 춘추열국 시대처럼 아무개 왕 몇 년 하는 식으로 해를 세웠다. 석륵이 전조 유요를 항복시킨 것은 후조왕 석륵 10년(328)의 일이었다. 유요는 술을 마시면서도 싸우고, 싸우면서도 술을 마시다 마침내 술에 취해 석감(石堪)의 포로가 되었다. 유요는 곧 살해되었다.

이듬해 석호는 유요의 태자 유희(劉熙)를 추격하여 붙잡아 죽이고 이로써 전조는 멸망했다. 석호는 전조의 주요 가신 3천 명을 모두 죽였다. 또 전조의 왕공(王公)과 오군(伍郡) 도각부족 5천여 명을 낙양에서 모조리 구덩이에 처넣어 죽여 버렸다.

전조는 흉노 도각부족을 근간으로 한 정권이었으나 후조는 흉노의 갈족을 근간으로 했다. 이래서는 야만스러운 부족 전쟁이라고밖에 말할 수 없다. 민족문제에 그토록 세심했던 석륵의 방식이라고는 도저히 생각할 수 없다. 아마도 석호가 독단으로 저질렀을 것이다.

석륵은 그 15년(333)에 죽었다. 서광과 같은 사람들이 두려워하던 일이 곧바로 일어났다. 석호는 태자 석홍의 제위를 빼앗고 곧바로 그를 죽여 버렸다.

사서에 묘사된 석호는 악마 그 자체라고 해야 할 것이다. 석륵은 만년에 업(鄴)에 궁전을 지었는데 석호 시대에 이곳으로 천도했다. 수렵광(狩

獵狂)인 그는 온갖 취향을 살려서 사냥을 즐겼는데, 사냥을 하기 위해 18만 군사를 동원했다고 하니 정신이 바로 박힌 사람은 아니었다.

아름다운 궁녀의 목을 쳐서 그것을 접시에 담아 바라보거나, 소고기나 양고기와 함께 삶아 먹는 등 정말 그랬을까 의심스러운 일이 사서에 장황하게 기록되어 있다. 대규모 토목공사 벌이기를 좋아해 16만 명의 남녀를 징용하고 10만 명이 한꺼번에 탈 수 있는 수레로 흙을 날라 화림원(華林苑)을 짓고 업(鄴)의 북쪽에 긴 담장을 만들었다. 고대 능묘를 파헤쳐 그 보화를 훔치는 것을 특히 좋아해 조간자(趙簡子)의 무덤이나 진시황제의 묘 등을 파헤쳤다.

석호는 아들 가운데서도 특히 석도(石韜)를 사랑했다. 후계자 쟁탈로 아들들 사이에 싸움이 벌어져 석선(石宣)이 석도를 죽이는 사건이 일어났는데, 이때 석호의 처분은 눈과 귀를 닫고 싶어질 만큼 잔인했다. 아들 석선의 목에 쇠고리를 채워서 곳간 안에 처넣어 개나 돼지처럼 구유통으로 밥을 먹게 했으며 처형할 때는 세상에서 가장 잔인한 방법으로 괴롭히다 죽였다. 머리털을 뽑고 혀를 뽑고 도르래로 쥐어짜고 손발을 절단하고 눈알을 뽑고 배를 도려내고 사방에서 불을 놓아 태워 죽였다. 석선의 처자 아홉 명도 죽음을 당했다. 석선의 자식이라 하면 석호의 손자이기도 한데 조금도 용서하지 않았다.

석호는 여관(女官) 수천 명을 데리고 이 처형을 구경했다. 『진서』가 과장이 많다는 말을 듣는 역사서라는 점을 고려한다고 해도 제 자식을 처형하는 것은 섬뜩한 일이 아닐 수 없다.

한편, 석호는 구자(龜玆) 출신의 승려 불도징(佛圖澄)을 숭배하고 그의 가르침을 받았다고 한다. 『진서』는 예로써 불도징이 일으킨 기적을 나열하고 있다. 양국(襄國)의 수원(水原)이 말랐을 때, 불도징은 제자와 주문을 외우기를 수백 언(言), 3일 만에 물이 나왔다는 식이다. 석륵과 석호가 불도징을 존중한 것은 이와 같은 주술의 명인이었기 때문인지도 모른다.

석호는 물론 전쟁도 좋아했다. 전조(前趙)를 토벌한 전쟁에서는 이겼으나, 주변국 작전에서는 그다지 성공하지 못했다. 남하작전도 실패했다. 선비족 여러 부의 싸움에 개입했다가, 석호는 생각지도 못한 화상을 입었다.

당시 선비 모용부(慕容部)는 모용황(慕容皝)이라는 뛰어난 지도자 덕분에 상당히 강했다. 그것을 가볍게 보고 생트집을 잡는 바람에 선비의 내분에 개입해서 얻은 토지까지 내놓아야 했다. 장궤(張軌)가 세운 양주(涼州, 감숙) 지방 정권, 즉 전량(前涼)에도 출병했으나 전과는 없었다. 양주로 파견된 인원은 대개 징벌로 소집된 사람들이어서 당연히 사기가 매우 낮았다.

한족을 깔본 선비 모용부

석호의 공포정치에도 한계가 있었다. 그의 생전에도 소규모 반란은 있었지만, 그가 죽자 불만이 한꺼번에 분출되었다. 갈족 정권인 후조에 마지막을 고한 사람은 석호의 양손(養孫) 염민(冉閔)이었다. 염민은 한인(漢人)이었다. 양자관계로 치면 석호도 석륵의 양자였고 유요도 유연의 족자(族子)로 이것 역시 거의 양자와 같은 의미다. 양자가 많은 것은 혈족관계라도 맺어 두지 않으면 양쪽이 신뢰할 수 없었기 때문이다. 양자인 이상 양부의 유산에 어느 정도 청구권이 있으므로 그 때문에라도 열심히 일해 줄 것이라고 기대할 수 있다.

석호는 석륵의 명령으로 염첨(冉瞻)이라는 한인을 양자로 삼았다. 염민은 그의 아들이므로 석호의 양손이 된다. 염민은 용맹이 뛰어나 건절장군(建節將軍)이 되고 수성후(修成侯)에 봉해졌다. 석호가 죽은 뒤 후계자 싸움이 일어나 석세(石世)가 33일, 석준(石遵)이 183일, 석감(石鑒)이 103일 동안 재위에 있었고, 마지막으로 염민이 석감을 죽이고 황제 자리에 올랐다.

그때까지 그는 자신을 석민(石閔)이라고 칭했으나, 곧바로 원래의 성으로 바꾸어 염민이라 칭했으며 국호를 '위(魏)'라 하고 연호를 영흥(永興)이라 고쳤다. 석호에게는 아들이 13명 있었는데 그 가운데 여덟은 서로 싸우다 죽고 나머지 다섯은 염민이 죽였다.

석호의 유례없는 잔학행위가 결국 자신의 아들과 손자에게 앙갚음으로 돌아갔다. 또 낙양에서 흉노 도각부 백성 5천 명을 생매장한 것도 그의 출신인 갈족에게 되돌아갔다. 염민이 갈족의 목에 현상을 걸어 코가 높고 수염이 많은 자들이 모조리 말려든 사실은 앞에서 이미 이야기했다.

이 처참한 민족간의 증오는 어디에서 온 것일까? 애초에 민족들 사이에는 풍습이 다르다는 사실만으로도 차별 감정이 생기기 마련이다. 이해(利害)가 얽히면 더욱 심해진다. 각각 떨어져 살았을 때는 모르지만 함께 살게 되면 끊임없이 문제가 일어난다. 석륵은 민족간의 융화에 신경을 써서 차별용어나 모욕행위를 금지했다. 애석하게도 석륵이 죽은 뒤, 온화한 석홍(石弘)이 아니라 난폭한 석호가 뒤를 이었기 때문에 석륵의 고심도 물거품이 되었다.

민족간의 융화는 한편의 법률로 이룰 수 있는 것이 아니다. 그러나 석륵이 채택한 방법은 분명 그것을 촉진하는 효과가 있었다. 적어도 그 법률을 시행하는 기간이 길수록 융화의 실효도 컸을 것이다. 아무리 생각해도 석호의 등장이 아쉽다. 후세의 역사가들도 원통하게 생각했던 것일까? 『진서』나 『위서(魏書)』에서 볼 수 있는 석호의 무자비한 이야기도 그런 마음으로 썼기 때문에 과장되었는지 모른다.

하북에 출현한 염민의 한족왕국 '위(魏)'는 겨우 3년밖에 명맥을 유지하지 못했다. 오호십육국이라고 하나 그 안에는 뒤에서 다룰 전량(前涼), 서량(西涼), 북연(北燕)이라는 세 한족 나라도 포함된다. 그러나 염민의 위나라는 너무도 단명(3년)했기 때문에 16국 안에는 들지 못한다.

북방에서 일어난 선비족의 막강한 세력에 석호조차 애를 먹었다. 선비 모용부는 모용외(慕容廆), 모용황, 모용준(慕容儁)이라는 유능한 통솔자가 잇따라 등장해 부족을 지도했다. 염민의 상대는 모용준이었다. 염민은 모용준과의 전쟁에서 패해 포로가 되었다.

> 그대는 노복하재(奴僕下才, 노비와 같은 하찮은 남자)인데, 어찌 함부로 황제를 칭할 수 있는가?

모용준이 이렇게 말하자, 염민은 다음과 같이 대답했다.

> 천하가 크게 어지러워 너희들 이적금수(夷狄禽獸) 무리조차 황제를 칭한다. 하물며 나는 중토(中土)의 영웅이니, 어찌 황제라 칭하지 못할쏘냐.

모용준이 크게 노하며 매질하기를 300대라고 사서에 기록되어 있다.

갈족의 양손인 염민에게조차 중화사상이 뿌리내려 있었다. 아니면 갈족 안에 있으면서 끊임없이 모욕을 받았기 때문에 중화사상이 커졌는지도 모른다. '이적금수'라는 말이 튀어나온다. 선비족 쪽에서도 한족을 '노복하재'라고 생각했다.

염민이 참수된 것은 352년의 일이다. 이해에 큰 가뭄이 있었고 거기에 더하여 메뚜기떼가 농작물을 모조리 갉아먹는 큰 피해를 입었는데, 모용준은 이것이 염민을 죽인 뒤탈이라고 생각하고 사자를 파견해서 제사를 지내게 했다.

한순간의 한족 왕조가 무너지고 흉노의 여러 부(部)도 세력이 예전 같지 않아 화북은 동으로는 선비족, 서쪽으로는 저(氐)와 강(羌) 같은 티베트 계통의 민족이 병립하는 상태가 되었다.

선비 모용부 왕조는 국호를 '연(燕)'이라 칭했다. 저족(氐族)인 부씨(苻氏) 왕조는 '진(秦)'이라 이름 지었다. 모두 춘추전국 시대 나라 이름을 따랐다. 이 두 왕조가 멸망한 뒤에 같은 국호를 사용한 왕조가 뒤를 이었기 때문에 후세에는 편의상 각각 전(前)과 후(後) 자를 붙여서 구별하고 있다. 후연은 전연과 같은 선비 모용부였으나, 후진은 강족의 요씨(姚氏)가 세운 나라로 전진의 저족과 마찬가지로 티베트 계통이긴 하나 부족이 다르다.

패자(覇者) 교체는 민족이나 부족의 체력에 따르지 않는다. 생산력이나 지력(知力)도 큰 요소지만 그보다 더 중요한 것은 인간, 좀 더 구체적으로는 통솔하는 인간에게 달려 있다.

강남의 춘추

동진을 건국한 낭야왕 사마예

팔왕의 난이 한창이던 혜제 영흥(永興) 원년(304)에 당시 황태제(皇太弟)로 있던 성도왕(成都王) 사마영(司馬穎)이 동안왕(東安王) 사마요(司馬繇)를 죽였다. 29세의 젊은 좌장군(左將軍) 낭야왕(琅邪王) 사마예(司馬睿)는 동안왕의 조카로 동안왕과는 평소에도 친한 사이였다. 동안왕이 살해되었다면 그와 가장 친한 낭야왕도 위험한 처지라고 봐야 했다. 낭야왕은 그때 혜제를 따라 업(鄴)에 있었다. 낭야왕의 측근이던 참군(參軍) 왕도(王道)는 낭야왕에게 자꾸만 귀국하라고 권했다.

왕도는 낭야 지방의 이름난 호족 왕씨의 일족으로 낭야왕보다 아홉 살 많았다. 그는 중원이 이미 황족간의 분쟁으로 이성을 잃었으니 지금은 그 소용돌이에 휘말리지 않는 것이 중요하다고 설득했다.

성도왕이 동안왕을 죽인 것은 회의에서 그의 발언이 마음에 들지 않았다는 이유 때문이었다. 언제 어떤 일로 죽음을 당할지 모르는 상황이었다. 그러나 탈출하려고 해도 성도왕의 눈이 무서웠다. 성도왕은 황족과 대신들이 자신의 감시 밖으로 나가 반란운동이라도 일으키지 않을까 잠시도 경계를 풀지 않았다.

어느 날 짙은 구름과 안개로 주위가 어두컴컴해지더니 갑자기 뇌우가 쏟아졌다. 잠깐 사이에 경비가 느슨해진 틈을 타서 낭야왕이 탈출했다. 그러나 하양(河陽)까지 갔을 때 관문의 관리가 길을 가로막았다. 이때 시종으로 데려간 송전(宋典)이라는 자가 회초리로 낭야왕이 탄 말을 때리고 웃으면서,

> 사장(舍長) 나으리, 관(官)은 귀인(의 외출)을 금하고 있습니다. 그대
> 도 제지를 당하시오?

라고 말했다. 사장이란 『사기』에도 나오듯 편작(扁鵲, 전국시대의 명의)이 젊었을 때 지낸 직책이다. 유력자의 집에는 식객이 많이 찾아오는데, 사장은 그들을 돌보는 일을 하는 직책으로 대단한 자리는 아니었다. 송전이 기지를 발휘하여 낭야왕을 조롱했다. 사장이라는 변변치 않은 일을 하는 당신이 관문의 관리로부터 제지를 당하고 있는데, 당신도 귀인 축에 낄 수 있느냐고. 송전이 매우 재미있다는 듯 웃었기 때문에 하양의 관리는 낭야왕의 통과를 허락했다.

송전의 기지로 업(鄴)을 탈출한 낭야왕은 낙양에서 어머니를 만나 함께 산동의 낭야로 돌아갔다.

팔왕의 난과 영가의 난을 치르면서 진(晉)나라의 황족은 거의 다 죽었다. 동쪽의 낭야로 돌아가 다시 서주(徐州), 양주(揚州)의 군사를 감독하고

왕도의 의견에 따라 건업(建業, 남경)을 본거지로 정한 낭야왕만 건재했다.

낙양과 장안이 함락되자 낭야왕 사마예는 주위로부터 제위에 오르라는 권유를 받았다. 그러나 그는 사양하고 겨우 '진왕(晉王)'이라 칭하는 것만 승낙했다. 317년의 일이며 연호를 건무라 정했다. 진왕은 대사령(大赦令)을 내렸으나 부모와 조부모를 죽인 자, 그리고 유총과 석륵만은 대사에서 제외한다는 단서를 붙였다. 종묘와 사직을 건업에 세웠기 때문에 이는 실질적으로 진제국(晉帝國)의 중흥과 같았다.

낭야왕 사마예가 자신을 황제가 아닌 왕이라 칭한 것은 장안이 함락됨으로써 서진 왕조는 궤멸했지만, 포로가 된 민제(사마업)가 평양으로 끌려가 살아 있었기 때문이다. 사실은 이해에 민제는 죽음을 당했으나, 그 소식이 남쪽까지 전해진 것은 이듬해 3월이었다. 진왕 사마예는 마침내 황제 자리에 올라 연호를 태흥(太興)이라 고쳤다.

민제의 이름은 사마업(司馬鄴)이지만 업(鄴)은 '업(業)'과 발음이 같다. 따라서 삼국의 오(鳴)나라 이후 오늘날 남경 땅을 건업이라 불렀는데, 이후로는 민제의 이름을 피해서 '건강(建康)'이라고 부르게 되었다.

동진 초대 황제인 사마예의 조부는 사마의(司馬懿, 중달)의 아들 주(伷)다. 사마사(司馬師)와 사마소(司馬昭)의 동생이며, 팔왕의 난이 일어났을 때 죽은 여남왕(汝南王)인 사마량(司馬亮)과 조왕(趙王)인 사마륜(司馬倫)과도 형제지간이다. 3대에 걸쳐 낭야왕을 지냈기 때문에 그 지방 호족과도 친했다. 앞에서도 이야기했듯이 낭야군에는 왕씨라는 최고 명문 집안이 있었고, 그것이 일족을 이루어 동진 정권을 후원했다. 사마예의 시호는 원제(元帝)인데 건국의 원조였으므로 그렇게 정했을 것이다.

동진 정권의 근간은 원제와 낭야의 왕씨였다. 낭야에는 예로부터 성산

(聖山)이라 불렀고 진(秦)나라의 시황제도 여러 번 찾은 낭야산이 있으며, 월왕(越王) 구천(勾踐)이 한때 이곳을 수도로 정하기도 했다. 오늘날 지도에서 말하면, 산동성 청도(靑島)에서 조금 남쪽에 해당하는 지역이다. 구천의 곁을 떠난 명신(名臣) 범려(范蠡)는 바다 건너 제(齊)나라로 들어가 농사를 지어 수천 만의 재산을 모았으며, 다시 도(陶)나라 땅으로 건너가 열심히 장사해서 큰 부자가 되었다. 도나라는 오늘날 정도(定陶)인데 낭야에서 그다지 멀지 않다. 『사기』「월세가(越世家)」에는 범려가 이 땅을,

> 이곳은 천하의 중앙이고, 유무(有無)를 교역하는 통로이다. 생산을 이루어 부를 이루어야 할 곳이다.

라고 생각했다는 기록이 있다.

이 지방의 이름난 일족들은 아마 뛰어난 경제적 실권을 쥐고 있었던 것 같다. 그 대표격인 왕씨 일족이 정치가뿐만 아니라 뛰어난 문화인을 배출한 배경은 추측하기 어렵지 않다.

골격만으로는 몸이 될 수 없다. 건강(建康)을 국도(國都)로 삼은 동진은 토착 세력을 자신들의 살로 만들어야 했다.

토착세력이란 삼국의 오나라 이후의 호족을 말한다. 그 오나라도 북쪽에서 남하한 손씨(孫氏)와 토착세력의 결합이었다. 그때까지 여러 번 통합이 이루어졌다.

진이 잠깐 천하를 통일한 뒤에 남쪽에서 북쪽의 낙양으로 많은 사민(士民)들이 움직였다. 조정은 천하의 중심이다. 입신출세하여 뜻을 이루기 위해서는 아무래도 수도로 가야 했다. 청운의 뜻을 품고 남쪽에서 낙양

으로 올라간 사람도 있었지만 진(晉) 왕조에 포로처럼 끌려간 사람들도 있었다. 지방에 두면 위험하다고 생각되는 세력을 분산시키는 것은 위정자로서 당연한 일이었다.

그들은 중원에서 그다지 혜택을 받지 못했다. 삼국 오나라의 원훈인 육손(陸遜)의 손자 육기(陸機), 육운(陸雲) 형제는 가밀(賈謐)의 문학 살롱에서 큰 인기를 끌어 이십사우(二十四友)라고 구가되었으나, 팔왕의 난과 함께 목숨을 잃었다. 남쪽 출신 '스타'가 형을 받아 죽었다는 사실은 중원에 있던 남쪽 사람들에게 큰 충격이었다. 어쨌든 중원은 손쓰기 어려울 만큼 어지러웠다. 중원사람들 중에도 새로운 천지를 찾아 남으로 남으로 이주했다. 남쪽 사람들이 중원의 꿈을 접고 고향으로 돌아간 것은 말할 나위도 없다.

원제(元帝)와 함께 낭야에서 온 왕씨 일족 같은 사람들, 강남토착민들, 강남에서 중원으로 갔다가 다시 돌아온 사람들, 팔왕의 난과 영가의 난 때 중원에서 피난 온 사람들. 동진 왕조는 이렇듯 다양한 사람들로 성립되었다.

중원에 강렬한 향수를 품은 사람, 향수는 느끼지만 그다지 강하지 않은 사람, 전혀 향수를 느끼지 않는 사람 등 단계도 다양했다.

후세의 역사가들은 '동진'이라고 부르지만, 이 왕조는 어디까지나 '진(晉)'이다. 중원을 회복해서 다시 천하를 통일하는 것이 이 왕조의 지도 이념이었다. 국가적 이상을 실현하기 위해서는 북벌을 해야 했다. 그것은 원칙이었다. 원칙대로 신명을 걸고 북벌하려고 노력하는 사람이 있는가 하면, 중원의 땅 같은 건 본 적도 없고 강남 생활에 만족하는 토착민도 있었다. 북쪽에서 온 사람들은 자신의 고향이기 때문에 누가 뭐래도 중원으로 돌아가고자 했다. 그러나 토착민들은 북벌을 위해 피 흘리는 것은 남의 일에 말려드는 일이라고 생각했다.

화장실의 대추 열매

북벌을 하려는 열의에는 정도 차가 있었으나 동진의 황실을 대하는 자세에는 이상하게도 일치하는 점이 있었다. 어떤 세력이나 동진의 황실은 자신들이 보전해야 한다고 생각했다.

망명정권인지라 토착민의 지지가 없으면 유지될 수 없었다. 또 낭야의 왕씨 일족처럼 망명을 권유하고 함께 남하한 사람들은 자신들이 있어야 황실도 존재한다고 생각했다.

같은 시대 북방정권이 개성 강한 군주-유연, 유총, 유요, 석륵, 석호, 모용황-에게 지탱되었던 것에 비해 남방정권은 그렇지 않았다. 2대 명제(明帝) 사마소(司馬紹)는 상당히 개성 있는 인물이었지만 애석하게도 즉위한 지 3년 만에 죽었다. 향년 27세였다. 3대 성제(成帝)는 다섯 살에 즉위했다. 『진서』는 명제를,

총명하고 결단력이 있었으며, 무엇보다 사물의 이치에 밝았다.

고 칭송했다. 명제라고 하면 반드시 인용되는 유명한 일화가 『진서』에 전한다. 장안에서 사자가 왔을 때, 아버지인 원제(元帝, 낭야왕 시절)가 자신의 무릎 위에 앉아 있던 어린 명제에게 "해와 장안 중 어디가 먼고?"라고 물었다. 그러자 명제는 "장안이 가깝습니다. 장안에서는 사람이 오지

만, 해에서 사람이 왔다는 말은 들은 적이 없기 때문입니다"라고 대답했다. 원제는 영특한 아들이 자랑스러웠을 것이다. 다음날 연회 때 신하들 앞에서 똑같은 질문을 했다. 그러자 어린 명제는 어제와 달리 "해가 가깝습니다"고 대답했다. 놀란 원제가 이유를 물으니 "눈을 들면 해는 보이지만, 장안은 보이지 않기 때문입니다"라고 대답했다는 것이다. 어린 마음으로도 사물에는 보는 방법과 생각하는 방법이 다양해 한 가지 현상을 놓고 일방적인 해석을 내려서는 안 된다고 느꼈는지 모른다. 명제가 어려서 죽은 것은 동진 왕조에 매우 안타까운 일이었다. 왕돈(王敦)이라는 당시 실력자가 명제를 가리켜 '황수(黃鬚)의 선비노(鮮卑奴)'라고 불렀다는 기록이 있다. 명제에게는 선비족의 피가 섞였던 모양이다. 명제의 어머니 순씨(荀氏)는 연나라 시대 사람으로 북쪽의 변경 출신이었으니 새외민족의 피가 섞였다고 해도 이상할 것이 없다. 『진서』가 명제를,

약(弱)으로써 강(强)을 제압했다.

고 평했는데, 여기에서 말하는 '강'이란 동시대 북방정권의 유요와 석륵뿐만 아니라 동진의 유력자 왕돈까지 포함해서 가리키는 말이다.

왕돈은 왕도(王導)의 사촌이다. 왕돈의 아내는 무제 사마염의 딸이었으니 진나라 황실과는 매우 가까운 관계였다. 동진 초기에는 왕도가 정치를, 왕돈이 군사를 맡아 유력한 낭야 왕씨 출신 두 사람이 동진을 양쪽에서 떠받쳤다.

장강(長江, 양자강)은 예로부터 익주(益州), 형주(荊州), 양주(揚州) 세 지역에 걸쳐 흘렀다고 한다. 당시 익주에는 저족(氐族)이 성한국(成漢國)을

세워 자립하고 있었는데 오늘날 사천성에 해당한다. 동진은 장강을 보유했다고 하나 형주와 양주 두 지역뿐이었다.

오늘날 지명으로 말하면 형주의 중심은 무한(武漢)이고, 양주의 중심은 남경(南京)이었다. 삼국의 오나라도 동진과 마찬가지로 익주는 유비의 촉한(蜀漢)이 장악하고 있어 형주와 양주만을 주요 판도로 삼았다. 그리고 국도(國都)를 형주에서 건업(建業)으로 옮겼다가 말기에는 다시 무한 쪽으로 옮기고, 또 단기간에 건업으로 돌아갔다.

동진 정권에는 중심이 둘이었다. 왕돈은 국도에 필적할 만한 또 다른 중심 형주에서 군정(軍政)의 대권을 장악하고 있었다. 더구나 형주는 국도의 상류에 위치했기 때문에 위치적으로 유리했다.

동진이 남쪽에서 사마씨 왕조의 명맥을 유지할 수 있었던 것은 낭야왕씨 일족의 힘이 실로 컸기 때문이며 원제도 왕도와 왕돈에게는 늘 조심했다. 하지만 언제까지나 왕씨가 하라는 대로 할 수만은 없었다. 다른 사람의 도움으로 자리를 얻으면 인사(人事)나 그 밖의 여러 가지 상황에서 그 '은인'의 의사를 어느 정도 존중해야 한다. 그렇다고 하나에서 열까지 자기 뜻대로 할 수 없다면 그 자리에 앉은 보람이 없다. 자신의 의지를 국정에 반영하고 자신의 노선대로 밀고 나가기 위해서 원제가 '측근'을 만들고자 한 것은 당연했다.

유외(劉隗), 조협(刁協), 대약사(戴若思), 주의(周顗)와 같은 사람들이 원제가 직접 고른 측근이었다.

유외는 초(楚)나라의 원왕(元王) 유교(劉交)의 후예라고 한다. 유교는 한나라 고조 유방(劉邦)의 동생이다. 유방이 항우를 멸망시키고 나라를 세워 처음으로 유씨 왕을 세웠을 때, 유교가 그 첫 번째였다. 500년이나 지났지만 가계(家系)로 본다면 면구스러운 일이었다.

조협은 발해군(勃海郡) 요안현(饒安縣) 사람으로 조부는 위나라 군태수(郡太守)를 지냈고, 아버지는 진나라 무제 때 어사중승(御史中丞)을 지낸 명문 집안 출신이다. 책을 많이 읽고 기억력이 좋아 성도왕(成都王), 조왕(趙王), 장사왕(長沙王) 등에게 초빙되어 관직에 올랐으나 영가(永嘉) 첫해에 하남윤(河南尹)의 요직을 사임하고 남쪽으로 피난했다. 조정에 봉사한 기간이 길어 궁정의 유직고실(有職故實, 옛날의 조정이나 무가의 예식·관직·법령 따위를 연구하는 학문)에 밝았다. 동진이 건강(建康)에서 나랏일을 시작할 때 조협의 경험이 큰 도움이 되었다. 술을 마시면 사람을 사람으로 보지 않는 면도 있었으나, 원제는 그를 신뢰해서 상서령(尙書令)으로 삼아 가까이 두었다.

유외는 어사중승이 된 적도 있으나 단양(丹楊)의 영(令), 진북장군(鎭北將軍), 청(靑), 서(徐), 유(幽), 평(平) 4개 주의 군사 도독(都督)으로서 궁정 밖에 있는 일이 많았다. 그래서 궁정 안의 조협과 안팎으로 호응하여 낭야 왕씨 일족의 횡포를 억제하려 노력했다.

왕씨 일족 중에서도 왕도는 얌전했으나 그의 사촌인 왕돈은 청담의 대가이면서도 이 세상이 허무하다는 것을 깨닫지 못했다. 혈기 왕성했던 것이다. 더구나 동진의 두 요지 중 한 곳에 머무르면서 형주의 군정 대권을 쥐고 있었다.

왕돈은 명문 출신이면서도 젊었을 때는 무식한 촌사람의 모습을 그대로 드러냈다. 무제 사마염은 명사들을 모아놓고 기예(技藝)에 관해 이야기하는 것을 좋아했다. 조정에 나오는 사람이라면 대개 어떤 기예든 소양이 있었으나 왕돈은 그런 자리에서는 전혀 관심 없는 얼굴이었다. 무제가 묻자 왕돈은 북에 소양이 있다고 대답했다. 그래서 무제가 그에게 북을 가져다주게 하였더니 그 용감하고 씩씩한 연주로 앉아 있는 사람들을 감동시켰다. 무식한 촌사람처럼 보였던 것은 섬세한 기예의 비결에 통달했으면서도 그것을 숨기고 있었기 때문이다.

수도가 아직 낙양이던 무렵, 석숭(石崇), 왕개(王愷), 왕제(王濟) 같은 사람들이 사치 경쟁을 벌였다. 석숭의 집 뒷간에는 화려하게 차려입은 시녀 10여 명이 늘어서서 이름난 향을 피우고 손님에게는 새 옷을 갈아입히는 시중을 들었다. 당시 상류계급에서는 뒷간에 가면 대기실에서 옷을 모두 벗었다. 아마 악취가 옷에 배는 것을 꺼렸던 것 같다. 석숭의 집에서 이런 서비스를 했기 때문에 대다수 사람들은 뒷간에 가는 것을 망설이거나 가더라도 부끄러워했는데, 왕돈은 그런 것 따위는 전혀 개의치 않았다. 너무도 거만하게 서비스를 받았기 때문에 석숭의 집 시녀들은 "이 사람은 틀림없이 엉뚱한 일을 저지를 것"이라고 입을 모아 말했다고 한다.

이것은 일화집인 『세설신어』에 실려 있는 이야기인데, 뒷간 이야기를 하나 더 소개하고자 한다. 왕돈은 무제의 딸인 양성(襄城) 공주를 아내로 맞았다. 황녀는 시집와서도 궁중의 습관을 버리지 못했다. 궁중에서는 뒷간에 옷칠을 한 상자에 대추를 담아 놓고 뒷간의 냄새를 맡지 않게 대추로 코를 틀어막았다. 그것을 알았는지 몰랐는지 왕돈은 그 대추를 전부 먹어치웠다. 또 뒷간에서 나오면 시녀가 물을 담은 금 쟁반과 콩을 담은 유리그릇을 들고 서 있었다. 이 콩도 사실은 손을 씻기 위한 것이었는데, 왕돈은 콩에 물을 부어서 먹어 버렸다.

술만 마시면 왕돈이 반드시 부르는 노래가 있었다.

늙은 준마(천리마)는 마구간에 엎드려 있어도

뜻은 천리 밖에 있듯이,

열사는 늙어도

그 웅장한 포부는 사라지지 않았네.

조조가 지은 시다.

명문의 자제가 일부러 거친 행동을 할 때가 있는데 왕돈이 그랬다. 야심이라기보다는 지지 않으려는 투지 같은 것이었는지도 모른다. 자신의 출신인 낭야 왕씨를 너무 의식한 면도 있었던 것 같다.

사치 경쟁을 벌인 석숭에게는 듣기 거북한 일화가 있다. 그는 손님이 오면 술을 마시게 했는데 그 손님이 술을 마시지 않으면, 시중드는 시녀의 목을 베어 버렸다고 한다. 너무나도 심한 이야기다. 어느 날 석숭의 집 연회에 왕돈이 사촌인 왕도와 함께 초대받았다. 왕도는 술을 잘 마시지 못하나 술을 따르는 미녀의 목숨이 달렸기 때문에 무리해서 마셨다. 하지만 왕돈은 잔이 돌아올 때마다 단호하게 마시기를 거부했다. 그 때문에 시녀 세 사람의 목이 달아났다. 참다못한 왕도가 왕돈을 책망하자 왕돈은 "제멋대로 자신의 하인을 죽이는 것이니 자네는 관여할 바가 아니네"라며 태연했다.

빈 손으로 강남에 온 망명 귀족들

이상은 『세설신어』에서 고른 몇 가지 일화다. 서진 시대의 이야기가 있다면 동진 시대의 것도 있다.

왕(王)과 말(馬)이 천하를 함께한다.

동진 초기 사람들이 했던 말이 『진서』에 실려 있다. 왕이란 왕도·왕돈으로 대표되는 낭야 왕씨 일족을 말하고, 말은 황실의 사마씨를 이른다. 왕씨가 황실과 더불어 천하를 다스린다는 뜻이다. 황제가 천하를 독점해야 한다고 생각하는 '말' 쪽에서는 이런 상태가 불만일 수밖에 없었다. 앞서 말했듯이 황제가 왕씨의 힘을 억누르려고 한 것은 당연한 과정이었다.

『진서』나 『세설신어』를 읽어 보면, 한 시대의 정치의 움직임과 거기에 등장하는 인물들을 알 수 있다. 하지만 우리가 문헌으로 알 수 있는 것은 상류층일 뿐이다. 하층민들의 삶을 알려면 마치 떨어진 이삭을 줍듯 노력을 해야 한다.

왕과 말이 산동성 남부에 해당하는 낭야에서 강남땅으로 건너왔을 때 그 힘은 미미했다. 만일 토착 세력이 연합해서 그들을 배척했다면 동진 정권은 수립할 수 없었을 것이다. 강남은 오랫동안 삼국 오나라의 지배를 받았는데, 오는 손씨(孫氏)를 맹주로 한 일종의 호족연합이었다. 이 지방은 춘추시대부터 오나라와 월나라의 패권 쟁탈전으로 유명했는데, 오나라의 중심은 소주(蘇州), 월나라의 중심은 회계(會稽)였다. 낭야와 마찬가지로 예로부터 산업이 번성한 풍요로운 땅이었기 때문에 유력한 호족이 쉽게 탄생할 수 있었다.

강동의 대족(大族)으로 유명했던 오군오현(鳴郡鳴縣, 소주)의 육씨(陸氏) 가문은 유비군을 격파해 백제성(百帝城)으로 퇴각시킨 오나라의 명장 육손(陸遜)과 학자로 이름난 육적(陸績), 육모(陸瑁), 육개(陸凱)와 같은 명사를 배출했다. 강남에 머물렀던 후한의 대학자 채옹(蔡邕)에게 거문고와 책

읽기를 배웠다는 고옹(顧雍)은 손권의 청으로 오나라의 승상이 되었는데, 그의 집안도 소주의 명족이었다. 고옹의 아들 고소(顧邵)는 학문을 좋아해 젊었을 때부터 육적과 이름을 나란히 했다고 한다. 손권은 형 손책(孫策)의 딸 중 하나는 육손에게, 다른 딸 하나는 고소에게 시집보냈다.

회계군(會稽郡)에서는 우씨(虞氏)와 하씨(賀氏) 같은 명족이 있었다. 우씨 집안에서는 『노자』와 『논어』의 주(注)를 쓴 우번(虞翻)이 나왔다. 느낀 대로 행동하고 술에 취해 실수가 잦았으며, 신선을 좋아하는 손권 앞에서 선인 따위는 없다고 단언하는 바람에 그의 미움을 사서 교주(交州, 베트남)로 유배되어 그곳에서 죽었다. 왕자의 권위도 두려워하지 않았던 것은 우씨 자신이 회계군의 여요현(余姚縣)에서 왕자(王者)였기 때문일 것이다. 회계군의 산음현(山陰縣)에는 하씨라는 명족이 있었다. 손권 정권 밑에서 후장군(後將軍)과 서주목(徐州牧)을 역임한 하제(賀齊)가 그 일족 출신이다.

그 밖에도 태호(太湖) 서쪽에 있는 양선현(陽羨縣)의 주씨(周氏), 남쪽 무강현(武康縣)의 심씨(沈氏) 등도 힘 있는 호족으로 유명했다. 이들 전통 있는 명족 외에도 손권 정권 밑에서 군사적으로 공을 세워 대두한 자, 또 말기에는 환관으로 모은 재물로 대지주가 되어 그것을 양자에게 물려준 자들이 새로운 호족으로 등장했다. 각지에 신구 대소의 여러 유력자가 있었다.

거의 빈손으로 강남에 온 '왕과 말' 집단은 토착호족들의 협력을 얻어야 했지만, 그렇다고 그들의 협력이 물샐틈없이 완벽했어도 곤란했다. 각지의 호족들이 일치단결하면 큰 힘이 생겨 거기에서 새로운 대정권이 탄생할 가능성이 있었다.

생각해 보면 '왕과 말' 집단은 매우 운이 좋았다. 만일 강남의 땅이 똘똘 뭉쳐 있었다면 새로 온 세력이 파고들 틈이 없었을 것이다. 또 어지러울 대로 어지러웠다면 작은 세력으로는 감당할 수 없었을 것이다.

당시 강남은 적당히 동요하면서 기본적으로는 안정된 요소가 강한 상황이었다.

오나라가 진나라에 항복한 뒤 오나라의 조정에만 밀착해 있던 환관계의 세력은 몰락했음이 틀림없다. 기초가 약한 그들은 모처럼 손에 쥔 지주라는 지위에서 전락했다. 지주의 퇴장은 소작농이나 농노들이 자립할 수 있는 기회였다. 이로 말미암아 강남의 사회는 동요하기는 했으나, 농민의 자립이라는 현상이 나타난 만큼 어색한 표현이지만 '밝은 동요'라 할 수 있겠다.

진나라의 지배가 미치지 않게 된 4세기 초기 사천(四川)에 저족 정권이 탄생했다. 원래 감숙(甘肅)에 있던 저족이 기근 때문에 떼지어 사천으로 들어온 것이다. 이 민족이동은 진나라 조정의 허가를 얻은 것이었으나, 어쨌든 대집단인데다 무력까지 갖추고 있었기 때문에 진나라의 지방관과 충돌해 성도(成都)를 점령하고 국호를 '성(成)'이라 칭하는 정권을 세웠다. 이 집단은 저족의 추장인 이특(李特)과 그의 아들 이웅(李雄)이 지도했는데, 그 뒤 일족인 이수(李壽)가 정권을 탈취하여 국호를 '한(漢)'이라 칭했다. 헷갈리기 쉬우므로 이 정권을 일괄하여 '성한(成漢)'이라 부르는 것이 사가(史家)의 관례다.

사천이 이반(離反)하여 독립하자, 서진 혜제의 조정은 이들을 토벌하기 위해 형주, 즉 호북(湖北)에 동원령을 내렸다. 형주에서는 병사를 징용했는데, 이것이 사회불안을 야기했음은 말할 나위도 없다. 특히 이 무렵 형주는 계속된 풍작으로 불안은 한층 고조되었다.

풍작이 사회불안을 초래했다는 말이 언뜻 이상하게 들릴지 모르지만, 기근 지대에서 사람들이 대량으로 흘러들어온 탓에 긴장이 고조된 것이다. 징병 불안에 유민 불안이 더해지고, 게다가 팔왕의 난이 한창인 때라 중앙정부의 통제력은 눈에 띄게 약해졌다.

이때 의양만(義陽蠻)의 장창(張昌)이라는 자가 수천 명의 도당을 모아서 난을 일으켰다. 하남의 남부 호북성(湖北省)과 경계를 이루는 근처에 동백산(桐栢山)이라는 산이 있고, 그 부근에 살던 소수민족을 의양만이라고 불렀다. 남하하는 한족에게 쫓겨 산속으로 들어간 민족이라고 생각하지만, 같은 한족계 민족으로 정치적인 이유로 쫓겨서 산속으로 들어갔다는 견해도 있다. 오계만(伍溪蠻)이나 무릉만(武陵蠻)이라고 부르기도 하고, 또 그 지방의 지명을 붙여서 부르기도 했다.

의양만의 장창은 혜제 태안 2년(303)에 구심(丘沈)이라는 자를 유니(劉尼)라고 칭하게 하고 그를 한나라의 후손으로 추대했다. 형주 자사 유홍(劉弘)의 부장(部將)으로서 이 난을 평정하는 데 공을 세운 도간(陶侃)은 후에 동진의 중신이 되는데, 그럼에도 사람들은 그를 '계구(溪狗)'라고 불렀다고 한다. 계구란 오계만을 경멸해서 부르는 말이므로 도간도 만(蠻) 출신이라고 여겨진다. 만(蠻)으로써 만을 제압한 것이다. 참고로 예부터 우리에게 친숙한 시인 도연명은 이 도간의 증손에 해당한다.

장창은 토벌되어 거병한 이듬해에 사로잡혀 참수되었다. 하지만 그는 부하 석빙(石冰)이라는 자를 동쪽으로 보냈다. 이 일로 강남의 중심부가 크게 동요했다. 호족들은 강남의 평화를 지키기 위해 단결하고 연합군을 만들어서 석빙군에게 대항했다.

팔왕의 난이 한창이던 서진의 조정도 수춘(壽春)에 있던 진민(陳敏)에게 원병을 보냈다. 진민은 원래 남쪽의 미곡(米穀)을 중원으로 운송하는 직책으로 서주에 파견한 하급 관리였다. 호족연합군에는 양선(陽羨) 주씨(周氏) 일족인 주기(周玘), 회계 하씨(賀氏) 일족인 하순(賀循) 등이 참가했고, 소주 고씨(顧氏) 일족인 고비(顧秘)를 우두머리로 삼았다.

혜제 영안 원년(304) 3월에 석빙의 난이 평정되자, 조정은 진민을 광릉(廣陵)의 상(相)으로 승진시켰다. 『자치통감』은 호족군을,

주기, 하순 등은 모두 군대를 해산하고, 집으로 돌아가 공상(功賞)을 거론하지 않았다.

고 기록하고 있다. 논공행상을 노린 군사행동이 아니었다는 뜻이다. 강남의 평화를 자신들의 손으로 지키려고 했을 뿐이었고, 난이 평정되었으니 그만 군대를 해산하고 집으로 돌아갔을 뿐이라는 것이다.

진민은 호족군과 공동작전을 펼치면서 느낀 바가 있었다. 그들은 공상을 목표로 하지 않으면서도 용감하게 싸웠는데 왜 그랬을까? 그것은 강남의 질서를 유지하기 위해서였다. 진민 자신이 여강(廬江) 출신이었으므로 강남인의 마음을 잘 알았다. 지금 강남이 가장 바라는 것은 무엇일까? 그것은 평화와 질서를 유지하는 강력한 정권 외에는 없었다.

낙양의 진나라 조정은 팔왕의 난으로 황실 내의 평화조차 유지할 능력이 없었다. 지금 이 지방에 '강력한 정권' 성립을 선언한다면, 강남의 여러 호족은 모두 이에 따를 것이다. 진민은 그렇게 생각했다.

진민은 황태제(皇太弟)의 임명이라면서 자신을 양주자사(揚州刺史), 한

때 전우였던 하순을 단양내사(丹楊內史), 주기를 안풍태수(安豊太守)로 삼
았다. 그 밖에 강남 여러 호족의 중심인물 40여 명에게 장군이니 태수니
하는 관직을 잔칫집 음식 내듯 나누어 주었다. 임명은 되었으나 하순 같
은 사람은 병을 이유로 부임하지 않았다. 전우였던 만큼 진민이라는 인
물을 잘 알았기 때문이다.

낙양의 부름을 받았으나 조정의 혼란에 실망해서 귀향한 소주 고씨
일족인 고영(顧榮)이 때마침 진민의 요청을 받아 우장군에 임명되었다.
하지만 얼마 안 가 진민의 결점이 드러나기 시작했다. 실제로 지배하는
토지를 가지고 있었지만 정치적인 능력은 전혀 없었다. 고영은 쉽게 실망
하는 성격이었다. 곧바로 진민에게도 실망했다. 그러나 이번에는 실망만
으로는 끝나지 않았다. 진민은 서진의 조정에서 볼 때 모반자였다. 일시
적이라 해도 모반자에게 협력했으므로 연좌에 휘말릴 위험이 있었다. 그
것을 모면하기 위해서는 진민을 토벌하여 이전 행위를 없었던 것으로 만
들어야 했다.

고영은 강남의 여러 호족들에게 다시 연합군을 결성하자고 호소했다.
진민이 억지로 떠맡겼다고 하나 관록을 받은 것은 사실이었다. 진민의 실
정을 직접 본 사람이라면 누구나 그의 몰락을 예상할 수 있었다. 진민이
몰락할 때까지 손 놓고 기다리다가는 연좌되어 주살을 당할 우려가 있
었다. 이해는 공통되었고 더구나 그것은 목숨이 달린 문제였다. 석빙을
토벌할 때 이상으로 강남의 호족들은 공고한 연합전선을 결성해 진민을
붙잡아 건업에서 목을 베었다. 이것이 영가 원년(307) 2월의 일이다. 그
해 9월에 낭야왕 사마예가 왕도 등 소수의 가신을 이끌고 강남이 중심
인 건업으로 몰려왔다.

강남 호족들은 그때까지 여러 번 따끔한 맛을 봤기 때문에 처음에는 좀처럼 이 '왕과 말'에게 가까이 가려고 하지 않았다. 하지만 왕도의 훌륭한 사전 공작 덕분에 마침내 호족들도 그들을 받아들였다. 무엇보다 진나라의 황족이었으므로 진민에게 붙는 것하고는 사정이 달랐다. 안심이 되었던 것이다.

'왕과 말'의 불화

'왕과 말'은 운이 좋았다. 진민 토벌의 긴장이 아직 남아 있던 강남에 그들이 온 것이다. 그 긴장 덕분에 강남은 하나로 뭉쳐져 있었다. 왕도의 수완도 훌륭했으나 사람들도 멋지게 그 위에 편승했다.

수년 뒤, 낙양이 함락되고 서진이 궤멸하자 강남으로 흘러들어온 '왕과 말'의 권위가 한층 더 높아졌다. 만일 사마예가 처음부터 황제를 칭했다면 강남 호족도 그들을 경계했을 것이다. 왕도의 작전이 잇따라 들어맞았다.

강남 호족이 무력으로 통합되었을 때, 그것을 지휘한 사람이 소주의 고영이었다. 모든 호족이 이 인물의 지휘를 따랐다. 그러나 낙양이 함락된 이듬해에 고영이 죽었다. 왕도의 사촌형인 왕돈이 강남 여러 군(軍)의 지휘관으로 순조롭게 들어앉을 수 있었던 것은 죽은 고영에게는 안 된 일이지만 '왕과 말'에게는 다행스러운 일이었다고 하지 않을 수 없다.

낙양이 함락되자, 남쪽으로 도망쳐온 중원 사람들이 갑자기 늘었다. 지금 상황으로 말하면 급격한 인구증가에 불안을 느꼈겠지만, 강남은 손(孫) 정권 시절부터 인구부족으로 고심하던 지역이었다. 인구 증가는 오히려 환영해야 할 일이었다. 일찍이 변경인 이주(夷洲)와 단주(亶洲)로 목숨을 걸고 원정해서 사람을 모아온 일도 있었다. 사람들은 잇달아 강남으로 모여들었고 그것도 사대부 계급이 적지 않았다. 사대부 계급의 인구 구성으로 보면 그만큼 강남 호족의 비율이 낮아졌다는 것을 의미한다. 왕과 말은 그만큼 강해졌다. 뛰어난 정치 감각을 가진 왕도는 강남 호족의 힘을 더욱 약화시키는 데 성공했다.

왕도는 후세 제국주의 시대의 식민지 정책과 완전히 똑같은 정책을 실행했다. 영국이 인도를 통치하면서 세운 원칙이 바로 '분할과 통치'(divide and rule)였다. 왕도는 강남 호족 세력을 분할하기 위해 노력했다.

왕도는 강남에는 같은 호족이라 해도 두 가지 유형이 있다는 것을 감지했다. 소주와 회계 같은 선진지역의 호족들은 지식과 교육 수준이 매우 높아 고전을 연구하거나 주(注)를 쓰는 인물들을 배출했다. 그에 비해 양선(陽羨) 주씨, 무강 심씨 등은 문화적으로 뒤떨어져 있었다.

왕도는 차별대우를 써서 양쪽이 결합하지 못하도록 세심하게 연구했다. 청일전쟁 결과 대만을 할양받은 일본이 썼던 수법이다. 당시 대만은 겉으로는 각지의 호족, 안으로는 다양한 유협(遊俠)의 우두머리가 지배하고 있었다. 일본정부는 그중 일부를 매우 우대했다. 고현영(辜顯榮)이라는 유협의 우두머리가 귀족원 의원이 되기도 했다. 일본 지배에 저항하려는 유력자도 있었으나, 힘을 모으려고 해도 상대가 일본 정부로부터 사탕을 받아먹었기 때문에 동조하지 않았다. 자연히 큰 힘을 모을 수 없었다.

왕도는 소주와 회계의 선진호족을 우대하고 다른 후진 호족에게는 일부러 냉담한 태도를 취했다. 선진호족은 당연히 황가의 열렬한 우호세력이 되어주었다. 반정부 감정을 가진 후진 호족과의 합작은 이미 정신적으로 불가능했다.

이렇게 해서 토착 호족을 조종하는 일에는 성공했으나 어느덧 왕과 말 사이가 삐거덕거리기 시작했다. 차츰 자기주장을 내세우게 된 황제가 왕씨 이외의 측근을 만들어 그들을 중용하게 된 것이다. 측근은 왕씨 일족의 세력을 약화시키는 일을 맡았다.

왕도는 무리하지 않는 것을 첫째로 명심한 정치가였기 때문에 좀처럼 이 자를 무너뜨릴 빈틈은 찾을 수 없었다. 표적을 찾는다면 왕돈 쪽이 훨씬 많았다. 하지만 왕돈은 형주에서 대군을 거느리고 있었다.

국도인 건강에서 멀리 떨어진 무창에 있는 왕돈은 자기가 표적이 되었다는 낌새를 전혀 알아차리지 못했다.

태흥 3년(320) 8월, 상주자사(湘州刺史) 감탁(甘卓)이 양주(梁州刺史)로 전출되자 왕돈은 그 후임으로 심충(沈充)을 추천했다. 심충은 오흥(嗚興)의 명문 심씨 출신으로 왕돈의 마음에 들어 그의 참모로 일했다. 그러나 원제는 숙부인 초왕(譙王) 사마승을 상주자사로 임명해 버렸다. 실력자 왕돈의 추천은 무시되었다.

이듬해 7월, 원제는 대연(戴淵)을 정서장군(征西將軍)에 임명하여 합비(合肥)에 주둔시키고 유외(劉隗)를 진북장군으로 임명하여 회음(淮陰)에 주둔시켰다. 북쪽의 호(胡)를 토벌하기 위해서라는 명목이었으나 그 포진으로 볼 때 왕돈을 견제하기 위한 포석임이 분명했다. 아무 잘못도 없는 왕도가 건강의 조정에서 소외되는 일이 잦다는 소문도 왕돈의 귀에 들어갔다.

영창(永昌) 원년(322) 정월, 왕돈은 군주 곁에 있는 간신(奸臣)을 제거한다는 이유로 무창에서 군대를 일으켰다. 군주 곁에 있는 간신이란 다름 아닌 왕씨 일족의 힘을 약화시키려고 꾀한 유외와 조협(刁協)을 가리킨다.

원제는 유외와 조협을 불러 수도방위를 명령했으나 왕돈군에게 대패하고 말았다. 두 사람은 도망가다 조협은 도중에 살해되어 그 목이 왕돈에게 보내졌다. 유외는 무사히 도망쳐서 후조(後趙)의 석호(石虎)에게 달려갔다. 11년 뒤 석호가 장안을 공격할 때, 유외는 승상좌장사(丞相左長史)로서 종군해 동관(潼關)에서 전사했다.

거병에 성공한 왕돈은 건강으로 들어와 승상으로서 나라 안팎의 여러 군대를 통솔했다. 얼마 후 감탁과 사마승의 동향이 불온하다는 정보를 받은 왕돈은 무창으로 귀환해 이 두 사람을 죽여 버렸다.

이해 11월, 원제는 번민의 나날을 보내던 중에 병으로 죽었다. 그리고 노란 수염의 태자 명제(明帝)가 즉위했다. 원제는 오히려 막내인 사마욱(司馬昱)을 아껴 태자 폐위를 고려했던 모양이나 그것은 말도 안 되는 소리였다. 사마욱은 그때 나이 겨우 세 살이었다. 중흥을 이룬 지 얼마 되지 않은 다난한 동진에 어린 황제는 곤란했다. 그러나 명제가 즉위한 지 3년 만에 죽자 역시 유제(幼帝)시대로 들어갔다. 다만, 왕돈이 명제 재위 중에 죽어 그 도당이 평정되었기 때문에 큰 문제는 일단 해결되었다.

일족인 왕돈의 모반으로 왕도는 한때 지극히 어려운 처지에 놓였다. 왕돈이 거병했을 때, 유외는 원제에게 왕씨 일족을 모조리 주살할 것을 권했다. 그러나 원제도 왕도만큼은 죽일 수 없었다.

저 뇌우가 쏟아지던 날 다 함께 업(鄴)을 탈출한 지 18년이 지났다. 탈출하지 않았다면 죽었을 것이다. 그때 탈출을 권한 사람이 왕도였다. 건강에 정권을 세울 것을 계획한 사람도 왕도였다. 토착호족과의 어려운 교섭도 왕도가 있었기 때문에 잘 해결할 수 있었다.

대의멸친(大義滅親)이라 했던가. 원제는 왕도를 전봉대도독(前鋒大都督)에 임명하여 사촌인 왕돈 토벌군을 지휘하게 함으로써 그의 목숨을 구해주었다. 왕돈도 거병에 성공했지만 왕도는 죽이지 않았다. 사촌지간이어서라기보다 왕도의 수완을 높이 평가해 그의 조언을 얻고 싶었기 때문이었다. 원제가 죽은 뒤에 성년(27세)이 된 명제가 뜻대로 움직이지 않자 왕돈은 이를 폐립하고 어린 황제를 세우려 했으나 왕도가 타일렀기 때문에 실행하지 않았다.

서성(書聖)이라 일컫는 왕희지(王羲之)가 왕돈의 조카인데, 그 무렵 그는 열 살밖에 안 된 소년이었다. 『세설신어』에는 다음과 같은 흥미로운 일화가 전해진다.

어느 날 왕희지가 백부인 왕돈의 집에 가서 방구석에 누워 있었다. 그가 있다는 것을 모르는 백부의 일당이 모반 계획을 말하기 시작했다. 극비 이야기를 엿들었으니 아무리 어린애라 해도 살려 둘 수 없는 일이었다. 석숭의 집에서 자기 때문에 시녀가 세 명이나 죽어도 태연했던 왕돈이다. 조카라도 용서할 리 없었다. 왕희지는 한 가지 꾀를 냈다. 목구멍에 손가락을 넣어 토한 것이다. 발각되었을 때 백부 일당이 '도저히 모반 이야기를 들을 수 없는 상태'였다는 것을 믿게 하기 위해서였다. 그 덕분에 소년 왕희지는 구사일생을 얻었다고 한다.

누가 언제 어떤 일로 어떤 재난에 말려들지 예측할 수 없는 뒤숭숭한 세상이었다.

오호십육국 시대의 국도

(지도: 돈황, 주천, 장액, 고장, 성락, 용성, 극성, 평성, 계, 중산, 염천, 낙도, 서평, 원천, 금성, 통만성, 좌국성, 양국, 업, 광고, 평양, 장자, 장안, 낙양, 성도)

오호십육국 시대 왕조표 (*십육국 이외의 나라)

민족	왕조(존속한 햇수)	창시자	국도
흉노 (匈奴)	한(漢王)→전조(前趙, 304~329)	유연(劉淵)	좌국성(左國城)→평양(平陽)→장안(長安)
	하(夏, 407~431)	혁련발발(赫連勃勃)	통만성(統萬城)
	북량(北涼, 397~439)	저거몽손(沮渠蒙遜)	장액(張掖)→고장(姑藏)
갈(羯)	후조(後趙, 319~351)	석륵(石勒)	양국(襄國)→업(鄴)
선비 (鮮卑)	전연(前燕, 307~370)	모용황(慕容皝)	극성(棘城)→용성(龍城)→계(薊)→업(鄴)
	후연(後燕, 384~409)	모용수(慕容垂)	중산(中山)→용성(龍城)
	*서연(西燕, 384~394)	모용충(慕容沖)	장자(長子)
	남연(南燕, 398~410)	모용덕(慕容德)	광고(廣固)
	*대(代)→북위(北魏, 315~534)	탁발의로(拓跋猗盧)	성락(盛樂)→평성(平城)→낙양(洛陽)
	서진(西秦, 385~431)	걸복국인(乞伏國仁)	원천(苑川)→금성(金城)→원천(苑川)
	남량(南涼, 397~414)	돌발오고(禿髮烏孤)	염천(廉川)→낙도(樂都)→서평(西平) →낙도(樂都)
저(氐)	전진(前秦, 351~394)	부건(符健)	장안(長安)
	성(成, 한(漢), 304~347)	이특(李特)	성도(成都)
	후량(後涼, 386~403)	여광(呂光)	고장(姑藏)
강(羌)	후진(後秦, 384~417)	요장(姚萇)	장안(長安)
한인 (漢人)	전량(前涼, 317~376)	장궤(張軌)	고장(姑藏)
	*(염(冉))위(魏, 350~352)	염민(冉閔)	업(鄴)
	서량(西涼, 400~421)	이호(李暠)	돈황(敦煌)→주천(酒泉)
	북연(北燕, 409~436)	풍발(馮跋)	용성(龍城)

군벌 등장

장군에게 무릎 꿇은 명문귀족들

오(嗚), 동진(東晋), 송(宋), 제(齊), 양(梁), 진(陳).

삼국 이래 강남땅에 이 여섯 왕조가 흥망을 거듭했다. 손권이 황제를 칭한 229년부터 진나라가 멸망한 589년까지 360년 동안을 '육조 시대'라고 부른다.

중국사에서 육조라 하면 반사적으로 귀족사회가 연상된다. 학자에 따라서는 중국에서 귀족사회가 존재한 것은 이 시대뿐이었다고 설명한다.

어쨌든 일화가 많던 시대다. 어쩌면 『세설신어』라는 일화집이 남아 있어서 그렇게 느끼게 되는지도 모른다. 하지만 이 시대에는 일화가 태어날 만한 조건이 충분히 갖추어져 있었다. 예를 들면 호족사회였던 강남땅에 진(晉)나라 황족 사마예가 낭야의 명족인 왕씨 사람들 몇몇과 쳐들어온 것만으로도 큰 파문이 일었을 터이다.

보통이라면 생각할 수도 없을 만큼 많은 사람들이 대규모로 움직였다. 물론 중원에서 남하해 온 사람들의 이동이다.

보통 새롭게 찾아온 사람들은 토착민들에게 멸시를 당하고 차별을 받는다. 하지만 이 시대의 새내기들은 중원의 높은 문화를 몸에 익힌 사람들이었다. 토착민들보다 훨씬 고도의 지식을 가진 계층이 적지 않았다. 새로 온 사람들이 오히려 토착민을 멸시하는 분위기였다. 토착민이 그것에 반발한 것은 당연한 일이었다.

동진 왕조는 남쪽으로 도망쳐 온 사람들을 고위요직에 앉혔다. 이래서는 동진 건국에 협력한 토착민 중 일부 호족이 불만을 품을 수밖에 없다. 그러나 왕도(王導)의 교묘한 정책으로 토착호족 중에도 만족하는 사람들이 있었다. 따라서 불만이 집결되어 큰 세력으로 일어나는 일은 없었다.

석빙(石冰)을 토벌하고 진민을 공격함으로써 동진에 큰 공을 세운 주기(周玘)는 양선(陽羨) 명족인 주씨 집안사람인데, 자신이 세운 공로에 비해 보답을 받지 못했다고 느꼈다. 중원을 지키지 못하고 내려온 무리가 뻔뻔스럽게도 요직에 앉아서 거만하게 토착민을 부리고 있었다. 주기는 이것이 분해서 견딜 수 없었다. 분한 나머지 그는 건흥 원년(313)에 화병으로 죽었는데, 그의 아들 주협(周勰)에게 다음과 같은 유언을 남겼다.

나를 죽인 것은 여러 창자(傖子)들이다. 마땅히 복수를 해야 비로소 내 자식이다.

강남 사람은 북쪽에서 내려온 사람들을 '창자'라고 불렀다. 놈들에게 복수하지 못하면 자기 자식이 아니라고 말할 정도이니 어지간히 화가 난 모양이다.

아들인 주협은 아버지의 유언을 받들어 군사를 일으켜 반란을 꾀하려 했으나, 핵심인 주씨 일족을 한데 모으는 일조차 하지 못했다. 예를 들면 숙부인 주찰(周札), 사촌형인 주연(周筵) 등은 동진 정부에서 후한 대접을 받아 반란에 동조하기는커녕 오히려 그들을 토벌하러 나섰다.

후한 대우란 구체적으로 말하면 구품관리법을 운영하는 쪽에 들어가는 것이다. 중정(中正)에 임명되어 관리후보생을 천거할 수가 있었다. 차례차례 자기편을 만들 수 있기 때문에 기분은 나쁘지 않았다. 이를 무기로 왕도는 다양한 세력을 무너뜨렸다. 그러나 너무 과해서 동진의 지반이 흔들려서는 곤란했으므로 적당히 공작해야 했다. 왕도는 그것을 조절하는 솜씨가 실로 천재적이라 할 만큼 뛰어났다.

왕도가 없었다면 아마 동진은 중흥할 수 없었을지도 모른다. 그 왕도도 머지않아 퇴장할 때가 찾아왔다. 명제가 젊어서 죽고 다섯 살 된 성제(成帝)가 즉위하자, 황태후 유씨(庾氏)의 오빠인 유량(庾亮)이 유조(遺詔)를 받들어 왕도와 함께 어린 황제를 보좌하게 되었다. 왕도는 이미 예순이었고 사촌인 왕돈의 모반으로 정신적인 타격을 받았다. 따라서 아무래도 외척인 유씨가 주도권을 쥐게 되었다.

젊은 유량은 동진의 국력을 과신하는 면이 있었다. 왕도는 이 나라가 여러 세력의 균형 위에 서 있다는 것을 충분히 알았기 때문에 힘에 호소할 때도 매우 신중했다. 유량은 그런 왕도의 방식이 답답해서 견딜 수가 없었다. 그가 주도권을 쥐고 일을 처리하자 곧바로 실패하고 말았다.

동진이라는 나라를 구성하는 여러 세력 가운데 유민(流民) 군단도 중요한 부분을 차지했다. 중원에서 남쪽으로 유랑하는 사람들은 주도력 있는 인물이 통솔해야만 안전하게 여행할 수 있었다. 그 통솔자는 대개 집안이 좋고 사내답고 용감한 인물이었다. 조적(祖逖)이나 소준(蘇峻) 같은 인물이 대표적인 예다. 왕돈의 잔당을 토벌할 때는 소준 군단이 크게 활약했다.

유량은 어떤 세력이 너무 강해지면 그것을 눌러놓아야 나중에 화란(禍亂)의 불씨가 되지 않는다고 생각했다. 그래서 그는 소준 세력을 없애기로 했다. 소준을 건강(建康)으로 불러들여 군대와 떼어 놓는 것이 최상책이었다. 하지만 소준이 그것을 받아들일 리 없었다. 소준은 유량이 자신의 힘을 약화시키려고 술책을 꾸미고 있다는 것을 정확히 깨달았다.

소준은 반기를 들었다. 함화(咸和) 2년(327) 12월에 소준 군은 고숙(姑孰)을 습격해 정부의 소금과 쌀을 대량으로 손에 넣었다. 군량을 넉넉하게 확보한 반란군은 건강을 향해 진격했다. 조정은 유량에게 정토제군사(征討諸軍事)를 통솔하게 했다.

이듬해 감화 3년 2월에 소준 군은 마침내 국도를 점령했다. 유량은 도망가고 3월에 유태후가 죽었다. 때가 때이니 만큼 자연사였는지는 의문이다. 그때 그녀의 나이 32세였다. 소준은 스스로 표기장군(驃騎將軍)이 되어 여덟 살이 된 성제를 추대하고 관고(官庫)의 포(布) 20만 필, 금은 5천 근, 전(錢) 억만, 비단 수만 필을 모조리 몰수했다고 한다. 궁궐 사람들에게 품었던 소준의 증오심은 매우 컸다. 대단한 능력도 없는 주제에 황제 측근이랍시고 함부로 행동하고 지방군단의 예산을 삭감한 패들을 그는 용서하지 않았다. 조정의 신하들은 고역(苦役)에 끌려나와 매를 맞거나 옷을 벗기는 치욕을 당했다.

이처럼 난폭한 짓을 한 소준이지만 왕도에게는 위해를 가하지 않았다. 유량이 지방군단의 힘을 약화시키려고 한 것에 왕도가 반대했다는 사실을 잘 알고 있기 때문이다.

소준의 난을 평정한 사람은 또다시 도간(陶侃)이었다. 유량은 지방군
단에게 심하게 대했으나, 석두(石頭)의 요새를 증강한 것은 도간에게 압
력을 가하기 위해서였다. 결국 유량은 도간에게 머리를 숙일 수밖에 없
었다. 황태후의 오빠라는 신분에다 귀족 중의 귀족이었던 유량이 오계만
(伍溪蠻) 출신이라던 도간 앞에 무릎을 꿇었다.

귀족사회라고 하면서도 중요한 때 세상을 움직인 사람은 실력을 갖춘
군인들이었던 것이 육조 시대의 참모습이었다.

고구려를 토벌한 연왕 모용황

일단 퇴장한 것처럼 보였던 왕도가 다시 조정의 중심이 되었다. 타협
의 정치, 힘의 균형을 이룬 정치가 다시 주류가 된 것이다. 유량은 왕도
의 방식이 답답했으나 소준의 난을 야기했다는 큰 실책을 저질렀기 때문
에 조정을 떠나 있어야 했다.

함화 9년(334), 도간이 죽자 유량은 정서장군(征西將軍), 강주(江州)·여
주(予州)·형주(荊州)의 3주 자사를 겸하고 무창(武昌)에 머물렀다. 지방군
단의 세력 확대를 두려워하던 그가 지방군단을 이끌게 된 것이다.

동진의 중심 가운데 하나인 무창은 그때까지는 군사기반이라는 요소
가 강했으나 유량 시대부터 귀족사회로 변했다. 귀족의 자제가 무창에 모
여들었기 때문이다. 유량이 기실참군(記室參軍)에 등용한 은호(殷浩) 같은
사람도 그중 하나였다.

소준의 난이 있은 지 10년이나 지났으나, 유량은 여전히 왕도의 정치

에 불만이었다. 왕도는 태부(太傅)와 승상(丞相)으로서 황제 측근이었다. 성제가 이미 성인이 되었는데도 왕도가 아직 후견을 그만두지 않고 천하의 정치를 맡고 있는 것에 유량은 심하게 반발했다. 병권을 쥔 유량은 군대를 일으켜 왕도를 타도하려고 궁리했으나 아무도 협력해주지 않았다. 왕도도 유량이 자신을 제거하고 싶어 한다는 것을 알았다. 서풍이 불어 먼지가 떠오르자 왕도는 얼굴을 부채로 가리고,

원규(元規, 유량의 자)의 먼지는 사람을 더럽히는구나. ……

라고 말했다고 전한다.

왕도는 성제 함강 5년(339) 7월에 죽었다. 73세였다. 그는 죽기 전에 하충(何充)이라는 자를 추천했는데, 이는 유량과 공동으로 추천한 자였다. 유량, 그 동생인 유빙(庾冰), 그리고 하충이 왕도와 도간이 죽은 뒤의 동진을 짊어지고 갈 인물이었다.

그때까지 왕도가 했던 방식에 따르면, 정치를 개선하는 데 도움이 되는 방법이라 해도 그 시행에 문제가 생길 위험이 있으면 보류했다. 유량 형제는 그것이 불만이었다. 때로는 무리를 해서 밀어붙일 필요도 있다고 생각했다. 왕도가 죽은 뒤 곧바로 왕공(王公) 이하 서민에 이르기까지 토단법(土斷法, 동진·남조 때에 시행하던 호적 정리법—옮긴이)에 따르는 정치상의 대개혁이 단행되었다.

북쪽에서 흘러들어 온 사람들은 그때까지 토착의 적(籍)이 없었다. 예를 들어 낙양 사람이라면 ㄱ 부근에 낙양촌이라는 가칭(假稱)의 땅에 살면서도, 본적은 동진 지배하에 있지 않았다. 그들은 그런 이유로 세금을

내지 않았다. 남쪽 사람들은 이것에 승복할 수 없었다. 같은 동진 백성인데도 면세특권을 받는 사람이 있는 것이다. 북쪽에서 온 사람들은 강남은 임시 주거지이고, 또 대개 맨몸으로 탈출해 왔기 때문에 세금까지 내야 한다는 것은 가혹한 일이 아니냐고 주장했다. 하지만 남천(南遷)이 시작된 지 벌써 30년 가까운 세월이 흘렀다. 이쯤 되면 임시 주거가 아니었다. 2세들도 다 성장했다. 이제 전란을 이유로 한 면세는 통하지 않게 되었다. 언젠가는 실제 거주지에 호적을 만들어야 했다. 특전이 박탈당하는 것은 누구에게나 즐거운 일이 아니어서 그 실시를 놓고 다툼이 예상되었다. 따라서 왕도는 그의 정치철학에 따라 그것을 손대지 않았다.

토단법의 실시는 동진이 망명정권이라는 위치를 버리고 여기에 뿌리를 내릴 결심을 했기 때문인지도 모른다. 하지만 북벌 희망까지 포기한 것은 아니었다. 누구보다 열렬한 북벌론자는 토단법 실시를 단행한 유량이었다.

무창에서 대군을 지휘하게 된 유량은 차츰 자신감이 생겼다. 그가 무창에서 군무를 보게 된 시기는 후조(後趙)의 석륵이 죽은 직후였다. 그는 끊임없이 이 기회에 북벌군을 일으켜야 한다고 주장했지만 군신들의 찬동을 얻지 못했다. 죽기 전해인 함강(咸康) 5년(339)에도 북벌태세를 취하려고 했으나, 태위(太尉) 치감(郗鑒)과 태상(太常) 채모(蔡謨)의 반대에 부딪혔다.

군사행동은 취하지 못하는 대신 정치적인 대책을 세웠다. 동진의 직접적 상대는 그 사납다는 후조의 석호였다. 흉노의 갈족인 석호는 배후에 선비족 중 유력한 부족인 모용부(慕容部)를 두었기 때문에 동진은 이들과 손을 잡았다. 모용부의 우두머리가 모용황이던 시기에 해당한다. 모용황

(慕容皝)은 이미 자신을 연왕(燕王)이라 칭했으나 아직 동진의 승인을 얻지 못한 상태였다. 동진에서는 그들을 단지 '모용진군(慕容鎭軍)'이라 칭하고 우호적인 군단으로 취급했다.

모용부가 특별히 동진에 충성을 다했던 것은 아니다. 선비족 우문부(宇文部)는 석륵과 결탁했으나 모용부는 모용외(慕容廆) 시대에 이를 토벌했고, 모용황 시대에는 석호와 결탁해서 마찬가지로 선비족인 단부(段部)를 토벌했다. 후조와는 대립하기도 하고 결탁하기도 했는데, 이는 모두 모용부의 세력 확대라는 목적 때문이었다.

모용황은 그러한 민족의 큰 목적을 위해서는 아무래도 후조 석호와의 대결을 피할 수 없다고 보았기 때문에 후조의 배후에 있던 동진과 우호 관계를 맺었다. 모용부나 동진이나 공통의 적인 후조의 배후 세력을 이용하려고 한 것에 지나지 않았다.

고구려를 토벌한 모용황은 사기가 한껏 고조되었다. 자신이 연왕이라는 것을 동진에게 승인받기 위해 사자(使者) 유상(劉翔)을 건강에 보낸 때가 유량이 죽은 무렵이었다. 결론이 나서 동진은 모용황에게 연왕, 대장군, 대선우, 도독하북제군사(都督河北諸軍事), 유주목(幽州牧) 등의 칭호를 인정했다. 함강 7년(341)의 일이다.

사자 유상은 대단한 논객이었다. 그는 한족이었으며, 그의 누이는 동진의 상서(尚書)인 제갈회(諸葛恢)의 아내였다. 제갈회는 위나라의 대사공(大司空)이자 제갈공명의 사촌이기도 한 제갈탄(諸葛誕)의 손자다. 아내의 동생이 사자로 왔음에도 제갈회는 경솔하게도 오랑캐에게 왕위를 허락해서는 안 된다며 반대했다. 모용부를 이용해서 석호를 제거하더라도 또 다른 석호가 나오게 된다는 이유에서였다.

유상의 끈기가 이겼다. 동진으로서는 영지를 주는 것도 아니고 칭호는 단지 '허명(虛名)'일 뿐이었다. 한나라의 고조가 한신(韓信)과 팽월(彭越)을 왕으로 세우고, 그를 이용해 천하를 얻은 뒤에 숙청한 고사가 생각난다. 말로 내린 칭호는 말로 취소하면 그만이었다.

동진이 모용황에게 연왕 칭호를 정식으로 인정한 것은 토단법 시행과 거의 같은 시기였다.

라이벌로 변한 소꿉동무 환온과 은호

유량은 동진이라는 나라에 군벌이 탄생하여 국가의 기반을 위태롭게 하지 않을까 가장 경계한 인물이었다. 그 때문에 소준의 난 같은 것이 일어났을 정도였다. 하지만 결국 그 자신이 군벌을 탄생시킨 토양을 만들었다고 할 수 있다.

무창이라는 땅이 건강과는 또 다른 중심이 된 것이 가장 큰 이유였다. 그와 같은 지리적 조건을 갖추었어도 건강에 압도적인 힘이 존재했다면 군벌은 탄생하기 어려웠을 것이다. 무창이 단지 군사기지만이 아니라 정치, 문화, 산업이라는 면에서 강해진 점에도 문제가 있었다. 유량이 여기에 머물던 시절 귀족 자제들이 많이 모여들었다. 수도 건강에서 불우한 처지에 있던 사람들도 또 다른 중심을 찾아 무창으로 몰려왔다.

유량이 죽은 뒤에도 그의 동생인 유빙(劉冰)과 유익(劉翼)이 하충(何充)과 더불어 동진의 뼈대를 지탱했다. 그러나 그 10년 남짓 되는 세월은 환온(桓溫)이라는 거대 군벌이 등장할 때까지의 준비기간이라는 느낌이다.

환온의 아버지는 선성군(宣城郡) 태수였다. 문지2품(門地二品)의 명문

가문이다. 환온의 아버지는 어떤 사연으로 남에게 죽음을 당했고 그는 아버지의 원수를 갚았다. 아버지를 살해한 인물을 죽이고 그 상중에 쳐들어가 세 아들의 목을 베었다. 참으로 처참한 일이었는데도 당시 사람들은 그의 행동을 칭찬했다.

이 복수가 환온이 출세하는 데 실마리가 되었다. 용모도 준수했기 때문에 황녀인 남강공주(南康公主)의 남편이 되었다. 황제의 사위라는 신분을 얻은 것이다. 그는 낭야 태수에서 서주자사로 순조롭게 승진했다.

함강 8년(342) 성제가 22세로 죽었다. 다섯 살에 즉위했으니 재위기간은 17년에 이르나 황제가 친정한 적은 없었다. 황자는 두 명이 있었는데 물론 아직 어렸다. 국가가 다난할 때 어린 황제는 바람직하지 않다. 그래서 성제보다 한 살 어린 동생 낭야왕 사마악(司馬岳)이 즉위하게 되었다. 이가 강제(康帝)인데 2년 뒤에 23세의 나이로 죽고, 그의 아들이 즉위해서 역시 어린 황제 시대가 되었다.

강제의 아들 목제(穆帝)는 두 살에 즉위했고 그 이듬해에 유익이 죽었다.

유익은 천하의 부도(副都)라고도 할 만한 무창의 주인이었다. 그 지위는 형인 유량에게서 물려받았으며, 사람들은 그를 '서부(西府)'나 '서번(西藩)'이라고 불렀다. 그가 죽은 뒤에 이 지위는 아들 유원지(庾爰之)에게 계승될 터였다. 하지만 여기에서도 나이가 어리다는 것이 문제가 되었다.

유원지는 아기는 아니었으나 '나이가 어리고 미숙한 소년'이었다. 황제는 어쩔 수 없다 해도 서부의 후계자까지 미성년이어서는 곤란했다. 유익은 죽기 전에 아들 원지를 보국장군(輔國將軍), 형주자사(荊州刺史)로 만들어 자신의 후임으로 삼을 생각이었다.

유익이 죽은 뒤, 하충이 이 인사에 반대했다. 서부의 책임자는 실력

있는 인물을 세워야 한다는 극히 지당한 이유를 들어 서주자사 환온을
추천했다.

　　형(荊, 호북)과 초(楚, 호남)는 나라의 서문으로 호구(戶口)는 백만에
이르며, 북으로는 강한 호족(胡族)을 두었고, 서로는 강한 촉(蜀)과 이
웃하며, 지세(地勢)가 험난하여 만리를 싸워야 하므로, 사람을 얻으
면 즉시 중원을 정할 수 있고, 사람을 잃으면 곧 사직(社稷)이 우려된
다. 육항(陸抗)의 이른바 '보존하면 곧 오나라가 보존되고, 망하면 곧
오나라가 망한다'는 것이다. 어찌 미숙한 소년에게 그 임무를 맡길 수
있겠는가. 환온은 영략이 출중하고, 문무의 능력이 있다. 서하(西夏)
의 임(任)은 온(溫)보다 나은 자가 없다.

　　육항은 삼국시대 오나라의 대사마(大司馬)로 임종 직전에 아버지 육손
(陸遜)의 말을 인용하여 형주를 지켜야하는 중요성에 대해 말했다고 알
려지고 있다. 11세기 감숙(甘肅) 지방에 정권을 수립한 탕구트족의 나라
를 '서하'라고 부르는데, 남북조 시대에 이 말은,

　　중국의 서부로 적이(狄夷, 오랑캐)에 속하지 않는 지역.

을 의미했다. 하(夏)는 다시 말하면 화(華)라는 뜻이다.
　　이렇게 해서 환온이 서부의 주인으로서 들어앉게 되었다. 확실히 그는
영략이 출중한 인물이었다. 문무의 기간이 있다고 했듯이 무장으로서 유
능했을 뿐만 아니라 청담의 대가로도 이름이 높았다.

과연 환온은 무창에 들어온 이듬해(346)에 촉나라에 군대를 보냈다. 앞에서 이야기했듯이 사천에는 저족인 '성한(成漢)'이라는 정권이 있었다. 양자강(장강) 상류에 있던 성한의 존재가 동진에게 위협적이었음은 말할 나위도 없다. 환온은 사천에 원정해서 촉의 성한을 토멸했다.

망명정권이었던 동진에게 이것은 가슴 설레는 쾌거였다. 동진의 조정은 흥분에 휩싸였는데, 사실 냉정하게 생각해 보면 한 인물의 권위가 특별히 두드러진 상태는 바람직하지 않다. 여러 세력의 균형 위에서 정권을 유지해 온 동진이므로 이때도 지혜를 짜내 환온에게 대항할 수 있는 인물을 만들어내려고 했다.

산동 반도와 서주에서 남하한 유민 군단 이야기는 앞에서 이미 이야기했다. 치감이라는 인망 있는 인물의 통솔 하에 양주(揚州) 일대가 그 주둔지였다. 서부만큼의 세력은 아니었으나 수도인 건강을 방위하는 중요한 거점이었으므로 이곳을 북부(北府)라고 불렀다. 치감은 왕도와 비슷한 시기에 잇따라 세상을 떠났다.

동진의 조정은 양주자사 은호(殷浩)에게 북부를 맡아 처리하게 했다. 환온과 대항시키려고 했던 것이다. 은호의 아버지도 군(郡) 태수를 지낸 적이 있고 그도 문지2품이었다. 유량이 무창에 있던 무렵 그의 참모를 지낸 적이 있는데 노장(老莊)과 역경(易經)을 좋아하고 오히려 은둔적인 성격이었다. 은둔 중인 그를 끌어낸 사람이 사마욱(司馬昱)이었다.

조정이라 해도 목제(穆帝)는 어린 아이였다. 그를 보좌한 사람은 원제의 막내아들, 다시 말해 명제의 동생인 회계왕(會稽王) 사마욱이었다. 원제는 이 막내아들을 예뻐해 한때는 자신의 후계자로 삼으려 했으나, 군신들의 반대에 부딪힌 사연이 있다. 성제와 강제의 숙부이며 목제에게는 숙조부(작은할아버지)다. 황족 가운데 가장 연장자였다.

사마욱의 간곡한 의뢰로 은호는 양주자사에 취임해 북부(北府) 책임자가 되었다. 환온과 은호는 소꿉동무였다고 한다. 은호는 순선(荀羨)과 왕희지 두 사람을 측근으로 기용했다. 왕희지는 왕도의 조카로 말할 것도 없이 서성(書聖)이라 일컬었던 인물이다. 북부에서 호군장군(護軍將軍)으로서 은호를 보좌했다. 은호는 환온에게 대항의식을 갖고 있었으나, 왕희지는 늘 은호에게 환온과 우호관계를 유지하라고 조언했다. 은호는 왕희지의 조언을 그다지 존중하지 않았다.

들통난 환온의 야심

349년, 석호가 죽고 후조(後趙)가 혼란에 빠지자, 동진이 이때가 중원을 회복할 좋은 기회라고 생각한 것은 당연했다. 환온은 재빨리 무창에서 안륙(安陸)으로 쳐들어갔다. 북상할 기회를 엿보기 위해서였다.

후조의 양주자사(揚州刺史)가 동진에 항복함으로써 싸우지도 않고 수춘성(壽春城)을 손에 넣었다. 동진은 진규(陳逵)를 수춘에 파견했다.

외척(강제의 황후 오라비)인 저부(褚裒)는 북벌을 청하여 그날로 허가를 받았다. 하지만 이 북벌군은 후조의 남토대도독(南討大都督) 이농(李農)이 이끄는 2만 기병에 대패했다. 그 결과 모처럼 피를 흘리지 않고 손에 넣은 수춘까지 단념해야 했다.

4월에 석호가 죽어 6월에 장례를 치르고, 7월에 동진의 북벌군이 출발해 8월에 패주한 것이다. 아무래도 속도가 너무 빨랐다. 석호가 죽자 혼란에 빠진 하북 유민 20만이 황하를 건너 남쪽의 동진으로 귀속하려

하는 참이었다. 동진의 북벌군이 이 세력을 흡수했다면 후조군에게 어이 없이 패하는 일은 없었을 것이다. 유민단이 남하하려 할 때, 동진의 군대는 이미 패주한 뒤였다.

한인(漢人)인 염민이 흉노 갈족을 모두 죽인 사건은 그로부터 넉 달 뒤에 일어났다.

하북 유민에 관한 소식은 첩보활동만 제대로 했어도 알 수 있었다. 내분에 관한 정보로 후조 내부가 더욱 혼란스러워질 것도 예측할 수 있었다. 북벌군을 왜 그렇게 서둘러서 북상시켰는지 참으로 의아하다. 하지만 거기에는 이유가 있었다. 환온이 먼저 전공을 세울 것이 두려워 서둘러 다른 장군을 북상시킨 것이다.

늦게나마 후조가 수습할 수 없을 만큼 혼란스러워진 것을 알게 된 동진은 다시 북벌군을 파견하기로 했다. 이때도 환온이 열심히 북벌을 청원했음에도 동진의 조정, 다시 말해 회계왕 사마욱은 북부의 은호를 북벌군 총사령관으로 임명했다.

석호의 죽음으로 화북(華北)에 큰 변화가 생겼다. 그의 후조국은 한인 염민이 찬탈했는데 바로 위(魏)라는 단명한 왕조다. 석호의 유산은 선비족 모용부의 전연(前燕)에 승계되었다.

후조의 석호가 건재했던 무렵 동진과 모용부는 후조라는 공통의 적을 둔 우호관계였다. 연왕이라는 칭호도 동진이 공식적으로 인정했다는 사실은 앞에서 이야기했다. 하지만 공통의 적이 소멸하자 사정이 달라졌다.

또 하나 커다란 변화는 중원으로 강제 이주시킨 티베트계 저족(氐族)과 강족(羌族)이 흩어진 것이었다. 땅은 넓고 인구는 적은 시대였기 때문에 정복한 부족을 그대로 머물게 하기보다는 감시의 눈길이 미치는 곳으로 이주시키는 편이 좀 더 안전하게 지배할 수 있었다. 저족과 강족은 본의 아니게 중원으로 옮겨왔다. 하지만 그들은 마음으로 고향인 섬서와 감숙 땅을 그리워했다. 그들을 강제로 이주시킨 석호가 죽고 후조의 지배력이 약해지자 그들은 당연히 고향땅으로 돌아갈 생각을 했다.

저족의 수장은 포홍(蒲洪), 강족의 수장은 요익중(姚弋仲)이었다. 포홍은 나중에 성을 부(符)라고 바꿨다. 서쪽으로 돌아갈 뜻을 세운 이 두 부족은 서로 싸웠다. 저족이 우세해지자 강족의 요씨는 동진에게 항복해 버렸다. 요익중은 사지절(使持節), 육이대도독(六夷大都督), 거기대장군(車騎大將軍), 대선우 등의 칭호를 받았고, 그의 아들 요양(姚襄)은 평북장군(平北將軍), 병주자사(幷州刺史)에 임명되었다.

은호의 북벌군은 상당히 순조로웠는데, 그 군중에는 요양이 이끄는 강족 부대가 있어 전력(戰力)에 큰 보탬이 되었다. 동진만의 힘으로 북벌은 아직 무리였다. 그 무렵 중군장군(中軍將軍)이었던 서성(書聖) 왕희지가 은호와 회계왕에게 여러 차례 서신을 보내 북벌을 그만둘 것을 진언했다.

목제 영화(永和) 9년(353)에 요양이 동진을 배반했다. 은호의 잘못 때문이었다. 은호는 요양이 전공을 세우는 것이 싫어서 그 동생들을 인질로 잡아 유폐하고 자객을 풀었다. 은호의 처사를 견디다 못한 요양은 마침내 은호를 습격해 군사 1만여 명을 죽여 버렸다. 그 후 은호가 파견한 군대는 모두 요양에게 격퇴되어 동진은 오히려 큰 타격을 입었다. 이런 상태에서 북벌은 가당치도 않은 일이었다.

군대는 번번이 격파되었고 식량도 병기도 모두 바닥을 드러냈다. 이에 정서장군 환온은 은호의 죄를 물어 그를 탄핵했다. 환온에게 대항할 수 있는 인물이라고 기대를 모았던 은호의 실패는 너무도 명백했다. 환온의 탄핵을 인정하지 않을 수 없었던 동진의 조정은 마침내 은호를 해임하고 동양군(東陽郡)의 신안(信安)이라는 곳으로 보냈다.

서부의 주인인 환온이 마침내 북부의 군권까지 장악했다. 은호를 기용한 회계왕의 예상은 완전히 빗나가 버렸다.

영화 10년(354)의 일이었다. 환온은 결국 스스로 북벌군을 이끌고 북상했다.

당시의 화북땅은 동부는 모용부인 전연(前燕)이 지배하고, 서부는 중원에서 돌아온 저족의 전진(前秦)이 지배하고 있었다. 부홍(符洪)으로 이름을 고친 저족의 수장 포홍은 죽었고, 그의 아들 부건(符健)이 이미 황제를 칭하고 있었으며, 부건의 동생 부웅(符雄)이 승상으로서 형을 보좌했다.

북벌군 총수인 환온이 공격해 들어간 곳이 바로 전진(前秦)의 영역이었다. 관중(關中)의 부로(父老)들은 동진의 군대를 보고,

기대하지도 않았다. 오늘 다시 관군을 볼 줄이야!

라며 눈물을 흘렸다고 한다.

다만, 환온의 마음은 적의 장안이 아니라 동진의 국도인 건강에 있었다. 그의 본심은 북쪽의 전진 깊숙이 진격하여 자신의 권세를 높이고 그 무공을 배경 삼아 조정을 압도하여 제위를 빼앗는 것이었다. 장안을 눈앞에 두고도 공략하지 않았기에 그렇게 말하는 것이다.

동관(潼關)의 서쪽, 성스러운 화산(華山)의 북쪽 화음현(華陰縣)에 왕맹(王猛)이라는 인물이 은둔생활을 하고 있었다. 학식은 있으나 세상의 자질구레한 일에 구애받지 않고 살아서 모두들 그를 괴짜 취급했다. 이 왕

맹이 관중에 들어온 환온을 만나러 갔다. 동진 최고의 실력자를 만나서도 왕맹은 방약무인했다. 그는 허술한 옷차림에 이를 잡아가며 시국을 논했다. 먼저 환온이 물었다.

나는 천자의 명을 받들어, 잘 훈련된 병사 10만을 이끌고 백성을 위해 잔적을 제거하고자 하오. 그런데도 아직까지 삼진(三秦, 장안 일대를 총칭)의 호걸들이 찾아오지 않는 것은 어찌된 일이오?

관중에 들어오면 토착 호족과 협객들이 달려 나와 맞아 줄 것이라고 생각했는데, 종군을 지원하는 자가 아무도 없었다. 그 이유가 도대체 무엇인지 물은 것이다.

공(公)은 수천리를 멀다 않고, 적경(敵境) 깊숙이 들어왔소. 지금 장안을 지척에 두고도 파수(灞水)를 건너지 않고 있소. 백성은 아직도 공의 본심을 모르오. 달려오지 않는 이유도 여기에 있소.

이것이 왕맹의 대답이었다. 장안 바로 옆까지 왔으면서도 파수를 건너 공격하려고 하지 않기 때문에 사람들은 귀공의 본심을 의심하여 달려오지 않는다는 말이었다. 환온은 잠시 말이 없다가 천천히,

강동(강남)에 경(卿)에 비할 자가 없겠소.

라고 말했다고 전해진다. 자신의 본심을 꿰뚫어본 것에 감탄했기 때문이다.

권세를 높이고 싶다면 장안성을 함락하는 편이 훨씬 효과가 크다. 적의 본거지에 육박해서 형세를 관망하는 것은 아무래도 환온의 작전 버릇인 것 같다. 압박을 가하면 적의 성내에서 몰래 이쪽과 내통하는 자가 나타 날지도 모른다. 아니면 내분으로 질서가 어지러워질 것이라는 기대도 있었 다. 그것을 기다렸던 것인데 아무 징후가 없어 단념했다는 견해도 있다.

실제로는 관중의 보리에 기대를 걸고 공격해 들어갔으나, 전진(前秦)에 서 일찌감치 보리를 베어 버려 동진군이 식량문제로 고민한 사정도 있었 던 모양이다.

환온은 백록원(白鹿原)에서 전진의 승상 부웅(符雄)과 싸워 1만여 명의 손해를 내고 패했다. 결코 전투를 태만히 한 것은 아니다. 전진의 황태자 부장(符萇)은 환온과의 전투에서 화살에 맞았는데, 그것이 원인이 되어 그해 10월에 죽었다.

환온은 관중의 주민 3천여 호를 데리고 6월에 귀환했다. 장안을 함락 시키지는 못했으나, 환상의 옛 도읍 장안에 육박하여 관중 사람들에게 관군(官軍)의 용자(勇姿)를 보여준 환온의 공적은 은호 따위와는 비교할 수 없을 정도로 눈부셨다.

불발로 끝난 왕조 찬탈

2년 뒤, 환온은 다시 강릉(江陵, 호북)에서 북벌군을 일으켜 이번에는 낙양을 탈환했다.

염민이 세운 위나라를 섬기고 있던 주성(周成)이라는 자가 동진에 항 복하고 낙양을 점거하고 있었으나, 이제는 동진의 말을 듣지 않았다. 그 낙양을 마찬가지로 한때 동진에 항복했다가 다시 배반한 요양이 포위하고 있는 복잡한 상태였다.

환온이 진격하자 요양은 포위를 풀고 북으로 도망가고, 포위된 주성이 다시 동진에게 항복했다.

낙양은 서진의 국도(國都)였다. 그 이전의 위(魏)나라도 그리고 후한도 이곳을 수도로 삼았다. 역대 황제의 능묘가 있어 환온은 능묘를 수복하고 수비대를 남겨둔 채 자신은 남쪽으로 철수했다.

영화 12년(356)의 일이었다. 이해에 환온은 수도를 건강에서 낙양으로 옮길 것을 진언하였다. 그러나 이 진언은 받아들여지지 않았다. 환온은 융화(隆和) 원년(362)에 또다시 천도를 간청했다.

하지만 아무도 찬성하는 사람이 없었다. 어쩌면 이것은 환온이 조정을 협박한 것이라고도 생각할 수 있다. 강남으로 옮겨 온 지 벌써 반세기가 다 되어가고 있었다. 처음에는 조정의 신하들이 북쪽의 낙양을 그리워하고 고향을 잃은 마음에 눈물을 흘리기도 하여, 왕도가 "함부로 슬퍼하기보다는 힘을 합해서 신주(神州)를 극복하자"는 꾸지람을 하기도 했다. 신주란 다름 아닌 낙양을 중심으로 한 중원 땅을 말한다. 그런데 이제는 낙양으로 돌아가자는 말에 조정 중신들이 당황했다. 동진은 이미 남쪽의 조정으로서 뿌리를 내렸다고 할 수 있었다.

동진의 역대 황제는 단명했다. 명제는 27세, 그의 아들 성제는 22세에 죽었다. 성제에게 아들이 두 명 있었으나, 어린 황제를 꺼렸기 때문에 성제의 아우인 강제(康帝)를 세웠다. 그러나 그 역시 23세에 죽었다. 어쩔 수 없이 두 살이 된 강제의 아들 목제가 즉위했지만, 그 역시 19세에 죽었고 더구나 후사가 없었다. 그래서 너무 어리다는 이유로 한 번 즉위가 보류되었던 성제의 아들 사마비(司馬丕)를 황제로 세웠다. 이미 21세였으나 그 역시 25세에 죽었다. 이가 애제(哀帝)라 불리는 황제인데, 아무래도 선약(仙藥)을 너무 많이 먹어서 수명이 단축된 것 같다. 동진의 조정에는 수상쩍은 약을 갖다 바치는 정체불명의 인물이 있었던 모양이다.

노신(魯迅)에게 〈위진(魏晋)의 풍습과 문장과 약과 술의 관계〉라는 유명한 문장(강연 필기)이 있다. 노신은 혜강(嵇康)의 문집을 정리·교정한 일이 있어 이 시대의 일을 잘 알았다. 당시 문인들 사이에서는 오석산(伍石散)이라는 약을 복용하는 게 유행했다. 지금으로 치면 마리화나쯤 되는데, 죽림(竹林)에서 청담(淸談)할 때 복용했던 것 같다. 그중에는 효과가 좋으면서도 죽음에 이르게 하는 위험한 약도 있었을 것이라고 짐작된다.

애제가 죽자 그의 동생인 사마혁(司馬奕)이 즉위했다. 성제에게 아들이 둘이었다는 사실은 앞에서 이야기했다. 사마혁은 나중에 환온에게 폐립되었기 때문에 제호(帝號)가 없다. 역사서는 그를 해서공(海西公)이라고 부른다.

해서공 태화(太和) 4년(369)에 환온은 세 번째 북벌군을 일으켰다. 말할 것도 없이 자신의 권위를 한층 높이기 위해서였으며 최종 목적은 왕위 찬탈이었다. 전한(前漢)의 대사마가 된 왕망(王莽)은 그 힘으로 선양을 강요해 찬탈을 강행했다. 조(曹)씨 집안의 힘이 후한을 능가하여 위(魏)나라 세상이 되었고, 사마씨 집안의 힘이 위나라를 능가하여 진(晋)나라 세상이 되었다. 환(桓)씨 집안의 힘이 바야흐로 진나라를 능가하려 하고 있었다.

실적을 쌓기 위한 북벌이었으나 이번에는 환온이 실패했다. 4월에 보병과 기병 5만으로 출발하여 7월에 방두(枋頭)까지 진군했다. 이번 상대는 모용부의 전연(前燕)이었다. 전연은 국도를 용성(龍城)에서 업(鄴)으로 옮겼고, 황제는 모용황의 손자인 모용위(慕容暐)였다.

방두는 업과 매우 가까웠다. 여기에서도 환온의 작전 버릇이 나왔는지 방두에다 군대를 주둔시킨 채 꿈쩍도 하지 않았다. 환온은 적의 내응(內應)이나 내분을 기다렸지만, 전연으로서는 서쪽의 전진에게 도움을 요청할 시간을 얻은 셈이 되었다.

전진에서는 폭군 부생(符生)이 살해되고, 승상 부웅(符雄)의 아들 부견(符堅)이 다스리는 시대였다. 그는 전진 부건(符健)의 조카로 오호십육국의 군주 가운데 가장 명군이라는 칭송이 자자했다. 전진은 전연이 호뢰(虎牢) 서쪽 땅을 자신들에게 할양하는 조건으로 보병과 기병 2만 명을 구원군으로 보내기로 했다.

전연의 국도를 눈앞에 두고 환온은 또 다시 퇴각하지 않을 수 없었다. 배를 불태우고 군수품, 투구와 갑옷을 버리고 육로로 도망쳐 돌아가는 추태를 연출했다. 더구나 환온은 죄를 예주자사 원진(袁眞)에게 뒤집어씌웠다. 이에 분개한 원진이 전연에 항복하는 일까지 벌어져, 어쩐지 환온도 늙어서 무뎌진 느낌이다.

2년 뒤, 대사마 환온은 황제 사마혁을 폐립했다. 방두의 패전으로 약간 떨어진 권위를 '황제조차 폐립할 수 있다'는 실적으로 회복하고자 했다.

사마혁은 폐립된 뒤의 모습만 보아도 평범한 인간이라고밖에 생각할 수 없다. 환온은 항간의 소문을 모른 척 내버려 두었다. 황제는 위질(痿疾, 감각을 잃어 마음대로 움직일 수 없는 질병-옮긴이) 때문에 남자 구실을 못하는데도 아들을 셋이나 두었으니, 도대체 그게 누구의 자식인지 알 수 없다는 악질 소문이었다. 이를 근거로 황제를 폐립했으니 대신의 권위를 높이기 위해 폐립되는 황제는 가련하다 할 수밖에 없다.

이어서 회계왕 사마욱이 세워졌다. 앞에서 이야기했듯이 원제는 이 막내아들을 특히 사랑하여 명제를 폐하고 황태자로 세우려고 했을 정도였다. 그의 나이 이미 52세였다. 황족의 장로였으므로 이 인물의 즉위에 반대한 자는 아무도 없었다. 허나 사마혁의 퇴위는 누구나 석연치 않게 생각했다.

사마욱은 간문제(簡文帝)라고 부르는데 즉위한 이듬해 7월에 죽었다. 즉위가 11월이었으니 재위기간이 1년도 채 되지 않는다. 환온은 이 간문제에게 선양을 받아 제위에 오를 생각이었다.

간문제 역시 자신의 즉위가 양위를 전제로 한다는 것을 알고 있었다. 환온은 간문제가 이렇게 빨리 죽으리라고 예상하지 못했을 것이다. 후한의 헌제(獻帝)나 위나라의 원제 같은 역할을 50을 넘긴 이해심 많은 간문제에게 기대했다. 간문제는 임종할 때,

> 소자(小子, 황태자 사마창명은 열 살)를 도울 수 있다면 이를 도와주
> 시오. 만일 불가능하다면 당신이 이를 취하시오.

라는 유조를 환온 앞으로 작성했다. 이것은 유비가 제갈공명에게 준 유조와 똑같은 내용이다. 그러나 시중(侍中) 왕탄지(王坦之)가 이를 찢어버렸다. 나약해진 간문제가 이는 하늘의 뜻이므로 어쩔 수 없다고 말하자 왕탄지는,

> 천하는 선(宣), 원(元)의 천하입니다. 폐하는 어찌 이를 폐하 마음대
> 로 할 수 있겠습니까.

라며 반대했다. 천하는 선제(宣帝) 사마중달(司馬仲達)과 동진의 원제(元帝) 사마예(司馬睿)가 시작한 것이기 때문에 아무리 그 자손이라 할지라도 제 멋대로 이것을 다른 사람에게 양도할 수 없다는 뜻이었다. 간문제는 유조를 고쳐서,

> 국가의 일은 첫째로 대사마에게 맡기되, 제갈무후(諸葛武侯)와 왕승상(王丞相)과 함께하시오.

모든 것을 대사마 환온에게 맡기나, 그것은 제갈공명과 왕도처럼 하라는 조건을 붙였다. 스스로 이를 취하라는 말을 들었던 제갈공명은 결코 찬탈하지 않았다. 물론 왕도도 그러했다.

환온의 왕조 찬탈은 위태로운 순간에 저지되었다.

간문제의 황태자 사마창명(司馬昌明)이 서둘러 즉위했다. 이부상서(吏部尙書) 사안(謝安)과 시중 왕탄지가 열 살 된 어린 황제를 보좌하였다. 이가 바로 효무제(孝武帝)다.

환온이 건강으로 달려와 사안과 왕탄지를 주살하고 진왕조를 빼앗으려 한다는 소문이 자자했다. 허나 이미 환갑을 넘긴 환온은 찬탈할 기력조차 없었는지도 모른다. 아니면 병에 걸렸었는지 간문제가 죽은 지 바로 1년 뒤에 환온도 세상을 떠났다.

유량(庾亮)이 군벌을 만들지 않겠다고 스스로 주재한 서부(西府)가 환온으로 인해 군벌화된 것은 얄궂은 일이다. 환온은 왕위 찬탈에 성공하지 못했으나 이후 남쪽 왕조 찬탈은 군벌이 등장하고 그 세력이 왕조의 힘을 능가하는 형태로 되풀이되었다.

비수대전

위대한 세계주의자 부견

동진의 환온에게 공격을 받은 전연이 전진의 부견(符堅)에게 도움을
요청했다는 사실은 앞에서 이야기했다. 사실 구원을 요청하는 사자가 도
착했을 때 전진의 대신들은 대부분 반대했다.

> 지난날 환온이 우리를 공격하여, 파수(灞水)의 상류에 이르렀을 때,
> 연(燕)은 우리를 구해주지 않았다. 지금 환온이 연을 치는데, 왜 우리
> 가 연을 구해야 하는가. 또 연은 우리를 번(藩, 속국)이라 부르지 않는
> 다. 왜 속국도 아닌 우리가 그를 구해야 하는가?

확실히 그랬다. 전진(前秦)은 자력으로 환온을 격퇴했다. 허나 왕맹(王
猛)은 구원군을 보내야 한다고 설득했다.

부견(符堅)이 아직 동해왕이었을 때, 그는 여파루(呂婆樓)라는 자의 소

개로 왕맹을 알게 되었다. 왕맹을 만난 부견은 "유비가 제갈공명을 만난 것과 같다"며 기뻐했다고 한다.

부건(符健)이 죽고 폭군에다 술주정뱅이인 부생(符生)이 살해된 뒤, 전진의 제위에 오른 부견은 왕맹을 중서시랑(中書侍郎)에 기용했다. 황제 부견이 왕맹을 너무도 중용했기 때문에 저족의 유력자들은 왕맹을 못마땅하게 생각했다.

왕맹의 조언으로 전진의 정책이 한화(漢化) 한 길만을 더듬고 있는 것도 저족 사람들에게는 불만이었다.

역사서에는 부생이 희대의 폭군인 것처럼 기록되어 있지만, 어쩌면 부생은 저족 고유의 굳센 야생의 힘을 정치에 반영하려다 한화파(漢化派)인 부견과 충돌하여 죽음을 맞이했을 가능성도 있다. 장안을 수도로 정한 전진은 점차 유목기질이 사라지며 농경민으로 변질되어 갔다. 부견은 그것을 장려했을 것이다. 그리고 티베트계 민족과 한족의 융화에 노력했다. 저족이 지배자인 만큼 아무래도 한족을 멸시하는 경우가 많았을 터이나, 부견은 그것을 억제하려 했다.

저족의 유력 수장 중 한 사람인 번세(樊世)는 전진의 조정에서 고장후(姑臧侯)에 봉해졌다. 그는 전진의 시조 부건을 도와 관중(關中)을 평정하는 데 공을 세운 인물이다. 이 번세가 왕맹을 미워하여,

우리가 경작한 것을 네가 먹는단 말인가.

라고 말했다. 자신들이 고생해서 전진이라는 정권을 수립했는데, 아무런 공로도 없는 너희들이 행운을 차지한다는 뜻이다. 이에 왕맹은,

당신들로 하여금 이를 경작하게 할 뿐만 아니라 앞으로 밥도 지어
주겠소.

라고 대답했다. 상대가 정권수립의 고생을 경작이라고 표현한 것에 대해
밥까지 해서 바치겠다고 받아친 것이다.

마땅히 너희의 머리를 장안 성문에 걸어야겠다. 그렇지 않으면 나
는 이 세상에 살지 않겠다.

며 번세는 격노했다. 그 뒤 부견 앞에서 번세가 일어나 왕맹을 치려 하자
부견이 화를 내며 번세를 칼로 쳐 죽였다.

저족과 한을 융화시키는 데 가장 효과가 큰 방법은 교만한 저족 유력
자를 벌하는 것이었다. 이 사건은 동시에 황제가 얼마나 왕맹을 신임하
고 있었는지도 말해 준다.

그러한 왕맹이 전연을 도와야 한다고 주장한 것은 지금 상태에서 전
연은 환온의 적도 아니고 틀림없이 망해서 사라질 나라지만, 그렇게 되
면 훗날 동진 세력이 산동과 하북을 합쳐서 거대해질 위험이 있다는 이
유에서였다. 그때 전연이 내놓은 조건이 앞서 말한 호뢰(虎牢) 서쪽 땅을
전진에게 할양한다는 것이었다.

전진의 출병으로 동진의 환온은 군대를 물렸고 가까스로 전연은 위기
에서 벗어날 수 있었다. 그렇게 되고 보니 전연에게 약속한 호뢰 이서의
땅이 아까웠다.

행인(行人, 외교사절)이 말실수를 했다.

전연은 사자가 말을 잘못 전했다는 뻔한 속임수를 구실로 땅을 나눠 주려고 하지 않았다. 격노한 부견은 전국장군 왕맹에게 기병과 보병 3만을 주어 전연을 토벌하게 했다. 369년, 환온이 방두(枋頭)에서 퇴각한 그해 12월에 왕맹은 이미 낙양을 공격했다.

이듬해 370년에 왕맹은 다시 보병 6만을 이끌고 10월에 전연의 국도 업(鄴)을 에워쌌다. 황제 부견도 11월에 직접 정예부대 10만을 이끌고 업으로 향했다.

이리하여 전연은 망했다. 전연의 황제 모용위(慕容暐)는 기병 10여 명을 이끌고 탈출했으나, 전진의 유격장군 곽경(郭慶)의 추격을 받아 포박되었다. 부견은 모용위를 용서하고 전연의 황후, 공주, 백관과 선비족 4만여 호와 함께 장안으로 옮겼다. 전연의 멸망으로 전진은 157군(郡), 246만 호, 인구 999만 명을 합치게 되었다.

나는 부견이라는 인물을 다양한 각도에서 생각해 본 적이 있다. 그가 걸출한 인물인 것만은 틀림없다. 무엇보다 우리를 감동시키는 것은 종족 간의 차별을 없애려고 한 점이다. 한족 대신인 왕맹과 건국의 원훈이었던 저족의 장로 번세가 싸울 때 번세를 주살한 것은 부견이 종족문제에 관한 자신의 이상주의에 목숨을 걸었다는 증거가 아닐까?

지배자이기는 했으나 한족에게 문화적으로 열등한 종족이라고 모멸당한 일을 부견은 잊지 않았다. 그만큼 한족의 우월의식에 심한 저항감을 가졌다고 생각할 수 있다. 왕맹을 중용한 것은 왕맹이 뛰어난 인물이었기 때문이기도 하지만 그것이 전부는 아니었을 것이다. 나는 부견이라는 인물이 종족을 초월한 세계주의자를 지향했다고 생각한다. 4세기 무렵에 이것은 놀라운 일이다.

전연을 멸망시킨 부견이지만 선비족에게는 관대했다. 어쩌면 지나치게 관대했는지도 모른다. 적어도 전진의 국도 장안에 사는 저족 사람들은 그렇게 느꼈을 것이다. 부견은 자기와 같은 저족 사람들은 잇달아 동쪽으로 보내고 이민족인 선비족 모용부의 귀족들은 대량으로 자신들의 수도로 옮겼다. 남의 부족 사람은 자기의 중심부로 불러들이고 자기 부족 사람들은 변경으로 몰아냈던 것이다.

세계주의자라면 누구나 이 세상을 뒤섞고 싶을 것이다. 하지만 그렇게 하면 많은 문제가 일어난다. 부견은 자기와 같은 종족 사람들이라면 이런 일쯤은 참아줄 것이라고 생각한 듯하다.

똑같이 힘든 일을 시킬 때 그 대상이 다른 종족이라면 원망을 산다. 그러나 자신과 같은 종족이라면 반발이 적다. 부견은 실험적인 시도를 하면서 자기 집안사람들에게 희생을 강요하는 부분이 있었다. 하지만 그것이 도를 넘으면 집안사람들이라 해도 무조건 참아줄 수는 없다.

왕맹은 이를 걱정했던 것 같지만 이상주의 신봉자 부견은 아무것도 두려워하지 않았다. 이상을 위해서는 죽음조차 두렵지 않았기 때문에 간언에 귀를 기울이지 않았다. 옳은 일을 하고 있다는 신념은 흔들리지 않았다.

부견에 맞선 장천석

전연을 토벌함으로써 전진은 화북 대부분을 통일했다.

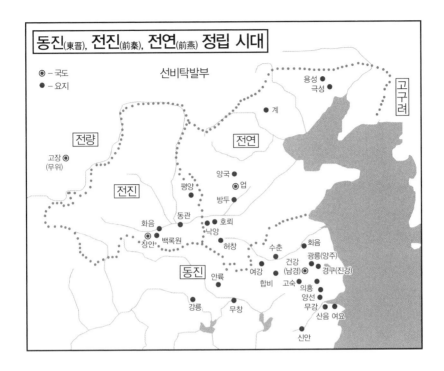

동진(東晉), 전진(前秦), 전연(前燕) 정립 시대

◎ - 국도
● - 요지

선비탁발부

고구려

전량

전연

고장◎
(무위)

용성
극성

계

전진

양국

평양

업◎

방두

화음

동관

호뢰

낙양

백록원

창안◎

허창

수춘

회음

건강
(남경)◎

광릉(양주)

경구(진강)◎

동진

안륙

여강

합비

고숙

의흥

양선

무강

산음 여요

강릉

무창

신안

이어서 부견은 서쪽에 있는 전량(前涼)에 군대를 보냈다. 오늘날 감숙
성 지방에 '양(涼)'이라 칭하는 작은 정권이 존재했다. 마찬가지로 양이라
고 칭한 정권이 전부 다섯 개나 되었기 때문에 역사가들은 여러 가지로
부른다. 이들을 총칭할 때는 '오량(伍涼)'이라고 한다.

오량의 첫 정권이 '전량'이었다.

전진의 부견이 전량을 토벌하려고 한 것은 전량이 동진과 손을 잡았
기 때문이다. 그렇다면 전량은 어떤 정권이었을까? 일종의 왕조였으나 사
실 왕조라 부르기에는 너무나 작았기 때문에 그냥 정권이라고 부르겠다.

서진의 혜제(惠帝) 시대에 일어난 팔왕의 난을 시작으로 천하 대란의
조짐이 보이던 무렵, 감숙의 명문 장궤(張軌)는 스스로 양주자사(涼州刺史)

가 되었다. 중앙에 있으면 전란에 휘말릴 것이라고 예측했기 때문이다. 그는 중앙에서의 승진보다 변방에서의 평온무사한 생활을 선택했다.

변경 지역인 만큼 마음이 편했다. 서진, 그리고 동진에서 관작(官爵)을 받았으나 직접적인 간섭은 없었다. 목(牧)이니 공(公)이니 칭하다 나중에 양왕(凉王)이라 칭했다. 그러나 변경에 몸을 숨기고 있으면 전란을 피할 수 있을 것이라는 장궤의 예상은 너무 낙관적이었다. 장중화(張重華, 전량의 5대왕) 시대에 후조 석호의 장군 마추(麻秋)와 석녕(石寧)에게 심한 공격을 받았다. 석호가 총애한 석도(石韜)를 죽인 아들 석선(石宣)을 참살하고, 석선에 속한 군사 10만을 징벌이라는 이름으로 양주에 주둔시킨 일이 있다. 양주 주둔군의 목표가 전량이었음은 말할 나위도 없다.

저족의 전진이 장안의 주인이 되자 전량 장중화의 싸움 상대는 전진이 되었다.

동진 목제(穆帝) 영화(永和) 10년(354)에 전량의 장조(張祚)는 자신을 양왕(凉王)이라 칭하고 연호를 화평(和平)으로 고쳤다. 전량에서는 그때까지 이미 망한 서진의 연호를 그대로 쓰고 있었다. 서진 민제(愍帝)의 연호는 건흥(建興) 5년(317)으로 끝났으나, 전량에서는 그것을 이어받아 계속 쓰다가 건흥 42년이 되는 해에야 비로소 화평 원년으로 고쳤다. 이것은 그때까지 동진의 정통성을 인정하지 않았다는 것을 의미했다.

전량의 판도는 오늘날 감숙성 서쪽, 이른바 하서 지방이었는데, 때로는 동쪽의 농서, 서쪽의 신강 투루판 분지까지 지배하에 두었다.

장조는 음란하고 잔인했기 때문에 이듬해 그 나라 사람에게 죽음을 당했고, 전량은 다시 전에 사용하던 연호를 써서 건흥 43년이라 했다.

건흥이라는 이 연호는 49년(361)까지 이어지며, 이해에 전량의 장현정

(張玄靚)이 처음으로 동진 목제의 연호인 승평(升平) 5년을 사용했다. 동진을 종주(宗主)로 인정하고 동진 왕조로부터 대도독, 양주자사, 서평공(西平公) 등의 칭호를 받았다. 2년 뒤 장천석(張天錫)이 조카인 장현정을 죽이고 전량의 주인이 되었다. 그리고 곧바로 건강에 사자를 보냈다.

사실 356년에 전량은 전진의 정동대장군(征東大將軍) 부류(符柳)에게 설득되어 전진에 복종하기로 했다. 전진에서도 관작을 받았으니 전진과 동진 양쪽에 속하는 부자연스러운 형태가 된 것이다. 언젠가는 분명한 태도를 취해야만 했다. 마침내 동진 해서공(海西公) 태화(太和) 원년(366)에 장천석은 동진에 복속하기로 결정하고, 전진 쪽 국경에 사자를 파견하여 절교를 통고했다. 10월의 일이었다고 기록되어 있다.

이해에 전량 돈황(敦煌) 땅에 있던 승려 악준(樂傅)이 명사산(鳴沙山)이 황금색으로 빛나며 천불(千佛)의 모습이 드러난 것을 보고는 그곳에 석굴을 만들었다는 기록이 무주(武周)의 『이군수불감기(李君修佛龕記)』에 남아 있다. 다만 연대는,

진(秦) 건원(建元) 2년

이라고 되어 있다. 전진 부견의 연호로는 366년에 해당하는데, 이해에 돈황에서는 전진의 건원 2년과 동진의 태화 원년 두 가지 연호를 사용하다가 10월 이후에는 동진의 연호만 사용하였다.

어쨌든 지금 명사산에서 발굴한 엄청난 석굴사(石窟寺) 중 제1호가 이해에 만들어진 것이다. 다만 애석한 것은 오늘날 남아 있는 492개의 석굴사 가운데 이 시기의 것은 없다.

돈황의 명사산에 처음 석굴사가 조영된 지 10년 뒤에 전진 부견의 대군이 전량을 향해 출동했다. 전연은 이미 망해 화북 땅은 모두 전진의 수중에 있었다. 서쪽 끝에 자리한 전량이라 해도 빠뜨릴 리 없었다.

전진이 파견한 장군 가운데 일찍이 동진 은호(殷浩)의 북벌 길을 안내했다가 나중에 배신한 요양(姚襄)의 동생 요청(姚萇)의 이름도 보인다. 그는 강족 수장의 일족이었으며 석호가 죽은 뒤에는 저족의 부씨(符氏)와 관중(關中) 귀환 경쟁을 벌이기도 했다. 부견은 사람을 볼 때 과거에 어떤 사연이 있던 그것에 구애받지 않았다.

기병과 보병 13만의 전진군 앞에 작은 왕조 전량은 잠시도 버틸 수 없었다. 전진의 군대에 항복하는 수밖에 없었던 장천석(張天錫)은 전진의 사자 염부(閻負)와 양수(梁殊)를 죽였다. 항복하더라도 목숨을 부지하기 어려울 것이라 생각했는데 뜻밖에도 살아났다. 사실 전량 토벌군이 장안을 출발하기 전에 부견은 장천석을 위해 장안에 저택을 마련했다. 반드시 사로잡겠다는 강한 자신감이 있었다.

부견의 이 자신감이 어쩐지 마음에 걸린다. 또, 전연과 전량의 황제, 왕공, 간부들도 모두 용서한 과잉 이상주의도 어쩐지 불길한 느낌이 든다.

남정을 차단한 비수 싸움

'남정해서 천하를 통일한다.' 부견은 그것을 원했다. 이것은 단순한 야심이 아니었다. 그가 하는 일이니 강렬한 이상주의가 뒷받침된 계획이었을 터이다. 그는 분명 사명감에 불타올랐다.

전량은 376년에 항복했는데, 3년 뒤 전진은 남정의 전주곡으로서 양양(襄陽)을 공략했다. 양양은 한수(漢水) 연안에 있다. 한수는 장강으로 흘러들어가는 큰 강이다. 한수가 장강과 합류하는 지점이 바로 동진 제2의 중심인 무창 부근이었다.

유비는 양양 근처인 육중(陸中)에서 제갈공명을 찾아가 보기 드문 인재를 얻었다. 172년 뒤 부견은 양양에서 승려 도안(道安)과 역사가 습착치(習鑿齒)라는 두 걸물을 얻었다. 부견이 인재를 중시한 것은 조조를 닮았다. 그는 양양 공략전에서 용감히 싸우다 포로가 된 동진의 양주자사 주서(朱序)를 전진의 탁지상서(度支尙書)라는 중직에 앉혔다. 그 대신 내응을 청해온 동진의 양양독호(襄陽督護) 이백호(李伯護)는 불충(不忠)이라 하여 참수했다.

부견의 본격적인 남정(南征)의 날이 다가왔다. 동진 효무제(孝武帝) 태원 8년(383) 8월에 부견은 융졸(戎卒) 60만, 기병 27만을 이끌고 장안을 출발했다. 선발대 30만은 부융(符融)이 통솔하여 영수(潁水, 하남성 임영현을 흐르는 강-옮긴이)가 있는 곳까지 도달했다.

동진도 막대한 인력을 동원해 전진의 남하에 대비했다.

환온이 죽은 뒤 동진의 기둥이 된 사안(謝安)은 예전처럼 서부(西府)와 북부(北府)의 힘이 균형을 이룰 수 있도록 신경 썼다. 여러 세력의 균형이야말로 동진의 생명이었다. 북부의 은호가 실패함으로써 서부의 환온이 지나치게 강해진 것이 동진의 위기가 된 사실이 기억에 생생했다. 그래서 사안은 조카인 사현(謝玄) 등에게 북부를 맡기고 서부는 그대로 환온의 동생인 환충(桓沖)에게 맡겼다. 그때까지는 서부에 비해 북부의 힘이 약했으나 사현의 지도로 북부군은 눈에 띄게 충실해졌다. 유뢰지(劉牢之)처럼 뛰어난 장군이 나타나면서 북부는 차츰 서부와 어깨를 나란히 할 만큼 힘을 갖추게 되었다. 사안이 목표로 한 힘의 균형은 그럭저럭 실현했다고 봐도 좋을 것이다.

전진의 침공에 동진은 서부와 북부의 군대로 맞섰다.

비수(淝水)가 천하를 가르는 전장이 되었다.

전진 원정군은 100만이라고 일컬었다. 그러한 대군이 집결하기 전에 전쟁을 시작하는 것이 동진의 작전이었음은 말할 필요도 없다. 비수를 사이에 두고 양쪽 군대가 대치했다. 전진군은 후속부대가 도착하기를 기다리려고 했고, 동진군은 그전에 적에게 타격을 주고자 했다. 전쟁을 시작하려는 동진군 쪽에서 회하(淮河)의 지류인 비수를 건너기 시작했다. 동진군도 마음이 급했지만, 전진군 쪽에서도 적의 도하를 유도하는 움직임을 보였다. 강 기슭의 진지를 약간 후퇴시킨 것이다. 그것은 마치 후퇴하거나 이동하는 것처럼 보였다. 일부러 틈을 보인 것이다.

전진군은 강 기슭에 있는 부대를 후퇴시켜 상대에게 강을 건널 마음을 먹게 하고, 강을 건너는 동진군이 비수 중간쯤 왔을 때 병력을 되돌려 이들을 공격할 생각이었다. 그런데 동진의 군대는 속속 비수를 건넜으나, 전진군은 되돌아서기는커녕 그대로 자꾸만 후퇴해 버렸다. 그것도 당황하여 허둥대다 눈 깜짝할 사이에 죄다 달아났다.

부견은 이 상황을 보고 자기 눈을 의심했다. 역습 공격은 군의 기밀이므로 일반 병사는 알지 못했다. 명령에 따라 후퇴했던 것이다. 동진군이 강 중간쯤 건너왔을 때 "뒤로 돌아 공격!"이라는 호령이 떨어졌어야 하는데, 그보다 먼저 "우리가 졌다, 도망쳐!" 하는 소리가 나왔다.

개 한 마리가 그림자를 보고 짖으면, 모든 개가 따라 짖는다.

는 말이 왕부(王府, 후한 사람)의 『잠부론(潛夫論)』에 나온다. 한 사람이 도망가라고 소리치면 그 소리는 꼬리에 꼬리를 물고 전해져 몇 백 배로 커져서, 그것이 '거짓'이라도 '참말'이 되는 법이다. 이런 현상으로 전진의 대군이 이유도 없이 패배했다.

이 전투를 결정한 것은 '거짓'을 보고 짖은 개였는데, 그는 일찍이 동진의 양주자사로서 양양을 지키다 포로가 되었음에도 그 용전(勇戰)을 평가받아 전진의 부견에게 중용된 주서였다. 몸은 비록 전진의 장수가 되었으나 마음만은 늘 동진에 있던 그가 동진이 강을 건너는 동안 공격받지 않도록 일부러 '거짓'으로 짖어서 전진군을 혼란에 빠뜨린 것이다.

패주하는 전진군은 당연히 후속 부대를 만났다. 그러나 "대패했다!"는 소리를 듣자 후속부대도 덩달아 도망쳤다. 마치 장기짝이 잇따라 쓰러지듯 전진의 군사는 우르르 무너지며 내빼기 시작했다. 황제 부견도 빗나간 화살에 맞아 부상을 입고 간신히 장안으로 도망쳐 돌아왔다. 석 달 전 백만 대군을 이끌고 출정한 부견이 장안으로 돌아왔을 때는 겨우 10만을 거느렸을 뿐이었다.

동진에서는 사안이 자신의 동생 사석(謝石)을 정로장군(征虜將軍)과 정토대도독(征討大都督)으로, 사현을 전봉도독(前鋒都督)으로 임명하고, 서중랑장(西中郎將) 환윤(桓尹) 등이 8만 군사를 이끌고 비수로 출진했다. 그리고 서부(西府)의 환충은 10만 군을 이끌고 양양 방면으로 출격했다.

비수에서의 승전이 너무도 훌륭해서 마치 기적과 같은데 북상한 동진군도 매우 강했다. 부견과 부융은 수양성(壽陽城)에 올라 동진군의 진용을 바라보며 그 정연함에 공포심을 품었다고 한다. 설령 전진군이 작전대로 군사를 되돌려 역습 공격을 했더라도 반드시 승리했으리라 단언할 수 없을 것이다.

동진군에게 이것은 조국을 지키는 전쟁이었다. 회하의 선에서 남쪽이 짓밟히면 국가의 안전은 보전할 수 없었다.

한편 개 한 마리의 헛짖음에 전군이 도망간 전진군의 내부에도 문제가 있었다. 그들은 여러 족의 연합군이었다. 그 가운데서도 특히 한족의 비율이 컸다. 그들 마음속에는 동진이 자신들의 종주(宗主)라는 사고가 사라지지 않았다. 종주를 공격하는 일이었으므로 사기가 크게 진작되지 않는 것도 당연했다.

전진의 명신이며 한족이었던 왕맹은 이 비수 전투가 벌어지기 8년 전(375)에 죽었는데, 임종할 때 그는 부견에게 다음과 같은 말을 남겼다.

> (동)진은 강남 벽지에 처해 있으나, 신하가 정삭(正朔, 천자의 통치-옮긴이)을 서로 받들고 복종해, 군신 상하가 안화(安和)합니다. 신이 죽은 뒤에라도, 원컨대 진을 토벌할 일을 꾸며서는 아니 됩니다. 선비(鮮卑)와 서강(西羌)은 우리의 원수로서 훗날 우환이 될 것입니다. 마땅히 이를 제거하여 사직을 편하게 하소서.

동진을 공격하면 안 된다는 것, 그보다는 선비와 서강 등 북방 부족이 위험하므로 서서히 그들의 힘을 제거할 것, 그것이 국익이라고 설득했다.

좌절된 세계 제국의 이상

부견의 남정은 왕맹의 유언에 어긋나는 행동이었다. 정말로 이와 같은 유언이 있었다고 사서에 기록되어 있지만 너무도 사실(史實)에 합치되는 예언이기 때문에 훗날 만들어낸 것은 아닐까 하는 의심마저 든다.

하지만 화북 주민의 다수를 차지하는 한족이 마음속으로 동진을 종주라고 여긴 것은 당시에도 상식이었을 터이다.

남정 결행에 즈음해서 부견은 부융과 승려 도안(道安), 그리고 자신이 사랑하는 장부인(張婦人)에게도 충고를 들었다. 어린 태자 부선(符詵)도 간했으나,

천하의 대사를 풋내기가 어찌 알겠느냐.

부견은 이렇게 말하고 모두 물리쳤다.

전진의 내부와 황제 주변에서도 반대의 목소리가 높았다. 그럼에도 부견은 무리하게 원정에 나섰다. 그의 이상주의 때문이었다.

부견의 가슴속에는 역사상 일찍이 없던 새로운 나라의 모습이 그려져 있었다. 바로 세계 제국의 모습이었다. 티베트계 저족의 수장 집안에서 태어나 흉노 갈족이 세운 전조(前趙) 때문에 중원으로 강제 이주한 경험이 있었다. 선비족 모용부를 공격한 일도 있었다.

부견은 자신의 체험을 통해서 민족문제를 찾으려고 생각했을 것이다. 원정군 편제에도 여러 부족 연합이라는 그의 이상을 반영했다.

왕맹의 유언을 저버리고 남정 군대를 일으킨 것은 애초에 세계 제국의 이상을 실현하고 싶었기 때문이었다. 한족 왕맹을 모욕했다고 해서 자기와 같은 저족의 노장을 죽인 행위는 부견의 이상을 단적으로 말해준다. 여러 부족이 한데 어울려서 같은 영역에서 살아갈 수 있다는 이상

은 유연(劉淵)이나 석륵과 같은 새외민족의 뛰어난 지도자들도 일찍이 품었을 것이다.

마침내 그것을 구체적으로 실현할 때가 왔다. 부견은 그렇게 생각했음이 틀림없다. 하늘로부터 받았다고 느낀 사명감은 그에게 왕맹의 유언을 비롯해 군신, 측근 들의 반대를 무시하게 했다.

여러 부족의 융화를 목표로 한 부견의 연합군은 비수에서 그 약점을 드러냈다. 패주하는 전진군 속에서 군단의 형태를 유지했던 것은 겨우 모용수(慕容垂)가 이끄는 선비군 3만 뿐이었다. 겨우 기병 1천여 명을 이끌고 도망친 부견은 이 군단을 의지했다. 그것은 일찍이 부견이 토멸한 전연(前燕)의 옛 부대였다. 선비군단의 보호를 받아 퇴각하는 부견의 모습은 어쩌면 그가 꿈꾸었던 이상의 한 결말이었는지도 모른다.

모용수는 전연 최후의 황제 모용위(慕容暐)의 숙부다. 그가 이끄는 선비군단 중에는 자신들의 나라를 멸망시킨 부견을 받아들이고 그를 보호하는데 모순을 느낀 사람이 적지 않았다. 모용수의 세자(世子)인 모용보(慕容寶)는 연나라를 재건할 좋은 기회이니 이를 놓쳐서는 안 된다고 아버지를 설득했다. 전연이 멸망한 뒤에도 부견은 모용부에게 최고의 대우를 해 주었으므로 모용수는 주저했다. 아들은 말했다.

바라옵건대, 미은(微恩)을 의식하여, 사직(社稷)의 중요함을 잊지 마소서.

그러나 모용수는 어디까지나 부견에게 받은 은혜에서 벗어나지 못했다. 아들과 제자인 모용덕(慕容德)은 그것을 '미은'이라고 말하지만 그에게는 그렇지 않았다. 그는 전연의 최대 실력자였던 모용평(慕容評, 모용황의 동생)에게 인정받지 못하자, 생명의 위험을 느끼고 전연으로 망명해 국사(國士)로서 예우를 받았던 것이다. 또 왕맹이 장래를 위해 자신을 제거해야 한다고 권했으나, 부견은 모용수에게 위해를 가하지 않았다.

> 나는 이제 영웅들을 수교(收攬)하여 사해(四海)를 맑게 하고자 하오. 어찌 그를 죽이리오. 또 그가 처음 찾아왔을 때 나는 이미 진심으로 그를 용서했소. 필부조차 자기가 한 말을 버리지 않는 법이오. 하물며 만승(萬乘, 천자)인 내가 그러하겠소.

이것이 그때 부견이 왕맹에게 했던 대답이었다.

동생과 아들, 그리고 그 밖에 모용부의 유력자들이 지금이야말로 부견을 죽여서 망국의 수치를 씻고 자립할 것을 권했으나, 모용수는 끝내 승낙하지 않았다. 자립해서 연나라를 부흥하는 것에는 모용도 반대하지 않았다. 그는 동생인 모용덕에게 다음과 같이 말했다.

> 만일 저(氐, 전진)의 운이 반드시 다한다면, 나는 마땅히 관동을 회집(懷集)하여, 선업을 회복할 것이다. 관서는 반드시 내 소유라 할 수 없다.

전진의 국운이 다한다면 자신은 함곡관(函谷關) 동쪽 땅에 정권을 세우고 연을 재건할 생각이나 함곡관 서쪽 땅을 바라지는 않는다는 말이다. 관서땅을 자기 것으로 한다면 은혜를 받은 부견과 싸워야 한다.

모용수 덕분에 부견은 남은 10여만 병사를 모아서 낙양에서 일단 머물렀다가 장안으로 향했다. 모용수는 함곡관 바로 앞 면지(澠池)까지 갔을 때 북방 민족들이 이번의 패전 소식을 듣고 동요하고 있으니, 조서(詔書)를 받들어 민심을 안정시키고 싶다고 청했다. 내친 김에 선조의 묘도 참배하고 싶다고 말했기 때문에 부견은 이를 허락했다. 부견의 측근들은 기른 매를 풀어주는 것과 같다고 반대했으나 약속한 일이니 어쩔 수 없다며 듣지 않았다.

> 폐하는 '소신(小信)'은 중히 여기시고, '사직(社稷)'은 가벼이 여기십니다. 신이 보건대 그(모용수)는 가면 돌아오지 않을 것입니다. 관동의 난은 이로부터 시작될 것입니다.

이때 상서좌복야(尙書左僕射) 권익(權翼)이 한 말이다. 권익은 부견의 남정에 강하게 반대했던 대신 중 하나였다.

권익의 예상대로 모용수는 다시 돌아오지 않았다. 연나라를 부흥하고 스스로 즉위했다. 이 자가 바로 후연(後燕)의 세조(世祖)다. 국도는 중산(中山, 하북성)으로 정했다. 모용수가 황제를 칭한 것은 비수 전투가 일어난 지 2년 뒤(385)의 일이었다.

역사가들은 부견이 실패한 원인을 여러 가지로 분석하고 있다. 여러 부족의 융합을 바랐던 그는 저족을 동쪽으로 이주시키고 동쪽에 있던 선비족을 서쪽으로 이주시켰다. 그 때문에 국도 장안 주변에는 저족보다 선비족 수가 훨씬 많아졌다. 저족의 나라인 전연에 이러한 정책은 대담하다기보다는 무모한 조치라고 해야 한다. 하지만 이상주의자였던 부견은 덕으로써 다스린다는 자신감에 넘쳐 상식의 한계를 무시했다.

패전한 뒤 장안으로 돌아온 부견을 기다린 것은 관동으로 이주시켰던 선비 모용부 사람들의 배반이었다. 부견은 모반의 중심 세력으로 보이는 전연의 폐제(廢帝) 모용위(慕容暐)를 죽였다. 그러나 그의 동생 모용충(慕容沖)이 선비족을 규합해 장안을 탈취했다. 관중의 모용부 사람들에게는 모용수만큼의 신의가 없었다.

모용충은 자신을 연의 황제라 칭했다. 그러나 그 아래에 모여든 선비족들은 동쪽에서 강제로 이주해온 사람들이어서 무엇보다 고향땅으로 돌아가고 싶어 했다. 이들의 의사를 존중하지 않을 수 없었던 모용충은 모처럼 부견에게서 빼앗은 장안을 떠나 동쪽으로 돌아갔다. 이 정권을 후세의 역사가들은 서연(西燕)이라고 부르는데, 단명했기 때문에 16국 안에 포함시키지 않는다. 그리운 동쪽의 고향으로 돌아간 그들 앞에는 이미 모용수가 세운 후연이 기다리고 있었다. 얼마 뒤에 모용충의 '서연'은 모용수의 '후연'에 소멸되고 말았다.

모용충에게 장안에서 쫓겨난 부견은 난을 피해 오장산(伍將山)으로 들어갔다. 그러나 이번에는 강족의 요장(姚萇)이 부장(部將)인 오충(嗚忠)을 파견해 그를 포위하여 사로잡았다.

요장은 부견을 협박하며 전국옥새(傳國玉璽)를 요구했다. 부견은 화를 내며 다음과 같이 대답했다고 한다.

소강(小羌, 작은 오랑캐) 따위가 어찌 감히 천자에게 강요하느냐. 오호(五胡)의 순서에 네 강족의 이름은 없다. 옥새는 이미 (동)진에게 보냈다. 그러니 얻을 수가 없을 것이다.

여러 부족의 융화를 바랐던 부견도 이쯤 되어서는 강족의 요장을 '소강'이라고 매도했다. 오호의 순서라는 것은 천운이 순서대로 돌아온다는 것인데, 그 예언서에 강족의 이름 따위는 없다는 뜻이었다. 나아가 요장은 윤위(尹緯)라는 자를 파견해서 선양하라고 부견을 설득했다. 그러나 부견은 "선양은 성현(聖賢)의 일이거늘 요장 같은 반적(叛賊)이 그것을 입에 담는 것은 불경스러운 일"이라고 일축했다.

그러나 설득에 나선 윤위의 논리정연한 변론에 부견도 탄복하며 "짐의 조정에서 경은 어떤 자리에 있었는가?"라고 물었다. 이에 윤위는 "상서령사(尙書令史)였습니다"라고 대답했다.

> 경은 왕경략(王景略, 왕맹을 말함)에 필적한 인물로 재상감이다. 그런데도 짐이 경을 알아보지 못했으니, 나라가 망하는 것이 마땅하구나.

라며 탄식했다고 한다. 조정에는 상서령사가 18명이나 있었는데 그 봉록은 200석으로 작은 벼슬이었다. 부견은 이와 같은 인물을 알아보지 못한 자신의 어리석음을 부끄러워하고 나라가 망한 것이 당연하다고 반성했다.

요장은 사람을 보내 부견을 신평현(新平縣)의 불사(佛寺)에서 목 졸라 죽였다. 그의 형 요양(姚襄)은 동진에 항복하고 은호(殷浩)가 이끄는 북벌군에 종군했으나 그 후 은호를 배신했다. 그의 동생도 부견에게 중히 쓰였으나 주인을 죽이는 일을 저질렀다. 부견은 죽기 전에 보(寶)와 금(錦)이라는 두 딸을 죽였다. 장부인과 태자인 부선(苻詵)은 자살했다.

부견이 죽을 때 그의 나이 48세였다. 그가 죽었다는 소식을 들은 요장의 장사(將士)들도 모두 슬퍼하며 통곡했다는 이야기가 사서에 기록되어 있다.

요장은 인망 있는 부견의 후계자라는 형식을 갖추고 싶어서 부견에게 '장렬천왕(壯烈天王)'이라는 시호를 주었다. 그리고 자신의 정권도 진(秦)이라 칭했다. 역사가들은 부견의 정권과 구별하여 요장이 시작한 왕조를 후진(後秦)이라고 부른다.

52세부터 불경을 번역한 구마라습

부견은 남정군을 일으키기에 앞서 여광(呂光)을 총사령관으로 하는 서정군을 서역으로 파견했다. 전량은 이미 항복했으나 전진의 황제가 남쪽으로 친정한다는 소식을 들으면, 서쪽이 동요하거나 전진의 배후를 노리는 세력이 나타날 것을 방지하려는 목적이었다.

그 무렵 서역의 구자국(龜玆國, 오늘날 신장자치국의 고차현)에 구마라습(鳩摩羅什)이라는 명승이 있었다. 그 이름은 서역뿐만 아니라 동쪽에도 알려져 부견의 귀까지 들려왔다. 후조의 석륵과 석호가 숭배한 불도징(佛圖澄)이라는 승려도 속세의 성은 백(帛)이었으므로 아마 구자국 출신일 것이다. 구자 사람이 한인처럼 성을 쓸 때는 백(白)이나 백(帛) 자를 사용했다. 그 불도징의 제자 도안(道安)이 부견에게 중용되었다는 이야기는 앞에서 이야기했다. 구마라습의 이름은 도안을 통해 부견의 귀에 들어갔을지 모른다.

어느 날 부견의 가신이 별을 보고 점을 치며,

성수(星宿, 28수로 나눈 별자리)의 외국 분야에 별이 보였다. 바야흐
로 아주 뛰어난 지혜를 가진 자가 나타나, 중국에 들어와 나라를 도
울 것이다.

라고 말했다고 한다. 천문으로 다양한 일을 점치던 시대였다. 그 말을
들은 부견은 그것은 일찍이 들었던 구마라습일 것이라고 생각했다. 그래
서 효기장군 여광에게 군사 7만을 주어 서쪽의 구자를 치게 했다고 『진
서』「구마라습전」에 기록되어 있다.

『진서』에 따르면, 부견의 서역출병은 중국을 보좌할 매우 지혜로운 자
구마라습을 얻기 위해서라는 말이 된다. 그러나 같은 『진서』「부견전」에
는 선선왕(鄯善王)과 차사전부왕(車師前部王)이 한나라 때처럼 서역도호를
설치해 달라고 청하고, 복종하지 않는 나라를 토벌할 때 자신들이 길 안
내를 하겠다고 신청했으므로, 그에 응하여 여광을 파견한 것으로 되어
있다.

중원이 어지러워지자 서역을 돌볼 처지가 못 되었기 때문에 삼국 이
후 중국 정권의 힘은 서역에 미치기 어려웠다. 『삼국지』「위지」에는 「왜인
전(倭人傳, 위서 권 30의 동이전 왜인조)」까지 있으면서 「서역전」은 없다. 위나
라 문제 황초(黃初) 3년(222) 2월 무렵에 선선, 구자, 우전(于闐)의 왕이 각
각 사자를 파견하여 봉헌했다고 하며,

그 후 서역과 마침내 통하게 되어 무기교위(戊己校尉)를 설치했다.

고 쓰여 있으나, 누가 무기교위에 임명되었다는 기록은 없다. 촉한이나 오

나라와의 싸움에 분주했던 시기였으므로 아마 현지 유력자가 형식적으로 임명되었을 것이다. 『자치통감』의 호삼성(胡三省) 주(注)에는,

> 지금 무기교위를 설치한다 해도, 아직은 한나라가 차사(車師)에 둔전(屯田)하던 것처럼 될 수 없다.

고 기록되어 있다. 한대(漢代)처럼 강력한 지배가 아니었다. 서역제국의 왕이 위나라나 진나라의 조정에 사자를 보낸 것은 실크로드를 이용한 교역을 원활하게 진행하기 위한 조치에 지나지 않았다. 차사전부, 선선 등은 사자뿐만 아니라 '견자입시(遣子入侍)'하고 있었다. 왕자를 서진의 국도인 낙양으로 보내 황제의 시중을 들게 하는 것이었다. 이것은 인질을 의미했으나 왕자에게는 가신이 따라갔으므로, 어쩌면 왕자가 국영무역 주재원 노릇을 했을지도 모른다.

진나라가 남쪽으로 피해가고 화북은 오호십육국 시대가 되었으며, 서쪽에 전량과 같은 지방 소정권이 생겨나자 서역과의 관계는 점점 느슨해졌다. 서역제국으로서는 동쪽에 한나라 같은 초대국이 존재하지 않았기 때문에 위압을 느끼지 않아 자립하기에는 편했으나, 교역문제를 처리할 든든한 상대가 없다는 불편도 느꼈을 것이다.

전진의 부견이 후조를 아울러서 자기 것으로 만들고 전량을 멸망시켜 화북 전역을 대부분 평정한 소식은 상인들을 통해서 서역에도 전해졌을 것이다.

서역에서는 초대국의 압력은 사라졌지만, 그것은 분쟁이 생겨도 조정해 줄 세력이 없다는 의미이기도 했다. 군소국(群小國) 사이에서 주로 교

역의 이해와 관련된 분쟁이 일어나 곤란할 때도 있었을 것이다. 차사전부나 선선이 전진에 사자를 보낸 것은 전진의 무력을 등에 업고 서역제국 중에서 유리한 위치를 구축하려는 목적도 있었으리라고 생각한다.

전진의 남정군이 출발하기 반년도 훨씬 전에 여광(呂光)의 군대는 장안을 출발해 서쪽으로 향했다. 투루판 분지까지는 우호국이므로 싸움은 없었다. 투루판 분지에서 여광은 처음으로 주군(主君) 부견의 친정을 알았다고『진서』「여광전」에 기록되어 있다. 백만 대군을 동원한 남정이었으니 준비하는 데 시간이 걸렸던 만큼 전진의 요인(要人)인 여광이 그 계획을 모를 리 없다. 계획했던 남정군이 마침내 출발했다는 통지를 그곳에서 받았다는 의미일 것이다.

언기(焉耆)는 싸우지 않고 항복했고, 그 서쪽에 있는 구자는 항복을 거부했기 때문에 여광군은 처음으로 군사행동을 일으켰다. 구자왕 백순(白純)이 서쪽의 회호왕(獪胡王)에게 구원을 요청하자, 회호왕은 근처 여러 나라의 병사 70만 대군을 모아 구자국을 돕기 위해 달려왔다고 한다. 다만, 이 숫자에는 과장이 있는 것 같다. 여광은 이들 구원군을 구자성 서쪽에서 격퇴했다.

장안을 출발한 지 1년 반 뒤에 여광은 겨우 구자를 함락했다. 비수에서 전진군이 대패한 것이 8개월 전이므로 그 소식도 들어서 알고 있었을 것이다. 구자의 풍요를 눈으로 직접 본 여광은 이 땅에서 자립을 도모할 생각이었으나, 구마라습이 이곳은 '흥망의 땅'이라며 반대하여 어쨌든 군사를 이끌고 동쪽으로 가기로 했다.

구마라습의 아버지는 인도의 귀족이고 어머니는 구자왕의 누이동생이었다. 약 350년 무렵에 구자에서 태어난 것 같다. 7세에 출가하여 9세에

카슈미르로 가서 소승교학(小乘敎學) 스승 밑에서 공부했으나, 나중에 대승(大乘)인 수리야소마(須梨耶蘇摩)에게 배웠다. 불교계의 천재였는데 어머니로부터 동쪽으로 가서 불교를 전파하라는 부탁을 받았다고 한다.

여광이 구자에 머물면 동쪽에 불교를 전파할 기회가 사라진다. 그래서 구마라습은 여광에게 '구자는 흥망의 불길한 땅이니 동쪽으로 가야 한다'고 권했던 것이다.

여광은 투루판 분지를 넘어 감숙(甘肅) 땅, 다시 말해 하서로 들어와 그곳에서 자립했다. 일찍이 장궤와 그 손자가 할거하며 전량이라 부르는 소왕조를 세웠던 곳이다. 여광 역시 자신의 정권을 '양(凉)'이라고 이름 지었다. 한족 장씨의 정권을 전량, 저족 여씨의 정권을 후량이라고 가려 부른다. 후량의 국도는 전량과 마찬가지로 고장(姑臧, 무위)이었다.

전진은 이미 망해 강족 요씨의 후진으로 바뀌었다. 요장(姚萇)은 죽었고 요흥(姚興)이 후진의 황제가 되어 401년에 서벌군(西伐軍)을 일으켜 후량을 공격했다. 여광은 2년 전에 이미 죽었고, 이때는 조카인 여륭(呂隆)이 후량의 군주였다. 여륭은 패했으며 후진은 고장에 있던 구마라습을 장안으로 불렀다.

35세에 여광과 함께 구자를 떠난 구마라습은 52세가 되어서 비로소 장안에 들어와 불경을 한문으로 번역하는 대사업에 힘을 쏟았다. 구마라습이 처음부터 한학에 소양이 있었는지는 알 수 없다. 다만 그의 모국어는 구자어였다. 아버지가 인도인이었으므로 당연히 어려서부터 범어(산스크리트어)도 배웠을 것이다.

구마라습이 한어(漢語)를 숙달하게 된 것은 여광을 따라 하서지방으로 이주해 살면서부터일 것이다. 30대 중반일 때다. 한어권 사람이 아니었던 그가 불전을 한어로 번역한 것이므로 참으로 감동적인 일이라 하지 않을 수 없다.

일본인의 정신생활에 큰 영향을 준 『묘법연화경(妙法蓮華經)』은 구마라습이 번역한 것이다.

200년쯤 뒤에 삼장법사 현장(玄奘)이라는 또 한 사람의 천재 역경가(譯經家)가 나타났다. 현장의 불전 한역은 비교할 수 없을 만큼 정확한 것으로 유명하다. 구마라습의 번역은 글자 하나하나를 충실히 맞춰서 번역하는 정확함보다는 불전의 정신을 파악해 그것을 알기 쉽게 번역하는 데 중점을 두었던 것 같다. 두 사람은 각자의 개성에 맞게 불전을 한역했다. 그것은 중국인뿐만 아니라 한국인, 일본인도 널리, 그리고 오래도록 읽고 있다.

여광이 불교를 믿었다고는 생각하지 않지만 관심은 있었을 것이다. 그는 구자의 왕녀와 구마라습을 강제적으로 결혼시켰다. 불교 승려로서 대처(帶妻)했으니 그는 불교의 계율을 어긴 것이다. 구마라습은 불교신자로서는 문제가 많은 인물이었으나 그가 번역한 불경은 누가 뭐래도 매력적이다. 문제 있는 인물이었기 때문에 매력적인 법화경을 번역할 수 있었는지도 모른다.

구마라습이 고장(姑臧)에 머물던 무렵 한인 승려 법현(法顯)이라는 자가 인도에 계율을 구하러 장안을 떠났다. 법현은 이미 60세였으나, 불법을 위해서는 죽음도 두려워하지 않았다. 정계가 불안정한 하서를 지날 때 법현은 일반적인 길로 가지 않고 갈 지(之)자를 그리며 여행했기 때문에 고장에는 들르지 않았다. 만일 그곳에 들러 천재학승(天才學僧) 구마라습을 만났다면 법현은 일부러 거대한 사막과 설산을 넘어 인도까지 가지는 않았을 것이다. 하지만 60세가 지난 나이의 법현이 18년에 이르는 대여행을 했다는 사실이 사람들에게 얼마나 큰 격려가 되는지 모른다. 구마라습과 만나지 못한 것은 하늘이 내린 배려였다는 생각도 든다.

구마라습이 장안에 들어옴으로써 중국의 불교는 크게 발전했다. 장안의 오중사(伍重寺)에는 부견이 양양에서 맞이한 도안이 살았는데, 승도 수천 명을 지도한 적이 있었다. 도안은 불전을 정리해서 『종리중경목록(綜理衆經目錄)』을 저술했으며, 또 승단의 규율을 제정했다. 이 도안도 부견이 죽은 해(385)에 죽었다. 구마라습은 그로부터 16년 뒤에 장안에 들어왔는데 기초는 이미 만들어져 있었다.

도안의 제자인 혜원(慧遠)은 양양 단계사(檀溪寺)에 있었으나, 스승이 장안으로 떠날 때 함께 가지 않고 남쪽으로 가서 여산(廬山)으로 들어갔다. 그곳에는 동문인 혜영(慧永)이 서림사(西林寺)에 살고 있었는데, 혜원은 동림사(東林寺)를 세우고 그곳에서 사는 30년 동안 한 걸음도 산 밖으로 나가지 않았다고 한다. 혜원의 동림사는 남방불교의 중심이었다고 할 수 있다.

혜원은 자신은 여산에서 한 걸음도 나가지 않았으나, 제자인 법정(法淨)과 법령(法領)을 서역으로 파견해서 범본(梵本)을 구해오게 하는 등 활발한 전교활동을 펼쳤다. 그중에서도 염불결사(念佛結社)인 '백련사(白蓮社)'를 만든 것은 널리 알려진 일이다. 이 백련사에는 승려뿐만 아니라 유정지(劉程之) 같은 재속(在俗) 명사도 참가했다.

불교에 관한 기록은 많이 남아 있기 때문에 비교적 잘 알 수 있지만, 이 시대의 도교는 문헌으로는 그 전체상을 좀처럼 파악하기 어렵다.

손은(孫恩), 노순(盧循) 등이 '영생인(永生人)'이라는 결사를 만들어 반란을 일으켰는데, 이는 오두미도(伍斗米道) 계통의 도교였다. 미신적 요소가 강해 손은 등은 주술을 써서 사람들을 믿게 한 것 같다. 그렇다고 그들이 많은 사람들을 반란에 동원할 수 있었던 것이 그 이상야릇한 주술 때문만은 아니었다. 생활이 어려운 서민들은 무엇에라도 매달리고 싶은 심정이었다. 손은 같은 사람들이 서민의 고통을 구원하려고 했다. 게다가 북쪽에서 내려온 사람들이 특권계층이 된 것에 불만을 품은 토착 호족들의 지지도 손은의 반란에 힘을 보탰다.

그토록 대단하던 동진이 흔들리다 얼마 안 가 망한 것은 이 도교계 교단의 반란이 계기가 되었다.

귀거래

서예 최고의 걸작 〈난정서〉

부견(符堅)의 남정(南征)은 동진이 가장 안정된 시기에 일어났다. 환온의 찬탈 의도는 그가 죽음으로써 마무리되었고, 그 뒤를 사안, 환충 같은 온건파가 담당했다. 사안은 환온이 죽은 뒤에도 서부(西府)에서 환씨 세력을 약화시키지 않고 그대로 유지하게 함으로써 동요를 최소한으로 막았다.

사안은 교양이 풍부한 문인으로 40세가 지나서 벼슬길에 올랐다. 집안도 유복했기 때문에 굳이 수라장 같은 관계에 나갈 필요가 없었다. 조정이 있는 건강(建康)에 머물면 잡음이 많기 때문에 그는 회계(會稽)에 살았다. 절강성의 소흥(紹興) 부근에 해당한다. 그와 마찬가지로 문학을 사랑하고 운치가 있고 소박한 생활을 좋아하는 사람들이 회계에 모여 살았다. 낭야(琅邪) 왕씨인 왕희지와 승려인 지둔(支遁), 그리고 허순(許詢)과 손작(孫綽), 이충(李充) 같은 사람들이 사안의 청유(淸遊) 동지들이었다.

목제(穆帝) 영화 9년(353) 3월 상사일(上巳日)에는 청유 동지 42명이 회계의 난정(蘭亭)에 모여서 연회를 열고 시문을 지었다. 젊은 사안도 그 가운데 있었다.

중국에서 3월 상사일은 목욕재계하는 날이다. 3월 들어 처음 맞는 뱀(巳)의 날로, 전한의 여후(呂后)는 이날 목욕을 했다가 감기에 걸려 그것이 원인이 되어 죽었다고 한다. 3월 첫 뱀의 날은 해마다 다르지만 훗날 3월 3일로 고정되었다. 마찬가지로 5월 단오(端午, 첫 말의 날)는 액막이 행사를 하는 날인데 훗날 5월 5일로 굳어졌으나 그래도 '단오'라는 이름은 그대로 남았다.

한편 난정에 모인 사람들 가운데 27명이 시를 짓고 왕희지가 그 서문을 썼다. 이것이 그 유명한 〈난정서(蘭亭序)〉이며 예부터 서예의 최고 걸작이라 일컫는다.

이 난정의 모임이 있은 지 정확히 30년 뒤에 일찍이 풋내기 문학청년이었던 사안이 전진의 백만 대군을 맞아 대결하는 동진의 재상이 된다.

비수(淝水) 싸움의 대승을 알리는 소식이 도착했을 때 그는 손님을 상대로 바둑을 두고 있었다. 소식을 듣고도 특별히 기뻐하는 내색도 보이지 않은 채 그대로 바둑을 두었다. 기쁘지 않을 턱이 없었다. 하지만 손님 앞에서 펄쩍 뛰며 기뻐하는 것은 사안의 신조에 어긋나는 일이었다.

소아배(小兒輩, 개구쟁이)들이 마침내 적을 무찔렀구나.

그는 별일 아니라는 듯 말하고 바둑을 계속 두었다. 그러나 바둑이 끝나고 안으로 들어갈 때는 너무도 기쁜 나머지 흥분했는지 나막신 굽이

문턱에 걸려 부러져 버렸다. 본인은 그 사실도 몰랐다고 하니 발을 땅에 대지 않고 걸었던 모양이다. 동진의 흥망이 비수 일전(一戰)에 달려 있었던 것이다.

비수의 대승으로 동진은 안도의 한숨을 쉬었을 것이다. 여러 부족의 연합이었던 적군은 패전으로 와해되어 더는 동진에게 위협적인 존재가 되지 않았다. 이 점 때문에 동진의 마음이 헤이해진 것 같다.

동진의 조정이 차츰 문란해지기 시작한 것이다.

간문제(簡文帝)가 죽었을 때, 환온의 야망을 꺾은 사람이 사안과 왕탄지(王坦之)였다. 그 왕탄지의 아들 왕국보(王國寶)는 사안의 사위이기도 했다. 낭야 왕씨 일족이지만 사람 됨됨이는 그다지 좋지 않아서 장인인 사안조차 사위인 그를 천거하지 않았다. 그것을 원망한 왕국보는 효무제의 동생인 회계왕 사마도자(司馬道子)에게 장인의 험담을 이것저것 늘어놓았다. 회계왕의 비(妃)는 왕국보의 사촌누이동생이었고, 효무제와 그의 동생 회계왕은 술친구이자 놀이 친구였다. 왕국보의 고자질이 효무제의 귀에 들어가자 효무제는 사안을 점점 멀리했다.

오호십육국 시대에 북쪽에서는 명군이 종종 나타났으나, 동진에서는 뛰어난 황제를 볼 수 없었다. 술을 좋아한 효무제는 후궁에서 유흥에 빠져 지내느라 정치 같은 것은 돌보지 않았다. 조정에서는 소인배들이 판을 쳤다.

비수 싸움이 있은 지 2년 뒤(385), 사안이 죽고 황제의 동생인 사마도자가 사도(司徒), 양주자사, 녹상서(錄尙書), 도독중외제군사(都督中外諸軍事)로서 정권을 장악했다.

도자가 권세를 얻어 진(晉)이 이로부터 문란해졌다.

『자치통감』의 이 항에서 호삼성(胡三省)은 위와 같이 주를 달았다.

북쪽에서는 선비족 탁발부(拓跋部)의 탁발규(拓跋珪)가 차츰 힘을 키워 자신을 대왕(代王), 이어서 위왕(魏王)이라 칭하였다. 흥안령(興安嶺) 동쪽 기슭에 알던 탁발부는 같은 선비족이라도 모용부와는 달리 그다지 혜택을 받지 못했다. 탁발규라는 뛰어난 지도자가 나타나 근처 여러 종족과 싸워 세력권을 넓혀갔다. 동진으로서는 멍청하게 넋 놓고 있을 때가 아니었음에도 효무제는 노는 데만 정신이 팔려 있었다.

효무제가 불교를 믿은 것까지는 좋았으나 사원건립에 큰돈을 쓰고 승려와 비구니를 가까이 했다. 여산(廬山)의 혜원은 『사문불경왕자론(沙門不敬王者論)』을 지어서 출가한 승려는 세상의 관습에 따를 필요가 없고, 따라서 제왕을 예배하지 않아도 된다고 설득했다. 권세를 가까이 하려는 사이비 승려나 사이비 비구니 들이 동진의 조정에 출입한 것은 말할 나위도 없다. 그 때문에 조정의 풍기가 문란해지고 뇌물이 공공연히 행해졌으며 관리의 임명도 규칙대로 시행되지 않았다.

정치행정의 기본인 '구품관인법'이 유명무실해진 것은 동진의 정치체제가 변질되었다는 것을 의미했다. 중정관이 정한 향품(鄉品)에 따르지 않는 임명이 많아진 것이다. 어머니의 성을 딴 자(다시 말해 사생아)로서 애초에 향품 따위를 매길 수 없는 자들이 군수나 현령이 되었다. 나쁜 짓을 저질러도 궁중에 연고가 있으면 무죄가 되었다. 사회의 질서가 크게 흔들리기 시작했다.

체제의 보호를 받아 오던 귀족들이 이에 불만을 품은 것은 당연했다.

그들에게 가문은 인간의 근본이었다. 당시 가문의 높고 낮음은 상식이었다. 그 상식이 부정되는 것은 불만을 넘어 그들을 불안하게 만들었다.

위군 태수로 임명된 조아(趙牙)는 광대였으며 표기자의참군(驃騎諮議參軍)인 여천추(茹千秋)는 원래 포적리(捕賊吏, 말단 벼슬)였다. 이처럼 향품을 무시한 임명은 황제(皇弟)인 사마도자가 멋대로 저질렀다. 효무제는 이것을 심히 못마땅하게 여겼으나, 모후(母后)가 말리는 바람에 해임하지도 못했다고 한다.

태원(太元) 21년(396) 정월, 궁중에 청서전(淸署殿)이 세워졌다. 그리고 9월, 효무제는 이 새로 지은 청서전 안에서 변사했다. 향년 35세였다.

효무제는 후궁에서 장귀인이라는 여자를 가장 총애했다. 19세 때 두 살 연상인 황후 왕씨를 잃은 뒤 효무제는 정식 황후를 세우지 않았다. 효무제가 30세가 된 장귀인에게 "당신도 이제 나이가 들었으니 좀 더 젊은 여자로 바꿔 주면 어떻겠냐"고 던진 농담이 화근이 되었다. 화가 난 장귀인이 황제에게 이불을 덮어 씌워 질식시킨 것이다. 농담을 한다는 것이 목숨을 건 일이 되었다.

북부군은 비수 대승의 주인공이었다. 그 북부군의 총수는 연주자사(兗州刺史) 왕공(王恭)이었는데, 귀족인 그는 체제를 튼튼히 지켜야 한다고 생각하여 사마도자에게 군주 측 간신들을 처분하라고 강요했다.

효무제의 장남 사마덕종(司馬德宗)이 즉위하니 그가 바로 안제(安帝)다. 이때 안제는 나이가 15세나 되었음에도 말도 제대로 못하고 춥고 더움, 배고픔과 배부름조차 알지 못하는 중증 정신박약자여서 동생인 사마덕문(司馬德文)이 곁을 지키며 돌봐 주어야 했다. 사마덕문은 소년이었으나, 성격이 공손하여 오로지 형의 신변만 돌볼 뿐 정치적인 야심은 없었다.

정치에 관한 일은 모두 황숙(皇叔)인 사마도자에게 맡겼다.

왕공이 북벌군을 동원해서 압박했으므로 사마도자는 하는 수 없이 왕국보에게 사약을 내렸다. 그때까지의 모든 악(惡)을 왕국보에게 뒤집어 씌운 것이다. 하지만 동진 조정의 부패는 구조적인 것이었으므로 왕국보 한 사람만 처단한다고 정화되는 것이 아니었다.

융안(隆安) 2년(398), 왕공은 다시 북부군을 동원해 조정에 개혁을 요구했다.

나라에 등을 돌린 손은의 난

왕공은 북부군이 자기 군대라고 생각했으나 그것은 착각이었다. 북부군은 원래 북쪽에서 떠돌던 군단으로 강한 지도자가 키운 군대였다. 대원들은 대부분 병호(兵戶)에 속했다. 병호란 가족을 대동한 채 일정 지역에 거주하며 생활은 국가에서 보장해 주고 호적은 일반 주군민과 구별하여 대대로 병역의 의무를 지우는 것으로 말하자면 직업군인이다. 벌써 2세, 3세가 군인이 되었다.

초기 북부군단장은 치감(郗鑒)처럼 대원과 함께 이주해서 고생을 같이한 인물로 대원과의 유대가 강했다. 그러나 이 시대가 되면 조정에서 대원과 아무런 연고도 없는 인물을 귀족 중에서 임명했다. 더구나 그들은 대원들을 멸시했다. 본인은 의식하지 않았을지 모르지만, 차별이라는 것은 원래 차별받는 쪽에서 민감한 법이다.

북부군 대원들은 자신들과 함께 싸운 장군을 신뢰했다. 게다가 그보다 높은 인물에게는 친근감이 없었다.

왕공은 자기가 북부군 최고 수뇌이므로 자신이 명령하면 어떻게든 움직일 것이라고 생각했다. 그는 북부군의 고급군인도 그저 용병대장쯤으로만 보았다. 전쟁의 도구로만 생각했기 때문에 감정이 서로 통할 리 없었다.

비수 싸움에서 큰 공을 세운 유뢰지(劉牢之)도 왕공의 태도를 좋지 않게 생각했다. 유뢰지의 증조부는 군태수를 지냈고 아버지는 정로장군에 임명된 적도 있어 집안은 나쁘지 않았다. 그러나 왕공은 자신이 낭야 왕씨 집안인 데다 효무제 황후의 오빠이므로 유뢰지 따위는 안중에도 없었다.

황숙 사마도자는 술만 마셔댔고, 그의 아들 사마원현(司馬元顯)은 그다지 대단한 인물은 아니었으나 아비보다는 유능했다. 왕공이 군사를 일으켰을 때도 사마도자는 모든 것을 아들에게 맡겼다. 원현은 북부군의 내부 사정을 잘 알았던 것 같다. 정토도독(征討都督)이 된 원현은 위장군(衛將軍) 왕순(王珣)과 우장군(右將軍) 사염(謝琰)에게 왕공을 토벌하게 시킴과 동시에 원래 북부군 장관을 지낸 여강태수(廬江太守) 고소(高素)를 몰래 유뢰지에게 보내 왕공을 배반하라고 설득했다. 물론 조건을 걸어야 했다. 지금 왕공이 쥔 직위를 모두 유뢰지에게 주겠다는 조건이었다.

개혁을 강요하는 것은 좋으나 군사를 움직여서 조정에 대항하는 것은 모반과 다를 바 없었다. 그러므로 유뢰지가 지금 왕공에게 등을 돌린다고 해도 그것은 배반이 되지 않았다. 오히려 조정에 충의를 다하는 일이었다.

북부군을 실제로 장악한 사람은 유뢰지였으므로, 이 인물이 등을 돌린다면 왕공은 이제 꼼짝할 수 없다. 유뢰지의 아들 유경선(劉敬宣)에게 공격을 받은 왕공은 곡아(曲阿)의 장당호(長塘湖)까지 도망갔지만 그곳에서 붙잡혀 건강으로 보내져 참수되었다.

이렇게 해서 유뢰지는 북부군의 군단장이 되었다. 지금까지는 낙하산식 인사뿐이었지만 이번에 처음으로 북부군단 내에서 최고 수뇌가 탄생한 셈이었다.

왕공의 거병이 실패한 이듬해(399)에 손은(孫恩)의 난이 일어났다. 동진 조정의 실제 집정자는 이제 사마원현이었다. 능력은 있었으나 성격이 가혹한데다 대담한 행동파였던 그는 동쪽 연안지방의 소작인을 징집해서 병역에 복무시킨다는 명령을 내렸다. 이에 반발한 소작인들이 모두 손은의 반란군에 가담해 버려서 손은은 거병한 지 10일 안에 군중 수십만을 거느리게 되었다.

이 도교계 교단을 중축으로 한 반란군 토벌에 북부군단이 동원되었다.

손은은 해도(海島)에서부터 부하를 이끌고 공격했다고 하니 수상생활자가 많이 참가했을 것이다. 그들은 먼저 회계군을 습격했다. 서성 왕희지의 아들인 회계내사(會稽內史) 왕응지(王凝之)는 도교의 한 갈래인 천사도(天師道)를 받든 탓인지 반란군의 내습에 대비해 군사를 모으려고 하지 않았다. 손은 군대가 접근하고 나서야 겨우 군사를 내보냈으나 이미 너무 늦었다. 왕응지와 그의 처자도 붙잡혀 모두 죽음을 당했다.

이 사실로 보면 손은의 난은 종교색을 띤 폭동이라고 할 수 없다. 천사도는 오두미도의 다른 이름이므로 손은은 같은 신앙을 가진 왕응지를 죽인 것이 된다. 정동장군을 자칭한 손은은 사람들을 도취시키고 열광시켜 관리들을 죽였다. 아기까지 죽였다든지, 관리를 죽이고 소금에 절여 그것을 그 처자에게 먹이고 먹지 않으면 학살했다든지, 난교(亂交) 연회를 벌였다든지, 재산과 여자를 탐했다는 등 지금 남아 있는 문헌에는 손은에 관한 좋지 않은 이야기만 적혀 있다. 신앙을 수단으로 이용했다는 수상쩍은 느낌은 분명히 든다. 하지만 수십만의 군중이 모였다는 것은 손은에게 뭔가 매력이 있었기 때문이다. 이는 사람들이 관헌에 얼마나 큰 반감을 가졌었는지를 말해 주는 증거이기도 하다.

수상생활자가 많았기 때문에 손은의 수군은 강했다. 비수전이 있은 지 20년 가까운 세월이 흘렀다. 그 직후에 유뢰지 군대가 북벌하여 업(鄴)까지 다녀온 이후로 동진은 큰 전쟁을 치르지 않았다. 전진의 붕괴로 북쪽의 압력이 약해졌기 때문에 동진의 군대, 특히 지방군은 긴장이 풀려 있었다. 손은의 수군은 장강을 거슬러 올라 건강에 육박할 기세였다.

건강 바로 앞에 위치한 경구(京口, 진강시)는 장강 건너편 양주(揚州)와 더불어 북부군의 근거지였다. 과연 북부군은 용감해서 손은군을 격파하고 해상으로 쫓아 버렸다.

전원시인으로 유명한 도연명(陶淵明)도 이때 북부군에 종군했을 것으로 추측한다. 그의 작품 가운데 〈처음 진군참군이 되어 곡아를 거쳐 갈 때 지음(始作鎭軍參軍經曲阿作)〉라는 제목의 시가 있다. 연대는 적혀 있지 않지만 융안(隆安) 3년(399)이라는 설이 유력하다. 이 시는 자신은 거문고와 책을 즐기며 가난하지만 편안하게 살았는데, 이런 식으로 여행에 나서게 되어 잠시 전원에서 멀어져 있으나 언젠가는 다시 자유를 즐길 장소로 돌아가고 싶다는 희망을 술회했다.

진군(鎭軍)이란 진위군전장군(鎭衛軍前將軍) 유뢰지를 말한다. 참군(參軍)에는 참모에 상당하는 자의참군(諮議參軍)과 서기에 상당하는 기실참군(記室參軍)이 있었다. 도연명은 스스로 무기를 들고 싸운 것이 아니라 문서 따위를 취급했을 것이라 생각한다. 그래도 그에게는 뜻에 맞지 않는 일이었다.

지리적으로 말해 손은 군대에 맞선 것은 북위군이었으나, 반란군이 수도 가까이 육박했기 때문에 서부군도 군사를 동원해 형주에서 장강을 내려갈 태세를 취했다.

서부군의 총수는 환현(桓玄)이었다. 찬탈 일보직전까지 갔으나 야심을 채우지 못한 바로 그 환온의 아들이다. 환현은 아버지의 야심을 이어받았는지, 아니면 동진 조정의 무능함에 화가 났는지 어쨌든 평소에도 조정 사람들에게 비판적이었다.

동진의 조정에는 광대나 사이비 승려들이 출입하고 풍기가 문란했던 전대의 후유증이 남아 있었다. 조정뿐만 아니라 수도인 건양의 온갖 분야에 퇴폐가 만연했다. 이에 반해 서부군의 근거지였던 무창을 중심으로 한 형주는 훨씬 건전했기 때문에 퇴폐한 수도에 실망한 사람들이 이 지방으로 이주해 왔다. 도연명도 그런 사람들 중 하나였을 것이라 생각한다. 그의 시 가운데,

신축(辛丑)년 7월, 휴가가 끝나서 강릉(江陵)으로 돌아가려고, 밤에 도구(塗口)를 가다(辛丑歲七月赴假還江陵夜行塗口).

라는 작품이 있는데, 강릉과 도구는 모두 호북성에 있으며, 도연명의 고향은 여산(廬山) 기슭이었다. 이로써 그의 근무지가 서부 관할 내에 있었다는 것을 알 수 있다.

서부군 총수 환현이 비판했던 대상은 구체적으로 말하면 사마원현이

었다. 황제는 백치였고, 사마원현의 아버지 사마도자는 손은 군대가 가까이 와도 장후묘(蔣侯廟)에 비는 것 말고는 할 줄 아는 것이 없는 무능력한 인물이었다.

수도를 구하기 위해 환현이 군대를 동원해야 한다고 말하자, 원현은 새파랗게 질려 버렸다. 하지만 손은군이 격퇴되었었기 때문에 서부군은 장강을 내려오지 않았다. 손은군 격퇴에 가장 큰 공로를 세운 사람은 유뢰지의 부장(部將) 유유(劉裕)였다.

　　용감하고 장건했으며 큰 뜻이 있었다. 겨우 글자를 알았다. 신을
　　삼아 파는 것을 생업으로 하고, 노름을 좋아하여, 고향 이웃 사람들
　　이　천시하였다.

고 사서에 기록되어 있다. 태수와 장군을 배출한 가문 출신인 유뢰지조차도 전쟁을 직업으로 삼았다고 왕공에게 멸시를 받았다. 그러나 유유는 가문 따위와는 아예 관계가 없는 인물이었다. 유유는 전쟁에 강하다는 점으로 두각을 나타냈지만, 아무도 이 인물이 동진의 뒤를 이어 새로운 왕조를 창시하고 황제가 될 줄은 꿈에도 생각하지 못했다.

세 번이나 배반한 장군은 주군 자격이 없다

손은 군대가 퇴각하고 환현 서부군의 동하(東下)가 중지되자, 동진 조정의 대표자 사마원현은 안도했다. 하지만 환현이 있는 한, 그는 다리를 뻗고 편히 잘 수 없었다. 사마원현은 환현을 치기로 결심했다. 손은의 반

란군을 격퇴한 무공이 뛰어난 북부군만 있다면 환현 토벌은 성공할 것이라 믿었다.

북부군 유뢰지는 왕공을 배반하고 죽음으로 내몬 전력이 있었다. 유뢰지는 여기서 재차 배반하는 상황을 연출한다.

원흥 원년(402) 정월, 환현을 토벌한다는 조서가 발표되고 사마원현은 정토대도독(征討大都督), 유뢰지는 전봉도독(前鋒都督)에 임명되었다. 이 소식을 듣고 환현도 서부군을 동원해 장강을 내려왔다. 환현은 유뢰지의 친척인 하목(何穆)이라는 자를 파견해 내응하도록 유인하고 유뢰지도 그것을 받아들였다.

유뢰지가 지휘하는 북부군이 움직이지 않으면 사마원현은 아무것도 할 수 없다. 환현은 무저항 상태인 건강에 들어가 사마도자, 사마원현 부자를 비롯해 그 일당을 한꺼번에 숙청해 버렸다. 이렇게 해서 정권을 장악한 환현은 유뢰지를 회계내사에 임명했다. 이것은 요직과 다름없었으나 회계에 부임하면 북부군과 분리된다. 이 인사는 누기 뵈도 요주의 인물인 유뢰지를 군대에서 격리하려는 목적이 분명했다.

유뢰지에게 군권을 놓는다는 것은 죽는 것과 매한가지였다. 그는 참모를 모아 강북(江北)을 근거지로 삼고 환현을 칠 계획을 꾸몄다. 이때 참군인 유습(劉襲)이,

한 사람이 세 번이나 배반했다. 어떻게 자립할 수 있다는 말인가.

라고 말하며 떠나 버리고, 참모들도 잇따라 흩어져 갔다. 왕공, 사마원현 두 사람에게 등을 돌렸고, 이번에는 환현에게 등을 돌리려고 한다. 이 '삼

반(三反)'은 너무하지 않은가, 이렇게 해서 자립한다는 것은 너무 뻔뻔스럽지 않은가 라고, 유뢰지의 측근조차 그를 뿌리쳐 버렸다. 결국 유뢰지는 북쪽으로 달아나 신주(新洲)라는 곳에서 자살했다. 그의 관이 단도(丹徒)로 돌아오자 환현은 그 관을 열고 유뢰지의 목을 쳐서 그 수급을 거리에 내걸었다. 환현의 이러한 행동은 북부군 장병들의 감정을 자극했다. 게다가 환현은 북부군 간부들도 숙청했다.

단지 유뢰지의 옛 부하라는 이유만으로 오흥태수(嗚興太守) 고소(高素), 장군 축겸지(竺謙之), 그리고 유뢰지의 '삼반'을 꾸짖은 유습까지도 죽여 버렸다.

북부군의 고급 참모들은 모조리 전멸했다. 중급 장교 이하가 겨우 죽음을 면하였으나 각지로 흩어졌다. 유유도 환현의 숙청을 피한 무리에 속했다. 손은은 자살했으나, 그의 매부인 노순(盧循)이 잔당을 모아 아직 저항하고 있었다. 그 때문에 환현은 북부군 야전지휘관만은 남겨 두어야겠다고 생각했다. 유유는 노순의 부장 서도복(徐道覆)을 토벌하라는 명령을 받고 동양(東陽)으로 파견되었다. 그동안 환현은 익주자사 손무종(孫無終)을 죽였다. 일찍이 북부 지도자였다는 이유만으로 숙청한 것이다. 유유는 유뢰지 밑에서 일하기 전에 이 손무종의 부하였다.

환현은 북부군 총수에 자신의 사촌동생인 환수(桓脩)를 앉혔다. 그는 수뇌진을 숙청하고 야전부대장급 배치를 바꾸거나 분산함으로써 북부군 문제를 해결했다고 생각했는지도 모른다. 하지만 그것은 너무도 안이한 생각이었다. 일찍이 왕공은 단지 북부군 위에 얹혀 있는 간판에 지나지 않았다. 우두머리를 바꾸는 것만으로는 문제가 해결되지 않는다.

이 숙청은 오히려 북부군 장병들의 가슴속에 환현을 증오하는 마음을 깊이 심어 주었다. 유뢰지의 유해를 훼손한 것도 하지 않는 편이 나았다.

환현은 태위, 대장군, 상국(相國)을 거쳐 마침내 초왕(楚王)이 되었다. 이것은 정해진 길이었으며 다음은 선양을 강요해 제위에 오르는 일만 남았다. 건강을 제압한 이듬해(403) 12월에 환현은 마침내 안제(安帝)를 폐립하고 황제가 되었다. 국호를 '초(楚)'라 하였고 연호를 '영시(永始)'로 고쳤다.

폐제(廢帝) 안제는 심양(尋陽)으로 옮겨졌다. 심양군 태수의 주재지는 시상(柴桑)이었는데, 이곳이 바로 시인 도연명의 고향이다.

이 정변이 일어난 해에 도연명이 어떻게 지냈는지 자세한 내용은 알 수 없다. 처음에는 북부에 속해 있었고 나중에 환현의 서부에 속했을 것이라 추측만 한다. 하지만 이해 초에 시골에서 회고한 시가 두 편 남아 있어 어쩌면 귀향했을지도 모른다. 이 무렵, 친어머니가 사망한 것 같아 상중이었을 가능성도 있다. 앞에 말한 시의 둘째 수는,

> 장음(長吟)하여 사립문을 닫고,
> 잠시 농무(隴畝, 논밭고랑)의 백성이 되겠노라.

라고 차분하게 끝을 맺고 있다. 만일 환현 밑에 있었다면 찬탈 전의 분주한 시기에 이렇게 한가하게 들일이나 하면서 보낼 수는 없었을 것이다.

이해에 도연명에게 〈계묘(癸卯)년 12월에 지음, 사촌동생 경원(敬遠)에게 준다(癸卯歲十二月中作與從弟敬遠)〉고 제목을 붙인 시가 있다. 이 계묘(403) 12월이야말로 환현이 안제를 폐하고 스스로 초나라 황제에 즉위한 때였다. 안제가 심양으로 옮긴 것은 12월 신해일(辛亥日)이었다. 환현은 경

인(庚寅)년 초하루에 즉위했으므로 그로부터 22일 뒤의 일이다.

백치였던 폐제는 아주 가까운 곳에 유폐되었을 것이다. 도연명이 사촌 동생에게 준 시는 다음과 같이 분위기가 어둡다.

> 쌀쌀하고 쓸쓸한 연말의 바람,
>
> 어득어득 하루 종일 내리는 눈.
>
> 귀 기울여도 희미한 소리조차 들리지 않고,
>
> 눈에 보이는 건 희고 깨끗하기만 하다.
>
> 무섭고 찬 기운은 깃과 소매로 파고들며,
>
> 밥그릇은 자주 차려지기를 거절하네,
>
> 스산한 가슴속이여,
>
> 도무지 기뻐할 일이 하나도 없구나.
>
> 凄凄歲暮風 翳翳經日雪　傾耳無希聲 在目皓已潔
>
> 勁氣侵襟袖 簞瓢謝屢設　蕭索空宇中 了無一可悅

환현이 세운 초왕조의 수명은 겨우 석 달밖에 가지 못했다. 이듬해 2월, 유유는 환현을 타도하기 위해 군사를 일으켜 경구성(京口城)을 탈취하고 북부군 총수에 임명되었던 환수를 참수한 다음 수도 건강을 향해 진격했다.

초나라 황제 환현은 허겁지겁 도망쳤으나 뒤쫓아 온 결기군(決起軍)에게 죽음을 당했다. 심양에 유폐되어 있던 안제가 다시 건강으로 돌아왔다.

안제는 복위했으나 동진 왕조는 환현에게 멸망당했다고 해도 좋을 것이다. 복위한 안제는 유유의 허수아비에 지나지 않았다.

선양이라는 형식을 취해 유유가 동진을 대신할 송(宋) 왕조를 열고 황제 자리에 오른 것은 그로부터 17년 뒤다. 서기 420년은 송나라 무제(武帝, 유유)의 영초(永初) 원년이다.

전원시인 도연명

안제가 복위한 의희(義熙) 원년(405)에 도연명은 팽택현(彭澤縣)의 현령이 되었다. 8월에 취임했는데 안제가 2월에 복위했으므로 이미 유유가 모든 실권을 장악하고 있을 때였다.

앞에서 이야기했듯이 도연명은 북부군 참군(參軍, 참모)을 지냈으므로 유유와는 한때 동료였다. 이때 도연명의 기분이 어땠을지 여러 가지로 상상할 수 있다. 그는 8월에 취임한 현령 자리를 11월에 내던지고 고향으로 돌아왔다. 현령이라는 것은 그다지 높은 관직이 아니다. 옛 동료가 국정의 최고 자리에 있는 것에 비해 자신의 위치가 너무 시시해서 그랬다고 추측할 수도 있다. 또 도연명은 한때 환현의 진영에도 있었다. 그 일로 불우했으며 관계(官界)에 가망이 없다고 단념했는지도 모른다. 환현은 역적이었으므로 그와 관련 있는 자의 앞날도 그다지 밝지 않았을 것이다. 누이동생의 죽음이 사임의 이유라고 하지만 아마 그것은 핑계에 지나지 않았을 것이다.

지금 유유가 천하의 실권을 쥐고 있지만 언제 실각할지 알 수 없는 일이었다. 왕공, 유뢰지, 환현의 전례가 있었다. 아니 전례는 너무도 많았다. 관계에서 현 정권과 깊은 관계를 맺는 것은 신변에 위험을 초래하는 일이라고 두려워했는지도 모른다.

이와 같은 속된 견해는 도연명을 모독하는 일이라는 설도 있다. 관직에 오를 때부터 그는 그만두고 싶다고 되풀이해서 말했다. 이상하리만큼 전원생활을 동경했다. 도연명은 죽림칠현의 노장 사상을 이어받았다. 이미 널리 퍼진 불교가 그의 사상에 어떤 영향을 주었을 가능성도 있다. 그의 고향 남쪽에 솟아오른 여산(廬山)은 남조 불교의 중심이었다. 혜원이 창립한 백련사에 참가하라는 권유도 받았으나 술을 마시면 안 된다는 계율 때문에 그만두었다는 이야기도 있다.

  자, 돌아가자, 고향 전원이 황폐해지려는데, 어찌 돌아가지 않겠는가.

로 시작되는 〈귀거래사(歸去來辭)〉는 『문선(文選)』에도 수록되어 있으며,

  무릇 천명(天命)을 즐기면 그만이지 또 무엇을 의심하랴.

라고 끝을 맺고 있다.

  속세를 떠난 은둔이지만 그것은 산중이나 죽림이 아닌 전원이었다. 그리고 그는 생활을 노래했다. 육조(六朝)의 문학은 그 주조(主調)가 귀족적인 미문이다. 거기에서 가장 부족한 생활의 운치를 도연명은 풍부하게 노래했다. 〈음주(飮酒)〉라고 이름 붙인 20수의 시 가운데 다섯 번째를 다음에 인용한다.

  오두막을 짓고 속세에 살아도,
  수레와 말의 시끄러운 소리가 없네.

그대에게 묻노니 어찌 그럴 수 있는가.

마음이 멀어지면 땅도 절로 외쳐지느니.

동쪽 울 밑의 국화를 꺾어 들고,

느긋이 남산을 바라보네.

산의 기운은 해질녘에 더 아름답고,

날던 새들은 짝을 지어 돌아오는구나.

이러한 모습 속에 삶의 참된 뜻이 있으니,

그것을 표현하려 해도 이미 그 말을 잊었네.

結廬在人境 而無車馬喧 問君何能爾 心遠地自偏

採菊東籬下 悠然見南山 山氣日夕佳 飛鳥相與還

此中有眞意 欲辨已忘言

이 시를 읽으면 도연명은 전원생활에 만족했던 것 같다. 하지만 관직을 버리고 전원으로 돌아오기까지는 이런 저런 감개가 있었을 것이다. 그도 처음부터 은둔자는 아니었다. 젊어서는 야심에 불탔다. 증조부인 도간(陶侃)이 세운 훈공을 자신도 꿈꾸었을 것이다. 그의 잡시(雜詩) 가운데,

생각해 보니 나 젊었을 적에는

낙이 없어도 그저 즐겁고,

맹지(猛志)를 사방에 뻗쳐

날개를 펼쳐 저 멀리 날아가고자 했노라.

라는 시구가 있다. 은둔한 뒤에도 다음과 같이 읊었다.

해와 달은 사람을 버려 두고 가고,

뜻은 있었으나 펼치지 못하였으니.

가슴 깊이 쓸쓸하고 처량한 생각에

새벽이 되어도 잠들지 못하는구나.

펼칠 수 없었던 뜻을 되돌아보니 마음이 어지러워 밤새도록 잠을 이룰 수 없다는 내용이다. 어지러운 마음을 달래고 전원을 운둔지 삼아 자질구레한 인간살이를 사랑하고, 그것을 묘사한 것에 도연명 시의 멋이 있다. 처음부터 우리를 초월한 별세계 사람이었다면 우리는 도연명의 시에 공감하지 못했을 것이다.

그의 증조부 도간을 다룬 부분에서도 언급했지만, 그는 계만(溪蠻)이라는 소수민족 출신이라고 생각되는 면이 있다. 귀족사회에서 이와 같은 출신이 상류층으로 올라갈 수 있는 길은 군대 말고는 없었다. 다만 자신의 출신을 직접 언급한 작품은 없다.

도연명이 '맹지(猛志)'라고 표현한 것은 정치 무대에 나가 높은 관직에 올라서 세계를 움직이는 인간이 되고 싶다는 바람일 것이다.

기록되어 역사로서 우리에게 남은 것은 정도의 차이는 있어도 뜻을 펼칠 수 있었던 인간들이 짜낸 도안(圖案)이다.

도연명이 남긴 시문 덕분에 우리는 그런 인물이 살다 갔다는 것을 알 수 있다. 그와 비슷한 처지에 있으면서도 흔적도 없이 사라진 이들도 많을 것이다. 도연명 한 사람 뒤에는 열 명, 백 명의 도연명이 있다고 생각해야 한다.

생활을 묘사한 그의 시로 우리는 정사(正史)에는 기록되지 않은 전원생활, 서민 생활을 알 수 있다. 그렇지 않았다면 그 시대 서민들에 관한 지식은 손은의 난처럼 폭발한 시기에만 한정된다.

손은이 죽은 뒤, 후계자인 노순은 광동(廣東)에서부터 반격하여 다시 장강으로 들어갔으나, 안제 복위 7년째 되는 해(411)에 유유에게 격파되었다. 노순은 자살하고 난은 그것으로 끝났다.

유유가 제위에 올라 송조(宋朝)를 연 것은 도연명이 56세 되던 해다. 유유는 2년 뒤에 죽었으나, 도연명은 63세까지 살다가 송나라 문제(文帝) 원가(元嘉) 4년(427)에 세상을 떠났다.

다시 낙양으로

후계자 문제로 분열된 모용부

화북 땅을 거의 통일한 전진(前秦)의 부견이 남정에 실패하고 그 정권이 붕괴되었다는 사실은 앞에서 이야기했다. 이로써 화북은 또다시 혼란에 빠졌다.

제족연합(諸族聯合)이 강하게 결집할 수 있었던 것은 부견이라는 인물이 있었기 때문이다. 제족연합만 그런 것이 아니다. 단일부족 정권도 유목민족인 경우는 수많은 부(部)와 낙(落)이 모여 있기 때문에 규모의 차이는 있을지언정 제족연합과 같았다. 개성 강한 인물이 나타나면 수많은 부, 낙, 족이 통합되었고, 그 인물이 죽거나 비수전투에 대패한 뒤의 부견처럼 권위를 잃으면 와해되었다.

이처럼 한 사람에게 모든 것을 의지했을 때의 위험을 통감하고 그 대책을 강구하여 장기정권 유지에 성공한 것이 선비 탁발부의 북위(北魏)였다. 북위는 먼저 부, 낙, 족의 유력자를 가능한 그 조직에서 떼어 놓았다.

동진에서 환현이 북부군에서 우뢰지를 떼어 놓은 것과 같은 수법이었다. 다만, 북위의 경우는 단숨에 강행한 것이 아니라 서서히 끈기 있게 진행했다. 아마 유력한 무리의 수장을 수도로 불러 중앙정권의 요직에 앉히는 한편 자기 집단과의 관계도 유지할 수 있게 했을 것이다. 그렇게 하면 그 수장과 원래 집단과의 관계는 차츰 멀어지게 마련이다.

그리고 원래의 집단은 차츰 중앙에서 관리를 파견해 행정을 처리하는 한족의 군현제에 가까워졌다. 이렇게 하면 원래의 수장은 가운데서 붕뜨게 될 수밖에 없다. 그 한 사람만 그런 것이 아니라 다른 수장들도 마찬가지였기 때문에 그다지 불만은 없었다.

선비족 중에서도 가장 뒤떨어졌던 북위는 이와 같은 방법으로 차츰 세력을 키워 흥안령(興安嶺)에서 남하했다. 시기도 북위에게 유리했다.

부견이 몰락한 뒤 화북은 정치 상황이 불안정해져 새로운 세력이 침투할 여지가 커졌다. 부견에게 의리를 다한 모용수(慕容垂)는 얼마 안 가 화북의 동부에서 연(燕)을 부흥시켜 역사가들이 '후연'이라 부르는 정권을 세웠다. 하지만 이 선비 모용부의 정권은 그때까지 북방계 여러 정권과 마찬가지로 약점을 해결하기 위해 노력하지 않았다. 부견과의 관계를 보아도 확실히 모용수는 매력 넘치고 남자다우며 뛰어난 지도자였다. 그만큼 후연은 그에게 많이 의지했다.

모용수는 남하해서 동진에게 빼앗겼던 땅을 회복했다. 국세는 왕성해보였으나 그가 죽자 늘 그렇듯 내분이 일어났다. 모용수가 죽은 뒤 황태자 모용보(慕容寶)가 후계자가 되는 것에 반대한 사람은 아무도 없었다. 하지만 문제는 그다음이었다.

모용수는 죽기 전에 그다음 다음 후계자까지 지명했다. 그는 손자들

가운데 연장자이며 재능이 뛰어나고 도량도 넓은 모용회(慕容會)가 적임자라고 평가하고 쓸데없이 아들 보(寶)에게 회(會)를 후계자로 정하라고 유언했다.

모용보에게는 모용보만의 생각이 있고 감정이 있다. 회의 어머니는 출신이 천하기도 해서 모용보는 회를 그다지 아끼지 않았다. 모용보는 오히려 막내인 책(策)을 더 귀여워했다. 보의 아들은 회와 책뿐만이 아니었다. 회와 나이가 같은 성(盛)이라는 아이도 있었다.

모용성은 자신과 나이가 같은 회가 후계자가 되는 것을 치욕으로 느꼈다. 인정받지 못한 자식의 비뚤어진 사고였을까? 성은 회가 후계자가 되느니 차라리 책이 되는 편이 마음 편했다. 성은 아버지께 책을 세우라고 권했다. 모용보가 보기에도 아버지의 유언은 마음에 들지 않았다. 그렇다고 함부로 어길 수도 없는 노릇이었다. 하지만 황족 중에도 같은 생각을 하는 자가 있다면 이야기가 달라질 것이라 생각했다. 모용성은 황족인 모용린(慕容麟) 등 유력자를 꼬드겨 책을 세울 것을 진언했고, 이에 모용보는 뜻을 굳히고 그에 따르기로 했다.

모용회는 달갑지 않았다. 할아버지가 모처럼 자신을 총애해 주었는데, 열한 살인 동생 책이 황태자가 된 것이다. 모용린도 결코 온당한 사람은 아니었다. 이렇게 해서 복잡한 내분이 일어났다. 회는 자신이 황태자가 되어야 한다고 아버지께 대들다가 끝내 살해되고 말았다.

어떤 이유의 내분이든 내분은 반드시 국력을 약화시킨다. 탁발부 북위에게 공격할 틈을 내준 것이다. 후연의 황제 모용보는 자신에게 대든 아들 회를 죽인 해(397)에 북위의 공격을 받아 수도인 중산을 빼앗기고 용성(龍城)으로 피난해야 했다. 이 패전으로 후연의 세력이 분열되어 황제의 숙부인 모용덕(慕容德)이 하남의 활대(滑臺)에서 자립하여 자신을 연왕(燕王)이라 칭했다. 역사가들은 이 소정권을 남연(南燕)이라 부른다.

탁발규라는 뛰어난 지도자를 둔 북위에는 소위 세력이라는 것이 붙고 있었다. 머지않아 후연은 한인인 풍발(馮跋)에게 찬탈된다. 서기 409년의 일이다. 이듬해에는 앞에서 이야기한 남연이 동진의 유유에게 멸망당하고 말았다.

409년에는 여러 사건이 일어났다. 이해에는 그토록 대단하던 탁발규가 꿈에도 생각지 못한 일로 자기 아들 중 하나인 탁발소(拓跋紹)에게 어처구니없게 살해되고 말았다.

도무제의 말릴 수 없는 피해망상증

탁발규는 북위의 도무제(道武帝)다. 이 사람은 명군이면서 동시에 폭군이기도 했다. 폭군이었기 때문에 큰 개혁을 이룰 수 있었던 것도 사실이다. 앞에서 이야기한 유목민적 제도를 한족의 군현제와 비슷하게 바꾸는 일도 만용을 부리지 않았으면 불가능했을 것이다.

평성(平城, 오늘날 산서성 대동)으로 천도한 것도 상당히 강제적이었다. 그는 육주(六州)의 이민잡이(吏民雜夷) 등 10여만 명을 수도권으로 강제 이주시켰다. 평성 천도는 서기 398년의 일이며, 동진에서는 유뢰지의 배반으로 왕공이 살해된 해다. 탁발규가 황제 자리에 올라 국호를 위(魏)라고 한 것도 이해였으며 연호는 천흥(天興)이었다. 그리고 조야(朝野)에 명령해 모든 사람이 속발가모(束髮加帽)하도록 했다. 선비족은 변발을 해서 머리를 드러냈는데, 그것을 금지한 것은 한족의 풍습을 채용한다는 뜻이었다.

이는 한족 대신 최굉(崔宏)의 진언에 따른 것이었다. 그 밖에 등연(鄧淵), 왕덕(王德), 동밀(董謐), 그리고 왕헌(王憲) 같은 한족을 등용했다. 왕헌은 부견을 섬겼던 왕맹의 손자다. 이와 같은 한화정책은 선비족의 반감을 사기에 충분했으나 도무제는 강행했다.

북위는 분명히 선비 탁발부가 세운 나라지만 인구 구성면에서는 탁발부가 다수파는 아니었다. 탁발부가 대두한 것은 주변의 고차족(高車族), 연연족(蠕蠕族), 흉노철불족(匈奴鐵弗族) 등을 토벌하고 그들을 흡수했기 때문이다. 고차는 정령(丁零)이나 적력(狄歷)이라고 불렀으며, 이는 수·당(隋唐)의 철륵(鐵勒)과 마찬가지로 터키계 유목민이다. 연연족은 유연(柔然)이라고도 쓰며 몽골계 유목민이라 추정된다. 유목민 전쟁에서 승리는 가축 약탈 외에 부족민의 사역(使役)을 의미했다. 유목민을 흡수하고 남쪽으로 내려와서는 한족 주거구에 들어가 그곳을 지배했으므로, 인구에서 탁발부가 차지하는 비율이 낮았던 것은 지극히 당연한 일이었다.

유목지대에서의 승리는 동서교역로를 장악했다는 의미이며 북위를 건국하는 데 필요한 재원(財源)을 교역의 이익으로 충당했다고 생각할 수 있다.

도무제 시대에 계구수전(計口授田, 호적을 정리하여 경작지를 나누어주는 것)이 시행되었는데, 북위는 유목국가에서 주민이 정착하는 농경국가로 변모해 가는 중이었다. 국가의 성격을 바꾸는 일이었으므로 웬만큼 결단력이 뛰어난 인물이 아니면 원만히 진행할 수 없었을 것이다.

도무제의 결단력은 이상하리만치 강렬했다. 만년에는 병적이라고 생각될 정도였다. 만년이라고 해도 40세 안팎이었으니 그 행동에는 확실히 광기를 느끼게 하는 점이 있었다. 사공(司空) 유악(庾岳)은 옷차림이 아름다위 제왕과 비교된다는 이유로 죽음을 당했다. 북위에 있던 모용부 100여 가구가 도망치려다 300여 명이 살해되었다. 이 정도는 그래도 이유가 있는 주살이었다. 고읍공(高邑公) 막제(莫題)는 '거처거오(居處倨午)'라는 이유로 죽음을 당했는데, 진짜 이유는 20년 전에 도무제를 "세 살 난 송아지로서는 짐이 무거울 것이다"라고 평한 일 때문이었다. 도무제의 사자가 와서 "세 살 난 송아지는 과연 어떻게 되었는가?"라는 황제의 말을 전하자, 이제 모두 끝났다고 단념한 막제 부자(父子)는 서로 마주보고 울었다고 한다.

언제, 어떤 이유로 죽음을 당할지 알 수 없는 군신들은 전전긍긍했다. 대수롭지 않게 넘겼던 예전의 잘못이라도 무제는 놓치지 않았다. 안색을 바꾸거나 숨소리가 거칠거나 걸음걸이가 이상하거나 말투가 평소와 다르다는 이유만으로 도무제는 모두 때려 죽였다. 마음에 악(惡)을 품었기 때문에 그것이 겉으로 드러났다는 이유였다. 이래서는 도저히 견딜 수 없었다. 때려죽인 사람들은 친안전(天安殿) 앞에 매달았다.

도무제는 피해망상이었는지도 모른다. 같은 병이라도 독재 황제의 병은 만인에게 재앙이다. 민심이 불안해진 것은 당연했다. 이런 황제는 일찍 죽지 않으면 오히려 자신이 위험하다고 생각하는 사람들도 있었다.

황자 중 하나인 탁발소(拓跋紹)는 놀기를 좋아해서 거리에 나가 자주 문제를 일으키는 소년이었다. 도무제는 아들을 우물 안에 거꾸로 매다는 벌을 준 적이 있다. 이 소(紹)의 어머니 하부인(賀夫人)은 사실 도무제 어머니의 여동생이다. 남편이 있었으나 너무도 아름다웠기 때문에 도무제가 그 남편을 죽이고 그녀를 빼앗았다는 사연이 있다. 하지만 뭔가 잘못이 있어서 도무제는 하부인을 유폐해서 죽이려고 했다. 하부인은 아들인 소에게 밀사를 보내 도움을 청했다. 어머니를 구하기 위해서는 아버지를 죽이는 수밖에 없었다. 소는 환관과 궁녀와 통모(通謀)하여 황제의 거처인 천안전에 가서 "도적이다" 하고 외치고 놀라서 밖으로 뛰쳐나온 도무제를 죽였다.

태자 탁발사(拓跋嗣)는 밖에 있다가 급히 돌아와 소를 주살하고 즉위했다. 이때 소의 나이 16세에 지나지 않았다. 사서에는 소를 흉악무뢰하다고 표현했으나 심한 개구쟁이 정도였고 아버지를 죽인 것도 어머니를 구하고자 저지른 일의 결과였다. 어지간히 머리가 이상해진 흉포한 살인마 도무제를 죽여 준 것에 내심 소에게 감사했던 사람도 적지 않았을 것이다.

탁발사는 즉위해서 2대 황제가 되었는데 이가 바로 명원제(明元帝)다. 도무제처럼 막강한 존재가 갑자기 사라졌기 때문에 북위에는 동요가 일수밖에 없었다. 하지만 명원제는 그것을 최소한도로 억제하는 데 성공했다. 첫 번째 이유는 앞에서 이야기했듯이 이미 관료조직 같은 것이 제대로 기능하고 있었다. 게다가 충분한 무력을 갖춘 수장이 없었던 것도 북위의 황제 교체기를 비교적 평온하게 한 원인이었다. 나아가 도무제의 광증(狂症)으로 말은커녕 숨조차 제대로 쉬지 못했던 조야 사람들의 해방감이 명원제를 지지했다고도 생각할 수 있다.

명원제의 생모인 유귀인(劉貴人)도 도무제에게 살해되었다. 명원제가 태자로 세워졌을 때 도무제는 외척이 정치에 간섭하는 것을 막는 '국가장구(國家長久)의 계(計)'를 내세워 태자의 어미에게 사약을 내렸다. 슬픔을 못 이긴 태자는 밤낮을 소리 내어 울었고 이 소리에 진노한 도무제는 태자에게 출두하라는 명령을 내렸다. 태자의 측근은 광증인 황제가 화를 내고 있으므로 지금 입궁하면 무슨 일이 일어날지 예측할 수 없으니 잠시 밖으로 피하라고 진언했다. 태자는 그 말에 따라 평성(平城) 밖으로 나갔다.

만일 그때 태자가 궁전에 있었다면 소의 손에 아버지와 함께 죽음을 당했을 것이다. 명원제가 해야 할 일은 아버지가 깔아 놓은 궤도 위에 실제로 차가 달리게 하는 것이었다. 북위의 간부들 중에서도 도무제가 깔아 놓은 궤도의 의미가 무엇인지 이해하지 못하는 사람이 많았다. 명원제의 의향도 내정 충실보다는 세력권을 넓혀 우선 부견이 달성한 화북 통일을 자기 힘으로 재현하고자 하는 쪽에 있었다. 그것을 한사코 말려서 내정 정비 쪽으로 눈을 돌리게 한 것은 최굉(崔宏), 최호(崔浩) 부자를 비롯한 한인 관료였다.

명원제 재위 중에 후진(後秦)의 황제 요흥(姚興)이 죽었다. 이곳에서는 예방책을 강구해 놓지 않았기 때문에 중병에 걸린 요흥이 살아 있는 동안에 무력으로 인한 내분이 일어났다. 동진의 유유는 건강을 출발해서 북벌군을 진군시켰다. 때는 안제 의희(義熙) 12년(416)이었으니, 유유가 동진을 찬탈하여 송왕조를 열기 4년 전이다. 그는 북벌 성공으로 한층 권위를 높여 선양의 발판으로 삼으려고 했을 것이다.

그해 10월에 후진이 지키고 있던 낙양이 유유에게 함락되었다. 요흥이 죽은 것은 그해 정월이었다. 12월에 유유는 군중(軍中)에서 상국(相國)이 되었다. 이듬해 7월 장안이 함락되고 후진의 황제 요홍(姚泓)이 항복함으로써 강족(羌族)의 나라는 멸망했다. 후진이 멸망한 원인은 형제끼리의 다툼으로 국력이 약해진 것이지만 근본적으로는 체질이 개선되지 않았던 것에 있었다고 해야 한다.

동진군이 장안에 육박했을 때, 후진은 북위에게 구원을 요청했다. 요흥의 딸인 서평공주(西平公主)가 명원제의 아내였으므로 그 연고를 믿었다. 하지만 북위는 원군을 보내지 않았다. 최호가 반대했던 것이다. 황하 상류에서 유유의 북벌군을 저지하자는 의견도 있었으나 최호는,

　　　그것은 우리가 진을 대신하여 적을 맞아들이는 일이다.

라며 일축했다. 인척관계만으로 그런 위험을 무릅써서는 안 된다고 설득했다. 최호의 술책은 유유의 동진군이 북위의 영내를 지나는 것을 허락하고 그들이 서쪽으로 올라간 뒤에 군사를 모아서 동쪽을 막아 버리는 것이었다.

　　유유가 이기면 '북위가 길을 빌려 주었다'고 감사할 것이고, 지면 그 퇴로를 차단했으므로 후진에게 원군을 보낸 것이 된다. 실로 교활한 술책이었다. 최호는 유유가 장안을 함락하더라도 관중(關中)은 지킬 수 없을 것이라고 예언했다.

　　과연 그 말대로 되었다. 유유의 북벌은 왕위를 찬탈하기 위한 포석이었다. 후진 황제 요흥을 건강으로 연행해 그곳에서 참수함으로써 유유의 권위는 더욱 높아졌다. 자신의 목적만 달성된다면 그 뒤 관중이 어찌 되든 상관없는 일이었다. 관중을 확보하는 일 따위는 왕위 찬탈이라는 대사업 앞에서 체력 낭비일 뿐이었다.

　　일찍이 탁발부에게 쫓겨 섬서의 북쪽 오르도스 부근에 있던 흉노철불(匈奴鐵弗) 잔당은 자신들을 혁련부(赫連部)라 칭하고, 후진의 보호국과 같은 정권을 세웠다. 스스로 하왕조(夏王朝)의 먼 후손이라 칭하며 그 정권

을 하국(夏國)이라 불렀다. 유유가 찬탈을 완성하기 위해 남쪽으로 돌아가자 하나라는 그 뒤에 들어와 장안을 점거해 버렸다.

명원제 뒤를 이은 태무제(太武帝) 탁발도(拓跋燾) 시대에 북위는 이 하나라를 쳐서 장안을 중심으로 한 관중 땅을 손에 넣었다. 최호는 결국 관중 땅은 자기들 나라가 될 것이라고 예언했는데 과연 그 말대로 된 것이다.

북위가 화북 통일을 이룬 때가 바로 이 태무제 시대다. 최굉의 아들 최호가 북위의 국정을 보좌하여 통일에 공헌했다. 최호는 유능했으나 인간으로서 도량이 부족했다. 매사에 자신감이 넘쳤고 더구나 좋고 싫음이 까다로운 사람이어서 대인관계가 반드시 좋다고 할 수는 없었다. 정적은 가차 없이 매장해 버리는 과격한 성격의 소유자이기도 했다.

화북 통일에 큰 공을 세웠으나 나중에 이야기하는 국사사건(國史事件)으로 비명의 죽음을 맞았다.

도교를 일으키고 불교를 탄압한 태무제

북위는 동쪽에서 서쪽으로 군대를 보내 화북을 통일했다. 후진이 망한 뒤 화북 서부의 세력들은 도토리 키재기였다. 북위는 약소국끼리 서로 치고받으며 녹초가 되는 것을 방관하고 있는 형국이었다.

북위는 장안의 주인이었던 하나라를 공격해 장안과 통만(統萬, 하나라의 수도)을 점령했는데, 그 하나라는 선비족 걸복부(乞伏部)의 서진을 공격해 멸망시켰다 하나라를 멸망시킨 것은 투곡혼(吐谷渾)이었다. 투곡혼은 청해 쪽에 있던 선비 모용부의 일파였다. 주민은 선비족 외에 티베트계 부족도 적지 않았다.

439년에 북위는 북량(北涼)을 멸망시키고 마침내 염원하던 화북 통일을 이루었다. 북량은 감숙(甘肅)에서 일어난 '양(涼)'이라는 이름을 내세운 다섯 정권, 이른바 오량(五涼) 가운데 마지막 왕조인데, 한족인 단업(段業)이 시작하여 흉노인 저거씨(沮渠氏)가 찬탈한 변칙적인 정권이었다.

오량왕조의 제1호는 한족 장궤(張軌)를 시조로 하는 전량이며 이는 장천석(張天錫) 시대에 전진에게 멸망되었다. 장천석은 부견을 따라 비수전투에 출진하였고 그곳에서 동진에게 항복했다. 오량왕조 제2호는 구자를 토벌하고 구마라습을 데려 온 여광(呂光)이 막을 연 후량이다. 이 후량이 북량과 남량으로 분리되었다. 북량은 단업, 남량은 선비 독발부(禿髮部)의 독발오고(禿髮烏孤)가 시작하였는데 모두 여광의 부하였다. 남량은 일찍이 서진에 항복했다. 한편 서량은 돈황 태수가 된 한족의 이고(李暠)가 북량에서 독립한 것이며, 20년에 걸쳐 주천(酒泉)을 중심으로 하남 일부를 지배했으나 북량과 싸워 패함으로써 421년에 멸망했다. 당나라의 고조 이연(李淵)이 이 서량 이고의 7대손이라고 한다.

북량의 마지막 숨통을 끊기 3년 전에 북위는 동쪽의 북연을 요서(遼西)에서 멸망시켜 동북지방을 판도에 넣었다.

북위는 명실공히 화북을 통일하여 화남의 송왕조와 천하를 양분하는 세력이 되었다. 화북의 오호십육국 시대는 439년에 종말을 고하고, 북쪽의 수(隋)나라가 남쪽의 진(陳)나라를 멸망시켜 천하를 통일하는 589년까지 150년 동안을 남북조 시대라고 부른다.

서방원정 결과 불교가 지금까지 이상으로 북위에 널리 퍼졌다. 북위의 최대 실력자인 최호는 사실 누구보다도 강한 중화사상 소유자였다. 그는 인도에서 기원한 불교에 매우 질색했다. 도무제, 명원제, 태무제 3대에 걸쳐 북위의 황제는 불교를 보호했다. 국도 평성과 그 주변에도 잇따라 불사가 건립되었다. 최호는 그것을 몹시 불쾌하게 여겼다.

다양한 책략을 써서 정적을 무너뜨린 최호가 불교라고 그냥 두고 볼리 없었다. 구겸지(寇謙之)라는 도사를 태무제에게 추천한 것이다. 황제를 도교신자로 만들어 불교에 타격을 주려는 작전이었다. 구겸지가 좋았던지 태무제의 마음은 점차 도교 쪽으로 기울었다.

불교는 원래 사색하는 종교인만큼 태생이 행동적인 유목생활자에게는 이질적인 부분이 있었다. 게다가 역대 황제에게 보호받아 온 불교가 타락한 면도 있었다.

화북 통일 작전에서는 한 사람이라도 많은 병사가 필요했는데 승려들은 병역을 맡지 않았다. 게다가 당시에는 잦은 기근으로 농업노동자가 부족했다. 그런데도 승려들은 경작에 나서지 않았다. 불교 교단 세력이 커질수록 생산에 종사하는 사람은 그만큼 줄어들었다. 나라의 주인으로서 태무제는 일찍부터 이를 곤란하게 생각했다. 그럴 때 구겸지라는 이론가가 나타나 도교의 가르침을 설파하고 불교를 깎아내린 것이다.

북량을 멸망시키기 전해에 승려는 나이가 50세 이상인 자만 허락한다는 조서를 내렸다. 젊은이는 경작하든지 병역에 종사해야 한다는 것이었다. 이것이 배불(排佛) 정책의 첫 단계였다.

북위 태무제 태평진군(太平眞君) 7년(446)에 철저한 배불정책이 실행되었다. 태평진군이라는 낯선 연호도 구겸지가 노자(老子)의 자손인 이보문(李譜文)에게 받은 『신경(神經)』에서 취한 것이었다.

그 무렵 개오(蓋嗚)라는 자가 장안 북쪽에 있는 행성(杏城)에서 반란을 일으켰다. 개오는 노수호(虜水胡)라고도 불렀으므로 소수민족 출신이라고 생각한다. 군중 10여 만을 모은 큰 난이었다. 그들을 토벌할 때 장안의 불사에 들어가 봤더니, 승려들은 술을 마시고 있었고 곳곳에 많은 무기가 숨겨져 있었다. 불사와 개오가 서로 내통했다고 판단한 태무제는 불교탄압에 나섰다. 먼저 장안의 승려를 모두 죽이고 불전과 불상을 불태웠다.

이 불교 탄압에 최호는 대찬성했으나, 도사인 구겸지는 반대했다. 불교는 도교의 경쟁상대지만 이와 같은 잔인한 탄압이 전례가 된다면 그 화살이 언제 도교를 향할지 알 수 없어 두려웠다. 이때 태무제는 친정중(親征中)이라 평성에 있는 태자 탁발황(拓跋晃)에게 장안에서 한 것과 똑같이 불교를 탄압하라고 명령했다.

태자 탁발황은 사실 불교를 좋아한 인물이었다. 그는 일부러 이 조서를 늦게 발표하여 승려가 도망가거나 불전, 불상을 숨길 여유를 주었다. 하지만 사원과 탑은 파괴하지 않을 수 없었다.

중국 역사에는 격심한 불교 배척운동이 네 번 있었다. 이를 '삼무일종의 법란(三武一宗의 法難)'이라고 부르는데, 삼무란 이 북위의 태무제, 북주(北周)의 무제, 당나라의 무종(武宗)을 말하고 일종이란 후조의 세종(世宗)을 말한다.

개오의 난은 이해 8월에 평정되었고 2년 뒤 북위는 다시 군사를 서쪽으로 보내 유사(流砂)를 지나 언기, 구자를 토벌하여 서역을 평정했다. 이로써 북위는 교역로의 안전이 보증되어 그 이익을 누릴 수 있었다. 서역을 평정한 이듬해 북쪽의 유연(柔然, 연연(蠕蠕))을 토벌하고 백성과 가축 100여만을 얻었다. 이로써 동서뿐만 아니라 북쪽에도 적이 없어져 이제 남은 것은 남쪽뿐이었다.

'북인'의 분노를 산 '국사 사건'

국사(國史)사건은 그 이듬해인 태평진군 11년(450)에 일어났다.

최호는 자신의 재능과 황제의 신임을 믿고 조정의 권력을 멋대로 휘둘러 기주(冀州), 정주(定州), 상주(相州), 유주(幽州), 병주(幷州) 등 5개 주에서 수십 명을 천거해 그들이 모두 군 태수에 임명되도록 했다. 태자 탁발황은 '일찍이 추천받아 이미 근무하고 있고 장관직 바로 직전까지 간 자도 많은데 최호가 새로 추천한 자가 먼저 취임하는 것은 옳지 않다'는 의견을 내놓았다. 하지만 최호는 그런 반대 의견을 무시하고 일을 추진했다.

오랫동안 선비의 나라에서 대신을 지낸 최호지만 뼛속 깊이 박힌 중화사상으로 말미암아 마음속으로 선비 사람들을 경멸했다. 성격이 강한 인물이었기 때문에 그것이 태도로 드러났다.

선비 사람들을 북인이라 불렀는데, 그들은 북위가 자신들의 나라이면서도 한쪽에 비해 낮은 대집을 빚는다고 느꼈다. 그것은 최호와 같은 인물이 사도(司徒)가 되어 국정을 도맡아서 처리하기 때문이라 하여 불만이었다.

이 무렵 태무제는 최호를 주임(主任)으로 하여 『국기(國記)』를 편찬하기로 결심했다. 북위의 역사를 만드는 것이다. 최호는 중국의 전통에 따라,

> 되도록 실록(實錄)에 따른다.

는 방침을 관철했다. 북위의 역사를 사실대로 쓴다면 아무래도 새외(塞外, 만리장성 북쪽)에 살던 미개 시대(未開時代)를 다루어야 한다. 최호가 쓴

국사가 현존하지 않기 때문에 정확한 내용은 알 수 없지만, 300만 전(錢)을 들여 이를 돌에 새겨서 나란히 세우자, 이를 읽은 '북인'이 모두 분개했다 하니 미개 시대의 서술이 어지간히 신랄했던 모양이다. 남보다 갑절은 중화사상이 강했던 최호이므로 한문명(漢文明)과 비교해서 선비 탁발을 낮게 보는 서술이 자주 나왔을 것이다.

북위라는 나라를 자기 혼자 짊어졌다고 생각했으므로 그 붓놀림도 가차 없었을 것이다. 자기라면 무엇이라고 써도 비난받을 리 없다고 믿었는지도 모른다. 어쩌면 북인들의 반감이 최호의 귀에까지는 들어가지 않았는지도 모른다.

국악(國惡)을 폭양(暴揚)했다.

북인들은 분노하며 태무제에게 최호의 죄를 고했다. 태무제도 북인이었다. 석각(石刻)이 길을 따라 늘어서 있었다고 하니 태무제도 분명 읽었을 것이다. 북인으로서 그도 크게 노하여 최호를 불러 수감하고 처형했다. 함거(檻車)에 가두어진 최호에게 위사(衛士) 수십 명이 오줌을 누었다는 기사가 사서에 수록되어 있다. 최호가 얼마나 북인들에게 미움을 샀는지 상상할 수 있는 대목이다.

국사 사건 관계자는 편집담당자에서부터 하인에 이르기까지 128명이었는데, 그들 모두 5족이 주살되었다. 죄가 가족에게까지 미쳤다. 최호의 경우는 인척의 가족까지 죽음을 당했다. 돌에 선조의 욕을 새겼으니 태무제도 몹시 화가 났을 것이다. 불교 배척 조치에서도 알 수 있듯이 태무제의 본성은 매우 잔인했다.

국사 사건은 황실의 선조를 모욕한 문제만으로 끝나지 않았다. 한인에게 품었던 북인들의 증오가 한꺼번에 폭발한 것이다. 이러니 한인은 믿을 수 없다 하여 한인을 탄압한다는 방향으로 나아갔다.

이해에 북위는 남정했다. 송나라가 보낸 북벌군에 맞선 보복 조치였으나 한인 탄압 분위기에 편승한 것이기도 했다. 남정은 회하(淮河)까지 달했으나 송나라에 치명적인 손실을 주지는 못했고, 다만 간담을 서늘하게 할 정도에서 철수했다.

최호가 죽은 뒤 북위는 이상해졌다. 요사스러운 인물이 나타나 황실을 휘저어 놓았다. 바로 종애(宗愛)라는 환관이었다.

태무제가 남쪽으로 친정한 뒤, 감국(監國)으로서 국정을 담당한 태자 탁발황은 대농장을 운영하고 가축을 길러 백성과 이해를 다투었다고 한다. 태자 스스로 기강을 문란하게 한 것인데, 이는 좋은 의미로 보면 관료기구가 그 기능을 정지했기 때문일 것이다. 기능을 담당했던 한인 관료가 최호의 국사 사선으로 말미암아 실각했거나 의욕을 잃었기 때문이라고 생각할 수 있다.

태자가 사사로운 이익을 도모하는 일에만 급급해 하자, 장사에 경쟁자가 나타난 것은 당연한 일이었다. 요상한 종애는 태자와 이해가 대립했던 것이 틀림없다. 태자의 측근과 싸운 종애가 태무제에게 호소했다. 그러자 태무제는 크게 노하여 태자의 측근을 죽여 버렸다.

태자는 근심으로 죽었다.

고 사서에 기록되어 있다. 죽음에 이르게 된 데에는 태자도 잘못이 적지 않았다.

태무제는 태자를 죽게 한 것을 후회하고 태자의 아들인 탁발준(拓跋濬)을 황손세적(皇孫世嫡)으로 하여 자신의 후계자로 결정했다. 태무제가 죽은 태자를 추도해 마지않는 것을 알자 종애는 겁이 났다. 태자가 죽은 원인을 제공한 사람이 자기였기 때문이다. 언제 주살될지 몰라 안절부절하던 종애는 마침내 황제를 죽여 버렸다. 그리고 남안왕(南安王)인 탁발여(拓跋餘)를 즉위시키고 자신은 대사마(大司馬), 대장군, 태사(太師) 같은 높은 자리를 겸했다. 하지만 횡포가 너무 심해 옹립된 탁발여조차 종애의 실권을 빼앗으려고 생각하게 되었다. 이를 알아차린 종애가 선수를 쳐서 황제 탁발여마저 죽여 버렸다. 종애는 두 황제를 죽인 것이다.

이 사실을 안 우림랑중(羽林郎中, 근위장교) 유니(劉尼)는 전중상서(殿中尙書) 하원(賀源)에게 연락해 재빨리 황손 탁발준을 옹립하고 종애를 주살했다. 그 이후에도 여러 가지 일이 일어났다. 다만, 이 시기의 일은 사서에도 그다지 자세히 기록되어 있지 않다.

한인 관료가 실각하고 침체기에 접어들었기 때문에 기록할 사람이 없었던 것일까? 사관(史官)이 있었다고 해도 국사 사건의 피비린내 나는 교훈이 아직도 기억에 생생했기 때문에 역사를 기록하는 일이 두려웠을지 모른다.

즉위한 탁발준은 햇수로 14년 동안 재위했다. 그가 곧 문성제(文成帝)다. 문성제는 화평(和平) 6년(465)에 26세로 죽고 태자인 탁발홍(拓跋弘)이 즉위했지만 풍태후(馮太后)가 폐립해 버렸다. 그가 헌문제(獻文帝)다. 헌문제는 나중에 풍태후에게 살해되었으며, 헌문제에게 황위를 물려받은 효문제(孝文帝) 탁발굉(拓跋宏)은 겨우 다섯 살이라는 나이로 즉위했다. 연호를 연흥(延興)이라 고쳤으니 서기 471년에 해당한다. 남조(南朝)는 아직 송대(宋代)였으나, 북위 효문제 재위 기간 동안 송은 남제(南齊)에게 나라를 빼앗기고 말았다.

넉넉해진 풍태후 섭정시대

풍태후는 열부(烈婦)였다. 남편인 문성제가 죽었을 때 그의 유품을 태우는 불 속으로 몸을 던져 순사하려고 했다. 곁에 있던 사람들이 구해내고도 한참 뒤에 소생했다고 한다. 그녀의 아버지 풍랑(馮朗)은 진주(秦州)와 옹주(雍州) 두 주의 자사를 지냈다고 하며 장락군(長樂郡, 하북성) 신도(信都) 사람이다. 그리고 어머니는 낙랑군(樂浪郡) 출신이었다. 장안에서 성장하여 이 시대 여성 치고는 수준 높은 교양을 지녔다.

여성이 정치에 참견하는 것은 유교적 상식에서 볼 때 이런저런 말썽을 낳았다. 풍태후가 황제를 폐립한 배경이 무엇이었는지는 알 수 없다. 앞에서 이야기했듯이 자세한 기록이 많지 않은 시기이기 때문이다. 그녀의 뒤에 풍씨의 의향이 있었던 것만은 틀림없지만, 외척 풍씨의 횡포가 어느 정도였는지는 그다지 알려지지 않았다. 하지만 태무제가 죽은 무렵부터 엉망이 되어버린 북위의 정정(政情)이 풍태후 섭정시대에 간신히 다시 회복된 것은 알 수 있다. 잇따라 어린 황제가 황위에 오른 불안정한 시대였으므로 풍태후가 일종의 안정 세력 역할을 다할 수밖에 없었다.

북위가 한 단계 높은 시대로 비약한 것은 풍태후 시대에 실시한 '삼장제(三長制)'와 '균전법(均田法)' 덕분이었다.

균전법은 백성에게 토지를 나누어주는 제도다. 북위 초기부터 수도 근처에서 실시한, 앞에서 이야기한 '계구수전'을 전국으로 확대한 것에 지나지 않는다. 백성에게 분배한 것은 노전(露田), 상전(桑田), 그리고 택지였다. 노전은 국가에서 빌려준 땅으로 죽거나 70세가 되면 반환해야 했다. 상전은 사유(私有)가 허용되었다. 다만 양잠용 뽕나무 같은 유용 식물을 정해진 수만큼 심어서 정부에 납입하는 것이 의무였다. 노전은 수목을 심을 필요도 없고 노출된 밭이라는 의미다.

삼장제란 5가(家)를 1린(隣), 5린을 1리(里), 5리를 1당(黨)으로 하는 인보조직(隣保組織)이다. 인장(隣長), 이장(里長), 당장(黨長)을 임명하기 때문에 삼장제라고 불렀다. 연대책임을 지는 이 삼장제로 호적이 분명해졌다. 균전법을 효과적으로 실시하기 위한 전제로서 삼장제가 필요했던 것이다.

『위서(魏書)』「식화지」에 균전법에 관한 내용이 기술되어 있는데, 그것이 실제로 얼마나 실행되었는지 세부적인 사항은 알 수 없다. 이것을 실시한 목적은 호족의 토지합병을 방지하는 데 있었을 것이라고 생각한다. 빈부의 차가 커질수록 사회불안은 한층 심각해지는 법이다. '균전'이라는 말에는 빈부의 차를 없애겠다는 바람이 담겨 있다.

사회불안은 국가의 기초를 위협한다. 그러므로 국가는 끊임없이 빈부의 차를 줄이기 위해 노력해야 한다. 빈부의 차를 줄이려면 가난한 자에게는 밭을 주어서 부유하게 살게 하고, 부자가 수탈로 더욱 부유해지는 것은 막는 두 가지 정책을 동시에 실시하는 것이 원칙이다. 부자인 호족으로서는 더 부유해지는 것을 억제하니 환영할 만한 일은 아니었다.

더구나 호족은 국가의 지도층을 형성하고 있었으므로 국가의 방침은 그 실행에 적잖은 고민을 해야 했다.

대토지를 소유한 호족은 많은 농민을 자기에게 예속시켜 국가에 납세와 부역을 면제받을 궁리를 했다. 그러나 균전법이 실시되면 호족에게 속해 있던 농민이 국가에 직속된다. 그것은 세금 증수로 이어지므로 국가로서는 그 실시에 열을 올리는 것이 당연했다. 호족들은 자신들에게 불리한 제도인 만큼 강하게 저항했을 것이다.

북위 균전법의 특징은 노비와 농우(農牛)에 이르기까지 토지를 나누어 주었다는 것이다. 농우 네 마리까지는 한 마리당 30무(畝, 99.174㎡로 약 30평에 상당-옮긴이)의 토지를 주었다. 지방 호족은 많은 노비와 엄청난 가축을 소유했다. 노비와 소에게까지 토지를 주기로 한 것은 국가가 호족과 타협했다는 것을 말해 준다.

균전법은 이상대로 실시되지는 못했으나 어느 정도 효과는 있었다. 사회불안은 완화되었고 국가의 수입은 대폭 늘어났다. 풍태후 시대에 고안한 균전법과 삼장제는 북위의 국가재정을 여유롭게 해 주었다.

이런 제도를 실시하려면 사무능력이 있는 관료들이 필요했다. 국사 사건으로 침체되어 있던 한인 관료가 이 일을 담당했으리라는 것은 상상하기 어렵지 않다.

풍태후 시대에 한인 관료가 부활했다. 그 부활은 정치면이 아니라 행정면에서부터 시작되었다. 행정면에서의 부활은 그다지 눈에 띄지 않았다. 사람들이 깨닫지 못하는 동안 한인관료기구는 이전보다 훨씬 강력한 것으로 되살아났다.

선비 유산은 모두 버리고 낙양으로

풍태후는 태화 14년(490)에 죽었다. 남쪽에서는 이미 송이 멸망하고 남제 시대가 되었다.

25세가 된 효문제가 마침내 친정을 시작했다. 풍태후 시대에 쌓아 놓은 유산 덕분에 효문제는 과감한 정책을 실행할 수 있었다.

효문제가 목표로 한 것은 북위의 문명화였다. 강남에서 꽃피고 있는 귀족문화가 효문제의 구체적인 목표였다. 그것은 바로 한화(漢化)였다. 그러기 위해 효문제는 낙양 천도를 생각했다.

태무제 시대에도 남쪽으로의 천도가 문제가 된 적이 있었으나, 최호의 반대로 실현되지 못했다. 북쪽에는 아직도 남하를 노리는 강적(強敵)이 있기 때문에 그것에 대비하기 위해서는 북쪽에 있는 평성을 수도로 정해야 한다고 주장했다. 하지만 최호가 반대한 진짜 이유는 북위가 남쪽으로 수도를 옮기면 남조(당시는 동진)를 공격할 수도 있다는 두려움 때문이었다. 중화사상을 가진 최호는 남조야말로 마음의 고향이었으니, 그곳이 공격당하는 불상사는 어떻게든 피하고 싶었던 것이다.

효문제가 계획하고 있는 낙양 천도는 태무제 때 이상으로 강한 반대에 부딪혔다. 평성이 국도로서 그 당시보다 더욱 친숙해진 것이다. 정들면 고향이라는 말처럼 특히 조정 대신들은 평성을 다시없는 고장으로 생각하게 되었다.

태무제의 죽음으로 불교 탄압은 중지되었다. 북위에서는 다시 불교가 번영했고 평성은 그 중심이었다. 북량을 멸망시켰을 때, 북위는 돈황 일대의 불교예술 제작자들을 대량으로 평성에 이주시켰다.

불교 금지 조치가 풀린 뒤 문성제는 국가의 불교 감독인 사문통(沙門統)에 담요(曇曜)를 임명했다. 담요는 오제(伍帝)의 공양을 위해 석굴사(石窟寺)를 지을 것을 주청했다. 그래서 평성의 서쪽 상건하(桑乾河)의 지류인 무주천(武周川) 부근, 다시 말해 운강(雲岡)에 석굴을 만들었다. 아마 돈황에서 석굴을 만들어 본 사람들이 이 작업에 동원되었을 것이다.

불교국이 된 북위 사람들은 운강의 석굴사에서 멀어지기 싫었다. 운강만이 아니었다. 수도인 평성 여기저기에 사람들의 마음이 이어져 있었다. 아무리 황제의 뜻이라도 낙양 천도는 그렇게 간단히 실행할 수 있는 일이 아니었다.

효문제는 천도 작전을 세웠다.

태화 17년(493)에 효문제는 남정하겠다는 말을 꺼냈다. 물론 친정이었다. 7월 기축일에 보병과 기병 30여만을 이끌고 평성을 출발한 효문제가 낙양에 도착한 것은 9월 경오일이었다. 평성에서 낙양까지 가는 동안 줄곧 비가 내렸다고 한다.

북위의 요인들은 모두들 이 남정은 무리라고 생각했다. 아무리 균전법으로 국고가 넉넉해졌다고 해도 장기간의 남정을 지탱하기에는 아직 불안했다. 게다가 북위군은 화북통일 후 대무제의 남정 이래 40여 년간 전쟁다운 전쟁을 치러보지 않았다.

안정왕(安定王) 탁발휴(拓跋休), 남안왕(南安王) 탁발정(拓跋楨), 상서(尚書) 이충(李沖)은 아무래도 남정을 그만두도록 간언해야겠다고 생각했다. 그들은 효문제의 말 앞에 엎드려 단념하라고 울며 호소했다. 효문제는 처음에는 끝까지 남정을 결행할 것처럼 했으나 결국에는,

지금 적잖이 흥분하고 있다. 남정군을 움직였다가 성공하지 못하면, 무엇으로써 후세를 볼 것인가. 짐은 유삭(幽朔, 어두운 북방)에 대대로 살았고, 이제 중토(中土)로 남천(南遷)하고자 한다. 만일 남벌(南伐)하지

않는다면, 마땅히 이곳으로 천도할 것이다. 왕공들은 어떻게 할 것인가.

천도를 원한다면 왼쪽으로, 원치 않는다면 오른쪽으로 서시오.

매우 흥분해서 남정군을 움직였으나, 그것이 성공하지 못한다면 후세에 본보기가 되지 않는다. 자기가 남정을 생각한 것은 주거 조건이 나쁜 북쪽에서 나라의 중앙부로 옮기려는 것이며, 남정하지 않는다면 이곳 낙양으로 천도하고자 하는데 어떻게 생각하느냐고 묻는 것이다. 남정보다는 천도를 하는 편이 나았다. 요인들은 모두 왼쪽으로 모여서 천도를 찬성한다는 의사를 밝혔고, 군신은 만세를 불렀다. 사실 효문제가 조금 과장해서 말한 것이다. 군신들의 뜻에 따라 어쩔 수 없이 낙양 천도로 타결 짓는 형식을 취했으나, 이것이 바로 그의 본심이었다.

낙양을 도읍으로 만드는 일이 시작되었고 그동안 효문제는 중원 각지를 순찰하고 이듬해에 평성으로 돌아와 신주(神主, 조상의 위패)를 받들고 낙양으로 옮겨 왔다.

이렇게 해서 북위의 낙양 시대가 시작되었다. 북위의 분열로 낙양이 황폐해진 뒤, 옛 수도인 낙양이 그리워서 양현지(楊衒之)라는 사람은 『낙양가람기(洛陽伽藍記)』를 저술했다. 이 저서로 지난날에 번성했던 낙양의 모습을 상상할 수 있다. 이 낙양은 불교도시이기도 했다. 여기저기에 세워진 가람이 그 장엄함을 서로 다투었다. 제목만으로는 옛 절을 순례한 내용을 적은 것 같지만 민속학적으로도 귀중한 자료이며 정치, 경제, 사회, 문화 등 다양한 장르를 다룬다. 저자는 일찍이 꽃의 도시였던 낙양에 살았으며, 그것이 파괴된 뒤 우연히 공적인 일로 그곳을 찾아 감개에 젖어 지난날의 모습을 적어 두어야겠다고 생각했다. 감정의 흥분을 완벽하게 억제한 문장의 격조가 이 저서를 명저로 만들었다.

서진이 멸망한 지 180여 년이 지난 때였다. 그동안 화북을 제압한 오호십육국의 유력한 정권의 국도는 장안(전진, 후진)이나 양국(襄國, 후조), 중산(中山, 후연)이었으며, 낙양은 한 도시에 머물렀을 뿐 국도로 각광받은 일은 없었다. 궁전도 새로 지어야 했다.

낙양 천도 후 북위는 본격적으로 한화(漢化)에 힘을 쏟았다. 가장 상징적인 사건은 선비족 언어 사용을 금지한 것이다. 훗날 몽골족의 원조(元朝), 만주족의 청조(淸朝)가 중국을 지배했으나, 지배층은 그들의 고유 언어와 풍습을 보존하려고 노력했다. 청조에서는 중기 이후에 만주족이면서 만주어를 모르는 사람이 많아졌다. 조정에서는 만주족 사람들에게 만주어를 쓰라고 열심히 권장했고 그 일로 조칙도 여러 번 내렸다. 공문서에도 만주문자를 병기하도록 했다. 하지만 아무리 이렇게 저항해도 만주족의 한화는 진행되어 청조 말기에는 황족들도 한어(漢語)밖에 말할 줄 모르게 되었다. 방치해 두어도 한화가 진행될 터인데, 북위는 그것을 장려한다기보다는 강제했다. 북위 황실의 성은 탁발이었는데, 이런 선비족 느낌을 주는 명칭도 그만 쓰게 되었다. 황실은 성을 탁발에서 '원(元)'으로 고쳤다. 중당(中唐)의 재상으로 백거이(白居易)와 쌍벽을 이루는 시인이기도 한 원진(元稹)이나 금대(金代)의 대시인인 원호문(元好問)은 북위제실(北魏帝室)의 먼 후손이라고 한다.

언어나 성씨뿐만 아니라 풍습도 북쪽, 다시 말해 선비식의 것은 금지되었다. 하긴 앞에서도 이야기했듯이 평성 시대에도 변발 같은 풍습은 사라져서 이미 한화는 상당히 진행된 상태였다. 낙양 천도를 기회로 총정리를 행했다고 할 수 있겠다.

효문제가 생각한 국가 지도자의 의무

풍태후 섭정 시대에 실시한 삼장제와 균전법으로 충실해진 국력이 낙양 천도를 촉진했다고도 생각할 수 있다. 그런 의미에서도 풍태후 시대는 역사적으로 중요한 시기다. 삼장제와 균전법 실시로 한인 관료가 부활했고, 유교적인 예악제도와 법률 등이 만들어졌다. 이 시기에 성장한 효문제는 한인학자에게 교육을 받았다. 효문제는 유학뿐만 아니라 제자백가, 노장에도 정통했고 불교도 깊이 이해했다. 문장가여서 직접 붓을 들고 조칙을 작성했으며 시부(詩賦) 솜씨도 뛰어났다고 한다. 이러한 교양인이 중원의 낙양 천도를 결심한 것은 필연이었는지도 모른다.

효문제를 민족의식을 상실한 인물, 맹목적인 한문화 심취자라고 비판하기도 한다. 하지만 효문제는 민족을 뛰어넘어 세계에 공통하는 문명이 존재하고 그 최고 수준에 도달하는 것이 국가지도자의 의무라고 생각했다.

호(胡)도 없고 한(漢)도 없으며, 거기에 있는 것은 오직 문명뿐이라는 생각도 있을 수 있다. 그 본보기로서 효문제는 분명히 강남의 귀족사회를 의식하고 있었다. 그는 가문에 격이라는 것을 정했다. 가문의 격이 다른 사람끼리의 혼인은 허용하지 않았다. 그 대신 호인과 한인의 결혼은 격이 동등하다면 오히려 장려했다. 여기에서도 호와 한의 차별은 없고 가문의 격차만 있다는 효문제만의 사고방식이 드러난다.

효문제는 상당히 높은 의식으로 정치를 했다. 탁발부라는 소수 유목민족으로 태어난 그는 그만큼 민족에 따른 차별을 없애야겠다고 생각했음이 틀림없다. 석륵이나 부견에게서 볼 수 있는 이상주의가 효문제에게도 있었다는 느낌이 든다. 유목민 출신 제왕에게서 이상주의자가 자주 나온 것 같다.

　이상주의자는 자신의 이상에 확신을 갖기 때문에 자칫 독선이 되기 쉽다. 믿는 길이라면 자기 혼자라도 가겠다는 기개도 생긴다. 낙양천도도 그랬지만 효문제의 방식도 강제적인 면이 있었다. 선비 탁발은 긍지가 높은 민족이다. 그것은 국사 사건에서도 알 수 있다. 효문제의 정치는 아무래도 설명이 부족했던 것 같다. 그 때문에 효문제의 급격한 한화정책에 반감을 가진 북인이 적지 않았다. 한인 관료 중에서조차 이와 같은 성급한 정책에 의구심을 품는 자가 있었다.

　효문제 치세 중에 이미 태자가 반란을 일으켰다. 효문제가 죽은 지 30년 뒤에 북위는 혼란에 빠져 동서로 분열되었는데, 그 원인이 효문제의 이상주의에 있었다고도 생각할 수 있다. 북위를 멸망시킨 원인은 북족(北族) 군단의 반란에서 비롯된 동란이었다. 피지배층의 반란이 아니라 지배층, 그러니까 선비족 군사들의 불만이 폭발했다는 점이 특이하다.

　부견의 좌절과 효문제의 사적(事蹟), 이 두 가지는 이상주의에 내포된 위험을 우리에게 경고하는 것 같다.

　효문제는 부견과 달리 살아 있는 동안에 나라가 망하는 꼴은 보지 않았다. 그는 자신이 뿌린 씨가 마침내 싹을 틔우고 보기 좋게 꽃필 것이라 믿었다.

　하지만 북위의 멸망을 효문제의 이상주의 좌절과 결부시켜 생각할 수는 없다. 효문제의 이상은 원래 민족을 초월하는 데 있었다.

　남북조 다음에 수나라의 통일이 있고, 그것이 당나라로 이어져 중국 역사의 큰 흐름이 되었는데 그 원류는 북위에 있었다고 할 수 있다.

　효문제가 죽은 뒤 30년 뒤에 북위는 분열되어 동서로 나뉘어졌다. 얼마 뒤 동위(東魏)는 북제(北齊)로 바뀌고 서위(西魏)는 북주(北周)로 바뀐다. 그리고 북주를 대체한 것이 수나라이며, 그 뒤를 이은 것이 역시 북조의 주국(柱國)이었던 이씨의 당나라였다.

낙양 천도 후 가문의 격이 정해졌는데, 그때 북위의 황실과 통혼할 수 있는 한족 가문으로 '5성(伍姓)'을 들었다. 범양(范陽) 노씨(盧氏), 청하(淸河) 최씨(崔氏), 형양(滎陽) 정씨(鄭氏), 태원(太原) 왕씨(王氏), 그리고 농서(隴西)와 조군(趙郡) 이씨가 그것인데, 당왕조의 이씨가 바로 농서 이씨다.

『자치통감』이라는 북송의 사마광이 편찬한 편년사(編年史)는 남북조 부분은 모두 남조의 기년(紀年)을 따른다. 중화사상의 원칙에서 말하면 남조를 정통으로 해야 하나, 역사의 흐름으로 말한다면 이것은 일방적이라 하겠다.

당나라는 세계 제국의 성격을 띤 왕조인데, 그 연원은 부견과 효문제의 이상주의에서 찾을 수 있다.

북위의 국도가 된 유서 깊은 고도(古都) 낙양은 『낙양가람기』에서 볼 수 있는 번영을 되찾았다. 효문제의 이상이 이 도시 어딘가에 반영되었을 것이다. 하지만 북위 낙양의 번화함도 극히 짧은 기간의 일이었다.

남북조의 끝

초일류 재벌시인 사령운

유유(劉裕)가 시작한 송(宋) 왕조가 멸망한 지 500년쯤 뒤에 당(唐)과 오대(五代) 뒤를 이어서 조광윤(趙匡胤)이 같은 이름의 송(宋) 왕조를 세웠다. 그것과 구별하기 위해 남조의 송나라를 유송(劉宋)이라고 부르기도 한다. 창시자인 유유는 고작 글이나 식별할 정도의 군인이었다. 귀족사회인 남조에서 이와 같은 인물이 황제가 되는 것은 그야말로 이례적인 일이라 하지 않을 수 없었다.

똑같은 찬탈이라도 환현(桓玄) 때라면 "마침내 환씨 세상이 되었구나" 하고 수긍할 만했다. 1급 가문 출신이었기 때문이다. 하지만 유유는 그렇지가 못했다.

유유가 환현을 타도하고 동진 최대의 실력자가 되고부터 제위에 오르기까지 16년이 걸렸다. 그 동안 환현은 도교계 교단의 반란군 노순(盧循)을 격퇴하고, 두 번에 걸쳐 북벌했으며, 남연(南燕)과 후진(後秦)을 멸망시

컸다. 이처럼 실적을 쌓지 않으면 같은 찬탈이라도 설득력이 부족했던 것이다.

내세울 만한 가문 출신도 아닌 유유가 황제가 되었어도 남조의 귀족 사회 체제에는 변화가 없었다. 아무리 유유라고 해도 체제를 바꿀 수는 없었다. 다만, 동진 시대에는 귀족이 군권을 장악했으나 송나라는 군대를 귀족에게서 떼어 놓았다. 북부군과 서부군 모두 사령관은 황족으로 한정했다. 귀족은 기껏해야 참모가 고작이었다.

그래도 귀족은 광대한 장원을 소유하고 유복하게 생활했으며 풍아(風雅)를 즐겼다. 구품관인법과 더불어 발표된 '호조식(戶調式)'은 일품관의 소유지를 50경(頃, 100묘. 1묘는 약 30평-옮긴이), 소작인은 15호(戶)로 제한했다. 품이 낮아짐에 따라 소유지가 5경씩 줄어들어 오품관은 토지 30경, 소작인 5호가 되었다. 하지만 이 호조식은 분명 지켜지지 않았을 것이다. 『세설신어』 등에서 볼 수 있는 이 시대 귀족들의 사치는 50경, 15호라는 재산으로는 가당치도 않은 것이었다.

북위의 균전법도 그랬지만 가능한 빈부의 차를 줄이는 것이 국정운영의 근본이다. 허나 기득권이란 그렇게 쉽게 손에서 놓을 수 있는 것이 아니어서 부가 부를 낳는 구조는 어느 시대에서나 마찬가지였다. 더구나 기득권을 쥔 층은 정부 요직에 있었기 때문에 법률 하나를 유명무실하게 만드는 일 따위는 매우 간단했다.

이미 생긴 체제에 손을 대는 것은 위험한 작업이다. 특히 찬탈로 성립한 정권은 그와 같은 위험을 무릅쓰고 싶지 않을 것이다. 귀족사회와 연고가 없는 계층에서 군벌로 뛰어올라 간 유유조차 체제는 그대로 두었다. 군대 통수권만 내주지 않으면 귀족이라고 해도 그다지 두려운 존재가 아니라는 것을 그때까지의 경험으로 그는 잘 알고 있었다.

귀족도 얕잡아 볼 수 있게 되었다. 울타리 안에서는 어디를 가든 상관하지 않았지만, 울타리 밖으로 나가는 것은 허용하지 않았다. 군권을 잃었다는 것은 이제 군대의 감시를 받는 몸이 된다는 것을 의미했다.

비수 싸움의 영웅 거기장군(車騎將軍) 사현(謝玄)의 손자 사령운(謝靈運)은 남조에서는 초일류 귀족이었으며, 송나라가 된 뒤에도 잠시 벼슬을 했으나, 얼마 안 가 자리에서 물러나 은둔했다. 언동이 기괴한 인물이었거나 아니면 벼락출세한 군벌 왕조에 품었던 정신적인 저항이었는지도 모른다. 돈을 잔뜩 들여서 여기저기 별장을 지어놓고 그것을 순회했는데, 언제나 수백 명이나 되는 사람들을 데리고 다녔다고 한다. 산에 갈 때는 편히 올라갈 수 있게 앞굽과 뒷굽을 떼어 낼 수 있게 만든 나막신을 신어 세상 사람들을 놀라게 했다. 산으로 놀러 갈 때는 길을 내기 위해 나무를 베어서 백성들이 그를 산적으로 착각했다는 이야기도 있다.

가문은 너할 나위 없이 좋았고 재산노 무신상이었다. 단지 사람을 사람이라고 생각하지 않는 성격 때문에 관계(官界)에서 뜻을 얻지 못했다. 그렇다면 그냥 산야에서 유유자적했으면 좋았을 것을 여러 곳에서 마찰을 일으켰다. 회계태수(會稽太守)에게 무고(誣告)를 당하기도 하고, 반대로 정부에서 파견한 관리를 붙잡았다가 군사가 동원되어 마침내 사로잡히기도 했다. 유유(武帝)의 셋째 아들인 문제(文帝) 원가(元嘉) 10년(433)의 일이다.

문제는 사령운의 재주를 아껴 일을 원만히 수습하려고 했으나, 황제의 동생인 팽성왕(彭城王) 유의강(劉義康)이 용서할 수 없다고 주장했기 때문에 광주(廣州)로 귀양 보냈다. 사령운인 만큼 유의강과도 어떤 마찰이 있었는지 모른다. 게다가 유의강도 쓸데없이 크게 다투는 성격의 소유자였던 것 같다. 그는 황제의 동생임에도 나중에 모반을 꾀했다는 이유로 사약을 받았다. 유의강은 불교신자였기 때문에 자살을 거부하고 받은 독약을 물리친 뒤 이불을 뒤집어쓰고 죽는 질식사를 선택했다.

광주에 유배된 사령운은 결국 그곳에서 처형되었다. 무기를 사들이고 병사를 모았다는 죄목이었다.

사령운은 중국 문학사에서 잊을 수 없는 인물이다. 자연을 관찰하는 그의 시선이 문학의 세계를 크게 넓힘으로써 그전까지의 시에서 볼 수 없었던 새로운 장르를 열었다는 업적이 높은 평가를 받는다. 그 전까지의 시는 인간의 감정을 담는 그릇이었으나, 사령운이 처음으로 순수한 자연 묘사를 시도해 그것에 성공했다.

> 아침에 양애를 출발하여,
> 해가 지니 음봉(陰峯)에서 쉰다.
> 배를 버리고 회저를 바라보며,
> 생각을 멈추고 무성한 소나무에 기댄다.
> 갈림길 이미 고요하고 맑으며,
> 둥그스름한 물가는 아직 영롱하구나.
> 엎드려 교목(喬木)의 가지를 바라보고,
> 우러러 깊은 골짜기의 물소리를 듣는다.
> 바위가 가로놓여 물줄기를 갈라놓고,
> 빽빽한 숲은 오솔길을 끊어놓았구나.
> 朝旦發陽崖 景落憩陰峰　舍舟眺迴渚 停策倚茂松

側逕旣窈窕 環洲亦玲瓏 俛視喬木杪 仰聆大壑淙
石橫水分流 林密蹊絶蹤

　이것은 『문선(文選)』에 수록된 〈남산에서 북산으로 가면서 호수를 지나며 바라보다(於南山往北山經湖中瞻眺)〉라는 시의 앞부분이다. 그때까지 이처럼 정열을 담아 자연을 묘사하려고 시도한 문인은 없었다.

　사령운은 군사라는 실력정치의 장에서 추방된 귀족이 재능을 발휘할 또 다른 장을 찾고 있었는지도 모른다.

다시는 왕가에 태어나지 않기를!

　남조의 역사를 기록하는 것은 가슴 아픈 일이다. 아직도 피비린내가 감도는 듯한 기분이 든다. 송나라 문제(文帝)는 그 연호를 따서 '원가(元嘉)의 치(治)'라고 부를 만큼 정치를 잘했다. 그럼에도 개성이 강한 대귀족 사령운을 죽였다.

　그 사령운을 어떻게 해서든 도우려고 했던 온건한 황제인 문제는 원가 30년(453)에 황태자 유소(劉劭)에게 살해당했다. 문제가 황태자를 폐립하려고 전례를 알아 보게 하던 중에 아들이 선수를 친 것이다. 황태자는 그 뒤 반대파를 대대적으로 숙청했다.

　황자 가운데 한 사람인 무릉왕(武陵王) 유준(劉駿)은 아버지에게 그다지 사랑받지 못해 그때까지 대부분 외지에서 지냈는데, 이때도 여산(廬山) 기슭에 있는 강주(江州)에 있었다. 건강(建康)에서 일어난 변사(變事) 소식을 들은 그는 군사를 이끌고 장강을 내려왔다. 가는 도중에 이 무릉왕에게 투항해 종군하는 자가 늘었다. 아버지를 죽인 황태자는 인심을 얻지 못하는 법이다.

그때까지 황태자에게 협력했던 숙부 강하왕(江夏王) 유의공(劉義恭)도 마침내 단념하고 혼자 남쪽으로 탈출했다. 이 사실을 안 황태자는 강하왕의 열두 자식을 모두 죽여 버렸다. 그에게는 사촌들이었다. 황태자는 일찍이 사마도자(司馬道子)가 했던 것과 똑같은 짓을 저질렀다. 장후묘(蔣侯廟)의 신상(神像)에 절하고 신상을 대사마에 임명했으며 종산왕(鍾山王)에 봉하여 은혜를 빌었다. 아버지를 죽이고 친척들을 죽여 놓고 신의 가호를 빈다는 것도 이상한 정신 상태였다.

무릉왕은 건강을 공격해 황태자와 그 자식들을 참수하고 그 목을 대항(大航)이라는 곳에 내걸고 유해는 거리에 방치했다. 목과 몸통을 따로따로 방치하는 것은 가장 무거운 경고였다. 황태자비인 은씨(殷氏)도 살해되었다. 황태자가 즉위했으므로 은씨는 이제 황후였다. "어찌 골육상쟁으로 죄 없는 나까지 죽여야 한단 말이오?" 죽기 전에 그녀는 그렇게 울부짖었다. 옥리(獄吏)인 강각(江恪)은,

> 황후를 배수(拜受)했으니, 죄가 아니고 무엇이란 말이오.

라고 대답했다.

무릉왕 유준은 즉위하여 효무제가 되었다. 효무제는 문제의 셋째 아들인데 그 역시 피에 굶주린 사람처럼 형제와 황족들을 잇따라 죽였다.

효무제는 만년을 알코올 중독으로 보냈다. 또 병적이라 할 만큼 재물을 탐냈다고 한다. 지방관리가 돌아올 때는 반드시 진상품을 가져와야 했다.

또 노름을 좋아해서 가신에게서 돈을 뜯어냈다. 하루 종일 술을 마시고 뒹굴다가도 사람이 오면 완전 딴사람처럼 굴어서 술에 취한 상태를 전혀 눈치 채지 못하게 했다고 한다. 술이 너무 과했는지 대명(大明) 8년(464)에 35세로 죽었다. 황태자 유자업(劉子業)이 16세로 즉위했는데, 이 자는 아버지가 죽었는데도,

교만하고 게으르며 슬퍼하는 기색이 없었다.

는 소년이었다.

효무제의 아우인 명제(明帝, 문제의 열한 번째 아들)가 이 유자업을 죽이고 스스로 제위에 올랐다. 효무제가 죽은 이듬해(465)는 유자업의 연호가 '영광(永光)'이었으나 8월에 강하왕 유의공을 죽이고 '경화(景和)'로 고쳤다가, 다시 명제가 유자업을 죽이고 황제가 되어 '태시(泰始)'로 고쳤다. 1년에 연호가 세 차례나 바뀐 것은 상서롭지 못한 일이 아닐 수 없다.

명제는 형인 효무제의 아들을 16명이나 죽였다. 하지만 효무제는 아들이 많아서 그 밖에도 아들이 더 있었다. 명제가 태여(泰子) 원년(472)에 34세로 죽고 장남인 유욱(劉昱)이 10세에 즉위하자, 이번에는 효무제의 나머지 아들 12명을 죽였다. 이번에는 한 명도 남김없이 죄다 죽었다.

『남사(南史)』에 이렇게 기록되어 있으나, 『송서(宋書)』에 따르면, 효무제에게는 정확히 아들이 28명 있었으며 그중 10명은 요절하고 나머지는 명제가 죽여서 유욱 때는 겨우 한 명밖에 남지 않았다고 한다. 그 한 명은 효무제의 제사를 지내주기 위해 명제가 자신의 아들을 효무제의 사후양자로 삼은 자식이었다. 35세에 죽은 효무제에게 28명이나 되는 아들이

있었다는 것도 심하지만 그 죽이는 방법도 차마 들을 수 없을 정도다.

이쯤 되면 이미 몇 명을 죽였느냐 따위는 문제가 아니다. 모든 것이 정상이 아니었다. 이 무렵, 송 왕조의 실권은 소도성(蕭道成)이라는 장군이 쥐고 있었다.

소도성은 전한 건국의 대공신인 소하(蕭何)의 24대손이라고 일컫는 인물이다. 가문을 존중했던 남조에서는 처음부터 뒤는 인물이라고 할 수 있다. 그는 제왕(齊王)이 되어 정적을 압도하고 송왕조의 일인자가 되었다. 황제 유욱은 그를 제거하려다 오히려 살해되고 말았다. 유욱은 열 살에 즉위하여 15세에 죽었으니 아직 성숙한 생각을 하지 못하는 소년이었을 것이다. 실력자인 소도성은 이미 이 무렵부터 찬탈 계획을 세워 그에 따라 행동했다.

유욱은 정식 황제로 인정받지 못했으므로, 효무제의 형인 유소(劉劭)를 전폐제(前廢帝)라 부르는 것을 참고하여 그는 후폐제(後廢帝)라고 불렸다. 죽은 뒤 창오왕(蒼梧王)에 봉해졌으므로, 『자치통감』 같은 역사서에서는 창오왕으로 취급한다. 남북조의 역사를 읽으면서 아무래도 불쾌감을 금할 수 없는 것은 이와 같이 나이 어린 인물이 물론 배후의 조종을 받았겠지만 비참한 최후를 맞는 장면이 많다는 점이다.

소도성은 명제의 셋째 아들인 유준(劉準)을 옹립했으니, 그가 바로 송왕조의 마지막 천자(天子)인 순제(順帝)다. 소도성은 이 순제에게 선양을 받아 제위에 올랐다. 바로 제(齊)나라 고제(高帝)다. 후에 북조에 이름이 같은 제왕조가 생겼으므로 소도성이 시작한 왕조를 남제(南齊)라고 부른다. 순제는 곧 살해되었다. 겨우 13세짜리 소년이었다.

후한의 헌제(獻帝)는 위나라 조비(曹丕, 문제)에게 선양한 뒤에도 산양공

(山陽公)으로 천수를 다했다. 조비보다 훨씬 오래 살았다. 사마씨에게 선양한 위나라 원제(元帝)도 양위 후에 40년 가까이 살았다. 이 사람도 황위를 넘겨받은 진(晉)나라의 무제(武帝) 사마염(司馬炎)보다 오래 살았다.

남북조 시대의 선양은 이제 예전처럼 소박하고 평화로운 것이 아니었다. 모두 죽여 버리는 유혈의 시대였다. 유유도 먼저 백치인 안제(安帝)를 죽이고 공제(恭帝) 사마덕문(司馬德文)을 세워 선양한 이듬해에 그를 죽여 버렸다. 『자치통감』의 이 항목에 호삼성(胡三省)은,

　　　　이후 선양한 군주로서 천수를 다하는 일은 드물었다.

고 주를 달았다. 선양한 군주도 목숨을 다하지 못했으나 선양을 받은 군주도 자기 자손의 목숨을 온전히 보존할 수 없었다. 유유의 자손은 마침내 한 사람도 남김없이 살해당했다. 효무제의 여덟째 아들인 유자란(劉子鸞)은 열 살 때 전폐제 유욱에게 살해되었는데 죽음을 앞두고,

　　　　바라건대, 이 몸이 다시는 왕가에 태어나지 않기를!

이라고 말해서 사람들의 눈물을 자아냈다고 한다.

은행이 꽃피운 남조 문화

피로 피를 씻는 황족끼리의 골육상쟁은 실로 그 원인이 송나라 무제 유유의 유언에 있다고 할 수 있겠다. 귀족을 군대에서 배제하고 군대를

장악할 자는 모두 황족으로 제한한 것이다. 군대를 이끄는 황족은 황위 계승 전쟁에 자신의 무력을 투입할 수 있다. 이것은 조조가 걱정했던 일이다. 그 때문에 조조는 위나라 황족의 무력화를 꾀했다고 앞에서 이야기했다. 그 무력화 때문에 황족은 위나라의 멸망을 구하지 못했고 따라서 위나라에 이어서 일어난 사마씨의 진나라는 황족 대책을 변경했다. 하지만 힘을 가진 황족은 팔왕의 난을 일으켰다. 힘으로 진나라의 제위를 빼앗은 유씨의 송나라는 동족이 군권을 독점하게 함으로써 동족끼리 서로 죽이는 골육상쟁을 초래했다.

황제는 황족을 믿을 수 없었다. 그렇다고 긍지가 높은 귀족도 섣불리 신용할 수 없었다. 그들은 마음속으로 한문(寒門, 격이 낮은 가문) 출신인 황제를 경멸했다. 그렇다면 황제가 마음대로 자신의 손발처럼 부릴 수 있는 것은 황족도 귀족도 아닌, 이른바 제3계급 사람이었다.

이렇게 해서 은행(恩倖)이라는 사람들이 등장했다. 신분은 매우 낮았으나 그만큼 세상물정에 밝았다. 세금 징수도 관리들보다 능숙했다. 효무제처럼 재물을 탐하는 천자가 출현하면 돈벌이 고문(顧問)이 되어 활약해주었다. 물론 은행이라고 불리는 무리들은 단지 황제에게 사사로움 없이 충성을 다한 것은 아니었다. 착취활동은 자신을 위한 일이기도 했다. 황제의 명령을 방패삼아 자기의 이익도 챙겼다.

은행들은 이른바 경제관료로서 활약했는데, 국가(라기보다는 황제)를 위해서든 자신을 위해서든 목적은 쌍방의 이익이므로 그 착취가 몹시 심했다. 물론 은행들은 일의 성격상 상인들과 결탁했다. 서민들의 생활은 점차 피폐해졌다.

이 신흥계급은 그렇게 쌓은 재력으로 마음껏 사치를 누렸다. 남조를 귀족사회라고 부르기도 하지만, 이처럼 새로운 파도가 밀려오면 구세력은 자칫 압도되기 십상이다. 대귀족들은 금전 문제를 이러쿵저러쿵 말하는 것을 수치로 알았다. 팔왕의 난이 일어났을 때 책임자였던 왕연(王衍)은 그 유명한 낭야(琅邪) 왕씨(王氏) 일족이었는데 '전(錢)'이라는 말을 한마디도 입에 담지 않았다고 한다. 부인이 그의 입에서 한 번이라도 전이라는 말이 나오게 하려고 어느 날 방바닥에 돈을 깔아 놓아 밟지 않고는 지날 수 없게 했다고 한다. 그러자 왕연이 무엇이라고 말했는가 하면 하녀를 불러서,

아도물(阿賭物)을 집어서 치워라.

고 시켰다. 아도물이란 당시의 표현으로 '이것'을 의미했다. 그 이후 아도물은 '금전'을 나타내는 별칭이 되었다.

상인의 활약은 화폐경제를 발전시켰고 상인의 재력은 그다지 품위는 없었으나 활기찬 문화를 탄생시켰다. 상공업이라는 면에서 남북을 비교하면 북조는 남조에 훨씬 미치지 못한다. 남북통일을 이룬 수나라는 대운하 건설이나 고구려 원정, 또는 강도호유(江都豪遊) 같은 몹시 야단스러운 일을 벌였는데, 그것은 남방의 재력을 배경으로 한 것이다.

사령운과 쌍벽을 이룬 이 시대의 시인 포조(鮑照)의 작품에서는 새로운 파도의 영향이 느껴진다. 사령운은 대귀족이었으나 포조의 집안은 대대로 가난했다. 임해왕(臨海王)을 섬겼으며 난전에 목숨을 잃은 불운한 시인이었다.

회남왕(淮南王)은

오래 살기를 원해

연기(錬氣, 기를 단련함)를 복식(服食)하고, 선경(仙經)을 읽었다.

유리로 공기를 만들고, 상아로 접시를 만들었다.

금으로 만든 삼발 솥과 옥으로 만든 수저로

신단(神丹)을 섞었다.

신단을 합하고,

자방(紫房)에서 희롱한다.

자방의 채녀(綵女)는 명월주 귀고리를 찰랑이며,

난(鸞, 전설 속 상상의 새)이 노래하고, 봉황이 춤추며, 님의 애간장
을 녹인다.

주성(朱城)에 구문(九門)이 있어, 문이 아홉 번 열리니,

원컨대 명월을 쫓아 님의 품에 안기리.

님의 품에 안겨서

님의 허리띠를 매어주고

님을 원망하고 님을 애타게 하고, 님의 사랑을 당부한다.

축성(築城)은 튼튼하기를 바라고 검은 날카롭기를 원하니,

성(盛)할 때도 함께요 쇠(衰)할 때도 함께해서,

서로 버리는 일은 하지 말기를.

淮南王, 好長生

服食錬氣讀仙經 琉璃藥碗牙作盤 金鼎玉匕合神丹

合神丹, 戲紫房 紫房綵女弄明璫 鸞歌鳳舞斷君腸

朱城九門門九開 願逐明月入君懷 入君懷 結君佩

怨君恨君恃君愛 築城思堅劍思利 同盛同衰莫相棄

이것은 포조의 〈대회남왕(大淮南王)〉이라는 제목의 시다. 중국에서 가장 오래된 문학평론이라고 일컫는 종영(鍾嶸)의 『시품(詩品)』에서는,

심히 청아한 가락을 깨뜨렸다.

고 포조를 평하고 있다. 그리고 속기(俗氣)가 있다고 말하는데, 어쩌면 그는 귀족 살롱보다는 은행이나 상인들의 자리가 편했던 건 아닐까?

포조의 누이동생인 포령휘(鮑令暉)도 시인이었다.

계수나무는 두세 가지에서 움이 트고,
난(蘭)은 네다섯 잎에서 꽃이 핀다.
이런 때에 님은 오지 않고,
봄바람만 공연히 소첩을 비웃는구나.
桂吐兩三枝 蘭開四五葉 是時君不歸 春風徒笑妾

그녀가 지은 〈행인에게 부치다(寄行人)〉라는 제목의 시다.

행인이란 사자(使者)나 여행자를 말하는데, 장사하기 위해 여행하는 상인이나 대사(臺使)였을지도 모른다. 대사란 세금을 징수하기 위해 파견된 관리로 주로 은행(恩倖)들 중에서 임명했다. 이 시도 귀족의 모임보다는 상인의 연회석에 어울릴 것 같은 기분이 든다.

양무제가 등용한 '일 잘하는 이류 귀족들'

대사는 신분은 낮았지만 황제 직속으로 실권이 있어 파견된 지방의 장관과 자주 대립했다. 지방 장관은 대개 귀족이었기 때문에 한문(寒門) 출신인 신흥 대사에게 적의를 품고 있었다. 지방 장관뿐만 아니라 착취당하는 민중역시 대사를 싫어했음은 말할 나위도 없다.

남제(南齊) 무제(武帝) 때 이 대사가 폐지되었다. 백성들이 원망하는 소리가 들렸던 것일까? 그 대신 교적관(校籍官)을 설치해 호적을 엄중히 조사하고 위반자는 엄벌로 다스렸기 때문에 백성들은 여전히 힘들었다. 왕조는 착취 위에 성립했기 때문에 한 가지 착취법을 그만두면 또 다른 착취법을 짜내야 했다.

그러나 이 시대는 민간 경제활동이 활발히 이루어졌다. 무제 재위(482~493) 10여 년을 그의 연호를 따서 '영명(永明)의 치(治)'라고 부르며, 송나라의 '원가의 치'와 쌍벽을 이루어 찬양한다. 이는 황제가 정치를 잘했다기보다는 민간의 활력이 시대를 밝게 만들었기 때문이다.

송나라를 찬탈한 남제의 고제 소도성은 재위기간 3년 만에 죽고 태자인 소색(蕭賾)이 즉위하여 무제가 되었다. 무제의 태자 소장무(蕭長懋)는 아버지보다 먼저 죽었으므로 황태손으로서 소장무의 아들 소소업(蕭昭業)이 즉위했다. 그러나 나이 어린 두 황제 소소업과 소소문(蕭昭文)의 뒤를 이어 제위에 오른 사람은 무제의 사촌인 소란(蕭鸞)이었다. 이가 바로 명제(明帝)다.

남조의 황실 내 동족살인은 송나라 때도 심했지만, 남제의 명제 시대는 그 이상으로 참혹하기 이를 데 없었다. 명제는 고제 소도성의 형인 소도생(蕭道生)의 아들로 황위계승자로서는 황통에서 약간 멀다고 해야 한다. 무제에게는 죽은 태자인 장무 외에도 아들이 16명이나 있었고 직계손도 많았다. 무제 자신도 형제가 12명이나 되었다. 명제는 그들을 모조리 죽였다. 명제의 아들들은 요절하기도 하고 병약한 자가 많았기 때문에 고제, 무제 일족 사람들이 건강한 것을 두려워했으며, 특히 명제는 병상에 눕게 되자 그 공포심이 더욱 병적이 되었다.

명제는 이들을 처형하기에 앞서 향을 피우고 흐느껴 울었다고 하니, 그 풍경이 얼마나 괴이했는지는 짐작하고도 남는다. 가신이 황족들의 죄상을 아뢰고, 주살을 주청하면 명제는 그것을 허락하지 않고 재차 주청하면 그때서야 마지못해 허락한다는 형식을 취했다.

이러니 민심이 황실에서 멀어지는 것은 당연했다. 남제에서는 황족과 귀족이 지방 장관이나 지방 사단장으로 부임하면 전첨(典籤)이나 주수(主帥)라고 부르는 황실 직속 감찰관이 동행했다. 전첨이나 주수는 한문 출신이었기 때문에 이는 은행과 같았다. 가문의 무세도 일종의 힘이었다. 따라서 황제는 힘없는 인물만 신용하게 되었다. 하지만 감찰관으로서 중용하면 한문출신인 사람도 무게가 실려 힘이 생기기 때문에 언제까지나 다람쥐 쳇바퀴 돌 듯 진전이 없었다.

전첨과 주수의 등용으로 남제는 귀족들에게도 버림받았다. 명제 뒤를 이은 둘째 아들 소보권(蕭寶卷)은 음탕하고 잔악무도한 인물이었기 때문에 남제의 앞날은 암담하기만 했다. 누가 하루라도 빨리 이 왕조를 무너뜨리느냐 하는 문제만 남아 있을 뿐이었다.

남제 황족의 먼 친척 중에 수연(蕭衍)이라는 인물이 있었다. 황위계승 자격자 범위 내에 들지 않을 만큼 먼 친척이었기 때문에 죽지 않고 살아

남았다. 명제가 죽었을 때는 옹주(雍州)자사였다. 그의 형인 소의(蕭懿)는 상서령으로 궁중에 들어갔으나, 소보권을 둘러싼 소인배들이 그의 권위를 꺼려 황제에게 주청해서 사약을 내리게 했다. 이 소식을 듣고 소연은 군사를 일으켰다.

소연은 인망이 있었고 남제는 인심을 모조리 잃은 상태였다. 결과는 처음부터 분명했다. 소연은 건강으로 쳐들어가 황제 소보권을 죽이고 먼저 그의 동생 소보융(蕭寶融)을 세운 뒤, 그에게 선양을 받는 식으로 황제에 올랐다. 소보권은 폐제(廢帝)였으므로 제호(帝號)는 없고 사서에는 단지 동혼후(東昏侯)라고 기록되어 있다. 소보융은 오로지 선양만을 위해 제위에 오른 인물이지만 그에게는 화제(和帝)라는 제호가 있다. 화제 중흥(中興) 2년(502) 3월에 선양이 실시되었고 국호는 양(梁), 연호는 천감(天監)이라 하였다.

이로써 양 왕조가 시작되고, 소연은 그 초대 천자가 되었으며 무제라 칭했다. 양나라 무제는 50년 가까이 재위했다. 만 38세에 즉위했으니 상당히 장수한 인물이다.

무엇보다 긴 재위 기간으로 장기간에 걸쳐 안정을 누릴 수 있었다. 더구나 양나라 무제는 남조에서 유일한 명군이라 할 만한 인물이었다.

왕조 창건기에 벌어지는 숙청도 극히 소규모로 억제되었다. 전조인 남제가 같은 소씨 일족이었기 때문이라는 견해도 있지만, 남조에서는 동족이라는 이유로 피의 숙청이 있었다. 숙청이 억제된 것은 역시 양무제의 인간성 때문이라고 봐야 한다.

역사를 읽다가 양나라 부분이 되면 문득 안도의 한숨이 흘러나온다. 인간이 할 짓인가 하고 회의를 느낄 정도로 잔혹한 행위가 이 시대에는 눈에 띠게 줄어든다.

양무제는 그때까지처럼 공포정치로 억누를 필요가 없다고 큰 자신을 갖고 있었다. 귀족의 일원으로서 그는 당시 귀족들의 불만을 잘 알았다. 은행, 전참, 주수와 같은 공포정치 집행자들은 대개 한문(寒門) 출신이었으므로 양무제는 한문 등용을 삼갔다. 지금까지는 귀족을 신뢰하지 않았기 때문에 그와 같은 감찰관을 파견했던 것이다. 양무제 초기 정치는 심약(沈約), 범운(范雲)이라는 이류 귀족을 등용하여 실시했다. 대귀족은 역시 뭔가 문제가 있었던 것이다.

야수들이 설치는 나라

아무리 명군이라도 재위기간이 너무 길어지면 정치에 혼란이 생기게 마련이다. 양무제도 전기에는 확실히 안정된 정치를 펼쳤고, 게다가 공포 정치의 어두운 면도 없어 송나라의 원가(元嘉)나 남제의 영명(永明)의 치(治)보다 훨씬 잘 다스렸다고 할 수 있다. 똑같이 치안이 좋은 상태라고 해도 탄압으로 하는 것과 그렇지 않은 것은 크게 다르다.

그러나 양무제도 나이가 들어감에 따라 차츰 정치에 지치기 시작했다. 불교에 귀의한 사람이었으나 노년기에 이르러 더욱 신앙이 깊어져서 몇 번이나 사신(捨身, 출가)했다. 불법을 위해 불사(佛寺)의 노예가 되어 봉사하겠다고 말하고 출가해, 군신들이 급히 돈 1억만 전을 주고 황제를 되사오는 소동을 벌이기도 했다. 첫 출가는 대통(大通) 2년(528)의 일이니 무제 나이 66세 때다. 그는 황제대보살이라 불렸으며, 건강(建康)을 비롯한 각지에 불사를 건립케 하여 건강에서만 불사 500여 사를 헤아렸고,

승려와 비구니의 수도 10만이 넘었다고 한다.

당나라 시인 두목(杜牧)은 〈강남춘(江南春)〉이라는 제목의 시에서 남조를 그리워하는 마음을 이렇게 노래했다.

천리(千里) 꾀꼬리 울고 푸른 잎과 붉은 꽃이 어른거리고,

강 마을, 산모퉁이 성곽, 바람에 나부끼는 주막 깃발,

남조 시절 480 사찰,

크고 작은 누대(樓臺)들이 안개비 속에 있네.

千里鶯啼綠映紅 水村山郭酒旗風 南朝四百八十寺 多少樓臺煙雨中

아마 시인의 머릿속에 양나라 무제 시대 건강의 풍경이 있었던 것 같다.

건강에서 가장 유명한 절은 동태사(同泰寺)이고 무제의 사신(捨身, 부처에게 온몸을 바치는 수행-옮긴이)도 이곳에서 행해졌다. 불교에 깊이 심취한 탓인지 도교에는 냉담해서 천감(天監) 16년(517)에 도사들을 환속(還俗)시켰다. 또 무제는 스스로 붓을 들어 불교 저작도 손대었다.

달마대사(達磨大師)는 실존 인물이지만 전설적인 요소가 농후하다. 아마도 정확한 전기(傳記)가 없기 때문이다. 달마대사가 인도에서 건너온 것은 양나라 무제 보통(普通) 원년(520)이었다고 한다. 달마는 무제와 문답한 뒤 북위의 낙양으로 가서 숭산(嵩山)의 소림사에 들어갔다는 설이 널리 믿어지고 있다.

달마대사가 먼저 양나라로 들어왔다가 그다음 북상했다면 인도에서 해로로 왔다고 짐작할 수 있다. 서쪽과는 서역을 경유하는 육로와 남해를 경유하는 해로가 모두 열려 있었다. 5세기 초에 법현(法顯)은 육로를

통해 인도로 들어갔다가 해로로 돌아왔다. 그가 저술한 『불국기(佛國記)』를 보면 자바 부근에서 광주(廣州)로 가는 상당히 긴 배편이 있었다는 사실을 알 수 있다.

앞에서 이야기한 『낙양가람기』에는 문의리(聞義里)라는 곳에 사는 돈황 사람 송운(宋雲)이 혜생(惠生)과 함께 서역으로 심부름 간 일이 기록되어 있다. 이로써 동서 교통이 왕성했다는 것을 추측할 수 있다. 또 이 책 끝부분에는 낙양이 가장 번성했을 때 1천 367사나 되는 절이 있었고, 그 후 낙양이 황폐해져 국도를 업(鄴)으로 옮긴 뒤에도 여전히 421사가 남아 있었다는 기록이 있다. 남북조 모두 불교의 황금기를 맞고 있었다.

달마대사는 사실 힘든 시기에 낙양에 들어왔다. 다만 숭산 소림사에서 지낸 대사에게 현세의 동란 따위는 고통이라 할 만한 것이 아니었을지 모른다.

북위가 분열했다. 역시 효문제의 낙양 천도와 급격한 한화정책은 혼란을 빚어냈다고 생각된다. 이렇듯 급격한 변화에는 소외받는 계층이 나오는 법이다. 북위의 지방군(地方群)은 육진(六鎭)이라 하여 옥야(沃野), 회삭(懷朔), 무천(武川), 무명(撫冥), 유현(柔玄), 회황(懷荒) 등 여섯 군구(軍區)로 나뉘었는데, 이 군구의 군인들은 자신들이 뒤쳐진 것처럼 느꼈다.

아무래도 북위는 강남의 양왕조(梁王朝)에서 번영한 것과 같은 화려한 문화국가가 되려고 했던 것 같다. 육진의 군인들에게 그것은 아득히 먼 이야기였다. 또 강남의 귀족사회를 따라하려고 북위에서도 가문의 격을 정했는데 군인의 가문은 매우 낮게 매겨졌다. 원래 육진의 군사(軍士)는 죄가 있어서 유배되었거나 징벌 인사로 쫓겨난 경우가 많아 확실히 질은 좋지 않았다. 하지만 천민이라는 낙인이 뚜렷하게 찍혀 버린다면 잠자코 있을 수는 없는 일이었다.

효문제가 죽은 뒤 북위의 정치도 문란해졌다. 선무제(宣武帝) 시대에는 외척인 고조(高肇)가 횡포를 부렸다. 고조의 딸은 효문제의 애비(愛妃)로 선무제를 낳았다. 고조는 고려인이었던 만큼 가문은 한문(寒門)이었다. 하지만 딸이 황태후가 되었기 때문에 권세를 손에 넣을 수 있었다. 그는 황족을 탄압하여 황제의 지위를 편안하게 하려 했으나 그 일로 도리어 반감을 샀다. 선무제는 북위 연창(延昌) 4년(515)에 죽었고, 사천(四川)에 있던 고조는 소환되어 살해되었다.

33세의 나이로 세상을 뜬 선무제 뒤를 이어 5세인 황태자 원후(元詡)가 즉위하니 이가 바로 효명제(孝明帝)다. 효명제의 어머니인 호태후(胡太后)는 권세에서 삶의 보람을 느끼는 여인이었다. 권세를 지키기 위해서는 자기 자식을 죽이는 일도 마다하지 않았다. 그녀는 환관세력으로 인해 일단 북궁(北宮)에 유폐되어 정계에서 사라졌다. 하지만 끈질기게 권력탈환 공작을 벌여 여러 번 실패한 끝에 겨우 효창(孝昌) 원년(525)에 복권되었다.

사실 그보다 2년 전에 육진에서 군사반란이 일어나 이주영(爾朱榮)이 진압했다. 국가가 다사다난할 때 권세를 농(弄)하는 여자가 나타났으니 북위도 이미 폐망할 조짐이 보였다고 할 수 있다.

호태후는 복권했지만, 효명제는 이미 성장해서 측근들에게 둘러싸여 있었다. 이때 황제파와 태후파의 싸움이 일어났는데, 놀랍게도 호태후는 자기 아들인 효명제를 독살하고 세 살 난 어린 군주를 세웠다. 일찍이 풍태후(馮太后)도 헌문제(獻文帝)를 죽인 일이 있으나 그때는 친자식이 아니었다.

다시 움직인 이주영의 군대가 낙양을 공격해서 호태후를 붙잡아 황하에 던져 버렸다. 그리고 조정 신하 1천 300명을 학살했다.

이주씨(爾朱氏)는 해(奚, 稽라고도 쓴다)의 호족(胡族)으로 산서성 북부에서 말 수만 마리를 방목하며 살았다. 북위는 자신의 출신인 선비 탁발부를 문명화했으나 다른 부족에게는 유목을 허용했다. 이주씨 부족은 거칠지만 모두 용맹한 군사들이었다. 이주영은 그 수장이었다. 호태후와 조정신하를 죽이는 방법에서도 야만성이 잘 나타나 있다.

이주영에게 옹립된 효장제(孝莊帝)는 겁에 질려 이주영을 암살했는데, 다시 이주영의 부하인 이주조(爾朱兆)의 습격을 받아 낙양에서 태원(太原)으로 연행되어 살해되었다.

모처럼 효문제가 문명화를 꾀했던 북위도 야수들이 횡행하는 나라로 전락해 끝없는 분쟁이 되풀이되었다. 이주씨 일족에도 내분이 일어나 혼란은 극에 달했다.

5년 전쟁 결과 북위의 분열이 결정적이 되었다.

자칭 발해(渤海, 하북성) 출신이라 했으나 아마 선비족일 것으로 추측하는 고환(高歡)은 이주영 밑에 있다가 그가 죽은 뒤 자립해서 이주씨계 세력을 타도하고 효무제(孝武帝, 효문제의 아들, 선문제의 막내 동생)를 옹립했다.

육진의 하나인 무천진(武川鎭)의 군인 우문태(宇文泰)도 처음에는 이주영에 속해 주로 섬서와 감숙에 있다가 자립한 뒤에는 그 지방을 세력권으로 했다. 우문태는 말할 것도 없이 선비족 우문부의 수장이었다.

고환이 옹립한 효무제는 꼭두각시 황제가 될 것을 견디지 못하고 탈주하여 장안의 우문태에게 갔다. 사실 우문태에게 외탁한다고 해도 꼭두각시나 마찬가지였다.

효무제가 달아나 버리자, 고환은 다시 효문제의 증손인 원선견(元善見)이라는 인물을 옹립했다. 이가 바로 효정제(孝靜帝)다. 고환은 우문태의 세력권과 가까운 낙양을 피해 수도를 업으로 옮겼다.

우문태가 옹립한 효무제의 정권을 '서위(西魏)', 고환이 옹립한 효정제의 정권을 '동위(東魏)'라고 부르는데, 위(魏)는 그저 이름뿐이었다. 이미 우문씨의 정권이었고 고씨의 정권이었다. 이 동서 '위'를 칭한 세력의 다툼으로 낙양은 황폐해지고 만다.

당시 동위가 고씨의 북제(北齊)로, 서위가 우문씨의 북주(北周)로 대체되리라는 것을 의심한 사람은 아무도 없었다.

강력한 움직임으로 남북조의 막이 내릴 시기가 다가오고 있었다.

망국의 계보

상류 귀족층을 증오한 노예군

이주영(爾朱榮)의 부하 중에 후경(侯景)이라는 인물이 있었는데 고환(高歡)을 섬겨서 하남대행대(河南大行臺)가 되어 10만 대군을 거느리는 사령관이 되었다. 그는 북위 육진 가운데 하나인 회삭진(懷朔鎭)의 군사였다. 원래는 호족(胡族)이 아니었으나 죄를 짓고 북쪽 땅으로 유배 가서 호족화(胡族化)된 가문 출신이었다.

고환이 죽자, 그의 아들 고징(高澄)은 공신의 세력을 깎아내리기 시작했다. 어떤 정권에서나 일어나는 일이었다. 정권을 만들 때는 군주와 공신이 동지지만 2대째가 되면 그렇지 않다.

후경은 대담하게도 양(梁)에 투항했다. 이대로 가다가는 하남 13주를 고징에게 바칠 판이었다. 양에 투항하면 양은 힘들이지 않고 13주를 손에 넣게 되니 그에 만족해서 지배권은 그대로 자신에게 줄 것이리 생각했다. 사자가 왕래한 끝에 양나라는 후경을 하남왕에 봉하고 영지는 그

대로 두었다. 싸우지 않고 판도를 넓힐 수 있으니 양나라로서는 이보다 좋을 수 없었다.

하지만 동위로서는 당연히 그대로 방치할 수 없었다. 동위는 후경 토벌군을 파견하였고, 이에 양나라도 무제의 조카인 소연명(蕭淵明)을 도독(都督)으로 임명하여 후경을 구원할 군대를 보냈다. 소연명은 남제의 동혼후(東昏侯)에게 살해된 소의(蕭懿)의 아들이다. 형인 소의가 살해되었을 때 무제가 거병한 일은 앞에서 이미 이야기했다.

이 전쟁은 양나라 군대의 대패로 끝났다. 남조 황금기를 구가하며 근 반세기 동안 안일과 평화에 젖어 있던 양나라 군대는 전쟁다운 전쟁을 해 보지 못했다. 그에 비해 동위군은 20년 가까이 전쟁만 했다. 양군은 군대라는 말조차 쓸 수 없을 만큼 통제가 안 되었다. 소연명은 이 전쟁에서 사로잡혔다. 그의 지휘에도 문제가 있었다. 후경은 부하 800만을 이끌고 겨우 목숨만 부지한 채 도망쳤다. 양나라 무제 태청(太淸) 원년(547)의 일이다.

이듬해 동위의 포로가 된 소연명이 무제에게 사자를 보냈다. 동위가 국교를 회복하고 싶어한다는 사실을 알려온 것이다. 양나라는 강화 대표단을 동위로 보냈다.

후경은 불안해졌다. 강화조건에 무제의 조카인 소연명과 모반자인 자신을 교환하는 조건이 포함되었을지도 몰랐다. 후경은 마침내 작정하고 건강을 공격했다. 후경의 수하에는 부하가 고작 1천 명 정도였다. 하지만 공동작전을 펼친 경험으로 그는 양군이 얼마나 약체인지 잘 알고 있었다. 또 양나라에 복속한 이후 무제에게 불만을 품은 세력이 존재한다는 것도 알았다.

그해 8월, 남하한 후경은 불만분자의 안내를 받아 양자강을 건너 건강으로 돌입해 궁성을 포위했다. 1천 명도 채 안 되는 후경 군대가 이렇게 할 수 있었던 것은 신기하다고 할 수밖에 없다. 그는 노예를 해방한다면서 수도 부근에 있던 노예를 모았다. 또 약탈 허가를 내주어 유민을 모았다. 그런 사람들이 10만에 이르렀다고 한다.

귀족문화가 꽃피는 그늘에는 이런 사람들이 많았다. 빈부의 차가 벌어져 왕조와 그 주변 지배층에 심한 적개심을 품은 사람이 적지 않았다는 사실을 말해준다.

각지에서 파견된 양나라 구원군이 일단 건강 근처까지 달려갔다. 하지만 그들은 어쩐지 후경군을 공격하려고 하지 않았다.

양나라 장군 양간(羊侃)은 잘 싸웠으나 포위된 지 약 다섯 달 만에 마침내 궁성이 함락되었다. 굶주림으로 수많은 사람이 죽었으나 매장도 하지 못해 썩은 시체에서 나온 물이 도랑에 가득했다고 한다. 그런 와중에 기첩(妓妾)을 모아 놓고 연회를 벌이는 사람도 있었다.

후경은 입성하여 무제를 만났다. 무제는 이미 86세였으나 과연 관록이 있었다. 후경은 땀을 뻘뻘 흘리며 감히 바라볼 수조차 없었다고 한다.

> 경(卿)은 어느 주(州) 사람이기에 감히 여기까지 왔으며, 처자는 아
> 직 북쪽 지방에 있는가?

무제가 그렇게 물었어도 후경은 대답하지 못했다. 임약(任約)이라는 자가 곁에서 대신하여,

신(臣) 경(景)의 처자는 모두 고씨에게 주살되고, 오직 홀로 폐하께
귀의했습니다.

라고 대답했다. 문답은 계속되었다.

처음 강을 건넌 사람은 모두 몇 명인가?
1천 명입니다.

후경은 겨우 자신의 입으로 대답할 수 있었다.

대성(臺城, 궁성)을 둘러싼 병사는 몇 명인가?
10만입니다.
지금 몇 명 남았는가?
온 나라 안에 제 소유가 아닌 것이 없습니다.

후경이 그렇게 대답하자, 이번에는 무제가 고개를 숙이고 말문을 닫아
버렸다고 한다. 무제는 유폐되어 그해에 죽고 황태자 소강(蕭綱)이 황위에
올랐다. 이가 바로 간문제(簡文帝)다.
양나라는 이후로도 몇 년 동안 유지되었으나, 후경이 건강을 점령함
으로써 사실상 멸망했다고 봐야 할 것이다.

우물에 숨은 풍류천자

강남 오흥(嗚興) 출신인 진패선(陳覇先)은 한문 출신이다. 광동(廣東)과 베트남에서 군무에 복무하며 차츰 출세했다. 그는 왕승변(王僧弁)의 부대와 연합해서 원제(元帝) 승성(承聖) 원년(552)에 겨우 후경을 격파하고 건강을 회복했다. 간문제는 이미 후경에게 살해된 뒤였다.

양나라의 대란을 틈타 남하한 서위 군대는 강릉을 함락하고 원제의 조카 중 하나를 황제로 세웠다. 이곳은 동진(東晉)무렵부터 서부군의 근거지로 건강과 더불어 양대 바퀴라고 부를 만큼 요지였다. 이곳에 서위의 꼭두각시 정권이 세워졌는데, 이를 후량(後梁)이라고 불렀다. 554년의 일이나 그 3년 뒤에 서위는 마침내 우문씨의 북주(北周)로 대체되었다.

건강에서는 진패선이 동맹자 왕승변을 죽이고 얼마 안 있어 양나라의 꼭두각시 천자 경제(敬帝)에게 선양을 받아 제위에 올랐다. 남조의 마지막 왕조인 진왕조(陳王朝)나.

진왕조는 남조 가운데 가장 작은 정권이었다. 양대 바퀴 가운데 하나인 강릉은 북조의 세력권에 들어 있었고, 왕승변의 군벌은 동쪽에서도 동위로 대체된 북제군(北齊軍)과 제휴해서 유격전을 펼쳤다.

진왕조의 힘이 실제로 미친 곳은 건강 부근이 전부였다. 이 진왕조의 수명이 진나라 후주(後主) 정명(禎明) 3년(589)까지 이어질 수 있었던 것은 화북에서 일어난 동서 항쟁과 뒤이은 수(隋)나라의 북주 찬탈 같은 사건 덕이었다. 북쪽의 패자에게 건강의 진왕조 따위는 마음만 먹으면 언제든 쳐부술 수 있는 나라였기 때문에 뒤로 미루었을 뿐이었다.

멸망을 예감한 진왕조는 두려움에 떨면서도 오직 눈앞의 쾌락만을 좇았다. 어차피 이런 유희는 다시 없을 거라는 사실을 모두 알았고, 그것을 생각하면 괴로워서 더욱더 큰 쾌락 속으로 빠져들었다.

다행히 강남에서 민간의 활력은 아직 쇠퇴하지 않았다. 건강은 그 부를 모두 모아서 향락에 쏟아 부었다. 어차피 다른 사람이 이 즐거움을 빼앗을 테니 지금 실컷 즐기지 않으면 손해라고 생각했다.

진패선이 죽은 뒤 조카인 문제가 뒤를 이었고, 그의 아들 백종(伯宗, 폐제)의 짧은 치세가 있은 뒤 문제(文帝)의 아들 선제(宣帝)가 즉위했으며, 그다음 선제의 아들 진숙보(陳叔寶)가 마지막 황제가 되었다. 나라를 멸망시켜서 자손에게 시호를 받지 못한 그는 진나라의 후왕(後王)으로 불린다. 사람들은 그를 풍류천자(風流天子)라는 이름으로 기억한다.

만당(晚唐)의 시인 이상은(李商隱, 812~858)의 작품 중 〈남조(南朝)〉라는 시가 있다. 그것을 한 구절씩 인용하여 진나라의 멸망을 설명하고자 한다.

현무호(玄武湖) 속의 옥루(玉漏)는 시간을 재촉한다.
玄武湖中 玉漏催

현무호는 유송(劉宋)의 문제가 원가 23년(446)에 제방을 쌓아 강물을 끌어들여 만든 호수다. 원래는 수군 연습장으로 만든 것이다. 하지만 언제부턴가 그곳은 뱃놀이터가 되어 버렸다. 옥으로 만든 누(漏, 물시계)는 계속 시간을 알려 주나, 사람들은 그것도 잊고 놀이에 빠져 있었다. 호수 위의 뱃놀이는 진나라 때 가장 유행했다.

계명태(鷄鳴埭) 부근에는 수놓은 비단저고리를 입은 궁녀가 돌고 있다.

鷄鳴埭口 繡襦回

현무호 북안(北岸)의 계명태 부근은 황제가 자주 행차하는 곳이다. 하지만 그 행차에 수행하는 사람들은 정기(旌旗)를 치켜든 무장한 병사가 아니었다. 얇은 비단을 몸에 두른 궁녀 무리였다.

누가 말했나, 옥처럼 아름다운 나무가 아침마다 나타나도
미치지 못하리.
금련이 걸음마다 나타남에는.
誰言瓊樹朝朝見 不及金蓮步步來

진나라 후주(後主)는 애비(愛妃)의 아름다움을 찬미하여 '구슬 같은 달(璧月) 밤마다 차고, 아름나운 나무(瓊樹)는 아침마다 새로워라'라는 시를 지었다. 유명한 〈옥수후정화(玉樹後庭花)〉의 한 구절이다. 금련(金蓮)은 남제의 폐제 동혼후(東昏侯) 소보권(蕭寶卷)의 고사에서 유래한다. 그는 황금으로 연꽃을 만들어 그것을 땅 위에 놓고 반비(潘妃)에게 걷게 하여 '걸음마다 연꽃을 낳았다'며 기뻐했다고 한다. 읊은 대상이 된 여성은 모두 망국을 초래했는데, 누가 위고 누가 아래인지 말하기 어렵다. 오십보 백보인 것이다.

적국의 궁영, 목시를 떠다니게 하고,
전조의 신묘, 그을음투성이로 잠겨 있다.

敵國軍營漂木柿 前朝神廟鎖煤煙

수나라 문제의 남정은 이미 가까워져 있었다. 문제는 남정을 극비로 하라는 가신들의 말을 물리치고 천벌을 내리는 일이니 숨길 필요가 없다고 공언했다. 그러고는 남정을 위해 군선을 제작했다. 극비였다면 배를 만드는 과정에서 생기는 엄청난 나무 조각을 어딘가에 숨겨야 했다. 하지만 문제는 그것을 그대로 장강으로 흘려 보냈다. 심상치 않은 나무 조각 더미를 보고 진나라는 수나라가 공격해 올 것임을 알아차려야만 했다. 그런데도 진나라의 후왕은 선조의 사당 제삿날에조차 후궁에서 나오지 않았다고 한다. 제사를 지내지 않았으므로 진나라 선조의 사당은 먼지투성이었다.

> 만궁(滿宮)의 학사들은 모두 안색(顏色)이 있고,
> 강령(江令)의 당년(當年)은 그저 재능만 허비할 뿐.
> 滿宮學士皆顏色 江令當年只費才

진나라의 후왕은 글재주가 있는 궁녀를 골라 여학사(女學士)라 칭하고 연회를 열 때 시를 짓게 했다. 그 무렵 양(梁)나라 때부터 문명(文名)이 높았던 강총(江總)이라는 인물이 상서복야(尚書僕射)로서 진나라에서 벼슬을 살고 있었다. 그 강총조차 여학사들의 높은 인기 탓에 나설 기회가 없었던 것일까?

수나라 군사가 건강을 공격해 들어온 날 밤에도 진나라의 궁전에서는 연회가 열렸다. 적군이 내습했다는 소식을 듣고 허둥대던 진나라 후왕은 애비(愛妃) 두 명과 함께 경양정(景陽井)이라는 우물 안에 숨었다. 진나라의 후왕은 만일 무슨 일이 생기면 함께 죽자고 애비들과 약속했지만 우물에 몸을 숨기고 있다가 발각되고 말았다. 우물에서 끌어올려져 수나라로 보내진 후왕은 그곳에서 굴욕의 날을 보내야 했다. 이상은은 이 일역시 〈경양정(景陽井)〉이라는 제목의 시로 읊었다.

> 경양궁의 우물은 여전히 슬픔을 견디고 있고,
>
> 다하지 못했구나, 용과 난새의 죽음의 맹세.
>
> 애통히도 오왕의 궁 밖 강에 던져지니,
>
> 혼탁한 흙탕물은 마치 서시를 장사한 듯하네.
>
> 景陽宮井剩堪悲 不盡龍鸞誓死期 腸斷吳王宮外水 濁泥猶得葬西施

오나라와 월나라가 싸웠을 때 오왕 부차(夫差)는 살해되고, 애비인 서시(西施)는 오왕 궁전 바깥에 있는 오호(伍湖)에 넌져졌다는 것이다. 그 탁한 흙탕물로 서시를 묻을 수 있었다. 똑같은 망국을 맞이한 왕과 그 애인이지만 오왕과 서시 쪽이 훨씬 낫지 않느냐는 의미다.

남조는 망할 수밖에 없었기 때문에 망한 것이다.

하지만 진왕조가 망하기까지 우선 동위가 망하고, 이어서 서위가 망했으며, 북위와 북주가 격렬한 전쟁을 치른 끝에 북제가 망했다. 마지막 승자인 것처럼 보였던 북주도 그 외척인 양씨(楊氏)에게 멸망당하고 말았다.

지왕조를 멸망시킨 것은 양씨의 수(隋)나라였다. 그때까지 너무도 많은 멸망이 있었다.

그 수나라조차 최후의 승자는 될 수 없었다. 진왕조를 멸망시킨 지 30년도 채 되지 않아 당왕조의 이씨가 수나라를 대체하여 천하를 군림하였다.

북제와 북주의 병력을 비교하면 북제가 우세했다. 허나 병력의 조직화라는 점에서 보면 북주가 뛰어났다. 후경의 난에서 나타난 양나라의 취약점은 군대에 조직이 없던 것이 원인이라고 생각된다.

북위-서위-북주-수-당.

역사의 주류는 이렇게 흘러갔다. 이 흐름의 원인이 군대의 조직화에 있지만은 않을 것이다. 북주가 '주(周)'를 국호로 선택한 것에서도 살필 수 있지만, 고대의 성스러운 왕조인 주(周)에서 그 이상을 구할 마음이었다. 우리는 부견과 효문제의 과도한 이상주의에 큰 위험이 있다는 것을 보았다. 그러나 이상(理想)이 전혀 없는 정권은 그 이상으로 위험하다. 위험이라기보다는 뼈대가 없어 약하다고 해야 할 것이다.

북제는 힘의 움직임에만 눈을 빼앗겼다. 후경의 사건에서도 볼 수 있듯이 공신 주살이나 파벌싸움 같은 힘의 조작에 모든 기력을 쏟아 부었다.

『주례(周禮)』에 따른 관제(官制)를 시행한 북주는 그것이 얼마나 효과가 있었는지 모르지만, 이상을 내걸었다는 점이 무형(無形)의 힘이 되지는 않았을까?

이와 같은 이상은 형태를 바꾸어서 수나라에도, 그리고 당나라에도 이어졌다.

서쪽에 자리한 덕분에 서역을 통한 동서교역의 이익으로 경제적 우위에 설 수 있었다는 설명도 있다. 이것이 북주가 북제를 압도한 한 가지 이유는 되지만 과대평가할 수는 없다고 생각한다. 북제에도 경제적으로 뛰어난 점이 얼마든지 있었다. 예를 들면 동북지방이나 한반도와의 교역, 아니면 산동 반도를 기지로 한 바닷길을 이용한 교역은 북제를 경제적으로 크게 윤택하게 했다.

한반도와 동북에서 고구려의 호태왕(好太王)이 활약한 것은 동진 말기의 일이다. 호태왕과 일본 사이에 교섭이 있었다는 것은 말할 나위도 없다. 호태왕의 비가 그것을 증명한다.

왜(倭)의 오왕(伍王)이 중국에 사신을 보낸 시기는 송대(宋代)에 집중되었다. 왜왕 찬(讚)은 송나라 영초(永初) 2년(421), 진(珍)은 원가(元嘉) 2년(425), 제(濟)는 원가 20년(443), 흥(興)은 영가 28년(451), 무(武)는 대명(大明) 6년(461)에 각각 사신을 파견하고 안동대장군(安東大將軍), 진동대장군(鎭東大將軍), 정동대장군(征東大將軍)에 임명되었다. 위나라 무렵에는 낙양까지 갔으나 남북조 시대가 되면 남조에만 갔던 것도 주목해야 할 사실이다.

연표

서기	왕조 연호	사항
17	신(新) 천봉(天鳳) 4년	여모(呂母)의 난, 신시(新市)에서 녹림(綠林)의 군대 일어남.
18	신 천봉 5년	양웅(揚雄) 자살. 적미(赤眉)의 난 일어남.
22	신 지황(地皇) 3년	평림·녹림의 군대가 손잡음. 적미의 무리가 입관(入關). 유수(劉秀, 광무제(光武帝)), 완(宛)에서 군대를 일으킴.
23	신 지황 4년 한(漢) 갱시(更始) 원년	유현(劉玄), 갱시제(更始帝)가 되어 갱시(更始)라 건원(建元). 유수, 곤양(昆陽)에서 신나라 군을 무찌름. 외효(隗囂)·공손술(公孫述), 군대를 일으킴. 왕망, 장안에서 패하여 죽고, 신나라 멸망.
24	한 갱시 2년	장안으로 도읍을 옮김. 유수, 한단(邯鄲)을 점령하고, 소왕(蕭王)에 봉해짐.
25	한 갱시 3년· 건무(建武) 원년	공손술, 제위에 오르고, 국호를 성(成)이라 함. 유수, 호(鄗)에서 광무제(光武帝)에 오르고, 연호를 건무(建武)라 함. 후한조(後漢朝, 동한)이 일어남. 광무제, 낙양(洛陽)을 수도로 정함. 갱시제, 적미에게 죽음.
27	한 건무 3년	적미, 후한조에 항복.
36	한 건무 12년	공손술 패하여 죽고, 촉이 한나라 판도에 들어감. 전국을 통일.
37	한 건무 13년	제왕(諸王)을 공후(公侯)로 강등.
48	한 건무 24년	무릉오계(武陵伍溪)에서 일어난 만이(蠻夷)의 난을 진압하기 위해 마원(馬援)을 파견. 흉노가 남북으로 분열하고, 남흉노의 선우 일축왕(日逐王) 비(比)가 항복.
56	한 건무 중원(中元) 원년	광무제, 태산에서 봉선 의식을 거행. 건무 중원(中元)으로 연호를 고침.
57	한 건무 중원 2년	왜 노국왕(倭奴國王)이 파견한 사신이 낙양에 도착. 광무제 죽고, 태자 장(莊), 명제(明帝) 즉위.
65	한 영평(永平) 8년	불경과 불승을 구하러 채음(蔡愔) 등을 천축(天竺)에 파견. 정중(鄭衆)이 군사마(軍司馬)가 됨.
67	한 영평 10년	채음, 불경과 가섭마등(迦葉摩騰)·축법란(竺法蘭)과 함

		께 귀국.
73	한 영평 16년	두고(竇固), 북흉노를 토벌하고, 반초(班超), 서역에 파견.
75	한 영평 18년	명제 죽고, 태자 달(炟), 장제(章帝) 즉위.
79	한 건초(建初) 4년	모든 유생들을 백호관(白虎觀)에 모아 놓고, 오경의 이동(異同)을 논하게 하여 『백호의주(白虎議奏)』를 작성.
88	한 장화(章和) 2년	장제 죽고, 태자 조(肇), 화제(和帝) 즉위.
89	한 영원(永元) 원년	두헌(竇憲), 북흉노를 계락산(稽落山)에서 크게 무찌르고, 대장군이 됨.
91	한 영원 3년	두헌, 북흉노를 무찌르고, 반초를 서역도호(西域都護)에 임명. 구자(龜玆) 등이 한나라에 항복. 왕충(王充)의 『논형』 완성됨.
92	한 영원 4년	두헌을 자결시키고, 반고(班固) 옥사.
94	한 영원 6년	반초(班超), 언기 등을 무찌름. 서역 50여 국이 복속.
97	한 영원 9년	두 태후 죽음. 반초와 감영(甘英)을 대진(大秦)에 파견.
100	한 영원 12년	허신(許愼)의 『설문해자』 완성됨.
102	한 영원 14년	반초가 서역에서 31년 만에 낙양으로 돌아와 죽음. 정중(鄭衆)은 환관으로서 처음으로 연후가 됨.
105	한 원흥(元興) 원년	채륜이 종이를 바침. 화제 죽고, 생후 100여 일 된 태자 융(隆), 상제(殤帝) 즉위.
106	한 연평(延平) 원년	상제 죽고, 청하왕(淸河王)의 아들 호(祜), 안제(安帝) 즉위.
107	한 영초(永初) 원년	서역도호를 폐지. 강족(羌族)이 반란을 일으키고, 흩어져 도망감. 주장(周章)이 반란에 실패하고, 자살.
121	한 건광(建光) 원년	등 태후(鄧太后) 죽고, 안제 친정. 대장군 등즐(鄧隲)·등준(鄧遵)이 자살.
124	한 연광(延光) 원년	폐태자(황태자 유보(劉保)) 사건 일어남.
125	한 연광 4년	안제 죽고, 북향후(北鄕侯) 의(懿), 즉위하자마자(少帝), 죽음. 손정(孫程) 등, 폐태자 제음왕 보(保)를 순제(順帝)로 즉위시킴.
126	한 영건(永建) 원년	서역장사(西域長史) 반용(班勇), 차사국을 항복시키고,

		북흉노의 호연왕(呼衍王)을 격퇴.
127	한 영건 2년	반용·장랑(張朗), 언기국왕 원맹(元孟)을 항복시킴.
131	한 영건 6년	이오(伊吾)에 둔전 개발. 태학을 일으킴.
141	한 영화(永和) 6년	양상(梁商)은 죽고, 양기(梁冀)는 대장군이 됨.
144	한 건강(健康) 원년	강족 쇠함. 순제 죽고, 두 살 된 태자 병(炳), 충제(沖帝) 즉위. 양 태후(梁太后) 섭정 시작.
145	한 영가(永嘉) 원년	충제 죽고, 발해왕의 아들인 찬(鑽), 여덟 살의 나이로 질제(質帝) 즉위.
146	한 본초(本初) 원년	태학생이 3만이 넘음. 양기, 질제를 독살하고, 15세 여오후(蠡吾侯) 지(志)가 환제(桓帝)로 즉위하고, 양 태후가 섭정.
147	한 건화(建和) 원년	양기 등을 후(侯)에 봉함. 서역의 승려, 낙양에 와서 역경(譯經)을 시작.
150	한 화평(和平) 원년	정권을 환제에게 되돌려 준다는 조서 발표. 양 태후 죽음.
153	한 영흥(永興) 원년	기주자사(冀州刺史) 주목(朱穆), 환관 때문에 파면되나, 태학생 유도(劉陶) 등의 상소문으로 사면됨.
159	한 연희(延熹) 2년	양 황후 죽고, 양씨 일족 죽음. 환관 단초(單超)를 후(侯)에 봉함.
166	한 연희 9년	제1차 당고(黨錮)의 화. 로마황제의 사자 도착.
167	한 영강(永康) 원년	당인에게 은사하여 종신금고를 내림. 환제 죽고, 해독후(解瀆侯) 굉(宏), 영제(靈帝) 즉위. 두 태후(竇太后) 섭정.
168	한 건녕(建寧) 원년	대장군 두무(竇武)·태위 진번(陳蕃), 환관 조절(曹節)·왕보(王甫) 등의 주살을 꾀하다 죽음.
169	한 건녕 2년	제2차 당고의 옥이 일어나 이응(李膺) 등 100여 명이 죽음.
175	한 희평(熹平) 4년	채옹(蔡邕)이 쓴 석경을 태학문 밖에 세움.
184	한 중평(中平) 원년	황건의 난 일어남. 당인(黨人) 대사면. 황보숭(皇甫嵩)·주준(朱儁) 등이 황건(黃巾)의 난을 평정.
185	한 중평 2년	최열(崔烈), 관직을 매수. 환관 13명이 황건의 난을 평

		정한 공으로 열후에 봉해짐. 동탁(董卓), 양주(涼州)의 난을 토벌.
188	한 중평 5년	서원팔교위(西園八校尉) 설치. 원소(袁紹)·조조(曹操) 등이 상군교위(上軍校尉) 건적(蹇磧, 환관)에 소속됨. 황건의 난 다시 일어남.
189	한 중평 6년	영제 죽고, 아들 변(辯), 소제(少帝) 즉위. 하 태후(何太后) 섭정. 원소, 환관을 섬멸. 원소, 기주(冀州)로 달아남. 동탁, 제(帝)를 폐하고 진류왕(陳留王) 협(協)을 헌제(獻帝)로 옹립하고, 하 태후를 죽이고 스스로 상국(相國)이 됨.
190	한 초평(初平) 원년	동탁, 장안으로 도읍을 옮김.
191	한 초평 2년	손견(孫堅), 동탁을 무찌르고 낙양으로 들어감. 동탁, 장안 입성.
192	한 초평 3년	손견, 전쟁에서 죽음. 사도(司徒) 왕윤(王允), 동탁을 죽이고, 관중(關中)이 혼란해짐. 조조, 곤주(袞州)에 기거하며, 청주(青州)의 황건을 무찌름.
194	한 흥평(興平) 원년	유비(劉備), 예주(豫州)자사가 되고, 서주 목(牧)을 겸함. 유장(劉璋), 익주목(益州牧)을 세습.
196	한 건안(建安) 원년	헌제, 낙양으로 돌아옴. 조조, 황제를 허(許)로 옮기고, 대장군, 후에 사공(司空)이 됨.
197	한 건안 2년	원술(袁術), 수춘(壽春)에서 황제를 칭하고, 국호를 중가(仲家)로 정함.
199	한 건안 4년	공손찬(公孫瓚), 전쟁에서 패하여 죽음. 원술 죽음. 조조, 원소를 여양(黎陽)에서 토벌.
200	한 건안 5년	조조, 동승(董承)을 죽임. 조조, 관도(官渡)에서 원소를 무찌름. 손책(孫策) 죽고, 동생인 손권(孫權) 옹립. 정현(鄭玄) 죽음.
201	한 건안 6년	조조, 원소를 무찌름. 조조, 유비를 여남(汝南)에서 무찌름.
205	한 건안 10년	조조, 원담(袁譚)을 참수. 흑산(黑山)의 적(賊) 장연(張燕), 조조에게 투항.

207	한 건안 12년	조조, 공신에 봉해짐. 유비, 제갈량(諸葛亮)을 만나러 융중(隆中)으로 찾아감.
208	한 건안 13년	조조, 스스로 승상이 됨. 공융(孔融), 조조에게 죽음. 유표(劉表) 죽고, 아들 종(琮), 조조에게 투항.
213	한 건안 18년	조조, 위공(魏公)이 됨.
214	한 건안 19년	유비, 성도(成都)에 들어와 익주목이 됨. 조조, 복 황후(伏皇后)와 두 아들을 죽임.
215	한 건안 20년	조조의 딸이 황후가 됨. 유비, 손권(孫權)과 상수(湘水)를 경계로 형주(荊州)를 나눔. 조조, 한중(漢中)을 얻고, 오두미도(伍斗米道)를 항복시킴.
216	한 건안 21년	조조, 스스로 위왕(魏王)이 됨.
217	한 건안 22년	손권, 조조에게 화친을 청함. 노숙(魯肅) 죽음.
219	한 건안 24년	유비, 한중을 얻어 한중왕(漢中王)이 됨. 손권, 관우(關羽)를 참수. 여몽(呂蒙) 죽음.
220	한 연강(延康) 원년 위(魏) 황초(黃初) 원년	조조 죽고, 아들 조비(曹丕)가 뒤를 이음. 위, 구품중정(九品中正) 제도 실시. 조비는 헌제에게 선양받아, 문제(文帝) 즉위. 후한조 멸망. 국호를 위(魏)로 정함.
221	위 황초 2년 한 장무(章武) 원년	유비, 한(漢, 촉한이라고도 함)을 세워 성도(成都)에서 즉위. 제갈공명을 승상으로 함. 장비(張飛), 부하에게 죽음.
222	한 장무 2년 오(嗚) 황무(黃武) 원년	한, 오(嗚)에 대패. 손권, 오왕을 칭함.
223	한 건흥(建興) 원년	촉한의 소열왕(昭烈王) 죽고, 아들 유선(劉禪) 즉위(후주(後主)), 제갈공명이 보좌.
226	위 황초 7년	위의 문제 죽고, 태자 예(叡), 명제(明帝) 즉위.
227	한 건흥 5년	제갈공명 '출사표'를 바치고, 위 토벌을 위해 한중으로 출격.
228	한 건흥 6년	제갈공명 '후출사표' 바침. 한, 가정(街亭)에서 위에 패함. 공명, 마속(馬謖)을 참함.
229	위 태화(太和)3년 오 황룡(黃龍) 원년	오왕 손권, 대제(大帝) 황제라 칭하고 황룡(黃龍)으로 국호를 고침. 위·오는 천하 양분을 약속. 오는 건업(建

		業)으로 도읍을 옮김.
234	위 청룡(靑龍) 2년 한 건흥 12년	제갈공명, 위를 침. 위남(渭南)으로 진군, 군대에 둔전을 나누어줌. 오장원(五丈原)에서 죽음.
237	위 경초(景初) 원년	요동의 공손연(公孫淵), 위를 배반하고 연왕(燕王)을 칭함.
238	위 경초 2년	위의 사마중달(司馬仲達), 공손연을 토벌하여 죽임. 위, 중국 동북지역을 지배하에 둠.
239	위 경초 3년	명제 죽고, 태자 방(芳), 제왕(齊王) 즉위. 사마중달·조상(曹爽)이 보좌.
249	위 가평(嘉平) 원년	사마중달·하안(何晏) 등 조상 일파를 숙청.
251	위 가평 3년	사마중달 죽음.
252	위 가평 4년 오 건흥(建興) 원년	사마사(司馬師), 대장군이 됨. 손권 죽고, 아들 양 , 폐제(廢帝) 즉위.
254	위 정원(正元) 원년	위의 사마사, 위제(魏帝)를 폐하여 제왕(齊王)으로 하고, 문제의 손자 고귀향공(高貴鄕公) 조모(曹髦)를 옹립.
255	위 정원 2년	위의 무구검(毋丘儉) 등, 사마사를 공격했으나 패함. 사마사 죽고, 동생 사마소(司馬昭)가 대장군이 되어 보좌.
258	위 감로(甘露) 3년 오 영언(永安) 원년	사마소가 상국이 됨. 오의 손림(孫綝), 왕량(王亮)을 폐하고, 낭야왕(琅邪王) 휴(休), 경제(景帝) 즉위. 경제, 손림을 죽임.
260	위 경원(景元) 원년	위의 고귀향공, 사마소를 쳤으나 오히려 죽음. 연왕 우(宇)의 아들 상도향공(常道鄕公) 환(奐), 원제(元帝) 즉위.
263	위 경원 4년 한 염흥(炎興) 원년	위의 사마소, 상국진공(相國晋公)이 됨. 한 후주 유선, 위에 항복하고 촉한 멸망.
264	위 함희(咸熙) 원년 오 원흥(元興) 원년	종회(鍾會), 죽음. 사마소가 진왕(晋王)이 됨. 오의 경제 죽고, 오정후(烏程侯) 호(晧)를 옹립.
265	위 함희 2년 진(晉) 태시(泰始) 원년	사마소 죽고, 아들 염(炎)이 뒤를 이음. 사마염이 위의 원제(元帝)에게 선양을 받고(위 멸망), 진(晋) 왕조 창

	오 감로(甘露) 원년	건하여, 무제(武帝)가 됨. 오, 무창(武昌)으로 도읍을 옮김.
271	진 태시(泰始) 7년	유선 죽음.
278	진 함녕(咸寧) 4년	진의 양호(羊祜) 죽음. 두예(杜五)가 진남대장군(鎭南大將軍)이 됨.
280	진 태강(太康) 원년 오 천기(天紀) 4년	오왕 호(皓)가 진에 투항, 오 멸망(진의 천하통일). 점전법(占田法)·과전법(課田法) 시행됨.
289	진 태강 10년	선비(鮮卑) 모용외(慕容廆)가 항복하여, 선비도독이 됨. 유연(劉淵)을 흉노북부도위로 삼음.
290	진 영희(永熙) 원년	무제 죽고, 태자 충(衷), 혜제(惠帝) 즉위. 유연을 흉노오부대도독으로 삼음.
291	진 원강(元康) 원년	가후(賈后), 태부(太傅) 양준(楊駿)을 죽이고, 양 태후를 폐하고, 여남왕(汝南王) 양(亮)·위관(衛瓘)·초왕 위(瑋)를 죽이고 전횡.
299	진 원강 9년	제만년(齊萬年)의 난 진정. 강통(江統)이 사융론(徙戎論)을 주장했으나 받아들여지지 않음. 가후(賈后), 황태자 휼(遹)을 폐함.
300	진 영강(永康) 원년	태자 휼을 때려죽임. 조왕(趙王) 사마윤(司馬倫), 가후와 그 일당을 죽이고 상국이 됨. 팔왕(八王)의 난 일어남.
301	진 영강 2년(건시 원년)· 영녕(永寧) 원년	조왕 사마윤, 제위에 올라, 국호를 건시(建始)로 고침. 혜제를 태상황으로 받듦. 성도왕 영(穎) 등 조왕 윤(倫)을 죽이고, 혜제 복위시킴.
303	진 태안(太安) 2년	이특(李特), 나상(羅尙)에게 죽음. 아들인 이웅(李雄)이 성도를 공략. 하간왕 옹(顒)·성도왕(成都王) 영(穎)이 반란을 일으킴.
304	진 영흥(永興) 원년 성(成) 건흥(建興) 원년 한(漢) 원희(元熙) 원년	동해왕(東海王) 사마월(司馬越), 장사왕 사마예(司馬乂)를 죽임. 성도왕 사마영, 동안왕(東安王) 사마요(司馬繇)를 죽임. 유연, 자신을 대선우(大單于)라 칭함. 이웅, 성도왕을 칭하고, 유연, 한왕을 칭함.
306	진(晉) 광희(光熙) 원년	이웅, 황제를 칭하고 국호를 성(成)이라고 함. 성도왕

	성 건흥 3년· 안평(晏平) 원년 한 원희 3년	영을 죽임. 진 혜제 죽고, 동생 치(熾), 회제(懷帝) 즉위. 하간왕 옹을 죽임. 팔왕의 난 끝남.
307	진 영가(永嘉) 원년	낭야왕 예(睿)·왕도(王導) 등이 건업(建業)에서 진을 침.
308	한 영봉(永鳳) 원년	유연, 포자(蒲子)로 도읍을 옮기고, 황제를 칭함.
310	한 광흥(光興) 원년	유연 죽고, 아들 화(和)가 즉위했으나, 동생 총(聰)이 형을 죽이고 즉위.
313	진 건흥(建興) 원년	유총, 진의 회제를 죽이고, 태자 업(鄴)이 장안에서 민제(愍帝) 즉위.
316	진 건흥 4년 한 인가(麟嘉) 원년	유요, 장안을 포위하자 민제 항복(서진(西晉) 멸망).
317	진 건무(建武) 원년	승상 낭야왕 예, 진왕을 칭함.『포박자』완성.
318	진 대흥(大興) 원년	진왕 예, 원제(元帝)를 칭함. 유총 죽고, 아들 찬(粲)이 뒤를 이었으나 죽음. 유요(劉曜), 황제를 칭함.
319	조(趙, 한(漢)) 광초(光初) 2년 후조(後趙) 석륵(石勒) 원년	유요, 국호를 조(전조(前趙)라 함. 석륵(石勒), 조왕이라 칭함(후조(後趙)).
322	진 영창(永昌) 원년	진의 원제 죽고, 태자 소(紹), 명제(明帝) 즉위. 왕희지(王羲之) 태어남.
325	진 태녕(太寧) 3년	진의 명제 죽고, 태자 연(衍), 성제(成帝) 즉위.
327	진 함화(咸和) 2년	소준(蘇峻)·조약(祖約) 등의 반란.
333	후조 건평(建平) 4년	석륵 죽고, 석홍(石弘)이 뒤를 이어 해양왕(海陽王)이 됨. 석호(石虎), 승상·위왕·대선우가 됨.
334	후조 연희(延熙) 원년	석호, 해양왕의 제위를 빼앗고 죽임.
337	연(燕) 원년	모용황(慕容皝), 연왕을 칭함.
342	진 함강(咸康) 8년	진의 성제 죽고, 동생인 낭야왕 악(岳), 강제(康帝) 즉위.
344	진 건원(建元) 2년	진의 강제 죽고, 태자 담(聃), 목제(穆帝) 즉위.
348	진 영화(永和) 4년	환온(桓溫), 정서(征西)대상군(大將軍)이 됨.
350	후조 청룡(青龍)2년	석호의 양손 염민(苒閔), 건절장군(建節將軍), 후에 수

	위(魏) 영흥(永興) 원년	성후(修成侯)가 되고, 석감(石鑒)을 죽이고 황제가 됨. 국호를 위(魏)라고 함.
352	위 영흥 3년 연 원새(元璽) 원년 진(秦) 황시(皇始) 2년	모용준(慕容儁)이 염민(冉閔)을 참수으로써 위 멸망. 저족(氐族) 부건(苻健), 황제를 칭함(전진(前秦)).
353	진 영화 9년	왕희지 등 27명, 난정(蘭亭)의 모임 주최. 은호(殷浩)가 북벌하고, 요양(姚襄)이 은호를 배반.
354	진 영화 10년	은호, 죄로 인해 서인으로 강등되고, 환온은 권력을 장악해, 북벌군을 이끌고 북상.
356	진 영화 12년	환온의 북벌군, 낙양을 탈환.
361	진 승평(升平) 5년	진(晋)의 목제 죽고, 성제의 장자인 낭야왕 사마비(司馬丕), 애제(哀帝) 즉위.
365	진 흥녕(興寧) 3년	진의 애제 죽고, 동생인 사마혁(司馬奕), 해서공(海西公) 즉위.
369	진 태화(太和) 4년	환온, 북벌에서 패함.
370	연(燕) 건희(建熙) 11년 진(秦) 건원 6년	전진(前秦) 부견(苻堅), 전연(前燕)을 멸함.
371	진 함안(咸安) 원년	환온, 제(帝) 사마혁을 폐하고 회계왕(會稽王) 사마욱(司馬昱)을 간문제(簡文帝)로 옹립.
372	진 함안 2년	간문제 죽고, 태자 사마요(司馬曜), 효문제(孝文帝) 즉위.
373	진 영강(寧康) 원년	환온 죽음. 복야인 사안(謝安)과 시중인 왕탄지(王坦之)가 효무제를 보좌.
379	진 태원(太元) 4년	왕희지 죽음.
383	진 태원 8년 진(秦) 건원(建元) 19년	사석(謝石)·사현(謝玄)이 진군(秦軍)을 비수(淝水)에서 무찌름.
385	진(秦) 태안(太安) 원년 서연(西燕) 갱시(更始) 원년	모용충(慕容沖), 제(帝)를 칭함. 사안 죽음. 부견 죽고, 아들 장락공(長樂公) 부비(苻丕) 즉위.
386	위(魏) 등국(登國) 원년 서연 중흥(中興) 원년	탁발규(拓跋珪), 도무제(道武帝)로 자립. 모용충, 부하에게 죽음.
396	진 태원(太元) 21년	진의 효무제 죽고, 태자 사마덕종(司馬德宗), 안제(安帝)

		즉위. 동생 사마덕문(司馬德文)과 황숙 사마도자(司馬道子)가 보좌.
399	진 융안(隆安) 3년	손은(孫恩)의 난 일어남.
403	진 원흥(元興) 2년 (영시[永始] 원년)	환현(桓玄)이 진 안제를 폐하고 황제를 칭함. 국호를 초(楚)로 정함.
404	진 원흥 3년(영시 2년)	유유(劉裕) 등 환현 토벌의 군대를 일으켜, 환현을 죽임. 안제 복위.
416	진 의희(義熙) 12년	요흥(姚興) 죽음. 유유, 건강(建康)에서부터 북벌하여, 낙양으로 들어가 상국이 됨.
417	진 의희 13년 후진(後秦) 영화(永和)2년	유유, 장안을 점령하고, 후진의 황제 요홍(姚泓)에게 투항하여 멸망.
418	진 의희 14년	유유, 상국이 되고 송공(宋公)으로 봉해짐. 유유가 진 안제를 죽이고 낭야왕 사마덕문을 공제(恭帝)로 옹립.
419	진 원희(元熙) 원년	유유, 송왕(宋王)이 됨.
420	진 원희 2년 송(宋) 영초(永初) 원년	유유, 공제를 폐하고 영릉왕(零陵王)으로 삼음. 유유, 무제(武帝)가 되어, 국호를 송(宋)으로 정하고 건강(建康)을 도읍으로 정함(동진[東晉] 멸망).
421	송 영초 2년 서량(西涼) 영건(永建) 2년	이순(李恂)이 자살하여 서량(西涼) 멸망. 왜왕(倭王) 찬(讚), 송의 무제에게 사신을 보냄.
422	송 영초 3년	송의 무제 죽고, 태자 의부(義符), 소제(少帝) 즉위.
424	송 원가(元嘉) 원년	서선지(徐羨之) 등이 송의 소제를 죽이고, 의도왕(宜都王) 의륭(義隆)을 문제(文帝)로 옹립.
427	송 원가 4년	도연명(陶淵明) 죽음.
439	위(魏) 태연(太延) 5년 북량(北涼) 영화(永和) 7년	북위(北魏), 북량(北涼)을 멸하고, 화북(華北)을 통일.
445	송 원가(元嘉) 22년	『후한서』의 저자 범엽 죽음.
450	송 원가 27년 위 태평진군(太平眞君) 11년	북위에서 국사(國史)사건 일어남. 태무제(太武帝), 최호(崔浩)를 처형. 송 문제가 북위를 쳤으나 역습을 당해 수도 건강이 동요.
453	송 원가 30년 (태초[太初] 원년)	송의 내사 유소(劉劭), 문제를 죽이고 자립. 무릉왕(武陵王) 유준(劉駿), 소(劭)를 토멸 후 효무제(孝武帝) 즉위.

464	송 대명(大明) 8년	송의 효무제 죽고, 태자 유자업(劉子業), 즉위(전폐제(前廢帝)).
465	송 태시(泰始) 원년	위의 문성제(文成帝) 죽고, 태자 탁발홍(拓跋弘), 헌문제(獻文帝) 즉위.
471	위 화평(和平) 6년 위 연흥(延興) 원년	위의 헌문제, 태자 탁발굉(拓跋宏)에게 양위하고, 효문제(孝文帝) 즉위.
472	송 태예(泰豫) 원년	송의 명제 죽고, 태자 유욱(劉昱), 즉위(후폐제(後廢帝)).
477	송 승명(昇明) 원년	중령군(中領軍) 소도성(蕭道成), 송제(宋帝)를 죽이고 안성왕(安成王) 유준(劉準)을 순제(順帝)로 옹립.
479	송 승명 3년 제(齊) 건원(建元) 원년	소도성, 상국이 되어 제공(齊公)에 봉해지고, 송의 순제를 폐하고 황제를 칭하고(남제(南齊)의 고제(高帝)), 송 멸망.
482	제 건원 4년	제의 고제(高帝) 죽고, 태자 소색(蕭賾), 무제(武帝) 즉위.
490	위(魏) 태화 14년	북위의 풍 태후(馮太后, 문성제 황후) 죽음.
493	제(齊) 영명(永明) 11년 위 태화 17년	남제의 무제 죽고, 태손 소소업(蕭昭業)이 즉위하나(전폐제), 후에 폐립됨. 효문제, 낙양으로 도읍을 옮기고, 북위의 낙양시대 열림.
494	제(齊) 건무(建武) 원년	소란(蕭鸞), 제제(齊帝)를 폐하고 신안왕 소소문(蕭昭文)을 옹립(후폐제). 소란, 스스로 명제(明帝)를 칭함.
498	제 영태(永泰) 원년	제의 명제 죽고, 태자 소보권(蕭寶卷), 동혼후(東昏侯) 즉위.
501	제 중흥(中興) 원년	남강왕(南康王) 보융(寶融), 동혼후를 폐하고, 화제(和帝)로 자립.
502	제 중흥 2년 양(梁) 천감(天監) 원년	소연(蕭衍), 제의 화제로부터 선양을 받아, 양(梁)을 건국하고, 무제(武帝)를 칭함.
515	위 연창(延昌) 4년	북위의 선무제(宣武帝) 죽고, 황태자 원후(元詡), 효명제(孝明帝) 즉위. 어머니인 호 태후(胡太后)가 섭정. 북위, 고조(高肇)를 사천(四川)에서 소환하여 죽임.
523	양 보통(普通) 4년	육진(六鎭)의 군사 반란이 일어나, 이주영(爾朱榮)이 이를 진압.

528	위 정광(正光) 4년 위 영안(永安) 원년	북위의 호 태후, 효명제를 독살. 이주영(爾朱榮), 낙양으로 들어가 호 태후·정신(廷臣)들을 학살. 이주영, 장락왕(長樂王) 자유(子攸)를 옹립하여 효장제(孝莊帝)라 칭함.
530	위 영안(永安) 3년 건명(建明) 원년	북위의 효장제, 이주영을 암살. 이주조(爾朱兆), 장광왕 원엽(元曄)을 황제로 옹립하고 효장제를 죽임. 『문선』의 저자인 양의 소명태자(昭明太子) 죽음.
531	양중(梁中) 중대통(中大通) 3년	
532	위 영희(永熙) 원년	고환(高歡), 평양왕(平陽王) 원수(元脩)를 효무제(孝武帝)로 옹립.
534	위 영희 3년 동위(東魏) 천평(天平) 원년	북위 효무제, 우문태(宇文泰)에게 도망감. 고환, 효문제의 증손 원선견(元善見)을 효정제(孝靜帝)로 옹립[동위(東魏)]. 고환, 업(鄴)으로 도읍을 옮김.
547	양 태청(太淸) 원년 동위 무정(武定) 5년	고환 죽고, 아들 고징(高澄)이 계승. 후경(侯景), 양에 투항하여 하남왕(河南王)이 됨. 동위는 토벌군을 파견하여, 양과 후경을 무찌름.
549	양 태청 3년	양의 무제 죽고, 태자 소강(蕭綱), 간문제(簡文帝) 즉위.
551	양 대보(大寶) 2년	후경, 양의 간문제를 죽이고, 예자왕(豫章王) 소동(蕭棟)을 옹립했으나, 이를 폐하고 자립하여, 스스로 황제를 칭하고, 국호를 한(漢)으로 정함.
552	양 승성(承聖) 원년	진패선(陳覇先), 왕승변(王僧弁) 등 후경을 무찌르고, 후경, 부하에게 죽음. 양의 상동왕(湘東王) 소역(蕭繹), 원제(元帝) 즉위.
554	양 승성 3년 서위(西魏) 폐제(廢帝) 3년	서위, 강릉(江陵)을 공략하여 양 원제를 죽임.
555	양 소태(紹泰) 원년 후량(後梁) 대정(大定) 원년	양의 원제의 조카 소찰(蕭詧, 선제), 강릉에서 후량국(後梁國)을 세움. 왕승변·진패선, 진안왕(晋安王) 소방지(蕭方智)를 건강에서 옹립. 왕승변, 방지를 폐하고 정양후(貞陽侯) 소연명(蕭淵明)을 건강에서 옹립. 진패선, 왕승변을 죽이고, 소연명을 폐하여 소방지(경제(敬帝))를 복위시킴.

진순신 이야기 중국사 3

펴낸날	초판 1쇄 2011년 7월 29일
	초판 6쇄 2024년 2월 6일

지은이	진순신
옮긴이	이수경
펴낸이	심만수
펴낸곳	(주)살림출판사
출판등록	1989년 11월 1일 제9-210호

주소	경기도 파주시 광인사길 30
전화	031-955-1350 팩스 031-624-1356
홈페이지	http://www.sallimbooks.com
이메일	book@sallimbooks.com

ISBN	978-89-522-1611-3 04910
	978-89-522-1616-8 (세트)